U0570294

主　编　梁景和
副主编　王歌雅　张志永

20世纪中国婚姻史

第2卷

1927—1950

余华林　著

中华书局

目 录

绪 论

一、选题价值

《礼记·昏义》有云："男女有别，而后夫妇有义；夫妇有义，而后父子有亲；父子有亲，而后君臣有正。"《周易·序卦传》也说："有天地然后有万物，有万物然后有男女，有男女然后有夫妇，有夫妇然后有父子，有父子然后有君臣，有君臣然后有上下，有上下然后礼义有所错。"由此可见，中国古代先贤规划了一种由天地万物到两性、由两性到婚姻、由婚姻到家庭、由家庭到国家的进化秩序。而在人类社会的构成秩序中，两性居于起点，婚姻、家庭为必经的重要环节，最终"家国一体"的社会机体得以形成。这一思考路径和思维方式深刻影响了中国人，甚至绵延至今尚有遗存。因此，在数千年的中国文化中，两性关系、婚姻家庭向来被视为一件国家、社会、家族的公共事务而非个人私事。

直至晚清以降，尤其是五四新文化运动以后，在个性解放、人格独立等时代思潮中，随着人们对传统伦理秩序的批判、推倒和重建，两性关系和婚姻家庭才开始成为“私领域”之议题。然而，此时性别、婚姻、家庭等问题成为众说纷纭的讨论焦点，现代国家治理又将其纳入法律规范之序列，这恰恰又是一个从“私”向“公”的再转变。事实上，婚姻、家庭、性别问题或许是人类永恒的话题，在今后相当漫长的时间里，绝大多数人仍将与其产生密切的关联。或许正因为这种公私兼有性和恒常持久性，故而有学者称衣食住行、婚姻家庭、两性伦理、休闲娱乐、生老病死等日常生活是人类生活的第一主题。

近代以来的中国社会是一个革故鼎新、全面变革的社会，随着社会的变迁，婚姻问题也呈现出了明显的变化。纵观 19 世纪中期到 21 世纪初叶的中国，我们会发现婚姻习俗、婚姻形态、婚姻制度、婚姻观念、婚姻法规等各个方面较传统社会都发生了深刻的变化，逐步体现出了由传统到近代的特点。这些转变真真切切地影响着近代以来的国人日常生活。并且，婚姻作为重要的社会问题，不仅自身包括择偶、恋爱、结婚、离婚、再婚、重婚、非婚同居、不婚、纳妾等诸多内容，又与性别、家庭、生育、赡养等社会问题紧密交织在一起，因此对近代婚姻问题的关注可以为近代社会问题的研究提供一个窗口。

南京国民政府统治初期，发轫于五四新文化运动时期的一些婚姻观念和思潮，此时开始处于广泛传播阶段，在某些领域还进行了更为深入的探讨。例如，在 20 年代末 30 年代初，有关婚姻的立法取得了突破性进展，南京国民政府先后正式颁行了《中华民国刑法》（1928 年颁布，1935 年修订）、《民法・亲属编》（1930 年 12 月 26 日公布，1931 年 5 月 5 日开始施行），国家政权以一种现代的方式重新规范婚姻和家庭关系。此外，抗战的爆发使得婚姻问题呈现出了更加剧烈和多样的变化，不同统治区内的婚姻政策、婚姻现象和婚姻问题迥异。而且战乱带来的人口流动、家庭成员离散以及家庭生活困顿等因素，都对婚姻关系的订立、维系和解除产生了重大的影响，有些婚姻关系名存实亡，离婚、重婚、再婚、同居、背夫潜逃等现象均大量出现。这些现象无疑都值得深入研究。

任何历史研究都须在具体的时空维度中展开。从时间上来讲，本书以南京国民政府时期（1927—1949 年）在婚姻领域变化较为剧烈的几个方面为研究重心，这包括新式贞操观、非婚同居新现象、国家和政党主导下的婚俗改革、女性主动提出离婚的新趋势、妨害婚姻及家庭的罪与罚等等。因为新中国成立之后，于 1950 年颁行了《中华人民共和国婚姻法》，这对于婚姻的变革而言无疑有着划时代的标志性意义，所以本书的时间下限截至 1950 年，而非新中国政权建立的 1949 年。在空间上而言，由于 1930 年代抗日战争的爆发，整个国家局势变得十分复杂，既有国民政府统治的国统区，也有中国共产党统治的根据地、解放区，还有日伪政权所占领的沦陷区。本书主要涵盖战争爆发之前的南京国民政府统治地区及战争爆发后的沦陷区——尤其是北平，并对中共统治的根据地进行了一定的讨论。

另外，需要说明的是，本书是国家社会科学基金重大项目“20 世纪中国婚姻史研究”的一部分。既然该项目以“研究”而非“通史”为关键词，因此本书主要的研究特色也力图在于探求历史之深度而非广度，因此将主要以问题为导向来呈现 1927 - 1950 年间有关婚姻、家庭和性别的复杂面向。这既有与前人学者形成对话之意图，亦想更充分地补充前人涉及较少的研究领域，以期展开更丰富的比较性思考和类型化探讨。

本卷共分五章，其中前四章基本按照婚姻程序的过程依次展开，从恋爱、结婚、婚后到最后的离婚。而且每一章尽可能包含知识分子群体对于婚姻问题的认知和讨论、南京国民政府对婚姻的立场和政策、中国共产党对婚姻政策和法令的推动和调试，也有北平沦陷区有关婚姻问题的宣传及实践。这其中所包含的历史角色，既有知识分子、普通民众，也有政党、国家政权及日伪政府，由此可以更充分地展现历史上之复杂互动。然后，在这四章论述基础之上，第五章则以法律专门史的角度详细分析破坏婚姻之罪罚情况，并将这些犯罪和刑罚置于具体的社会环境和政治权力中，着重考察这三者的互动关系，以此以小见大地进一步思考民国时期的婚姻、社会与政治。自然，必须要承认的是，这样的结构安排或许有其生硬的一面，因为任何的结构化书写都只是一种夹杂着思考和判断的人为产物，而历史本身是复杂的、是一种自为状态之结果，不总是如人所愿地按照某种特定的清晰逻辑来行进。但是，笔者希冀这样的结构安排，能尽可能地为读者呈现出民国时期有关婚姻议题的动态复杂面向。

二、学术史综述

近年来，学界在民国时期婚姻问题的研究上已经取得了相当丰厚的成果，在理论、视角等方面都有较大的突破。

1. 民国婚姻史的整体研究状况

学界对于民国婚姻史的研究，从总体而言，大致集中在以下几个方面：第一，有关婚姻观念的研究，如行龙、徐永志、郑永福、陈文联等人探讨了婚姻观念、婚姻思潮的变化。① 第二，有关婚姻习俗的研究，如罗检秋、邓伟志、严昌洪，以及一些硕士学位论文对民国初年的婚俗变革进行了研究。② 第三，对民国时期城市或乡村的婚姻问题进行专题探讨，如彭贵珍、刘是今、余华林对民国时期的城市婚姻问题进行了讨论。③ 在农村婚姻研究方面，高石钢重点研究了民国时期农村的婚姻论财风俗，傅建成则分析了民国时期华北农村的择偶方式及早婚问题。④ 第四，对民国时期的婚姻立法问题进行研究，如黄宗智在比较清代与民国的法典、习俗和司法实践时，重点分析了在民国婚姻法下，女性在离婚以及通奸问题上与清代所处的法律环境之不同。⑤ 此外，王新宇、王歌雅、杜晓彤也都从不同视角切入对民国时期的婚

---

① 行龙：《清末民初婚姻生活中的新潮》，《近代史研究》1991年第3期；徐永志：《清末民初婚姻变化初探》，《中州学刊》1988年第2期；郑永福、吕美颐：《中国近代婚姻观念的变迁》，《中华女子学院学报》1991年第1期；陈文联：《论五四时期探求婚姻自由的社会思潮》，《江汉论坛》2003年第6期等。

② 罗检秋：《民国初年的婚俗变革》，《妇女研究论丛》1996年第1期；邓伟志、胡申生：《上海婚俗》，文汇出版社，2007年；严昌洪：《20世纪中国社会变迁史》，人民出版社，2007年；姚舞艳：《民国时期江浙沪地区的婚俗状况研究（1912—1949）》，扬州大学硕士学位论文，2008年；张元：《民国时期陕北婚姻习俗变革研究》，延安大学硕士学位论文，2010年；司娟：《民国山东婚俗研究》，山东师范大学硕士学位论文，2011年；史旭霞：《民国时期豫北婚俗变迁研究》，郑州大学硕士学位论文，2016年。

③ 彭贵珍：《论民国城市社会转型中的婚姻纠纷》，《社会科学辑刊》2006年第5期；刘是今：《试论民国时期的城市婚姻及家庭结构》，《广西社会科学》2003年第3期；余华林：《女性的"重塑"——民国城市妇女婚姻问题研究》，商务印书馆，2009年。

④ 高石钢：《民国时期农村婚姻论财规则初探》，《社会科学战线》1999年第5期；傅建成：《20世纪上半期中国农村择偶方式分析》，《历史教学》2001年第3期；傅建成：《论民国时期华北农村的早婚现象》，《社会科学研究》1994年第4期。

⑤ ［美］黄宗智：《法典、习俗与司法实践——清代与民国的比较》，上海书店出版社，2003年。

姻法进行了研究。[①] 第五，对根据地的婚姻问题进行研究。[②] 在这个领域的研究中，岳谦厚利用山西省档案馆的相关档案进行了大量的研究，并指导了数篇以此为研究主题的硕士学位和博士学位论文。[③] 另外，丛小平的《自主：中国革命中的婚姻、法律与女性身份（1940—1960）》也是这方面的代表作。[④]

由此可见，近年来学界在民国婚姻问题研究方面已经取得了较多的成果，这些成果对民国的婚姻观念、婚姻行为、婚姻习俗、婚姻法、女性与婚姻的关系、区域性婚姻问题等进行了较为详细的分析。但也应该看到，相关研究在时间分布上集中于 1912 年至 1937 年。有关抗战爆发后婚姻问题的学术成果也主要是对抗日根据地及大后方婚姻问题进行的研究，对于沦陷区婚姻问题的研究仍然是不够充分的。

2. 民国离婚问题的研究状况

离婚作为婚姻的一个重要方面，对于系统研究婚姻问题具有重要意义。近代以来，随着西方思想的传入，中国人的婚姻观念发生巨大改变，离婚现

---

① 王新宇：《民国时期婚姻法近代化研究》，中国法制出版社，2006 年；王歌雅：《中国近代的婚姻立法与婚俗改革》，法律出版社，2011 年；杜晓彤：《婚姻习惯制定法的冲突及协调——以中国近现代婚姻立法史为视角》，《山东行政学院学报》2014 年第 6 期。

② 例见傅建成：《论华北抗日根据地对传统婚姻制度的改造》，《抗日战争研究》1996 年第 1 期；吴云峰：《婚姻自由政策与华中根据地择偶方式的变迁》，《党史研究与教学》2016 年第 3 期；魏晓立：《二十世纪四十年代晋冀鲁豫边区司法实践中的族权变迁析论——以太行山区为中心》，《社会科学论坛》2016 年第 1 期；黄道炫：《“二八五团”下的心灵史——战时中共干部的婚恋管控》，《近代史研究》2019 年第 1 期。

③ 岳谦厚、罗佳：《抗日根据地时期的女性离婚问题——以晋西北（晋绥）高等法院 25 宗离婚案为中心的考察》，《安徽史学》2010 年第 1 期；岳谦厚、徐璐：《抗战时期陕甘宁边区的军婚问题》，《晋阳学刊》2014 年第 1 期；岳谦厚、王斐：《妇救会与中共婚姻变革的实践——以华北革命根据地为中心的考察》，《中北大学学报》2015 年第 2 期；岳谦厚、张婧：《抗日根据地及解放区女性婚姻关系解体时的财产权》，《中共党史研究》2015 年第 3 期；岳谦厚、杜清娥：《华北革命根据地的军婚保护制度与实践困局》，《安徽史学》2015 年第 1 期；杜清娥、岳谦厚：《太行抗日根据地女性婚姻家庭待遇及其冲突》，《安徽史学》2016 年第 3 期；岳谦厚：《抗战时期中国共产党军婚保障机制——以华北抗日根据地为中心的考察》，《华中师范大学学报（人文社会科学版）》2017 年第 1 期。岳谦厚指导的研究生学位论文包括：徐璐：《抗日战争时期陕甘宁边区的婚姻改革》，山西大学硕士学位论文，2014 年；张屏：《抗战时期中共军婚保障机制研究 ——以华北抗日根据地为中心》，山西大学硕士学位论文，2015 年；王斐：《妇救会在两性婚姻变革中的角色 ——以华北革命根据地为中心》，山西大学硕士学位论文，2015 年；李瑞生：《晋西北革命根据地乡村女性婚姻研究》，山西大学硕士学位论文，2015 年；张婧：《革命根据地女性婚姻家庭财产权研究（1937—1949）——以一种跨学科整体综合考察的视角》，山西大学博士学位论文，2015 年；杜清娥：《女性·婚姻与革命：华北革命根据地女性婚姻与两性关系 ——以太行山区为中心的考察（1937—1949）》，山西大学博士学位论文，2016 年；王亚莉：《陕甘宁边区妇女婚姻生活研究 ——从女性、婚姻与革命关系的视角考察》，山西大学博士学位论文，2016 年。

④ ［美］丛小平著译：《自主：中国革命中的婚姻、法律与女性身份（1940—1960）》，社会科学文献出版社，2022 年。

象逐渐增多。自民国时期开始，许多学者对于离婚问题就有所关注并取得一定的成果。当时的学者对于离婚问题的研究主要集中在三个方面：其一，从关注当时的社会问题入手，在论述婚姻问题、家庭问题、妇女问题时对离婚问题有所涉及，如陈顾远的《中国婚姻史》、孙本文的《现代中国社会问题·家族问题》、陈东原的《中国妇女生活史》、郭箴一的《中国妇女问题》等。[①] 其二，从关注当时的法律问题入手，在论述民国时期的法律尤其是民法时，对于离婚的法律条文进行分析，如沙千里的《法律讲话——婚姻·子女·继承》、胡长清的《中国民法亲属论》、朱方的《民法亲属编详解》等。[②]其中，徐思达的《离婚法论》从法律角度对中国古代以及民国以来的离婚法条进行了细致分析。[③] 其三，对离婚问题进行专门的研究，如谭纫就的《中国离婚的研究》从离婚法、离婚原因、离婚数据等多个方面对离婚问题进行了细致论述。[④] 吴至信的《最近十六年之北平离婚案》对 1917 年到 1932 年北平地区的离婚数量、离婚原因、离婚区域、离婚背景等方面进行研究。[⑤]可以看到，民国学者对于离婚的关注主要集中于古代离婚史和当时社会离婚状况，角度主要集中于法律、妇女、社会调查等，研究尚不深入，专门研究离婚问题的著作较少。

近年来，随着史学界对于离婚问题的关注度逐渐提高，学者对于该问题的研究更趋多元化，研究视角更加广阔，研究内容逐渐丰富，特别在离婚观念、离婚现象、女性离婚困境方面进行了较多探讨，取得了较为丰硕的成果。目前学界对于近代离婚问题的研究成果主要集中于以下三方面：

其一，依托于报刊资料对民国时期离婚观念进行研究。例如随红松的《中国近代离婚观念的嬗变——以〈中央日报〉离婚启事为例》和陈燕燕《从离婚现象看民国初期时人离婚观念的新变化》两篇文章均以报刊文章为

① 陈顾远：《中国婚姻史》，上海书店，1984 年；孙本文：《现代中国社会问题·家族问题》，商务印书馆 1946 年；郭箴一：《中国妇女问题》，山西人民出版社，2014 年。

② 沙千里：《法律讲话——婚姻·子女·继承》，生活书店，1947 年；胡长清：《中国民法亲属论》，商务印书馆，1936 年；朱方：《民法亲属编详解》，上海法政学社，1933 年。

③ 徐思达：《离婚法论》，天津益世报馆，1932 年。

④ 谭纫就：《中国离婚的研究》，中华基督教女青年会全国协会，1932 年。

⑤ 吴至信：《最近十六年之北平离婚案》，《社会研究》第 1 卷第 1 期，1935 年 10 月。

资料，展示时人的离婚观念。作者们认为时人对于离婚的观念已经逐步开放，但是传统思想依旧占据主导地位，父母的影响在婚姻中依旧强大，同时离婚受到当时法律和后续问题的影响，离婚观念呈现矛盾之态。①

其二，观察民国时期城乡实际的离婚现象，以此分析民众在离婚问题上所面临的一系列困境。部分学者对农村地区的离婚现象进行了研究。例如贾秀堂的《民国时期离婚现象再探讨——以20世纪20年代的山西省为个案》、陈小花的《民国年间山西农村离婚问题初探》两篇文章均以山西地区农村的离婚现象为对象，分析了当时山西农村离婚的状况，认为虽然山西农村由女性提出和实现的离婚已占相当的比重，当地的婚俗取得了巨大进步，但是妇女离婚面临着极大的法律和社会的多重困难。② 城市离婚在民国时期数量巨大，所以学者对城市离婚现象讨论较多。例如陈慧、艾晶、黄晓彤、李俊钰等人均以《大公报》《盛京时报》等报刊为研究资料，对城市女性离婚现象进行观察，探讨了女性在离婚中所遇到的案件举证、经济困境、子女抚养，离异后归宿等多方面的实际困难。③

其三，从法律史的角度，通过当时的司法审判资料对离婚案件进行观察，分析民国时期离婚法律和司法制度的变革。例如乔守忠的《中国近现代离婚法律制度研究》、孙宗龙的《从诉讼档案看民国时期婚姻纠纷及其法律裁断》两篇文章通过分析民国时期离婚法律条文以及部分司法档案，认为中国近现代法律制度的变迁是由传统离婚法律向西方离婚法律转变的过程，是一个由法律精英引领的、官方主导的自上而下的过程，民国婚姻法律实现了近代化。④ 部分学者则研究了司法实践中女性的法律权利问题，如徐静莉、

① 随红松：《中国近代离婚观念的嬗变——以〈中央日报〉离婚启事为例》，《安庆师范学院学报（社会科学版）》2008年第11期；陈燕燕：《从离婚现象看民国初期时人离婚观念的新变化》，《阴山学刊》2016年第6期。

② 贾秀堂：《民国时期离婚现象再探讨———以20世纪20年代的山西省为个案》，《史林》2008年第1期；陈小花：《民国年间山西农村离婚问题初探》，《沧桑》2008年第2期。

③ 陈慧：《民国时期城市女性自由离婚的现实困境——以〈大公报〉为中心的考察》，《北华大学学报》2014年第6期；艾晶：《离婚的权力与离婚的难局：民国女性离婚状况的探究》，《新疆社会科学》2006年第6期；艾晶、黄小彤：《民国时期城市女性离婚的难局———以提出判决离婚的平民女性为例》，《海南大学学报（人文社会科学版）》2007年第3期；李俊钰：《民初奉天女性离婚问题研究——以〈盛京时报〉刊载为中心》，辽宁大学硕士学位论文，2015年。

④ 乔守忠：《中国近现代离婚法律制度研究》，山西大学硕士学位论文，2007年；孙宗龙：《从诉讼档案看民国时期婚姻纠纷及其法律裁断》，西南政法大学硕士学位论文，2016年。

谭志云、刘昕杰等均对此问题进行了关注，他们认为虽然女性在司法实践中依旧受到传统观念、举证等问题的制约，但是随着民国离婚法律的改革，女性能够运用法律维护自身权益，法院对于女性的相关请求能够提供一定程度的司法保护，证明离婚制度的改革促进了女性权利意识的觉醒。①

另外，值得注意的是，近年来随着观念史和概念史研究的兴起，有学者对于近代离婚观念和“离婚”的概念进行分析，成为研究离婚问题的新角度。杜慧敏的《近代“离婚”概念考析（1912—1937）》一文对传统语境中“离婚”一词的概念产生和演变进行论述，对从“和离”到“协议离婚”、“义绝”到“呈诉离婚”的概念进行了考察。她认为“离婚”这一概念在变迁中始终带有对旧婚姻制度的反抗、对新式婚姻的追求，以及对男女平权的诉求，它被赋予了一种含有政治色彩的内涵，而且在其运用过程中，其运用主体逐渐大众化，不再仅局限于某一群体，这可以说是社会在逐渐发展的一种表现。② 观念和概念的变化能够充分反映出多种因素对于时人的影响，能够更深入地折射出离婚现象的出现和增多。但是目前学界对于该角度的关注较少，研究成果寥寥，故应加强对该角度的深入研究，从而进一步丰富观念史和概念史的研究成果。

通过对相关研究成果的梳理，我们发现目前学界对于民国离婚问题的研究侧重于对以下三个问题的探讨：其一，近代离婚观念演变与传播情况；其二，离婚现象的变化；其三，女性离婚权利的增长与离婚困境。整体而言，这些研究成果从宏观上展现了近代以来由于西方思想的传入所导致的民众离婚观念变化，以及在社会快速变革过程中女性地位与权利的增长。

但是，我们也应看到，目前学界对于离婚问题的研究依然存在一些问题。其一，性别角度过于单一，忽视男性在离婚中的能动和表现。近代离婚思潮的出现，离婚现象的增多，主要原因是女性地位的提高以及男女平等观

---

① 徐静莉：《民初女性离婚权利的变化考察——以大理院离婚判解为中心》，《山西师大学报（社会科学版）》2014年第3期；谭志云：《民国南京政府时期的妇女离婚问题——以江苏省高等法院1927—1936年民事案例为例》，《妇女研究论丛》2007年第4期；刘昕杰：《民国民法中离婚权利的司法实践——以新繁县司法档案案例为线索》，《北方法学》2010年第3期。

② 杜慧敏：《近代“离婚”概念考析（1912—1937）》，华中师范大学硕士学位论文，2017年。

念和婚姻自由思想的扩展，而离婚现象的出现又进一步促进了女性在家庭和社会上地位的提高。但是，女性离婚经历了从被动到主动的转变：民国初期的普通女性往往是“被离婚”，男性掌握着离婚的主动权，但到了民国中后期，女性主动离婚的数量增多。对于女性在离婚问题上何以从被动到主动、造成这种现象的因素都有哪些，目前学界对于这些问题的研究尚有不足。同时，离婚是夫妻双方所共同促成的，目前学界较多关注到女性在离婚中的地位及困难，但对男性的关注则很少，笔者目力所及，尚未发现从男性角度或双方角度探讨离婚问题的文章。故学界应在该角度上深入研究。

其二，对于离婚法律下的司法实践效果研究不足。许多学者对于民国时期离婚法律条文和制度进行了研究，做出了卓有成效的工作，取得了较为丰硕的成果。但是，目前从法律角度对离婚问题的研究多集中于对法律本身或者司法制度的研究，没有深入探讨法庭当中当事人及法官的表现所蕴含的观念问题，也没有看到法律及司法审判所体现出的国家权力对于婚姻和家庭的介入。

可以看到，学者从多个方面对离婚问题进行了较为细致的研究，取得了一定的研究成果。但是目前学界对于离婚中的性别观念、法律下的司法实践效果、离婚问题中国家权力作用的研究相对薄弱，故本书尝试对这些问题进行探讨。

3. 民国妨害婚姻及家庭罪的研究状况

妨害婚姻及家庭罪包括三个具体的罪名，分别是重婚罪、通奸罪与诱拐罪，以下分而述之。

学界对于重婚罪的研究多集中在当代社会，对于重婚的概念解读、重婚罪的罪名及相关司法实践作了详细的考察，[①] 但是对于古代和近代的重婚研

① 对建国后的重婚问题进行研究的成果包括：吕殿云：《重婚罪研究》，黑龙江大学硕士学位论文，2005 年；张鸿翔：《关于重婚罪若干问题的法律思考》，兰州大学硕士学位论文，2009 年；周新玲：《重婚罪疑难问题研究》，郑州大学硕士学位论文，2004 年；姚海东：《重婚罪研究》，兰州大学硕士学位论文，2007 年；杨青松：《试论重婚罪》，武汉大学硕士学位论文，2004 年；吴爱辉：《事实婚姻与“重婚”关系之探讨——兼议民刑“重婚”之关系》，《西南民族大学学报》2006 年第 3 期；文亚苗：《重婚罪的立法完善研究》，湖南大学硕士学位论文，2009 年；左斌：《事实重婚犯罪问题研究》，湘潭大学硕士学位论文，2007 年；杨方泉：《重婚罪新论》，《政法学刊》2006 年第 6 期；贾凌、曾粤兴：《重婚罪解读》，《学术探索》2004 年第 3 期；苏长青、阴建峰：《侵犯公民民主权利和妨害婚姻家庭罪》，中国人民公安大学出版社，1999 年；金子桐、郑大群等：《罪与罚——侵犯财产罪和妨害婚姻、家庭罪的理论与实践》，上海社会科学院出版社，1987 年；张海峰：《妨害婚姻家庭犯罪论纲》，中国政法大学硕士学位论文，2003 年等。

究较少。史尚宽的《亲属法论》中有一小节对民国重婚的含义、处罚和起诉方面做了阐述。[①] 潘大礼以南京国民政府时期武汉的档案为出发点，分析重婚罪的司法实践，指出经济原因是妇女进行重婚的主要原因，国家从法律和文化观念上塑造一夫一妻家庭观念，但是社会上重婚罪却是屡见不鲜。在具体判罚过程中，存在从轻处罚的倾向，这实际上是对重婚行为的默许和纵容，反映了南京国民政府时期司法制度与社会现实之间的脱节。[②]

对于通奸问题，历史学界关注较多，研究成果也较为丰富，清代以来的通奸现象可以说是学界研究最为集中的区域。[③] 黄宗智在《法典、习俗与司法实践：清代与民国的比较》第九章中以“婚姻奸情”案件和相关法条为基础，集中分析妇女在“婚姻奸情”中抉择的性质，以及清代法律构造对妇女现实生活的意义。[④] 另外还有一些学者重点研究了清末民初的女性犯罪问题，其中就涉及女性通奸、重婚、诱拐等问题。[⑤]

学界对于民国诱拐问题的研究主要集中在两个方面：其一，着重探讨民国政府针对人口诱拐问题所做的立法工作与法律实践，如李启成的《清末民初刑法变革之历史考察——以人口买卖为中心的分析》、向阳的硕士学位论文《民初略诱及和诱犯罪研究——以大理院判例为中心》都是从刑律及大理院刑事判例、解释例入手，对当时的诱拐或人口买卖问题进行研究。[⑥] 其二，从区域史的角度研究民国时期拐卖妇女或儿童问题。如苏彤、温艳对陕西妇

---

① 史尚宽：《亲属法论》，中国政法大学出版社，2000年。

② 潘大礼：《南京国民政府时期的重婚罪及其司法实践：以湖北为例》，《江汉论坛》2014年第12期。

③ 关于清代的通奸现象进行研究的有，郭松义：《清代403宗民刑案例中的私通行为考察》，《历史研究》2000年第3期；郭松义：《伦理与生活——清代的婚姻关系》，商务印书馆，2000年；王跃生：《清代中期婚姻冲突透析》，社会科学文献出版社，2003年；赖惠敏：《情欲与刑罚：清前期犯奸案件的历史解读（1644—1795）》，中南财经政法大学法律文化研究院：《中西法律传统》（第六卷），北京大学出版社，2008年；诸华军：《通奸罪与民国社会》，四川大学硕士学位论文，2007年等。

④ ［美］黄宗智：《法典、习俗与司法实践：清代与民国的比较》，法律出版社，2014年。

⑤ 关于清末民初女性犯罪的研究有，艾晶：《清末民初女性犯罪研究（1901—1919年）》，四川大学博士学位论文，2007年；王奇生：《民国初年的女性犯罪（1914—1936）》，（台北）《近代中国妇女史研究》第1期，1993年6月；王启军：《清末修律中无夫奸存废之争研究》，复旦大学硕士学位论文，2009年；艾晶：《无奈的抗争：清末民初女性对不良婚姻家庭的反抗》，《中华女子学院学报》2008年第4期；曹关群：《民国时期上海女性犯罪问题研究（1927—1937）》，上海师范大学硕士学位论文，2006年等。

⑥ 向阳：《民初略诱及和诱犯罪研究——以大理院判例为中心》，华东政法大学硕士学位论文，2018年；李启成：《清末民初刑法变革之历史考察——以人口买卖为中心的分析》，《北大法律评论》2011年第1期。

女诱拐的研究，尹美美对天津儿童诱拐的研究等。[①] 此外，艾晶的《清末民初女性拐逃防治研究》从官方和民众两个视角分析了清末民初官民互动对诱拐活动的打击。[②] 程骞的《民国时的拐略之风与打拐》梳理了民国时期为打尽人口诱拐所做的立法成果及其实施情况。[③] 刘正刚、王丽娃的《晚清华人女性被诱拐出洋浅析》则在政治史的视野下考察晚清女性诱拐问题。[④]

陈玉洁的《论妨害婚姻家庭罪——以重庆市江北县法院司法档案为中心》，是笔者目力所及的唯一一篇论述民国时期妨害婚姻及家庭这一类犯罪的文章。作者以重庆市江北县的司法档案为基本史料，探寻南京国民政府时期这一地区妨害婚姻及家庭案件发生的背景，分析妨害婚姻家庭罪所包含的重婚罪、通奸罪、和诱罪三个具体罪名，分别论述案件处理结果和发生原因。[⑤] 本书与陈著的不同在于，笔者对涉及重婚罪、通奸罪、诱拐罪的当事人进行性别、年龄、职业、犯罪原因等量化统计分析，运用大量案件解读法院在处理这一罪章时所呈现的特点。

综上所述，学界对于民国时期妨害婚姻及家庭罪章的研究，仍然很不充分，尤其在重婚和诱拐问题上还有很大的研究空间。笔者将在梳理和借鉴前人研究成果的基础上，综合多重社会因素，从重婚罪、通奸罪、诱拐罪三个具体的罪名入手，观察民国立法者与具体司法实践的互动关系以及女性在生活与刑罚下所面临的困境。

三、主要研究史料

1. 档案资料

北京市档案馆馆藏中有大量的关于民国时期婚姻问题的档案，其内容涉及结婚仪式、婚姻论财、婚姻习俗、离婚、重婚、婚外同居、婚姻法、妾、童养

---

① 苏彤、温艳：《民国西北大灾荒时期陕西妇女贩卖问题探究》，《陕西理工大学学报（社会科学版）》2018年第4期；尹美美：《民国北京政府时期津门拐卖儿童现象初探》，《法治与社会》2009年第31期。

② 艾晶：《清末民初女性拐逃防治研究》，《学术论坛》2008年第9期。

③ 程骞：《民国时的拐略之风与打拐》，《法人》2015年第7期。

④ 刘正刚、王丽娃：《晚清华人女性被诱拐出洋浅析》，《五邑大学学报（社会科学版）》2008年第4期。

⑤ 陈玉洁：《论妨害婚姻家庭罪——以重庆市江北县法院司法档案为中心》，西南政法大学硕士学位论文，2014年。

媳以及招赘问题，内容丰富。据笔者初步统计，1942—1945年伪北京地方法院判决卷宗（全宗号J065）中，案由为“离婚”或“离异”的相关案卷共有775卷，其中1942年保存有227卷，1943年保存有223卷，1944年保存有212卷，1945年保存有113卷。[①] 伪北京市警察局档案（全宗号J181）保存离婚问题相关档案共10卷，伪北京市警察局内城各分局档案（全宗号J183）保存16件离婚问题相关档案。以上这些档案部分存在记载不完整、内容丢失、页面损坏等情况，部分档案为伪北京地方法院、伪河北省高等法院、地方监狱、派出所等机关来往公文，故笔者挑选了内容相对完整档案共436卷，作为本书的研究材料。这些档案内容丰富，包括离婚人员基本资料、离婚诉状、询问笔录、法院判决书等，记载详细，内容丰富，对于研究沦陷时期北平地区离婚问题，了解当时北平社会普通人民生活的基本状况具有重要的参考意义，具有极高的史料价值。

另外，在北京市档案馆所存关于妨害婚姻及家庭案卷的诉讼档案共有979份，时间跨度从1939—1949年。其中，妨害家庭卷共732份，妨害婚姻卷共247份，而且仅有9份是以妨害婚姻及家庭为案由名收入，其余均是以妨害家庭、妨害婚姻为案由名分别收入的。以妨害婚姻罪为案由收入的是重婚罪与通奸罪，以妨害家庭罪为案由收入的绝大部分是诱拐罪，但也有少量的重婚罪、通奸罪。以妨害婚姻及家庭罪为案由收入的为既犯通奸罪又犯诱拐罪（和诱罪）。每个案件卷宗包含的内容各不相同，最少的一份卷宗仅包含一份单独的判决书；而最完整的卷宗容纳了一个案件所需的所有文书，包括警察局提供的初步报告、当事人在警察局作出的证词、原告提起的控诉、检察官起诉的起诉书、附属证据（如婚礼照片、婚书、信件等）、庭审笔录、判决书以及案件上诉过程中的一系列相关文书。

2. 官方文书

本书使用的官方文书资料主要是两类，一类是政府公报，如《北平伪中

① 北京市档案馆所藏伪北京地方法院的离婚案卷数量庞大，但是1942年之前的档案不知所踪，故本书所使用的档案为1942年至1945年伪北京地方法院的离婚案卷档案。

华民国临时政府公报》和《华北政务委员会公报》等。[①] 另一类是法律文书，既包括传世法典，如《唐律疏议》《大元通制条格》《大明律》《宋刑统》《大清律例》等；[②] 也包括一些法典汇编，如《中华民国法规汇编》《中华民国法规大全》《中华民国六法理由判解汇编·第五刑法之部》《中华民国刑法判解释义全书》等；[③] 还有一些是民国时期出版的对于法律条文的解释、研究著作，如《中华民国刑法详解》《中华民国刑法释义》《中华民国刑法释例汇纂》《中华民国刑法解释图表及条文》《新刑法各论》《中华民国新旧刑法条文比较》《白话笺注中华民国刑法详解》等。[④]

3. 报纸杂志

近代出版了数量众多的报纸和杂志，国统区和中国共产党统治的边区、根据地、解放区姑且不论，即使在沦陷区，日伪政府也将报纸杂志作为其推行奴化教育的重要渠道而加以高度重视。据不完全统计，沦陷时期北平出版的刊物有 140 种以上。除了作为日伪政府的机关通讯报《新民报》以外，其他官方报纸还有《晨报》《实报》《新北京报》《武德报》等。此时，北平报纸种类众多，囊括了政治、经济、行政、教育、宗教文化等各个方面。[⑤] 这其中也出现了大量的妇女类刊物，例如《妇女杂志》《新光》《新民报半月刊·妇女》《晨报·妇女周刊》《新妇女》等，这些妇女报刊的篇幅数量也相当可观，超过了以往各个时期，高达 1800 余万字。其中，《妇女杂志》950 万字，《新光》500 万字。[⑥] 当时创办的妇女刊物之多，“甚至可以说自北京有

---

① 伪临时政府行政委员会公报处编：《北平伪中华民国临时政府公报》，国家图书馆出版社，2010 年；伪华北政务委员会政务厅情报局第四科编：《华北政务委员会公报》，国家图书馆出版社，2012 年。

② （唐）长孙无忌等撰，刘俊文点校：《唐律疏议》卷十三，中华书局，1983 年；郭成伟点校：《大元通制条格》，法律出版社，2000 年；怀效锋点校：《大明律》，法律出版社，1999 年；薛梅卿点校：《宋刑统》，法律出版社，1999 年；田涛、郑秦点校：《大清律例》，法律出版社，1999 年。

③ 中华民国立法院编译处编：《中华民国法规汇编》，中华书局，1934 年；徐百齐编辑，吴鹏飞助编：《中华民国法规大全》，商务印书馆，1936 年；吴经熊编：《中华民国六法理由判解汇编·第五刑法之部》，会文堂新记书局，1948 年；新陆书局编辑部编：《中华民国刑法判解释义全书》，新陆书局，1928 年。

④ 朱何葆铭编：《中华民国刑法详解》，上海法政学社，1929 年；采真：《中华民国刑法释义》，大东书局，1930 年；黄荣昌编：《中华民国刑法释例汇纂》，上海法政学社，1933 年；陈应性编著：《中华民国刑法解释图表及条文》，商务印书馆，1936 年；江海帆编著：《新刑法各论》，商务印书馆，1936 年；俞承修辑校：《中华民国新旧刑法条文比较》，会文堂新记书局，1937 年；董坚志编：《白话笺注中华民国刑法详解》，中华法学社，1940 年。

⑤ 谢荫明、陈静：《沦陷时期的北平社会》，北京出版社，2015 年，第 197—200 页。

⑥ 刘宁元：《北平日伪妇女报刊情状》，《北京党史》2015 年第 5 期。

妇女报刊以来，还未曾有一个当局像日伪这样重视妇女报刊”。[①]

沦陷时期北平的报刊大致可以分为日报和刊物两种，日报均为官办，刊物分为官办、民办和校园刊物等。

日报主要有《实报》《新民报》《晨报》等。《实报》有妇女专栏、妇女生活专栏、妇女之页的副刊、某夫人信箱专栏、关于婚姻的专页等，这些有关妇女的专栏和副刊中，有大量的有关婚姻问题的内容。以《实报》的“某夫人信箱”为例，该专栏于1939年3月25日刊出第一期，至1943年4月，“某夫人信箱”共刊出250余次，所涉及多为恋爱、婚姻、贞操、伦理道德、同性恋、独身等问题，内容十分丰富。

刊物类中《妇女杂志》和《新光》属于发行量较大的刊物。《妇女杂志》刊出了很多有关婚姻问题的文章。以创刊号为例，《妇女杂志》刊出了《我之新时代的婚姻问题观》《如何选择配偶》《自由结婚的我见及其应注意的事项》《怎样才能使婚姻美满呢?》《结婚以后》《夫妻之间》《结婚的年龄》《性生活的健康》等与婚姻问题相关的内容。同样，《新光》上关于婚姻问题的文章也十分丰富。此外，《全家福》《吾友》《新妇女》等报刊上也有大量关于婚姻问题的内容。

此外，本书还利用了大量的法律类报刊，如《法令周刊》《法政半月刊》《现代社会》《法律评论》《司法院公报》《最高法院年刊》等。在这些报刊中有的探讨妨害婚姻及家庭罪的立法得失，有的提出对妨害婚姻及家庭罪的修改意见，有的梳理了妨害婚姻及家庭罪中具体的司法解释与判例分析。

---

① 刘宁元：《沦陷时期北平妇女报刊述略》，《中共党史研究》2001年第6期。

第一章　恋爱：民国时期身体、身份与婚恋的重塑

民初新文化思潮对于“人”的发现，使作为人类个性自然表达的爱情，被赋予了神圣而崇高的意义，恋爱自由问题由是引起了国人极大的重视。甚至有人称人生的全部意义就是“始终如一高尚纯洁”[①] 的恋爱，“宇宙间除了真纯的恋爱之外，什么都是虚幻的，无意识的”。[②] 当时在报刊杂志上极力倡导恋爱自由的文章汗牛充栋，抨击传统婚制与提倡恋爱自由的剧目也不时在各地上演。另外，知识分子还创作了大量描写恋爱问题的小说。这些报刊、杂志、小说、戏剧成为新观念的载体，使其迅速普及到一般知识阶层，“婚姻须以恋爱为原则”这个观念已经深深根植于广大知识青年的内心，许多人的性道德观念和婚姻伦理观念由此出现了重大的转变。但是，由于此时的中国正处在一个新旧过渡的阶段，恋爱自由的观念刚刚兴起，所以这一时期人们对于恋爱的认识还相当模糊。很多人对于究竟什么是恋爱、如何恋爱、恋爱与性爱的关系等问题，众说纷纭，莫衷

---

① L. C. C.：《伴侣选择号》，《女星》（天津《新民意报》副刊）第 31 期，1924 年 3 月 5 日。

② 漱琴：《我之理想的配偶》，《妇女杂志》第 9 卷第 11 号，1923 年 11 月，第 68 页。

一是。

与知识界对恋爱的纷繁讨论形成鲜明对比的，则是国家权力试图对婚恋观进行统一化和规范化的规训，以达到巩固政权及其统治的目的。1928年南京国民政府成立后，持续通过法律领域的改革试图规范伴随近代社会变迁而产生的各类婚恋问题，在这其中，由自由恋爱所引发的非婚同居则成为南京国民政府最为棘手的问题之一。在确立现代婚姻合法性的同时，南京国民政府试图努力区分实践自由恋爱的非婚同居者与中国传统婚姻制度中妾这一群体，然而，法律条文与实际的法律操作之间，仍存在很大的张力和矛盾。

与此同时，1930年代日本侵略者在沦陷区开始推行维系其殖民统治的意识形态，而婚姻、家庭、两性关系则是其中重要的组成部分。日伪政权通过其掌控的媒介，大肆推行复古的性别意识形态，强调女性要严守贞操、遵从三从四德，这种保守的婚恋意识形态无疑与五四以来的自由恋爱、自由结婚之思潮形成巨大的对立。由此，日伪政权之官方宣传与普通民众之实践自然出现圆凿方枘之结果。

第一节　继续的五四：20世纪二三十年代知识界对贞操观的讨论

本节集中于婚恋中的重要一环——贞操，以小见大审视自五四新文化运动延续而来的自由恋爱观发生了怎样的转变，面临怎样的挑战。

“贞”字的本意是卜问，或被训为“正”。从周代到西汉的大多数文本看，“贞”的意义涵盖了正直、合理、不屈、始终如一等道德特征。[①] 作为道德概念，贞泛指坚贞不屈、守志不移的气节操守，即《周易·恒·六五》中所谓“恒其德，贞”；[②] 亦即《贾子新书·道术》中所称“言行抱一谓之贞”。[③] 在

---

① ［美］卢苇菁著，秦立彦译：《矢志不渝：明清时期的贞女现象》，江苏人民出版社，2010年，第22页。

② （魏）王弼、（晋）韩康伯注，（唐）孔颖达疏，（唐）陆德明音义：《周易注疏》，上海古籍出版社，1989年，第144页。

③ 王新湛校勘：《贾子新书集解》，广益书局，1936年，第89页。

这个意义上，贞没有性别属性，男性也可以被冠以“贞节”的名号。[①] 但随着贞操观念的逐步变化，“贞节”二字也似乎越来越多地被专用于女性。[②] 通过对《四部丛刊》电子版全文检索可以发现，自宋元之后，贞节二字似乎很少再被用于形容男性。无怪乎鲁迅曾说：“节烈这两个字，从前也算是男子的美德；所以有过‘节士’、‘烈士’的名称。然而现在的‘表彰节烈’，却是专指女子，并无男子在内。”[③] 当贞节被用于女性时，从一开始就被限定为“从一而终”，基本专指保持身体的贞洁，成为专属于性伦理的道德规范。“贞操是什么意思？在生理的意义上来说，就是保持性的纯洁。”[④] 陈顾远将性道德意义上的“贞”区分为童贞、妇贞、从一之贞。所谓“童贞”，即婚前不失身；所谓“妇贞”，即有夫之妇不与人相奸；所谓“从一之贞”，即夫在不改嫁、夫死不再嫁。[⑤] 由此可见，对于女性而言，贞操是要求她们只能与一名男性发生婚姻关系和性关系，其约束效力基本贯穿了女性的整个生命历程。

从古至今，围绕贞操问题的讨论在人类文明史中不断出现，中外皆然。在中国古代社会，质疑或反对传统贞操观的声音从未停止过。[⑥] 但自近代以来，尤其是新文化运动以后，知识界对于贞操问题的讨论热度、广度和深度，均远超过往。这一时期所形成的新式贞操观念的基本内涵一直延续至今。

新文化运动时期，在“伦理的觉悟为吾人最后觉悟之最后觉悟”[⑦] 的思

---

① 如唐代张说在《贞节君碑》中称阳鸿“大虑克就之谓贞，好廉自克之谓节，粤若夫子，可谥为贞节也已”（周绍良主编：《全唐文新编》第1部第4册，吉林文史出版社，2000年，第2564页）。历代文人谥号中含有“贞”或“节”字者，更是不胜枚举。详见杨震方、水赉佑编著：《历代人物谥号封爵索引》，上海古籍出版社，1996年。

② 关于中国传统社会贞节观念逐步变化的过程，前人相关研究已极为丰富，兹不赘述。参见王绍玺：《贞操论》，辽宁大学出版社，1989年；章义和、陈春雷：《贞节史》，上海文艺出版社，1999年；费丝言：《由典范到规范——从明代贞节烈女的辨识与流传看贞节观念的严格化》，（台北）台湾大学出版委员会，1998年；安碧莲：《明代妇女贞节观的强化与实践》，（台北）中国文化大学史学研究所博士学位论文，1995年；孙慧玲：《中国古代贞节观新考辨》，黑龙江大学博士学位论文，2011年。

③ 唐俟（鲁迅）：《我之节烈观》，《新青年》第5卷第2号，1918年8月，第93页。

④ 悔子：《婚姻是建筑在爱情上》，《现代家庭》第4期，1937年4月，第45页。

⑤ 陈顾远：《中国婚姻史》，上海书店，1984年，第183页。

⑥ 详见［美］卢苇菁著，秦立彦译：《矢志不渝：明清时期的贞女现象》，江苏人民出版社，2010年，第221—255页。

⑦ 陈独秀：《吾人最后之觉悟》，《青年杂志》第1卷第6号，1916年2月，第4页。

想背景下，作为性伦理的贞操自然成为批判的对象，“破坏贞操！破坏旧伦理！”[①] 和“贞操革命”[②] 的呼声因之而起。1918 年 5 月，《新青年》刊载周作人所译日本作家与谢野晶子的《贞操论》，由此开启了一场全面批判和清算传统贞操观并对贞操概念进行全新阐释的思想浪潮。随后在二三十年代，《妇女杂志》《新女性》《申报》《大公报》《生活》周刊及其他妇女类、综合类大小报刊中有关贞操问题的讨论便接续不断，有时还形成了激烈的交锋。

受葛兆光“一般思想史”概念的启发，笔者认为在各个历史时期主导性的贞操观念，“不是天才智慧的萌发，也不是深思熟虑的结果，当然也不是最底层的无知识人的所谓‘集体意识’”，而是一种被“普遍认可的知识与思想”，[③] 是“那些对现实社会生活发生了重要影响的普遍思想意识”，[④] 此即有关贞操认识的“一般思想”。为了动态地分析贞操观念之“一般思想”在知识界的呈现、讨论和接受过程，笔者广泛搜集了当时大小报刊登载的有关贞操问题的文章。这些文章有的是自我言说，有的是往复驳诘；其作者既有胡适、鲁迅、周作人、周建人、蓝志先、章锡琛、茅盾、邹韬奋这样的知识精英，又有“一般水准的普通知识分子和普通文化人”。[⑤] 通过考察这些集中讨论、往来辩驳、反复申论，我们可以揭示出在讨论中逐渐被大多数知识分子所接受和认同的“贞操”到底是何种意涵，这或许可以代表具有“广泛社会性和现实有效性”的“一般思想”，而非“只停留在书斋中的某个人哪怕是天才性的想法和某些人局限于一定圈子内的可能很有意义的观念”。[⑥]

---

① 碧遥：《后浪》，《申报》1934 年 3 月 18 日第 5 张第 17 版。

② 颜筠：《贞操观革命的呼声》，《妇女杂志》第 10 卷第 7 号，1924 年 7 月，第 1077 页。

③ 葛兆光：《中国思想史》导论卷《思想史的写法》，复旦大学出版社，2001 年，第 14 页。

④ 黄兴涛：《近代中国新名词的思想史意义发微——兼谈对于“一般思想史”之认识》，《开放时代》2003 年第 4 期，第 75 页。关于“一般思想”的概念详见葛兆光在《中国思想史》中的论述，以及黄兴涛在《近代中国新名词的思想史意义发微》中所作的进一步阐释。

⑤ 葛兆光：《中国思想史》第 2 卷《七世纪至十九世纪中国的知识、思想与信仰·后记》，复旦大学出版社，2001 年，第 593 页。

⑥ 黄兴涛：《近代中国新名词的思想史意义发微》，《开放时代》2003 年第 4 期，第 75 页。

一、从夫妻关系到恋爱关系

在《新青年》的讨论中，胡适和蓝志先的言论因对贞操有较为系统的阐述，且因有往复回应而讨论得较为细致，故而具有一定的代表性。他们对于传统的“童贞”和“从一之贞”进行了一致的批判。如蓝志先认为，“处女守贞是绝对不应有的，寡妇再嫁与男子续娶相对待的，男子既可续娶，寡妇自可再嫁”。① 胡适也认为替未婚夫守节的风俗是“第一无道理的”，褒扬烈女杀身殉夫是野蛮而残忍的，主张寡妇是否再嫁应完全由其个人决定，不可主张“不近情理的守节”。②

但是，《新青年》同人并非主张将贞操彻底推翻、完全丢弃，他们只是将贞操重新定义以后，提倡一种“新”贞操。如胡适称：“女子尊重男子的爱情，心思专一，不肯再爱别人，这就是贞操。”他认为“贞操乃是夫妇相待的一种态度。夫妇之间爱情深了，恩谊厚了，无论谁生谁死，无论生时死后，都不忍把这爱情移于别人，这便是贞操。夫妻之间若没有爱情恩意，即没有贞操可说”。③ 蓝志先也持类似的看法，他认为“贞操是一夫一妇制的生命，道德上的最高要求”；并申明“吾所说的，都是限于夫妇间之贞操道德。至于那处女守贞，寡妇再嫁，自然是另一个问题”。④ 从二人的言论中频繁出现的“夫妇”一词可以看出，他们只是批判陈顾远所谓的“童贞”和“从一之贞”，并未反对传统贞操观中的“妇贞”，只是对其加以“平等化”的改造，亦即将其限制在婚姻存续期间的夫妻之间，要求夫妻互守贞操，至于结婚之前或者丧偶之后则无所谓贞操和守贞的问题。

为了维护夫妻间的贞操道德，他们都极力主张保持婚姻的稳定，希望“夫妇关系一旦成立以上〔后〕，非一方破弃道德的制裁，或是生活上有不得

---

① 蓝志先：《蓝志先答胡适书》，《新青年》第 6 卷第 4 号，1919 年 4 月，第 403 页。
② 胡适：《贞操问题》，《新青年》第 5 卷第 1 号，1918 年 7 月，第 6、11 页。
③ 胡适：《贞操问题》，《新青年》第 5 卷第 1 号，1918 年 7 月，第 7、10 页。
④ 蓝志先：《蓝志先答胡适书》，《新青年》第 6 卷第 4 号，1919 年 4 月，第 402、403 页。

已的缘故，这关系断断不能因一时感情的好恶，随便可以动摇”；[①] 如果结婚之后“不守贞节”，发生婚外通奸，就要借助法律加以限制或处罚。[②] 蓝志先甚至主张对离婚加以限制，认为只有不自由结婚的，可以任意离婚；凡是自由结婚的，不能以爱情转移为理由自由离婚，必须有“生活上道德上的正当理由”，才可离婚。他还主张对续娶、再嫁做一定的限制，“男子续娶，应当以儿童幼小或是家事无人管理等为条件，寡妇再嫁，应当以生活困难或是家庭难处等为条件”。[③]

进入二三十年代，仍然有人力图将贞操限定在夫妻之间。例如，有人称：“贞操是附带于结婚的。结婚如果丢开贞操不讲，那结婚就无意义了……贞操是维系夫妇的道德的绳索，这个绳索，是把夫妇捆扎成为一个的。”[④] 甚至有人认为：“动物无婚姻，惟人类有婚姻；动物不知贞操，惟人类知有贞操，是则婚姻之与贞操，当然为万物之灵之人类之特征。”[⑤] “人类婚姻之起源，实系于贞操之观念，故婚姻之与贞操，固不可以须臾离。”[⑥]

在婚姻关系中，夫妻应相互保守贞操，这可以说是当时被接受程度最高的新式贞操观的内容之一，而且得到法律的明文确认。1930年代国民政府的《民法》和《刑法》，对夫妻一方若有与他人通奸行为，做出支持离婚或者判处刑罚的规定。

但是，将贞操限定在婚姻范围以内，必然会引发另一个理论上的难题：离婚是否就是对贞操的破坏？离婚自由是否就意味着彻底摒弃贞操？正如当时一位署名李季诚的女性作者所提出的疑惑：“守旧的人和主张严格道德的人，全以离婚为不贞节，给多夫多妇的制度预备公开之途。所以对于婚离

① 蓝志先：《蓝志先答胡适书》，《新青年》第6卷第4号，1919年4月，第400页。

② 具体言论，参见蓝志先：《蓝志先答胡适书》，胡适：《胡适答蓝志先书》，《新青年》第6卷第4号，1919年4月，第403、420页。

③ 蓝志先：《蓝志先答胡适书》《蓝志先答周作人书》，《新青年》第6卷第4号，1919年4月，第403、416页。

④ 鸿渐：《结婚和贞操——是维系夫妇的道德的绳索》，《健康生活》第5卷第2期，1935年9月5日，第77页。

⑤ 志群：《恋爱与贞操（中）》，《礼拜六》第474期，1932年10月15日，第457页。

⑥ 志群：《恋爱与贞操（下）》，《礼拜六》第476期，1932年10月29日，第498页。

〔离婚〕的责难非议，时有所闻。但何谓贞节？不离婚是否就可保持贞节？”[①] 从前文蓝志先要求限制离婚的主张看，李季诚的疑惑不可谓无的放矢。1920年代离婚问题也是知识界讨论的焦点问题之一，《妇女杂志》等刊物还出版过离婚讨论专号。从当时讨论的情况看，只有少数人主张有限度、有条件的离婚，或干脆反对离婚，多数人认同西方自由离婚的理念，一致批判传统中国的离婚规定，主张符合人道与两性平等精神的自由离婚。[②] 有人进而指出，社会上有些人之所以反对离婚自由，完全是旧习惯、旧道德造成的，“他们不但把女子看作非人，还把男女关系看作只是单纯的性的关系”。[③]

新文化人既想保留贞操，又要追求离婚自由，所以显而易见，他们不可能承认离婚等于不贞操。李季诚就认为：“离婚自离婚，贞节自贞节；贞节能否保持，并不在乎离婚不离婚。若以为不离婚就能保持贞节，何以不离婚而犯奸的，竟有如此之多呢？若以离婚为不贞节，那由不能离婚逼出来的奸通，能说是贞节么？”[④] 周建人也认为：“恋爱破裂而离婚，离婚之后而另嫁，无所谓失贞，正因为保守贞操，所以恋爱破裂，就不能不离婚了。”[⑤]

离婚、改嫁既然不等于失贞，这说明贞操已经突破了婚姻的范围，在婚姻之外也是可以有贞操的。那么，将贞操仅仅限定在婚姻范围以内，在理论上显然是无法自洽的。这导致知识界必须要对贞操进行新的阐释，才能使其自圆其说，于是有的新文化人将贞操从婚姻领域扩展到恋爱领域。如李季诚就将贞节重新定义为“因真正的自由恋爱而结合成为夫妇的男女，在恋爱的心理未断或已断而未将婚姻正式解除之时，不再与第三的男女因恋爱而发生性的行为”。[⑥] 在这个定义中，贞操不再与婚姻相联系，而是与恋爱相联系。其实，早在1919年的文章中，胡适就曾在贞操中加入恋爱的因素，他认为

---

① 李季诚女士：《离婚与贞节及子女》，《妇女杂志》第8卷第4号，1922年4月，第167页。

② 这方面的研究成果较多，具体内容也不再赘述。参见许慧琦：《〈妇女杂志〉所反映的自由离婚思想及其实践——从性别差异谈起》，（台北）《近代中国妇女史研究》第12期，2004年12月；赵秀丽：《民国时期关于离婚问题的讨论——以1922年〈妇女杂志〉为中心的考察》，《山东农业工程学院学报》2014年第6期；徐仲佳：《论女权主义的中国化经验——以1920年代〈妇女杂志〉关于离婚问题的讨论为中心》，《山东女子学院学报》2014年第6期。

③ B. L.：《离婚问题的实际与理论》，《妇女杂志》第8卷第4号，1922年4月，第33页。

④ 李季诚女士：《离婚与贞节及子女》，《妇女杂志》第8卷第4号，1922年4月，第167页。

⑤ 克士（周建人）：《妇女主义者的贞操观》，《妇女杂志》第8卷第12号，1922年12月，第18页。

⑥ 李季诚女士：《离婚与贞节及子女》，《妇女杂志》第8卷第4号，1922年4月，第167页。

“贞操即是异性恋爱的真挚专一”。[①] 但他们二人所说的恋爱、爱情仍然是局限在婚姻中，强调的是夫妻间的爱情。自1920年代开始，更多的新文化人突破这一局限，将贞操所引入的恋爱拓展到婚姻以外。如周建人认为“贞操只是一种恋爱的诚意；真诚的恋爱，当然含有贞操在里面的。如果失了贞操，恋爱也同时消灭，没有恋爱，也就无所谓贞操”，[②] 贞操就是“恋爱中的诚意”；[③] 吴觉农也认为贞操只是“附属在恋爱中产生的一个名词”。[④] 仔细分析周建人、吴觉农等人的言论，会发现他们所谓的贞操与恋爱，已经破除了婚姻的局限，不再强调婚姻之内、夫妻之间。

贞操既然只和恋爱有关，而与婚姻无关，那么离婚自然无损于贞操。周建人称“离婚再嫁，都仍然不失贞操”。[⑤] 吴觉农也称，如果夫妇“两方面的恋爱破裂便可离婚，贞操也同时解除。至于妻死再娶，夫死再嫁，同为一种平等的自由的行为，同时也可以说是贞操的更新。而烈妇不事二夫的话，便当完全破除”。[⑥] 而且他们进一步认为，不仅婚姻关系的解除无损于贞操，恋爱关系的解除也同样如此。如周建人说，“我们承认恋爱也许要转移的，那么，贞操也同时消灭”；[⑦] “没有人能够说恋爱已经破裂，而贞操能够独立存在的”。[⑧] 也有人认为：“两性的结合，全以爱为基础，爱之成熟，便是结合的开始，爱之消散，便是结合的末日，在相爱的期间，双方当然要忠实于爱情，即以前所谓之贞操。在未相爱之前，曾与别人发生过性的关系，或在不相爱之后，又与别人发生性的关系，这完全与贞操无关。”[⑨] 在他们看来，贞操依附于恋爱而存在，恋爱一旦结束也就没有了守贞的义务。

这种突破了婚姻，只讲求恋爱的贞操观，在当时得到了大量知识青年的拥护和奉行。民国女作家苏雪林曾经说：

---

① 胡适：《胡适答蓝志先书》，《新青年》第6卷第4号，1919年4月，第419页。
② 高山（周建人）：《贞操观念的改造》，《妇女杂志》第8卷第12号，1922年12月，第2页。
③ 克士（周建人）：《妇女主义者的贞操观》，《妇女杂志》第8卷第12号，1922年12月，第18页。
④ 吴觉农：《近代的贞操观》，《妇女杂志》第8卷第12号，1922年12月，第7页。
⑤ 高山（周建人）：《贞操观念的改造》，《妇女杂志》第8卷第12号，1922年12月，第5页。
⑥ 吴觉农：《近代的贞操观》，《妇女杂志》第8卷第12号，1922年12月，第8页。
⑦ 高山（周建人）：《贞操观念的改造》，《妇女杂志》8卷12号，1922年12月，第5页。
⑧ 克士（周建人）：《妇女主义者的贞操观》，《妇女杂志》第8卷第12号，1922年12月，第19页。
⑨ 粼：《从妇女解放说到经济独立再说到贞操问题》，天津《大公报》1928年7月19日，第10版。

> 旧时代的男女如处于两个世界里，五四后，男学生都想交结一个女朋友，哪怕那个男生家中已有妻儿，也非交一个女朋友不可。初说彼此通信，用以切磋学问，调剂感情，乃是极纯洁的友谊，不过久而久之，友谊便不免变为恋爱了……贞操既属封建，应该打倒，男女同学随意乱来，班上女同学，多大肚罗汉现身，也无人以为耻。①

从苏雪林的这一段回忆可以看出，当时不少知识青年确实在恋爱期就发生了性行为，而且“无人以为耻”，这说明贞操的道德束缚在知识青年群体中已被淡化。1932 年，还有人满怀忧心地写道：

> 现代青年，视恋爱为功课，以性交为礼仪，主张绝对自由，不受任何限制：甚至牵扯恋爱谓足以救国……一方面有刊物多种，专为迎合青年男女必〔心〕理，极端鼓吹社交公开恋爱自由（商务印书馆之《妇女杂志》，为此种刊物之一），举一切新旧道德法律，付之一蹴〔炬〕。加以立法司法者，亦不敢逆此潮流……而知无限制的恋爱，早已成为中国的风气，至于贞操二字，早已被摈于新辞典以外矣。②

这一言论尽管充满了卫道士的口吻，不免有夸大其词之嫌，但是也能反映出当时“现代青年”追逐恋爱、打破贞操的心理状态和行为特征。

当然，也有一些观点比较稳健和中庸。如一位名为“芳君”的作者便指出，贞操观是封建时代的观念，是男性对女性的压迫，而恋爱至上则是资本主义社会中个人主义的体现，二者都不可取。必须在贞操与恋爱至上主义之间寻找一种新的恋爱观。用自私的超现实生活的恋爱去代替压迫妇女的“贞操”，结果也不能使可怜的妇女得到幸福，绝不能在打破了一种旧的东西之后，又用一种新的个人自私去代替旧的自私。每个人都应把社会生活放在自己生活之上，才能使每个人的生活都得到自由，每个人都不做妨害别人利益的恋爱，每个人才能得到真正的恋爱自由。③

需要注意的是，截至 1920 年代前半期，新文化人固然都在强调贞操与

---

① 苏雪林：《浮生九四：雪林回忆录》，（台北）三民书局，1991 年，第 45 页。

② 志群：《恋爱与贞操（中）》，《礼拜六》第 474 期，1932 年 10 月 15 日，第 458 页。

③ 芳君：《贞操与恋爱至上》，《女声》第 1 卷第 8 期，1942 年 12 月，第 3 页。

恋爱（爱情）之间的联系，这一点与传统贞操观相比已经有了根本的不同。但是，此时的贞操观也有着与传统贞操观的相同之处。第一，它与传统贞操观一样，将贞操指向一个很具体的人——现在或未来的配偶、恋人，而且这个配偶或恋人是唯一的。如胡适曾说："贞操是一个'人'对别一个'人'的一种态度。"[①] 周建人也称男女"在恋爱中间，两者必须坦白而且忠诚"。[②] 第二，此时的贞操仍然着重于对身体（性行为）的约束和规范。如周建人曾说："所谓不贞操，除非只有在同时期内兼爱二人以上，而生淫荡的思想或行为，但这也就是违反恋爱的道德，并不是说只有贞操上的损失，而恋爱依然存在的。"[③] 另如教育家吴研因，一方面承认贞操和恋爱是有密切联系的，但同时又表示"贞操的形式是一夫一妇，不许和第三者发生关系"。[④] 这两点与传统贞操观没有本质的区别。由此可见，《新青年》中所谓的爱情是夫妻间的爱情，贞操是对配偶保持身体的贞洁和专一；1920年代前期《妇女杂志》中所谓的恋爱是恋人间的恋爱，贞操是对恋人保持身体的贞洁和专一。1920年代后半期以后，又有一些新文化人将贞操的诠释继续向前推进，使得贞操不再指向某一个具体的人，也不再仅仅是对身体（性行为）的约束。

二、从身体依附到爱情依附

将贞操与恋爱建立联系，强调贞操就是对恋人保持贞洁和专一，这种说法也遇到个理论上的难题：贞操作为一种道德具有强制性，而恋爱又追求自由性，这二者似乎是自相矛盾的。"贞操既然是一种性的强制约束，而恋爱又是性的自由发挥，那两者不是极端矛盾，不可调和的吗?"[⑤] 为了调和两者的矛盾，新文化人一方面力图淡化贞操的道德性，另一方面又重新确立贞操的衡量标准。

1925年1月，《妇女杂志》出版了《新性道德专号》，大力鼓吹打破旧

① 胡适：《贞操问题》，《新青年》第5卷第1号，1918年7月，第7页。
② 克士（周建人）：《妇女主义者的贞操观》，《妇女杂志》第8卷第12号，1922年12月，第19页。
③ 高山（周建人）：《贞操观念的改造》，《妇女杂志》第8卷第12号，1922年12月，第5页。
④ 吴研因先生讲演，高尔松、高尔柏记：《恋爱与贞操》，《觉悟》1923年9月7日，第2—3版。
⑤ 《恋爱问题座谈》，《青年与妇女》第7号，1946年10月，第21页。

的性道德，建设新的性道德，其中对于贞操又作了新的阐释。该杂志主编章锡琛称：

> 旧来的性道德观，最奇怪的，莫过于规定了性的行为只有在经过结婚形式的男女两人间方可发生……已经成年而具有责任能力的男女，因了自己双方的合意，互相结合，这是无论从哪一方看来不会有害于社会及个人的，然而一般社会却常常看做不道德。照新道德上看，男女间的性的行为，只要他们的结果不害及社会，我们只能当作私人的关系，决不能称之为不道德的……不贞操的所以成为不道德只以一个人因了性的行为而加害于他人为限。已婚的夫妇，一方有不贞操时，只须承认他方有离婚的权利便好，至于不贞操者的行为，对于彼方并没有何等损害，所以不该因此而受刑罚。甚至如果经过两配偶者的许可，有了一种带着一夫二妻或二夫一妻性质的不贞操形式，只要不损害于社会及其他个人，也不能认为不道德的。①

周建人称："至于说同时不妨恋爱二人以上的见解，以为只要是本人自己的意志如此而不损害他人时，决不发生道德问题的（女子恋爱多人也是如此）。"②

章锡琛、周建人的观点在新性道德观中比较有代表性，其他人的言说或是补充或是反驳，基本以他们的观点为核心。上述言论至少包含了三层意涵：第一，它将贞操与婚姻彻底剥离了，认为性行为不必"只有在经过结婚形式的男女两人间方可发生"。第二，它将前人所主张的贞操应保持对配偶或者恋人的专一也给解构了，认为一个人只要是出于自由恋爱而又不妨害社会及他人，可以同时恋爱两个人以上。如此一来，贞操就已经不再指向某一个具体的人。第三，它将贞操的道德性彻底解构了，因为它认为只要是基于平等、自由、合意的恋爱，只要不妨害社会及他人，任何恋爱形式，哪怕是不贞操的恋爱形式——同时恋爱两人以上——也与道德无关。简言之，这一说法认为不是只有夫妻才可以发生性行为，恋爱可以不贞操，不贞操不等于

---

① 章锡琛：《新性道德是什么》，《妇女杂志》第11卷第1号，1925年1月，第6页。
② 建人：《性道德之科学的标准》，《妇女杂志》第11卷第1号，1925年1月，第10页。

不道德，因此，它事实上解除了贞操与婚姻、贞操与恋爱、贞操与道德之间的对应关系。

新性道德观在当时显然过于超前，正如鲁迅所评论的：“我总以为章、周两先生在中国将这些议论发得太早——虽然外国已经说旧了，但外国是外国。”① 由于这样的超前性和过激性，新性道德观一经发表，便立刻遭受质疑，陈百年（陈大齐，北京大学教授）等人认为新性道德实际成了一夫多妻的“新护符”，双方就此展开激烈的论战。商务印书馆编译所所长王云五对此大感恐慌，立即要求《妇女杂志》须将每期排成的清样交其审查后方能付印，章锡琛提出辞职以示抗议，最终从商务印书馆离职，转而创办《新女性》杂志。② 这一结局实际上反映了“新性道德”对自由的过分倡扬，使得它未能取得知识界的普遍认同。或许正是意识到这一点，所以两年后章锡琛修正了自己的观点。

1927 年在《新女性》杂志上又爆发一场关于“恋爱贞操”的争论。争论的一方为无政府主义者，他们对那些“虽然相信恋爱自由”而偏又迷信“为恋爱而保持一己贞操”的人提出质疑：“恋爱与贞操有何相互的关系?”他们认为：“恋爱与贞操这两个名词实在是不能说有什么关系的。因为在恋爱的男女两性的结合并不是基于贞操，而两性的性生活之继续维持，也不是贞操。……两性的结合只有恋爱；两性性生活能维持也是恋爱。那末，还用得着什么贞操呢?”③ 他们甚至根本否认恋爱的存在，因而将其主张称为“非恋爱”论。在他们看来，“男女两性由于性的刺激所形成的一种行为，便是恋爱”，④ 换言之，性交即恋爱；或者认为恋爱只是友谊的“别名”，男女间的关系除了性欲关系以外，只有友谊。⑤ 进而他们主张性交自由，认为“性欲同食欲一样，需要满足时，就可以去满足。男或女感到恐慌，就可以找对手发泄”；⑥ 只要双方同意，“就是没有感情，也是可以听其自由性交，而不能

① 鲁迅：《编完写起》，章锡琛编纂：《新性道德讨论集》，上海梁溪图书馆，1925 年发行，第 93 页。
② 章锡琛：《漫谈商务印书馆》，《文史资料精选》第 1 册，中国文史出版社，1990 年，第 358 页。
③ 谦弟：《恋爱贞操新论》，《新女性》第 2 卷第 5 号，1927 年 5 月，第 527、528 页。
④ 一波：《我的恋爱观》，《新女性》第 2 卷第 7 号，1927 年 7 月，第 718 页。
⑤ 毛一波：《再论性爱与友谊》，《新女性》第 3 卷第 11 号，1928 年 11 月，第 1252 页。
⑥ 蒲察：《对于新恋爱问题的解答》，《新女性》第 3 卷第 12 号，1928 年 12 月，第 1425 页。

加以若何反对的”。[①] 基于性交自由的主张，他们反对一切形式的贞操，认为“无论过去的贞操，现代的贞操，单方面的贞操，双方面的贞操，或者‘自发的贞操’，都是‘掠夺与压迫’而欲取得社会承认权的结果……贞操简直是垃圾箱中的废物，而不可以一用的废物”。[②]

面对“非恋爱”论发起的挑战，章锡琛承认他确实是“恋爱贞操”论者，接下来他非常详尽地解释了“恋爱贞操”的内涵及其理由：

> 我之主张恋爱贞操一致，并不是像谦弟君所想像，以为凡是有恋爱的恋人同志，必须为对手方保守贞操，永矢弗渝。我以为恋爱的本身就是贞操……我说恋爱的本身就是贞操，因为恋爱本来是灵肉一致的：在一方面，对于有灵而无肉的不能认为恋爱的完成；在他方面，真正恋爱也决不能有肉而无灵。所以我们倘使承认了男女间的性交必须以挚密的爱好为原则，则在有恋爱的恋人同志的各方，自然不会对于自己恋人以外无爱情的异性发生肉的关系。这便是我所以主张恋爱贞操一致说的由来。[③]

其实，章锡琛所谓的恋爱贞操，用一句话来概括，就是“不与无感情的契合的异性发生性交的行为”；[④] 或曰：“什么叫做贞操？便是有恋爱的性的关系；什么叫做非贞操？便是无恋爱的性的关系。”[⑤] 这个说法否认了恋爱贞操就是为恋人守贞，它只是要求不要和没有爱情的异性发生性行为，以此区别于不讲感情的性交自由论。这一观念对新性道德观有所修正，表现为两点：其一，新性道德观认为恋爱可以不贞操，而“恋爱贞操”观则认为有恋爱即为贞操，没有恋爱的性行为才是不贞操，从而将爱情与贞操连为一体。其二，新性道德观去除了贞操的道德性，认为不贞操不等于不道德；而“恋爱贞操”观则重新为贞操赋予了道德性，只不过它衡量贞操道德的唯一标准是爱情之有无。

---

① 谦弟：《非恋爱与恋爱》，《新女性》第3卷第5号，1928年5月，第521页。
② 谦弟：《非恋爱与恋爱》，《新女性》第3卷第5号，1928年5月，第512页。
③ 章锡琛：《我的恋爱贞操观》，《新女性》第2卷第5号，1927年5月，第534—535页。
④ 晏始：《答剑波谦弟二君》，《新女性》第2卷第9号，1927年9月，第990页。
⑤ 晏始：《论贞操答柳剑君》，《妇女杂志》第8卷第12号，1922年12月，第13页。

“恋爱贞操”论中所谓的贞操，固然在其言说中仍然没有离开身体（性行为），但是判断贞操与否的标准却不在于是否发生性行为，也不在于和谁发生性行为，而只在于发生性行为之时双方是否有爱情。这一点显然有别于性交自由论，因为性交自由论是只放纵身体，不讲求感情；也同样有别于传统贞操观，因为传统贞操观是只约束身体，不讲求感情。在这个意义上而言，“恋爱贞操”论已经使贞操的意涵出现一个完全不同于以往的变化：传统的贞操可谓“身体依附型”，即贞操是依附于身体而言的，女人的身体是属于丈夫（或将来的丈夫）的，不得与其他的男人发生性行为，否则即为失贞；新式的贞操则属于“爱情依附型”，即贞操不再是依附于身体，而是依附于爱情而存在，男女的身体都应该服从于爱情，不得与没有爱情的异性发生性行为，否则即为失贞。当然，新式贞操观所强调的爱情，本身就是灵肉一致的，因为只要有了爱情就可以发生性行为，只不过在这“一致”的“灵肉”中，它对于“灵”（即精神性爱情）的强调要优先于“肉”（即肉欲和性行为）。因此，对于新式贞操之内涵更为准确而完整的表达应该是——“灵肉一致、灵先于肉”。这种新式贞操观将恋爱与贞操连为一体，互为表里，真正建立起相互间的依附性。① 正如时人所说，“恋爱与贞操是有机的结合，恋爱绝无贞操的保证，则恋爱变成了淫荡与浪漫，贞操而无恋爱的基础，则贞操成为性的强迫占有和对女子所加的野蛮束缚，成为奴隶的道德”。② “贞操与恋爱的关系，一而二，二而一，并不分彼此。”③

这场争论尽管持续了两年，但参与人数甚少，主要参与者不过四五人，社会反响也比较小。因而，这场争论或许还不足以反映出知识界的多数意见。1930年代爆发的另一次有关贞操问题的论战，则更能清晰地说明“恋爱贞操”观在当时的流行。

---

① 许慧琦认为，在1920年代前半期，《妇女杂志》作者群就已“特别强调新贞操——即新性道德——与恋爱自由的相互依附性”。参见许慧琦：《1920年代的恋爱与新性道德论述》，（台北）《近代中国妇女史研究》第16期，2008年12月，第42页。而笔者认为1920年代前半期，一些新文化人只是将贞操突破了婚姻的领域，与恋爱相联系，但彼时的贞操仍然是“身体依附型”的，还谈不到与恋爱建立相互依附性。贞操与恋爱的相互依附性是直到1920年代下半期才真正确立起来的。

② 陈碧云：《恋爱与贞操》，《妇女生活》第1卷第2期，1935年8月1日，第33—34页。

③ 佩韦（茅盾）：《恋爱与贞操的关系》，《妇女评论》（上海《民国日报》副刊）第5期，1921年8月31日，第1页。

1933年4月15日，周建人在《生活》周刊《信箱》栏目中发表了《恋爱和贞操》一文。在这篇文章中，他对恋爱与贞操进行了长篇论述：

> 究竟什么叫作“恋爱”呢？……性欲的满足对方是同具有这样的欲望的有机体，因此满足一方的欲望，同时也为他方所同意。如果一方单独发生欲望，这便是所谓单恋，倘若对方也表示同意时，就进于恋爱的境地。由此种观察说，恋爱没有其他的秘密，仅是两方的欲望趋向于一致……
>
> 更有些人说：真实的恋爱还含有贞操的要素，要是没有它，这恋爱不是真实的。但贞操是什么一回事？……贞操无论如何说法，它的本质是对于女性的一种约束，并非起于恋爱的本性……
>
> 有些妇女主义者比较的伶俐，他们并不说贞操应当废除，单说恋爱和贞操是一事的表里两方面，有贞操的恋爱是真恋爱，如恋爱破裂，贞操是不能单独存在的东西。这理论，把贞操归纳在恋爱之下，或把它当作仅是恋爱的附属条件之一，这不能不说是很巧妙的。但贞操观念原和恋爱并不起于一个来源，其性质也自各异，欲加以融合和改作，是根本不可能的事。①

从上述言论看，周建人的主张基本就是“非恋爱”论的翻版，认为恋爱只是性欲和性欲的满足，贞操与恋爱并无关系，贞操只是对女性的压迫和桎梏，应该废除。

从这篇文章开始，围绕“恋爱和贞操”问题，《生活》周刊《信箱》栏目展开了一场长达四个多月的大讨论，参与者数十人，发表往复辩论文章53篇，② 其中不乏由《生活》周刊主编邹韬奋动员、邀请而参战的文化名人，如吴景超、蔡慕晖等。在参与讨论者当中，对于周建人的观点，只有叶秀（见第8卷第32期）完全赞同，泽民（见第8卷第34期）表示有限的赞同，其余诸人都表示反对。反对者认为性欲只是恋爱的必备条件，但不是唯一的

---

① 克士（周建人）：《恋爱和贞操》，《生活》周刊第8卷第15期，1933年4月15日，第300—301页。

② 详见生活书店编译所编辑：《恋爱与贞操》，生活书店，1933年。

条件；[①] “贞操只是恋爱的现象，而不是构成恋爱的要素”；[②] “贞操的有无就是恋爱成败的表现”。[③] 这些言论和章锡琛等人所谓的“恋爱贞操”论基本没有什么差别。

从正反双方的力量对比上，我们已经可以判定“恋爱贞操”观更能得到新文化人的认同。而当时讨论者对于周建人及其观点的态度，也可表明“非恋爱”论与“恋爱贞操”论在当时的各自认可度。有人认为周建人的辩驳只是“强词夺理的不肯认输”；[④] 甚至有人认为《生活》周刊编辑部有意“偏袒”周建人，因为在每一篇质疑周建人的文章后都附有周建人的反驳文章，这对论辩双方极不公平。[⑤] 其实这种做法是当时刊物通讯栏目的一个编辑通例，但从质疑偏袒的态度可以看出，多数人对于周建人的观点不以为然，而且认为此次论战已经取得了多数的共识，周建人只是在强词夺理，这一情绪导致他们对编辑表达不满。

在这样的舆论压力下，1933年9月2日邹韬奋提前终结了这次论战，并撰写了一篇《编者的话》作为总结。邹韬奋认为通过这次论战可以确定几个原则：

> （一）从生物学上说来，恋爱是基于性欲的。超生物学的唯心的恋爱观，无有存立的可能。
>
> （二）恋爱和人类其他一切活动一般，不能脱离了社会关系去想像，因此恋爱的道德，应从社会关系这一点去着想，当然并不只是以满足性欲为唯一目的。
>
> （三）在合理的社会关系中，恋爱与贞操是一致的。但是在现社会制度下，贞操观念是加于单方面的性的桎梏，所以是根本应该打倒。[⑥]

概言之，这些原则就是认为恋爱基于性欲，但又不止于性欲；贞操应该与恋爱相一致，片面的贞操观应该打倒。这与“恋爱贞操”观的言说基本一

---

① 蔡慕晖：《大有商量的余地》，《生活》周刊第8卷第24期，1933年6月17日，第489页。
② 冯觉非：《积极的说明》，《生活》周刊第8卷第26期，1933年7月1日，第527页。
③ 恒容：《不完全》，《生活》周刊第8卷第28期，1933年7月15日，第572页。
④ 翼之：《不肯认输》，《生活》周刊第8卷第30期，1933年7月29日，第611页。
⑤ 成纯：《偏袒》，《生活》周刊第8卷第28期，1933年7月15日，第567页。
⑥ 《编者的话》，《生活》周刊第8卷第35期，1933年9月2日，第713页。

致。尽管邹韬奋强调这只是他个人的意见，但实际上是他对整个论战多数意见的综合，可视为当时被多数人广泛认同的观念。这一总结可以视为自《新青年》以来知识界对于贞操问题讨论结果的一个总概括。

综言之，经过自五四以来知识界对贞操问题的持续讨论和反复争辩，至少在1930年代，多数知识分子对于贞操的态度是批判旧贞操观，建设新贞操观，男女须平等地保守贞操；他们对贞操的基本理解，既突破了婚姻的范围限制，又不能认同性交自由论，认为恋爱和贞操是一致的，恋爱中天然就应该包含性需求和性行为，但贞操是依附于爱情而存在的，爱情之有无成为衡量性行为是否合乎贞操道德的唯一准绳，有爱的性行为即为贞操，无爱的性行为即为不守贞操，男女有爱即合，无爱即散。

当“爱情依附型”贞操被提出之后，贞操不再仅仅是对性行为的道德规范，而且也是一种要求对爱情保持尊重和忠实的精神操守，后者的重要性甚至在前者之上，“贞操不过是证明自己没有把对方的性爱当作玩耍的事实，并非是要从一而终”。① 在这一阐释过程中，贞操的传统意涵被逐步解构，而越来越接近于我们今天所说的“忠实”“专一”。正如有人称：“我以为贞不贞固不大要紧，忠实与操守则是很紧要的。我不注重‘贞’，我注重‘操’，我不以为处女为可贵，我以为‘忠实’是要的……所以谈‘贞’不如谈‘操’，谈‘贞操’不如谈‘忠实’。”② 甚至有人将贞操回归到一般的道德规范，认为：“贞操的意义简单的说是贞洁的气操。如详细一点说，贞洁就是独立高尚，气操就是人格。所以有独立高尚的人格的人就是守贞操的人。”③ 著名妇女运动家谈社英称：“所谓贞节，即为不二之代名词，操守即为不移之结果。”④ 时任国民政府立法院院长的胡汉民也在一次演讲中说道：“凡事有始有终便是‘贞’，《易经》上说，‘贞固足以干事’，足见贞是担当事业的人都不可少的道德，这有什么男女之分。”⑤

---

① 秦仪：《青年的恋爱问题》，《妇女生活》第3卷第4期，1936年9月，第6页。

② 锡斌：《我也谈谈恋爱和贞操》，《生活》周刊第8卷第22期，1933年6月3日，第450页。

③ 青云：《新贞操观》，《新妇女》第6期，1946年8月，第2页。

④ 社英：《贞节问题与妇女》，《妇女共鸣》第14期，1929年10月，第16页。

⑤ 《怎样使全国妇女能行使女权（续）》（胡汉民在南京女中演讲），天津《大公报》1930年7月8日，第3版。

其实，早就有人建议干脆弃用贞操的说法，“爱情的贞操，与其叫他贞操，不如叫他爱情；我的意见，便是不如将贞操的名目废去，只存爱情的名目，较为好些。因为有了贞操的名目，便有许多假贞操的出现”。[①] 但当时人们在谈论贞操问题时，几乎无一例外地仍然沿用了这个名词。后来章锡琛曾对此作过说明：“本来也用不着‘贞操’的名词。所以仍不能不用这个名词者：一为说明的方便，因为这是习用的名词；一为要打破谬误的旧贞操观。”[②] 也正是由于这一沿用，才引起许多的争论，正如洪钧所说：“所以引起这种无谓的辩论，是由于非恋爱论者对于‘贞操’这名词的成见太深，而一般恋爱论者之用贞操来代表恋爱之专一性，也不很妥当。”[③] 由此推测，如果时人使用“专一”的概念来讨论情感的操守，或许真的可以避免许多“无谓的辩论”。但胡适、章锡琛、邹韬奋等人之所以沿用“贞操”这一旧名词，可能也是有意为之。因为当时很多人对于贞操、贤妻良母这类被传统伦理打上深刻烙印的名词非常敏感，“直觉地有些厌恶‘贞操’这两个字的封建气味太浓厚”，[④] 因而其话题性非常强，新文化人看到贞操这样的字眼就免不了要批判、讨论、辩驳一番，从而实现了报刊引领议论话题的编辑意图。

三、以新知阐释旧学

20世纪二三十年代的知识界对于贞操问题的讨论，不仅赋予贞操以新的内涵，而且也反映了现代知识在公共舆论领域的渗透。

在传统语境下，人们谈论贞操问题时，所使用的话语往往只是礼法。自新文化运动以后，各种西方理论和学说作为思想武器大量进入贞操领域，从而形成了各种现代话语。大家在言说中频频引用外域经典，出现在他们笔下的国外学者包括福莱尔、伟斯德马克（今译为韦斯特马克）、达尔文、尼采、卢梭、倍倍尔、罗素、格里康、霭理士、冯德（今译为冯特）、爱伦凯、厨川白村等。在新性道德论战中，章锡琛、周建人二人还一致以陈百年对西方

---

① 胡怀琛：《贞操问题答彭年君》，《妇女杂志》第6卷第12号，1920年12月，第4页。
② 章锡琛：《我的恋爱贞操观》，《新女性》第2卷第5号，1927年5月，第534页。
③ 洪钧：《混战声中》，《新女性》第3卷第11号，1928年11月，第1263页。
④ 蔡慕晖：《专一》，《生活》周刊第8卷第27期，1933年7月8日，第551页。

理论的不熟悉作为抨击他的手段。周建人称："如果我们的话可以作为一夫多妻的新护符，则倍倍尔一派的社会主义者所主张的自由恋爱也可说是一夫多妻的新护符，披尔逊（即 Karl Pearson，今译为皮尔逊——引注）在他的《自由思想的伦理》里所说的……也可以指为有作一夫多妻的新护符的可能，或者甚至于去年罗素在'The Nation'上发表的话，也可以说是有这嫌疑……"[①] 章锡琛说："倘使陈教授对于现代进步的思想家及两性问题研究者的著作——如罗素的《社会改造原理》《到自由之路》，加本特的《爱的成年》，爱理斯的《性的心理研究》，福莱尔的《性的问题》及格里康的《多妻制下的妇女》等——曾经有点涉猎过，或者不会向我们提出这种的抗议，因为我们的意见可说全是从他们那里剿袭而来，陈教授如有抗议，早就该向他们提出的。"[②] 这两句话的言外之意是，作为北大的教授，既然在探讨两性问题，就一定要读罗素等人的经典著作，否则就没有讨论的资格。看懂这番言外之意后，陈百年决定退出论战，他认为章、周二人的上述言论是一种辛辣的讽刺，"因为在我的眼面前，恍恍惚惚出了一副滑稽的对照图——最高学府的名教授，一点没有涉猎过罗素等的著作"，并表示"我以后对于这个讨论，只好暂时不参加了"。[③]

当然，在二三十年代，围绕贞操问题所呈现的新知识、新话语是多元且交叉的。然而，通过仔细的分辨，我们仍然能够发现下述几种话语在当时出现的频率较高。

其一，人权与女权话语。

新文化运动时期，知识界运用民主、自由、权利、个人等概念来反抗封建礼教，传统贞操观作为封建礼教的重要内容之一，自然也被置于这些概念和话语的批判范围以内。新文化人认为"中国的贞操主义就是吃人的主义，

① 周建人：《答"一夫多妻的新护符"》，章锡琛编纂：《新性道德讨论集》，上海梁溪图书馆，1925 年发行，第 62—63 页。原文载于《莽原》第 4 期，1925 年 5 月 15 日。

② 章锡琛：《驳陈百年教授"一夫多妻的新护符"》，章锡琛编纂：《新性道德讨论集》，上海梁溪图书馆，1925 年发行，第 73 页。原文载于《莽原》第 4 期，1925 年 5 月 15 日。

③ 陈百年：《给周章二先生的一封短信》，章锡琛编纂：《新性道德讨论集》，上海梁溪图书馆，1925 年发行，第 97 页。原文载于《莽原》第 6 期，1925 年 5 月 29 日。

就是骗人自骗的主义”；[①] 贞操是“囚禁妇女的一个牢狱”，[②] 殉节是封建时代“男性中心社会对弱小的妇女大众的一种残忍的‘酷刑’”；[③] 贞节如果不取消，“女人还是没有理性的人，是得不到人的权利的”。[④] 有意思的是，维护传统贞操观的卫道士也会熟练运用权利、人格等概念和话语。如有人称：“以贞操当做压迫女性的桎梏，奴隶的道德的，不仅是根本上的误解，而且把女性的人格都污辱了！女性不要保持和男子同等的权威，同等的地位则已，如其是要的，唯有严守贞操，永远不被第二个男子所征服！……所以我们的见地，贞操不但是女子自然的个性，并且是保持女子地位、权威的绝对必要的、自卫防御之道。”[⑤] 在这段话中，作者所使用的新概念就包括人格、地位、个性等。另有人称：“近人有以表彰节烈为不合者，是不容不辨者也……妇女之抵拒强暴，其理固直通于新学者，自由人权，固新学之名词也。妇人之抵拒强暴，固行其身体之自由，宁死不受他人之强制，保其天赋之人权，宁死不受他人之污辱也。”[⑥] 此处则使用天赋人权、身体自由等现代概念来为贞操辩护。

继五四新文化运动之后，在1935年前后，时人对于贞操的封建礼教性质的批判又呈现陡然加剧的态势。导致这一现象出现的一个根本原因是，随着新生活运动的开展，人们发现复古成为新潮流，“随着复古的气焰，贞节观念，从新被人提倡、奖励，这是妇女解放声中之一大打击”。[⑦] 当时确实有人声称：“非贞操与廉耻，不可混为一谈，尚望目前一般力求解放之巾帼英雄，于高唱打破贞操观念之余，对于新生活中所标示之廉耻二字略加注意。”[⑧] 这句话的未尽之意是，新生活运动提倡礼义廉耻，而非贞操是不廉耻的，其借由新生活运动以重振贞操观念的用意自然昭然若揭。

---

① 佩韦（茅盾）：《恋爱与贞操的关系》，《妇女评论》（上海《民国日报》副刊）第5期，1921年8月31日，第1页。

② 俱新：《新性道德的基础》，天津《大公报》1928年9月27日，第10版。

③ 戈儿：《殉节》，《申报》1939年3月14日，第4张第15版。

④ 杨全：《“贞”》，天津《大公报》1947年11月18日，第6版。

⑤ 张希渠：《贞操问题底商榷》，《新生活》第11期，1931年11月，第170页。

⑥ 梁树棠：《论表彰妇人节烈》，《爱国报》第5期，1923年7月1日，第5、7页。

⑦ 兹：《瞻前顾后》，《申报》1934年12月30日，第5张第17版。

⑧ 《时事述评：贞操与廉耻》，《时代公论》第3卷第46号（总第150号），1935年2月8日，第5页。

在新生活运动所掀起的复古氛围中，1935 年发生的几件社会时事引发了舆论界的普遍关注。1935 年 1 月 9 日，黎元洪之遗妾黎本危（原名危文绣）在青岛市与商人王葵轩举行结婚典礼，不料引起湖北旅青同乡反对，他们以义愤团的名义发表宣言，对于黎、王之结合痛加指斥，称其“与国际体面攸关，于黎公身价有损，更于礼教风俗有妨”。随后青岛市市长沈鸿烈以“有玷黎氏名誉”为由，命令公安局将二人驱逐出青岛。[①] 同年 1 月 31 日，前浙江省主席鲁涤平因病去世，当天下午其妾沙氏跳楼殉节，各界均“颂扬备至”；[②] 有人写诗赞之曰：“一死居然赛共姜，堕楼如见烈肝肠。志坚金石千秋耀，节励冰霜百代芳。白首犹难辞晚景，青春讵肯谢韶光。红颜自古情多薄，独挽狂澜振坠纲。”[③]

对于危文绣事件，知识界非常警惕地意识到：“义愤团拿三十年前的旧话来声讨本危，无非是表示封建礼教要抬头。本危的被驱逐，便证明了封建礼教抬头的胜利。”他们愤怒地质问：“难道一个下堂妾的体面，比任何大人先的〔生〕们的体面，更为重大？难道男女在人权上平等的原则，在今日仍不为社会承认吗？……我们要问地方政府为什么也为封建礼教张目，帮助他们驱逐本危？”[④] 对于沙氏殉节，时人也悲愤地感叹道：“报纸连篇累牍的颂扬着，褒奖的命令也在草拟着，吃人的礼教在狂笑着，从此将有大批的不幸的女人送到吃人的礼教的口里。”[⑤] 总之，在时人看来，“社会上一般人对危文绣之不能表同情，对鲁夫人沙氏的一再诵扬，这都是封建势力的另有法术”。[⑥] 危文绣还将自己的境遇写成一首词：

往事嗟回首，叹年来惨遭忧患，病容消瘦。欲树女权新生命，惟有

---

① 《危文绣与王葵轩结婚》，天津《大公报》1935 年 1 月 11 日，第 4 版；《“义愤”：王危在青结婚，引起鄂人之反感》，天津《大公报》1935 年 1 月 27 日，第 10 版；鸥：《从危文绣再醮说到重男轻女》，《民间周报》第 100 期，1935 年 2 月 25 日，第 1—4 页。

② 《脑充血转剧不治，鲁涤平昨晨在京逝世，蒋亲往悼问，中央拨五千元治丧，如夫人坠楼殉节》，《新民报》1935 年 2 月 1 日，第 2 版；《鲁涤平之如夫人沙氏自杀》，《妇女共鸣》第 4 卷第 2 期，1935 年 2 月 20 日，第 58 页。

③ 前人：《咏鲁涤平殉节妾》，《宪兵杂志》第 3 卷第 6 期，1935 年 11 月，第 18 页。

④ 鸥：《从危文绣再醮说到重男轻女》，《民间周报》第 100 期，1935 年 2 月 25 日，第 2—3 页。

⑤ 峙山：《节烈可风》，《妇女共鸣》第 4 卷第 2 期，1935 年 2 月，第 1 页。

⑥ 浣英：《从危文绣的再婚谈到鲁夫人的殉节》，《新民报》1935 年 2 月 13 日，第 4 版。

精神奋斗。黎公去，谁怜蒲柳？天赋人权本自由。乞针神别把鸳鸯绣，青岛上得相手，琵琶更将新声奏。虽不是齐眉举案，糟糠箕帚，相印两心同契合，恍似当年幼。个中情况自浓厚，礼教吃人议沸腾；薄海滨无端起顽沤，干卿事，春水绉！[①]

无论是时人的评论还是危文绣的自撰词，其中所用到的概念和话语仍是新文化运动时期人们所惯用的自由、人权、女权、礼教吃人等。

总之，在 1935 年，人们发现本来经由“五四”与“五卅”这两个历史事件，已使部分国人从旧礼教的牢笼中警觉，“成为封建势力羁锁妇女之旧贞操观念，亦渐由新的性道德观念击碎”，但现在这成串的现实说明，“在此‘人心日古’的氛围中，女子从一而终、殉夫殉节等古董又在‘男女平权’的此刻，被捧上‘卫道者’朝夕渴求、馨香礼拜的神位”。他们于是发出慨叹：“真的，现在总可算‘人心日古’的时期了，妇女的贞洁在一般人的吹捧下是一时蔚为大观……”[②] 新文化人也因此认识到，批判、打倒传统贞操观对于女性所造成的礼教束缚的工作，仍未完成。故而，在 30 年代至 40 年代，仍有不少从礼教吃人、男女平等、尊重人格等角度批判传统贞操观、阐发新式贞操观的言论。

其二，科学的话语。

科学这一概念经晚清的输入、新文化运动的传播、科玄论战的强化，到 20 年代末及三四十年代，知识分子关于历史、社会及西化模式的讨论在根本上都是用科学的术语展开的。[③] 胡适曾在《〈科学与人生观〉序》中总结道：“这三十年来，有一个名词在国内几乎做到了无上尊严的地位；无论懂与不懂的人，无论守旧和维新的人，都不敢公然地对他表示轻视或戏侮的态度。这名词就是‘科学’……自从中国讲变法维新以来，没有一个自命为新人物的人敢公然毁谤‘科学’的。”[④] 在新文化运动时期，科学作为“人的发现”“人的觉

---

① 《来信》，《申报》1935 年 2 月 17 日，第 5 张第 20 版。

② 月宸：《人心日古中的两性道德问题》，《妇女生活》第 1 卷第 2 期，1935 年 8 月，第 6、8 页。

③ ［美］郭颖颐著，雷颐译：《中国现代思想中的唯科学主义（1900—1950）》，江苏人民出版社，1998 年，第 13 页。

④ 胡适：《〈科学与人生观〉序》，亚东图书馆编：《科学与人生观》，上海三联书店，2014 年（据亚东图书馆 1923 年版），第 2—3 页。

醒”的启蒙工具，也被“适用于社会政治和伦理道德领域”。[①] 五四前后的新文化人在论述贞操问题时，也运用科学或伪科学的方法从各个方面予以论证。

有人从心理因素来分析贞操，认为节烈的起源是三种心理因素的影响。一是“以性为不洁的迷信”，因此导致人们认为童身要比结婚的人清洁。二是男性的嫉妒，使得许多民族不但要求妻子永远属于丈夫所有，永远再不做他人的妻子，并且还要求她未曾出嫁以前，也丝毫不曾附属过他人。三是生殖崇拜的思想，原始人类相信两性关系有左右“天行”的神力，混乱的恋爱必将引起社会的灾祸，所以才有那样猛烈的憎恨。从这几个方面来观察，“这种由动物性嫉妒和原始人类的迷信合成功的节烈贞操观不应当在有希望的社会中存在，是非常显明的，除非在残酷不进化的民族”。[②]

有人从生理因素来分析贞操，对于处女膜问题进行了较为科学的说明，称“处女膜有无之说，不足以直称〔接〕表示处女性之有无，即虽无处女膜，而身仍属处女，或处女膜虽完备，而身已非处女者，均有之也……又处女膜，因人而异，有厚有薄。极薄者，以仅微之刺激即破。且有不出血之时。是故不必以新婚初夜之出血有无，为处女性之判别”；[③] 如果“专凭这个问题来判定处女和非处女，那蒙冤抱屈的人，一定是非常之多的”。[④]

上述分析尽管并未使用“科学”这个概念或术语，但都是使用科学知识或科学方法对贞操进行研究，因而显得学理性较强，从中可以看到科学话语的普遍运用。由于科学话语的强大，当时还有一些人有意或者无意地利用一些伪科学知识来论证自己的贞操主张。例如，有人称“男女间性的关系，不仅男生殖原素（精子）和女生殖原素（卵子）的结合而已，更由男性方面，生出一种酸酵素，透入女性的血液中；同时女性的血液，多少带些男性化。这种酸酵素，就是一度接合，也发生效力”；[⑤] 不仅如此，这种酸酵素还会影

---

① 汪晖：《现代中国思想的兴起》下卷第二部《科学话语共同体》，生活·读书·新知三联书店，2004年，第1210页。

② 佩娟：《节烈的解剖》，天津《大公报》1934年9月23日，第11版。

③ 伯藩：《处女膜在贞操上的估价》，《康乐世界》第2卷第2期，1940年2月，第16页。

④ 鸿渐：《结婚和贞操——是维系夫妇的道德的绳索》，《健康生活》第5卷第2期，1935年9月5日，第78页。

⑤ 冠英：《女子贞操的科学研究》，《妇女杂志》第7卷第8号，1921年8月，第110页。

响女子的性格，“淫荡女子性格之不贞淑，也就是因为多种的精子进入血液，发生种种不同而复杂的反应，而结果还使性格变为淫荡。所以，有许多品性贞淑、教育纯正和家境良好的女子，因不得已而再婚或三婚之后，性格会变成淫荡，就是因为这种缘故”。① 还有人称从内分泌学说的科学立场来考察，男性的精液会刺激女性颈部甲状腺，导致其颈部膨大，因此从新娘颈部的粗细就可以判断其是否为处女。甚至还可以用“搔痒”的办法来鉴别处女，因为“少女达到思春期，催情带感觉非常敏锐，由外部稍加接触刺激，立时就觉得一种特殊快美感觉。司发生快感的神经末梢器，我们就叫做快美小体”，如果是处女被异性接触就会全身发出痒感，如果不是处女则瘙痒快感就会减退。② 上述言论无疑是为传统贞操观做辩护的，其中所用到的生殖原素、酸酵素、内分泌、甲状腺、神经末梢等术语，看起来科学味十足，在当时或许具有较大的迷惑性，但稍具现代科学常识者自然一眼就能分辨其是非。然而，有一些知识则显得真伪难辨了，其中以“先父遗传”最具代表性。

所谓“先父遗传”（Telegony），简单来说，就是“二次结婚的妇人，生下来的孩子，往往类似前夫”。③ 时人或称其为“异父遗传”或“浸润遗传”。④ 有人还言之凿凿地列出许多例证，证明“先父遗传”不仅在动物身上有体现，在人类身上也有体现，甚至在自已身边就有例证。基于这种学说之结论自不待言，“此科学的试验之结果，与古时称失贞为被污且认为终身不可濯之耻辱者，更相吻合”，“由是以论，则女子之有贞操，在女子本身，极关紧要”。⑤

“先父遗传”学说一直以来都是遗传学中一个非常有趣并富有争议的问题。⑥ 但在民国报刊中，对于这个学说的评价，只有一篇译文认为它“与今

① 沈沛恩：《贞操问题》，《妇女杂志》第14卷第8号，1928年8月，第85页。

② 西拓：《处女鉴别与新贞操观》，《时代生活》第2卷第6期，1935年8月25日，第190页。

③ 张希渠：《贞操问题底商榷（续）》，《新生活》第12期，1931年11月21日，第187页。

④ 宋国宾：《贞操与血统问题》，《申报》1933年3月27日，第3张第11版。

⑤ 志群：《恋爱与贞操（上）》，《礼拜六》第473期，1932年10月8日，第416页。

⑥ 关于“先父遗传”学说的真伪性，笔者专门请教了首都师范大学生命科学学院任东、张飞雄教授。张飞雄的总结是：1. 在昆虫、小鼠等生物中进行实验的结果证实该现象是存在的；2. 由于无法在人类身体开展如在其他生物中进行的类似实验，因此尚无明确的结论；3. 常规观点认为，精子进入雌性体内后大部分会被迅速杀死，少数参与受精过程；如果不能受精，也会在较短的时间内被降解，因此不会对雌性产生什么影响。但现代的遗传学实验证实，尽管精子被杀死或降解，但整个性爱过程和雄性提供的精液会对雌性的激素水平、生理和心理等产生一系列影响，这些影响会导致其基因组发生表观遗传修饰，进而传递给后代或对后代产生一定的影响；4. 有鉴于此，可以推断，该现象在人类应该是存在的。特此感谢张飞雄、任东教授的专业见解和热情帮助。

日的遗传学说，不能一致。照遗传学说讲来，遗传给小儿的内容，是从父母的生殖细胞即精子与卵子中之染色体上来的，决不会来自他方”。[①] 除此以外，其他人的介绍均对此持认同的态度，认为这是“一般所相信不疑者也”。[②] 如许人等之所以始终介绍、宣传先父遗传学说，显然是看重其身上较为浓厚的遗传学科学色彩，虽不易被证实，但也难以证伪，从而达到坚持维护贞操观的目的。

其三，社会主义话语。

19 世纪末 20 世纪初，社会主义思想开始传入中国，五四时期各种社会主义思想得到广泛传播，当时的报刊大有“不谈社会主义，则不足以称新文化运动的出版物的气概”。[③] 新文化运动时期的东西方文化问题论战，以及二三十年代的“问题与主义之争”“社会主义之争”“无政府主义之争”等论战，把社会主义思潮不断地推向高潮。在 1933 年《东方杂志》的“新年梦想”征文、《申报月刊》的“中国现代化问题论争”和 1931—1934 年“中国社会史论战”中，人们在思索中国未来发展道路的时候，不同程度地表现出对社会主义的集体诉求。在这些论争中，有的文章虽不是专论社会主义，却频频提到社会主义；论者虽激烈攻讦，却又不约而同地赞许社会主义。[④] 这种“泛社会主义化”的思想倾向在贞操的阐述中也有体现。

早在 1919 年，李大钊就曾从唯物史观的角度来解释贞操的变动。他认为马克思主义唯物史观的要旨就是经济基础决定上层建筑，“女子贞操问题也是随着物质变动而为变动”。在男子狩猎女子耕作时代、农业和畜牧业时代、工业时代，由于女性经济地位的不同，导致贞操从无到有，从绝对的、强制的、片面的变为相对的、双方的、自由的。将来随着资本主义制度的必然崩坏，生产方式、分配方式的改变必然导致贞操内容的变动。[⑤] 同年，陈启修也在《新青年》上发表《马克思的唯物史观与贞操问题》一文，其核心

① 小仓清太郎著，李阿毛译：《从医学上谈贞操（十一）》，《机联会刊》第 151 期，1936 年 9 月，第 24 页。

② 姚伯麟：《科学上所见之妇女贞操》，《新医药刊》第 113—114 期合订本，1942 年 5 月，第 1 页。

③ 周佛海：《实行社会主义与发展实业》，《新青年》第 8 卷第 5 号，1921 年 1 月，第 1 页（文页）。

④ 郑大华、谭庆辉：《20 世纪 30 年代初中国知识界的社会主义思潮》，《近代史研究》2008 年第 3 期，第 44—58 页。

⑤ 李大钊：《物质变动与道德变动》，《新潮》第 2 卷第 2 号，1919 年 12 月，第 219 页。

观点与李大钊基本一致，但表述方式各异。[①]

进入二三十年代以后，各种社会主义概念和术语在贞操论述中更是频频出现。在1927年《新女性》杂志关于“恋爱贞操”问题的讨论中，引发这次讨论的《恋爱贞操新论》一文开篇就称，“有不少的社会科学教授们，竟将‘社会学’和‘社会主义’，‘社会问题’与‘社会运动’混为一谈，而没有明确的概念”；认为“恋爱是反社会的，而且是资本制度下的环境特有的”。[②] 其后，剑波又声称自己不愿和那些“资产阶级或小资产阶级思想家为伍”，[③] 认为“私有经济制度影响了性关系”，性问题的解决须在“经济制度达到自由共产主义（Free Communism）”之后。[④] 章锡琛则质问：“一定要把恋爱与资本制度拉在一起，究竟有什么意思?”[⑤] 在他看来，“杂交论者所最振振有词的，是说恋爱是私有财产制度下的产物，是资产阶级所玩的把戏。这话有一半是对的。恋爱是否私为〔有〕财产制度下的产物，还是疑问，因为在私有财产制度未成立以前的原人社会乃至动物界，已经有粗糙的恋爱形式了。但即使承认了是私有财产制度的产物，我们也不能凭着感情立论，说一切私有财产制度下所产出育成的东西都是不对的”。[⑥] 章锡琛的看法又引来了对方的质问：“章先生的意见，似乎是代表以反动的资产阶级一方在说话吧?”[⑦] 这些言论充分表明社会主义思潮深刻地影响了当时的知识界，人们乐于将其作为自己的立论依据，因此在他们的笔端频频出现社会主义、自由共产主义、资本主义、私有财产制度、资产阶级、小资产阶级等概念，甚至给资产阶级贴上了“反动”的标签，不愿与之为伍。将贞操与社会形态、社会制度相联系，这也给本次论争打上了鲜明的现代性烙印。

在1933年《生活》周刊展开对贞操问题的讨论时，人们对于社会主义话语的运用更为纯熟。如周建人运用阶级分析法来阐述自己对于恋爱的

---

① 陈启修：《马克思的唯物史观与贞操问题》，《新青年》第6卷第5号，1919年5月，第500—505页。

② 谦弟：《恋爱贞操新论》，《新女性》第2卷第5号，1927年5月，第525页。

③ 剑波：《璧还“恋爱贞操新论者”的声明》，《新女性》第2卷第5号，1927年5月，第531页。

④ 剑波：《谈“性”》，《新女性》第3卷第8号，1928年8月，第870、869页。

⑤ 章锡琛：《尾巴以外》，《新女性》第3卷第8号，1928年8月，第885页。

⑥ 章锡琛：《尾巴以外之续——非非恋爱论并就教于主张杂交诸君》，《新女性》第3卷第8号，1928年8月，第890页。

⑦ 一波：《非恋爱的又一声》，《新女性》第4卷第3号，1929年3月，第335页。

认识，称："恋爱的本身是没有阶级性的，换一句话，即世界的。而思想等却有阶级性……阶级、地方等不同的异性都有恋爱的可能，故不能附和以有阶级性的思想感情等为无阶级性的恋爱之基本的条件。"① 这一方法也被其他人所掌握，同样有人称，"一个相信共产主义的女子断不能和一个跳舞专家的摩登留学生恋爱"；② "在有阶级分野的社会里，婚姻制无疑地是阶级的内婚制"。③

周建人利用他对生物学的精通，从生理的角度探析恋爱只是源于性欲，对手便称他"不知道是不是因为对动物学研究得太专门，以致忘了人类的社会关系"；④ 有的说他"或许是受了唯物论的毒，忘掉了人是有理性且富于感情的动物"。⑤ 随后，双方开始用唯物论、辩证法的概念展开辩驳。对手指责周建人不懂唯物论，认为"虽然他也说了些什么'帝国主义'、'封建主义'、'资本主义'的名词，貌似一个新的唯物论者，其实他的唯物倾向是片面的，不是全面的；是只承认物质，不承认精神的……他只知道唯物而不知道辩证法。这在哲学上是不折不扣地一个机械的唯物论"。⑥ 还有人说："根据唯物史观的社会进化史来看，应该说：恋爱的基础是社会制度，尤其是经济制度。"其后大段引述了恩格斯在《家庭、私有制和国家的起源》（当时译为《家族之起源》）中的观点，认为该书"作为一种社会实状或改革方案论，是极其健全的"。⑦ 对此，周建人一方面表示自己并不懂"唯物的辩证法"，也不想争"新唯物论"的招牌；⑧ 另一方面又引用恩格斯该书的观点来证明，"恩格斯的话决不能借来拥护中国的贞操"。⑨ 由上可见，社会主义话语范围内的唯物主义、辩证法、阶级，以及社会主义、帝国主义、资本主义、资产阶级、私有制度等概念，甚至马克思、恩格斯及其著作的名称，都频繁出现

① 克士（周建人）：《再画几只蛇足》，《生活》周刊第8卷第19期，1933年5月13日，第393—394页。
② 黄养愚：《应先决定标准》，《生活》周刊第8卷第24期，1933年6月17日，第492页。
③ 冯觉非：《积极的说明》，《生活》周刊第8卷第26期，1933年7月1日，第528页。
④ 蔡慕晖：《大有商量的余地》，《生活》周刊第8卷第24期，1933年6月17日，第489页。
⑤ 杨芷庭：《不敢赞同》，《生活》周刊第8卷第25期，1933年6月24日，第511页。
⑥ 成纯：《偏袒》，《生活》周刊第8卷第28期，1933年7月15日，第567页。
⑦ 成纯：《如是我闻》，《生活》周刊第8卷第32期，1933年8月12日，第649—651页。
⑧ 克士（周建人）：《我先有几个质问》，《生活》周刊第8卷第29期，1933年7月22日，第589—590页。
⑨ 克士（周建人）：《"如是我"见》，《生活》周刊第8卷第33期，1933年8月19日，第672页。

在二三十年代的贞操论述中。当然，由于时人只是运用时髦的社会主义话语来阐释贞操问题，而非专论社会主义，因此我们很难分辨他们的社会主义观究竟属于科学社会主义、基尔特社会主义、无政府主义抑或是其他社会主义流派。

通过以上的梳理可以看到，新文化运动以后知识分子在讨论贞操问题时，已经开始大量使用现代话语予以阐释，它们所涉及的现代知识涵盖伦理学、生物学、心理学、社会学、哲学等。正如邹韬奋所言，贞操开始不过是一个道德问题，“后来牵涉到人生观问题、生物学问题、心理学问题、社会学问题，最后以至于唯物辩证法的问题”。[①] 因此，这些现代话语的背后，其实显露出现代学科体系与知识结构对于民国学人的深刻影响，以及中国旧学向西方现代学术体系的转轨。

四、马汪事件与现代贞操观之曲折实践

尽管知识界对自由与贞操之关系进行了充分的讨论，但是这种现代贞操观在被实践的过程中并非是一蹴而成的。恰恰相反，传统的惯性甚至是韧性仍然深刻地裹挟着这些身处时代巨变的知识男女。他们或许拥有最激进的贞操恋爱观，但同样也是这群人反而更轻易地成为传统贞操观的受害者。这其间的反复与挣扎，从1928年的马振华、汪世昌恋爱悲剧中便可见一斑。

1928年，身为军人的汪世昌对素不相识的马振华一见倾心，便写情书给她。后来二人诗文往来，马女士称汪为“才貌兼全之奇男子”，二人大有古代才子佳人的色彩。认识三个多月后，两人发生了肉体关系。可是在这之后，汪世昌又怀疑马振华已经不是处女，竟退还情书，表示分手。马女士认为苦守的节操已被破坏，爱人又已经不再爱她了，于是投水自杀身亡。或许是畏惧舆论的压力，汪世昌也带了一根绳子去自杀，但是他不是真用绳子来上吊，而是把绳子一头拴在水边的木筏上，一头系在腰里，然后跳到黄浦江里，搞掩耳盗铃的假自杀之把戏。这件事轰动了上海社会，有人专门为这件事发行了几个小册子，还有人将其编为剧本公演，一时“销路大增，洛阳纸

① 《编者的话》，《生活》周刊第8卷第35期，1933年9月2日，第713页。

贵”、“万人空巷，座为之满”。[①]

在马汪事件发生后，舆论普遍斥责汪世昌为“浮荡成性，狡猾无耻之拆白男子”，“人格卑鄙，心术狠毒”，“用种种不正当手段，勾引良家闺女”，“开男子对于女子滑稽恋爱的破天荒，创出蹂躏女子的新纪元!”[②] 或者干脆称之为“汪下流”。[③] 从事后汪世昌拙劣的自杀表演来看，这些斥责似乎并非冤枉他。同时，也有人试图为马振华式的女性进行开脱：“因女子的学问，智识，经验不充足，一旦与男子往来，总有许多不能敌男子的地方。而男子如果怀着作恶的观念，图谋女子，女子往往被男子所欺骗所摧残。这是男子予女子以不堪的痛苦，简直把女子做了时代的牺牲品了。”[④] 但是，从另一个角度来看，在马汪事件中，马振华致死的原因不是因为两人发生了性关系，而是因为汪世昌事后怀疑马振华不是处女，马振华由此认为自己贞操既已被其破坏，清白又受到侮辱，唯有一死了之。导致她认为自己受到侮辱的根源，仍然是旧道德中传统的贞操观念。

无独有偶，在稍早几年的张劲我、李乃培事件中，也是一位像汪世昌的现代男性试图以贞操来拿捏与之自由恋爱的女性。1925 年，上海大学女学生张劲我因与男友李乃培感情日坏，因此，欲与李脱离关系。李乃培则利用女子想保全贞节之令名的通性，向朋友们大谈他们每次性交之情状，并威胁将之公布于社会，以此要挟张劲我。[⑤] 要挟不遂，李乃培又在《觉悟》上登载广告，对张劲我进行人身攻击以泄私愤。[⑥] 一时间，李的行为引起不少读者的愤慨，短短一周时间内，《觉悟》编辑部就收到 20 多封同情张劲我、指责李乃培的信件。[⑦]

---

① 居甸：《几句投机话》，《新女性》第 3 卷第 4 号，1928 年 4 月，第 379—380 页。

② 以上为上海中华妇女同志会和四区党部妇女部对汪世昌的斥责，参见岂凡：《马振华的自杀及世评》，《新女性》第 3 卷第 4 号，1928 年 4 月，第 366—367 页。

③ 落霞：《为马振华女士自尽惨剧敬告青年与家长》，《生活》周刊第 3 卷第 20 期，1928 年 4 月 1 日，第 218 页。

④ 江亢虎：《社会问题》，《新闻报》1924 年 7 月；转引自剑余：《通讯》，《妇女杂志》第 10 卷第 7 号，1924 年 7 月，第 1205 页。

⑤ 竹虚：《张李事件之片面（二）》，《觉悟》1925 年 10 月 23 日，第 7 页。

⑥ 记者：《为张劲我女士辩诬》，《觉悟》1925 年 10 月 19 日，第 6 页。

⑦ 详见曹聚仁：《绑票式恋爱之破裂（续）》，《觉悟》1925 年 10 月 22 日，第 4 页；寄华：《是谁“老羞成怒”?》，《觉悟》1925 年 10 月 23 日，第 6 页。

像马振华、张劲我这样的女性，是当时很多女性的缩影。她们一方面接受了新式教育、新式学说、新式思想，其行为也带有浓厚的现代色彩。像马振华和汪世昌在结婚以前就有了性行为，这一点本就是现代恋爱观之体现，“在恋爱的人中间，这肉体的了解是不成问题的”。[①] 可以想像，如果马、汪都严格遵守旧礼教，就不可能发生公开社交、自由恋爱、婚前性交等行为，也不会有日后的自杀惨剧。

但另一方面，马振华或者马振华们又与传统贞操观有着千丝万缕的联系。当时许多“新”女性都是像马振华一样，对恋爱的真义只领悟了一半，即只认识到婚前恋爱的真义，没有认识到婚后自由的真义。这些新式女子表面上看似完全接受了恋爱自由、爱情至上等新思想（否则也不会发生婚前性交的行为），但实际上她们的“新”是有限度的，她们仍无法摆脱贞节观念、从一而终观念的束缚。在婚前或同居前，她们固然可以随意选择伴侣，但一旦与恋人发生性关系（同居或结婚）以后，她们就认为爱情不能再有所变迁了。[②] 甚至有些女性甚至因为一时冲动失了身，便被迫着嫁给她失身的男人，“仿佛藉此便可以抹去原有的龌龊，回复处女底贞洁”。[③] 可以说，正是这种新旧思想的矛盾与共存，导致了马振华们在恋爱失败后自杀的悲惨命运。“既要服从旧道德，又要学做新人物”，[④] 于是乎只能非死不可了。“新文化新得不彻底，旧道德旧得不彻底，是死于新旧相混中”。[⑤] 杀死她们的，实际正是她们日夜高呼打倒的贞操观念。这恰恰说明，以现代贞操观为核心的新式恋爱观对于实际生活的影响是有其复杂性的。

不仅是马振华如是思考，即使是在当时的社会舆论中，传统贞操观也仍有基础。在马汪事件中，社会舆论对于马振华的态度一方面是同情和辩护。

---

① 岂凡：《马振华的自杀及世评》，《新女性》第 3 卷第 4 号，1928 年 4 月，第 365 页。

② 关于这种双重选择标准，详见余华林：《恋爱自由与双重爱情标准——民国时期关于“爱情定则”论争的历史透视》，《石家庄学院学报》2005 年第 2 期。

③ 陈望道：《略评中国的婚姻》，《陈望道文集》第 1 卷，上海人民出版社，1979 年，第 79 页。原载《民国日报》副刊《妇女评论》第 1 期，1921 年 8 月 3 日。

④ 岂凡：《马振华的自杀及世评》，《新女性》第 3 卷第 4 号，1928 年 4 月，第 368 页。

⑤ 岂凡：《马振华的自杀及世评》，《新女性》第 3 卷第 4 号，1928 年 4 月，第 370 页。

他们称马振华是一个正经的、真心的多情女子，[①] 是爱情专一的可敬的女子，[②] 而非难汪世昌不该引诱良家妇女，夺其贞操后再将其抛弃。为了替马振华进行辩护，他们将女子"失身"分为有意的与被迫的，认为前者是失了贞操，而后者则不能算是失了贞操。然后他们将马振华之失身于汪某解释为屡次被迫的结果，认为这与有意淫奔有本质的区别。"她的道德并没有坏，倘若社会不过因为她的被骗失身，就把失了贞操的罪名加上去，这就是错误的贞操观念；马女士受了骗，觉得无颜生存而自杀，也受了这种错误观念的影响。"[③]

要求打破错误的贞操观念这一点是无可厚非的，但问题在于，从马、汪二人交往的信件来看，很难断定马振华是被迫失身的。马振华之死并不是因为汪世昌强迫她失身，而是因为他怀疑她不是处女。将马振华的失身归结为被迫或被骗，只不过是要为她在道德上加以开脱。可是，有意的"淫奔"就是不道德、不贞节吗？这种社会道德标准与传统贞操观念有何本质上的区别？因此我们不能因为有人声称要打破错误的贞操观念，就可以断言："可以知现在已绝无崇信旧礼教之人了，这一点是可以表出这几年来的社会基调之变革，很值得使吾人注意的。"[④] 事实上，如果"现在已绝无崇信旧礼教之人"，那么人们就应该对汪世昌顽固地抱执传统的"处女"观念不放大加攻击，因为若是真的打破了贞操观念，那么处女不处女就没有什么辩白的必要，"非处女并不是一种丢脸的事呵！"[⑤] 可是舆论界就这一点进行正面的攻击却很少，他们大都认为马振华是处女，斥责汪世昌不该怀疑，"并不敢进一步说即使马女士已非处女，亦不成问题之话"。[⑥] 这说明在他们的内心，"处女情结"仍然根深蒂固地存在着。

社会舆论对马振华的另一种态度，是对她的行为进行检讨。他们认为马

---

① 落霞：《打破错误的贞操观念》，《生活》周刊第3卷第21期，1928年4月8日，第230页。

② 落霞：《为马振华女士自尽惨剧敬告青年与家长》，《生活》周刊第3卷第20期，1928年4月1日，第218页。

③ 落霞：《打破错误的贞操观念》，《生活》周刊第3卷第21期，1928年4月8日，第231页。

④ 岂凡：《马振华的自杀及世评》，《新女性》第3卷第4号，1928年4月，第370页。

⑤ 居甸：《几句投机话》，《新女性》第3卷第4号，1928年4月，第381页。

⑥ 岂凡：《马振华的自杀及世评》，《新女性》第3卷第4号，1928年4月，第370页。

振华不该轻易与汪世昌发生性关系，因为“始乱”是“终弃”的张本，始乱的时候便含有终弃的种子。马振华如果明白了这一点，便应当知道在未正式结婚以前，绝对不该答应对方男子不正当的要求，与其致终弃而觅死，不如因拒乱而绝交。所以邹韬奋说：“在女子方面，只要看所交的男友有不合理的生理上的要求，就是他百般言爱，但未有彻底了解而且正式结婚之前，遽有此要求，便是很危险的途径，应拿定主意，毅然拒绝。这一点如拿得定，就是发现对方靠不住，顾而之他，也不至于有何凄惨的结果……马振华女士之死于汪某，也是这一点没有拿得定所致。”[①] 另一位作者也评论道：“我深信如马女士不上‘下流’（指汪世昌——笔者按）的当而未至失身，就是已订婚而解约，也不至走入死路。”[②] 这样的言论虽然对警醒一般新式的女子起到了一定的作用，提醒她们不要轻易与男友发生生理上的关系，以免事后的后悔。但是其言犹未尽之意好像是说：如果女子不慎与男友发生了肉体关系，而后又被男子遗弃，那么她们就是死不足惜、死有余辜了。这样的舆论氛围，也使得马振华们不得不仍将贞操视为自己的“天字第一号”问题，一旦她们认为自己的贞操受到了破坏，就无颜生存了。

可以说，此期时代女性“新思想旧道德”特殊观念形态的形成，既有个人抉择的因素在里面，但亦离不开社会环境的作用，在某种意义上，我们甚至可以说她们的观念形态从另一个侧面反映了整个社会一种新旧杂糅的观念形态，而其中的“旧”则是将马振华们逼入绝境的一个重要因素。

至1930年代，对于贞操问题的讨论达到了顶峰。此后，当抗战爆发后，关于抗战和恋爱的关系也引发了很多讨论。有人认为恋爱与抗战绝不相容，因为恋爱耽误时光，消磨志气，所以有碍于抗战；也有人认为恋爱与抗战毫不冲突，以前在国民革命时代就曾经实践了恋爱与革命的并行主义，抗战时期也可同样如此;；还有人认为恋爱确实对人有影响，但只要怀抱崇高的理想，对恋爱与人生有正确的认识，那么，恋爱与抗战非但不冲突，还可以相辅相成，正确的态度是既不把恋爱看得太淡薄、太轻微，也不要看得太神

① 编者：《新女子最易上当的一件事》，《生活》周刊第4卷第10期，1929年11月20日，第98页。

② 落霞：《为马振华女士自尽惨剧敬告青年与家长》，《生活》周刊第3卷第20期，1928年4月1日，第219页。

秘、太浪漫，有了这种爱的人生观，爱的思想健全，情绪贞洁，行为正常，则对于抗战就会有莫大的贡献。[①] 但随着战争氛围的日益浓厚，人们对于抗战时局的关注度逐渐超过了恋爱、贞操等两性问题。在 1933 年《生活》周刊的贞操问题讨论中，有读者致信编辑部，认为在国事紧急的时候，应少谈无关紧要的恋爱问题，多发表抗日救国的言论，“不该在这国难严重的今日，刺刺不休地在谈论恋爱与性欲”。[②] 到 1930 年代后期，随着全面抗战的爆发，人们认为“战士们在前线打得血肉横飞，而我们在后方，讲什么恋爱或两性间的闲事，是极不应该的”，[③] 甚至说“抗战时期不谈恋爱”。[④] 这反映出在抗日救亡的背景下，恋爱与贞操问题慢慢失去了舆论中心的地位，对于贞操问题的讨论热潮慢慢退却。因此，尽管 30 年代后期至 40 年代，有关贞操问题的论述仍不时见诸报端，但文章的数量、参与讨论的人数均大幅下降，其讨论内容的广度和深度也均未超出二三十年代的阐述范围。可以说，对于贞操问题的讨论，在民国社会中或许只是一个波澜不显的小浪花，但通过对不同时期诠释贞操的各种现代知识和现代话语的分析，这一议题似乎可以成为审视整个近代中国思潮和社会转变的一扇窗户。

第二节　新问题与旧身份：民国政府对非婚同居的法律界定

1928 年，南京国民政府成立，民国政治从此进入了一个新阶段。目前学界对于南京国民政府在政治、经济和外交领域之成败得失，已有相当丰富的研究。本节则转换视角，探讨南京国民政府如何通过法律来规训婚姻和家庭这一“私领域”，以期建构一种现代的统治形象。有意思的是，这一规训过程充满了矛盾和反复，充分折射出国家和社会之间的复杂磋商。必须说明的

---

① 吴文藻：《抗战时期与恋爱问题》，《妇女新运》第 3 卷第 4 期，1941 年 12 月，第 7—8 页。

② 《编者的话》，《生活》周刊第 8 卷第 35 期，1933 年 9 月 2 日，第 712 页；朱光：《“恋爱”和“抗日救国”的“机会”》，《生活》周刊第 8 卷第 21 期，1933 年 5 月 27 日，第 430—434 页。

③ 君慧：《抗战期中的恋爱问题》，《妇女生活》第 6 卷第 3 期，1938 年 6 月，第 13 页。

④ 史清任：《抗战时期应该谈恋爱么?》，《中国青年》第 2 卷第 4 期，1940 年 4 月，第 96 页。

是，由于近代法律体系改革跨越清末、北洋政府和南京国民政府等历任政权，且彼此之间相互勾连，因此，本节在论述时会向前追溯一些，也涵盖清末和北洋政府时期。

具体而言，很多青年男女由于受到五四新文化运动自由恋爱、自由婚姻之思潮影响，主动选择非婚同居。但参与其中的新女性其现代身份却与传统之妾形成了一种暧昧不明的交错。而这种含混则给南京国民政府对婚姻和家庭的规训提出了挑战：从法律的角度来看，这些非婚同居的新女性到底是妻还是妾？她们与男性的婚外同居是否触犯了法律？触犯了什么法律？可以说，南京国民政府试图走向现代，但却又无法完全走出中国之礼法传统，这在某种程度上也预示了这一政权在近代转型之困境。

一、20 世纪二三十年代非婚同居现象的出现

20 世纪二三十年代，随着五四新文化运动中自由恋爱思潮在知识阶层中的广泛传播，许多新式男女形成了一种追求肉体结合、看轻婚姻制度的恋爱观。这种恋爱观导致民国社会非婚同居（即婚前同居或婚外同居）现象的突出。许多新式妇女选择非婚同居的生活方式而非一夫一妻制的婚姻与伴侣生活在一起。对于这些女性而言，只有这种不重形式只求内容的非婚同居才是婚姻自由、恋爱自由的真正体现。

当时的非婚同居可以分为婚前同居（即未结婚先同居）和婚外同居（即与有配偶者同居）；婚外同居又可分为被骗同居和自愿同居，像广为人知的许广平与鲁迅之结合即属自愿同居。① 当时有不少新式女性与有妇之夫发生恋爱，可是男子方面却由于现实的约束，不愿或不能与原配离婚，新式女子

---

① 以往人们习惯用“亲密战友”和“生活伴侣”甚至“革命夫妻”来指称鲁迅与许广平之间的关系。但由于鲁迅与原配夫人朱安从未正式离婚，因而鲁迅和许广平之间的关系突然成为近些年来学术界争论的焦点问题之一。二人究竟是重婚、通奸、同居还是合法婚姻，成为聚讼纷纭的话题。相关研究参见张耀杰：《鲁迅与许广平的事实重婚》，《南方周末》2008 年 11 月 13 日，第 25 版；周楠本：《鲁迅触犯了〈婚姻法〉吗》，《鲁迅研究月刊》2009 年第 3 期；葛涛：《回到历史语境审视鲁迅与许广平的关系》，《鲁迅研究月刊》2009 年第 5 期；周楠本：《论鲁迅婚姻所涉及的法律问题——驳“重婚”及“与人通奸者”说》，《中国文学研究》2010 年第 2 期；葛涛：《鲁迅和朱安的“包办婚姻”不是合法的吗?》，《中华读书报》2010 年 2 月 3 日，第 5 版；孙永兴：《鲁迅与许广平关系的法律解读——对一桩学术公案的回顾与反思》，《前沿》2014 年第 5 期；阿克塞尔：《许广平，一个伟大的第三者》，《现代妇女》1996 年第 1 期。

只好不计名分甘愿与之同居。正如时人所说：

> 自一九二〇年以来社交渐渐的公开，青年男女也渐渐的得着些恋爱的机会了。然因为中国素来的习惯是早婚，所以在现在才得着恋爱的青年男子之中，又多半是已由父母包办结过婚的。而已经承受了包办的婚姻，而又得着新恋爱者的……欲达到他们恋爱的目的，非和父母包办的妻离婚不可。但是过渡时代的父母往往因礼教家风的关系，不肯听他们正当的离婚。①

于是一些新女性只能“大胆的与她自己所‘爱’的人同居而作一种新的尝试”。② 甚至还有人声称：“乃今日一部分知识阶级的女子，专以与曾结婚而不能与他家中妻子离婚的男子实行恋爱。”③ 这些新女性除许广平外，还有高君曼、赵一荻、王映霞等人。

对于这类与有妇之夫实行同居的新式女子，有人将其讽刺为“甘心作妾”。时人指出：“近代社会上还流行着一种性道德的偏见……如果偶然有一两个女子恋爱了已婚的男子，和他同居或结婚，许多人必定要说伊‘甘心作妾’，加以呵责非笑了。”④ 也有人委婉地称之为“新式的妾”。⑤ 1924 年 1 月，有一名叫余亦人的女读者在《妇女杂志》的通讯栏里自称与某君自由恋爱很久，但他已有妻子，她又无法与他割断情丝，只好向章锡琛请教解决的办法。章锡琛提出的办法中有一项是让他们“不行结婚的仪式而继续着恋爱的关系”。⑥ 随即在 5 月份的杂志里，就有读者陈星桥就这一项办法向章锡琛发问道：如果不行结婚的仪式而继续着恋爱的关系，那么他们必然要发生性关系，这样不就相当于某君无形中纳了一个妾吗？“可是你们是主张一夫一妻的，这个妾又是你们的敌人。我对于这些意见颇觉怀疑，不得不请你详细的解释。”章锡琛对此回答道：“所谓‘妻’与‘妾’，无非是‘结婚形式’的问题，如果两

---

① 卓吾：《我对于婚制下弃妻者的意见和救助被弃妻的方法》，《天津女星社》，中共党史资料出版社，1985 年，第 242 页。原载于《女星》第 11 期，1923 年 8 月 5 日，第 2 页。

② 李准鸥：《今日婚姻的严重问题》，《新光》第 1 卷第 7 期，1940 年 10 月，第 7 页。

③ 奚明：《答云裳君九问》，《妇女周报》第 58 期，1924 年 10 月 15 日，第 4 页。

④ 长青：《“多妻式恋爱”的解答》，《妇女周报》第 52 期，1924 年 8 月 27 日，第 3 页。

⑤ 《废妾号发刊宣言》，朱采真编：《废妾号》，浙江书局，1922 年，第 3 页。

⑥ 余亦人、章锡琛：《通讯》，《妇女杂志》第 10 卷第 1 号，1924 年 1 月，第 287—288 页。

人恋爱的程度到了觉得非破坏形式不可的时候，我以为是不妨破坏的。”[1]

无独有偶，亦是在1924年，天津一位女士因反对家庭的包办婚姻而与她所爱的有妇之夫结合，这一事件也引发了社会之讨论。有人给天津《妇女日报》去信，对于该女士的行为大加非难，认为女子“和不能与前妻离婚的男子恋爱，一定是‘甘心作妾’”。[2] 也有人对这种“甘心作妾”的论调进行了驳斥。上海《妇女周报》论者长青首先对妾进行定义，认为“妾是奴隶身份而和男主人有性交关系的女人”，“妻妾阶级限制极严，俨然有主奴之分”。从来女子为妾，绝不是出于自愿，只为了被强力或金钱所胁迫，出于不得已而为男子性欲的奴隶。因此，现在的新式女子因恋爱不惜和家庭奋斗而愿和其恋人共同生活，与传统的妾已大有不同，绝不能将其与传统的妾混为一谈，否则便是污辱了恋爱的自由精神。[3] 结果这一言论又被《妇女日报》的记者讽刺为“多妻式恋爱”，他们认为“在多妻形式下的女子，非男子玩物而何？知其有不能离婚之妻而又嫁之，非甘心作妾而何?”[4] 对此，长青回答称，“多妻式恋爱”这个名词本身就不能成立，“所谓多夫与多妻是一种制度，其立足点是在恋爱以外的要素的，所以多妻式的恋爱或多夫式的恋爱这句话，从恋爱的出发点上说不能成立”。[5] 《妇女周报》另有一论者奚明对“恋爱”与“多妻”作了更为透彻的说明和区分，称“恋爱是完全重在内容的，而多妻则完全重在形式；恋爱是一个男子和一他〔个〕女子的人格的抱合，而多妻则只是一个男子占有多数女子。在这占有上，男子与女子双方都不曾看到所谓‘人格’。所以恋爱与多妻，几乎如冰炭之不能相容，万不许牵合在一起”。“如果是内容充实的恋爱，‘妻’这名义的存在与否尚且不问，更无所谓多妻。”并认为如果一个女子“仍是抱着求饭吃的目的而与男子结合，不但作妾应该反对，就是作妻也该一样反对的。如果伊是为了与他有了真的恋爱，有不能不结合之势而与之结合，则作妻固然可贵，即作妾也是一

---

① 陈星桥、章锡琛：《通讯》，《妇女杂志》第10卷第5号，1924年5月，第857页。
② 长青：《娼妓式恋爱与多妻式恋爱》，《妇女周报》第57期，1924年10月8日，第6页。
③ 长青：《恋爱自由还是“甘心作妾”》，《妇女周报》第37期，1924年5月7日。
④ 长青：《娼妓式恋爱与多妻式恋爱》，《妇女周报》第57期，1924年10月8日，第7页。
⑤ 长青：《“多妻式恋爱”的解答》，《妇女周报》第52期，1924年8月27日，第3页。

样的可贵。这是新旧观念的分歧点”。[①]

有意思的是，长青和奚明都选择以 1920 年访华的罗素及其随行的勃拉克女士的关系为例，力证其言论。[②] 1919 年罗素在未与妻子艾丽丝（Pearsall Smith, Alys）离婚的情况下，结识了多拉·布莱克（Dora Black，当时国人一般译为勃拉克，或勃辣克、勃来克、勃列克、勃兰克等），不久二人成为情人关系（1921 年自中国返回英国后，罗素才与艾丽丝离婚，与布莱克结婚）。1920 年，罗素来华讲学，勃拉克与之随行。当时的中国人，除了热心研究罗素本人的学术思想以外，“更哄动一时的注意便是他与勃拉克女士（当时还没有称为罗素夫人）那特殊的关系——名义上未结婚而实际上已同居的自由恋爱”。[③] 时人对于罗素与布拉克的关系接受度颇高，“那时北京的智识界，除了少数被目为守旧的学校，曾对勃拉克女士表示怀疑，实行闭门之外，其余多数的确都在罗素名义之下，无条件的承认了勃拉克女士”，甚至有人赞誉说：“她（勃拉克——引注）以身作则的自由恋爱，不知不觉的影响到青年女子的心理，接着‘五四’妇女解放的运动，所有男女浪漫任性的行为，便都托庇在这自由恋爱的新名之下，热潮继长直至于今。这无论为功为过，我总不能不说，罗素与勃拉克女士对于中国男女自由恋爱史上有很大的贡献！”[④]

《妇女日报》和《妇女周报》的辩论便是以此为背景展开的。长青称：“英国勃辣克女士和罗素恋爱的时候，前妻固尚未离婚……伊未离婚以前，不能不说罗素还有前妻存在，然则我们可以说勃辣克女士当初的恋爱是不正当，待前妻提出离婚以后便一变而为正当，或当初是‘甘心’作妾，后来不

---

① 奚明：《何谓多妻式的恋爱》，《妇女周报》第 57 期，1924 年 10 月 8 日，第 3—5 页。

② 有关“罗素式婚姻”所引发的中国知识界对于婚姻问题的讨论，参见吕芳上：《法理与私情：五四时期罗素、勃拉克相偕来华引发婚姻问题的讨论（1920—1921）》，（台北）《近代中国妇女史研究》第 9 期，2001 年 8 月。有关此事的另一个花絮是，中国知识界对于罗素与勃拉克的关系一直保持着浓厚的兴趣，后来二人离婚之事也被广泛地报道。参见《罗素夫人要求离婚》，《新中华杂志》第 2 卷第 15 期，1934 年；《罗素传将离婚》，《时事旬报》第 3 期，1934 年 7 月 21 日；星：《罗素的离婚问题》，《妇女青年》（《北平晨报》副刊）第 107 期，1934 年 11 月 10 日，第 13 版。

③ 星：《罗素的离婚问题》，《妇女青年》（《北平晨报》副刊）第 107 期，1934 年 11 月 10 日，第 13 版。

④ 星：《罗素的离婚问题》，《妇女青年》（《北平晨报》副刊）第 107 期，1934 年 11 月 10 日，第 13 版。

‘甘心’作妾了么?”[①] 奚明也称：“勃拉克在来华的时候，照英国人的眼光看来，伊确是罗素的妾，倘使他至今离不成婚，我们可以相信，伊至今仍然做罗素的妾。但在尊重恋爱自由的人，决不会卑视勃拉克的。”[②] 或许正是由于知识界对于“罗素式婚姻”的这种态度，加上勃拉克与罗素来华之时，二人的关系确实与天津某女士高度相似，因此当长青、奚明举出他们的例证之后，《妇女日报》的记者当即哑口无言，不再回应此事。

事实上，《妇女日报》和《妇女周报》这场争论正是那个时代关于婚恋自由思潮的一种折射。民国知识界在论述恋爱应与婚姻相脱离时，高举“恋爱自由”、“恋爱神圣”的旗帜，强调以恋爱为道德标准，强调恋爱相对于婚姻的独立性。如章锡琛在其1925年《妇女杂志·新性道德专号》中反复强调，只要有了恋爱，可以不结婚而有性行为，甚至可以同时恋爱多人。这显然是打破了“一夫一妻的形式主义”，甚至打破了“婚姻的形式主义”；其次，他去除了婚姻以外性行为的道德性评价，认为男女间的恋爱，只要双方合意，而又无损于社会及他人，那就只是个人的私生活，无所谓道德或者不道德。通过这样的思想演绎，新性道德论者在反对夫妻形式主义的基础上，彻底解除了恋爱与婚姻之间的关系，树立了以恋爱自由、恋爱神圣为核心的道德观念，从而为新式男女婚外同居的生活方式奠定了价值观的基础。由此不难理解章锡琛为何会劝余亦人“不行结婚的仪式而继续着恋爱的关系”。[③]

也正因如此，新性道德观被北京大学教授陈百年讽刺为“一夫多妻的新护符”；“我想那些有三妻四妾的陈腐老先生听了这些话，一定捻须笑道：‘原来娶妾不但是旧礼教所许可，也是新性道德所许可’”；“我的偏见以为严格的一夫一妻制的小家庭最合理想”。[④] 章锡琛、周建人等人在回应文章中，强调他们的立论基础在于“恋爱”与“男女平等”的原则，因此对于当事人承认的多角关系，“在法律上本来并不禁止”，在道德上“也不妨容许”，

---

① 长青：《娼妓式恋爱与多妻式恋爱》，《妇女周报》第57期，1924年10月8日，第7页。

② 奚明：《何谓多妻式的恋爱》，《妇女周报》第57期，1924年10月8日，第5页。

③ 章锡琛：《新性道德是什么》，《妇女杂志》第11卷第1号，1925年1月，第6页。

④ 百年：《一夫多妻的新护符》，章锡琛编：《增补新性道德讨论集》，开明书店，1926年，第37、40页。原载《现代评论》第1卷第14期，1925年3月。

“旁人用不着去干涉”；“我觉得超一男一女以上的恋爱关系，社会必须认为不道德，总是一种压迫”。[①] 他们认为这种因新性道德而成的“多妻”与传统的多妻、纳妾有本质的区别：

> 或者在陈先生的意见，以为凡是一夫多妻，决不能免除嫉妒和争杀，所以许可一夫多妻，便是许可嫉妒争杀，嫉妒争杀是不道德，所以多妻也是不道德。
>
> 倘若照陈先生的话，多妻还有因妒忌而争斗残杀的事，那么，所谓妒忌，便是违反了我的须配偶者许可的条件；所谓争斗残杀，便是违反了我的不损害社会及其他个人的条件；这样的多妻，便是另外的一种多妻，不是我所不认为不道德的多妻。[②]

通过这一系列新性道德观的论述，他们在恋爱自由、恋爱神圣、男女平等的基础上，将新式的婚外同居与传统的多妻、纳妾区别开，从而成功地将婚外同居“去道德化”。

尽管《新性道德专号》遭到了一些人的猛烈批判，但是以《妇女杂志》在当时的影响力，这些言论既影响了一些知识青年对生活方式的选择，同时也表达了一些知识青年的共同心声。如在1930年代初期对燕京大学学生的调查便显示，78.32%的男生和88.89%的女子对纳妾持反对态度，而且76.22%的男生和86.67%的女生认为，男子应无条件拒绝置妾，即使“艰于子息”时，也仍有76.92%的男生和80%的女生坚持这一态度。[③]

或许正是由于实现了婚外同居的“去道德化”，因此许广平才会理直气壮地宣称自己与鲁迅只是同居关系。在鲁迅去世两三个月后，文化界同人商量出版一本纪念集，大家认为书中应有一份“鲁迅年谱”。当时商定民国以

---

① 周建人：《恋爱自由与一夫多妻——答陈百年先生》，章锡琛编：《增补新性道德讨论集》，开明书店，1926年，第50、53页。原载《现代评论》第1卷第22期，1925年5月。并参见章锡琛：《新性道德与多妻——答陈百年先生》，章锡琛编：《增补新性道德讨论集》，开明书店，1926年，第42页。原载《现代评论》第1卷第22期，1925年5月。

② 章锡琛：《与陈百年教授谈梦》，章锡琛编：《增补新性道德讨论集》，开明书店，1926年，第111页。原载《莽原》第7期，1925年6月。

③ 周叔昭：《家庭问题的调查——与潘光旦先生的调查比较》，《社会问题》第1卷第4期，1931年1月，第19—20页。

前的部分由周作人执笔；民国元年至十四年，即鲁迅在南京、北京生活时期由鲁迅老友许寿裳执笔；民国十五年以后的部分由许广平先写草稿，由许寿裳改正。许寿裳打算秉笔直书鲁迅的婚姻和感情生活的史实，先写一封信给许广平打个招呼，说："年谱上与朱女士结婚一层，不可不提，希弟（指许广平——引注）谅察。"后来又专门写信解释说："关于弟个人婚事，裳拟依照事实，直书为'以爱情相结合……'，并于民七特标'爱情之意见'一条，以示豫兄（指鲁迅——引注）前此所感之痛苦，言隐而显，想荷谅解。如尊义以为未妥，仍可修改，务请明示为盼。"年谱初稿对于这两段史实如是记载：

> （民国）前六年（三十二年，丙午，1906年）［二十六岁］
>
> 六月回家与山阴朱女士结婚。
>
> 〇〇年
>
> 〇月与〇〇许广平女士以爱情相结合，成为伴侣。

许广平收到年谱初稿后，将许寿裳"那两句的好意而其实是当然的事实"删去，直接改为"……与许广平同居"。并表示：

> 关于我和鲁迅先生的关系，我们以为两性生活，是除了当事人以外，没有任何方面可以束缚，而彼此间在情投意合，以同志一样对待，相亲相敬，互相信任，就不必要有任何的俗套。我们不是一切的旧礼教都要打破吗？……至于朱女士的写出，许先生再三声明，其实我决不会那么小气量，难道历史学家的眼光，会把陈迹洗去吗？

许寿裳欣然接受许广平的意见，只是为求体例上的一致，改为"（民国）十六年十月，与番禺许广平女士同居"。[①]

从前文的论述可知，许寿裳所欲加的"以爱情相结合，成为伴侣"这两句话，并非闲笔，它其实是为了表明鲁迅与许广平之间的关系因有恋爱的存在，所以是道德的，至少也无所谓道德或不道德，毋须加以道德评判。而许

① 许广平：《〈鲁迅年谱〉的经过》，《许广平文集》第二卷，江苏文艺出版社，1998年，第375—382页。原载1940年9月16日上海《宇宙风》（乙刊）杂志。

广平表明心迹的那段言论与“新性道德”论述则如出一辙，正好反映出新性道德观在知识青年中的影响及实践力度。

二、国家权力对非婚同居者身份的矛盾界定

新性道德观毫无疑问地为知识分子实践非婚同居提供了一种道德上的合理性，他们宣称并实践了恋爱、性和婚姻的分离，“旁人，无论是社会，无论是家庭，无论是父母，无论是法律，都不当加以一点限制或干涉的”。[①] 在这其中，他们尤其强调以爱情为核心的婚姻从法律这一国家公领域中的脱离。“是否经过法律上的手续形式，并不成为问题，可以撇开不论……结婚必根于实质上的爱情，法律上的手续形式，一概可以不要”。[②] 但是，这一现代婚恋同居模式恰恰对当时的国家治理构成了一种潜在的危险，其最核心的问题便是身份的混淆以及与之相关的不确定性：非婚同居与婚姻的关系为何？这些实践非婚同居的女性究竟是妻还是妾？这些男男女女是否触犯法律？如果是的话，其罪名是由民法进行审判还是刑法进行审判？这些问题无疑与现代国家治理强调确定、清晰之意图背道而驰。如何应对这一问题，成为民国历任政府和政权的难题之一。

从法律领域来观察，非婚同居中的新女性之所以不断地被人称作妾，主要是出于两个方面的原因：其一，同居者与妾未作法律区分；[③] 其二，后娶之妻与妾的法律界限模糊。

就第一个问题而言，在中国的传统习俗和认知当中，一个未婚女性与一个有妇之夫以配偶或伴侣的形式同居生活，其身份往往会被认定为“妾”。《释名》称：“妾，接也，以贱见接幸也。”[④]《白虎通》曰：“妻者，齐也，与夫齐体，自天子下至庶人，其义一也。妾者，接也，以时接见也。”[⑤] 后代的

---

① 沈泽民：《爱伦凯的〈恋爱与道德〉》，《妇女杂志》第 11 卷第 1 号，1925 年 1 月，第 29 页。

② 李三无：《自由恋爱论》，《妇女杂志》第 6 卷第 7 号，1920 年 7 月，第 2 页。

③ 这一观点受胡雪莲的文章《〈民法・亲属编〉实施初期的妻妾身份之争——以广州〈越华报〉案件报道为中心的观察》（《广东社会科学》2011 年第 5 期）之启发。但该文对这一观点并未作详细阐述，且本处之论述主题与重点亦与该文不同。

④ （汉）刘熙：《释名》卷 3《释亲属第十一》，中华书局，1985 年影印本，第 49 页。

⑤ 《白虎通》卷 4 上《嫁娶》，中华书局，1985 年影印本，第 268 页。

法律多遵此解释，如清律“妻妾失序条”规定：“凡以妻为妾者，杖一百。妻在，以妾为妻者，杖九十。”沈之奇注称：“妻者齐也，与夫齐体之人也；妾者接也，仅得与夫接见而已，贵贱有分，不可紊也。以妻为妾，则压贵为贱；以妾为妻，则升贱为贵，皆悖伦蔑礼之事，故坐杖一百、杖九十之罪。”[①] 因此，民国学者麦惠庭称：“总言之，妾的地位不论在法律上或家庭中，都是很卑贱的。”[②] 实际上，民国时期每一篇涉及妾的论著基本上都会论述妾在法律上和家庭中地位之低下，毋庸赘述。[③]

但是，时人对于妾还有另外一个定义，即根据婚姻的事实而言，“凡不依婚礼聘娶，不以法律手续，而与有妻的男子结婚的即谓之妾”。[④] 这一定义同样也有其古籍依据。《礼记·内则》云：“聘则为妻，奔则为妾。”孙希旦注称：“女不待聘而嫁者谓之奔。”[⑤] 当代学者也有人强调这一点，如瞿同祖指出：“古人说聘则为妻，奔则为妾，妾是买来的，根本不能行婚姻之礼，不能具备婚姻的种种仪式，断不能称此种结合为婚姻，而以夫的配偶目之。妾者接也，字的含义即指示非偶，所以妾以夫为君，为家长，俗称老爷，而不能以之为夫。所谓君，所谓家长，实即主人之意。”[⑥] 在这一定义中，妾的地位是否卑微就不是必要的了，人们更为看重的是其结合方式是否符合法定程序。换言之，即他们认为妻与妾是两个性质完全不同的法律关系。因此民国法律专家胡长清认为“姘度与妾之所以异于妻者，固在未经履行结婚之法定方式”，而姘度与妾的区别，只在姘度的男方是否已婚，“有妻而更与他之女子同居，则此与之同居之女子，谓之妾，无妻而与他之女子同居，则此与之同居之女子谓之姘度”。[⑦] 据此而论，则已婚的男性只要与另外一个女子有性关系并共同生活，这个女子在事实上就等于妾，无论其为新式抑或旧式的

① （清）沈之奇注，怀效锋、李俊点校：《大清律辑注》上册，法律出版社，1998年，第258页。

② 麦惠庭：《中国家庭改造问题》，上海书店据上海商务印书馆1935年版影印（《民国丛书》第二编第19册），第256页。

③ 例见吕燮华：《妾在法律上地位》，上海政民出版社，1934年；赵凤喈：《中国妇女在法律上之地位》，商务印书馆，1928年。

④ 关瑞梧：《妾制研究》，《社会学界》第6卷，1932年6月，第88页。

⑤ （清）孙希旦撰：《礼记集解》中，中华书局，1989年，第773页。

⑥ 瞿同祖：《中国法律与中国社会》，中华书局，1981年，第133页。

⑦ 胡长清：《中国民法亲属论》，商务印书馆，1936年，第56页。

女性，亦无论他们是否基于自由恋爱而结合。即如陈文浩所言："已有配偶之男子，隐瞒其配偶，或确知其配偶可不为刑法上之告诉，而与另一女子筑金屋以同居，在此情形之下，虽不称为娶妾，而女方实处于妾的地位。"[①] 这些谙熟法律的知识分子在新旧法律体系中均无法以一个明确的、无可辩驳的法律身份去界定这些新女性，[②] 因此只能借用传统价值框架，在妾或非妾这两端往来驳诘。[③]

中国历史上历来是"名"与"法"（或曰刑）紧密相连，所谓"名者所以正尊卑，亦所以生矜篡。法者所以齐众异，亦所以乖名分"。[④]《吕氏春秋》称"名正则治，名丧则乱……凡乱者，刑名不当也"。[⑤] 而《商君书》中也说道："今法令不明，其名不定，天下之人得议之。其议，人异而无定。"[⑥] 事实上，这些知识分子在新女性是否是妾这个问题上反复纠缠，对其名分议论纷纷，就在于"其名不定"，而"其名不定"的背后则是"刑名不当""法令不明"。这与近代自清末以来整个国家司法体系改革之困境有直接关系。自清末以来的婚姻立法改革，历任政权一方面引进大陆法系国家亲属法的体系、理论、结构形式和相关法律术语，另一方面又沿袭了中国传统婚姻法的

---

① 陈文浩：《同居关系之法律观》，《法律评论》第 16 卷第 6 期（总第 762－763 期合刊），1948 年 3 月 28 日，第 9 页。

② 美国学者白凯认为在民国时期妾已不再是一个具有特殊权利和义务的法律实体，不再是一个法律存在，因为在《中华民国民法》和民国后期其他成文法中没有出现过"妾"这个字眼（白凯：《中国的妇女与财产：960—1949 年》，上海书店出版社，2003 年，第 173 页）。实际上，虽然历次民法草案及国民政府正式颁行的《民法典》中，均未出现任何"妾"的字样，但在大理院、法院的判例中，充斥了大量有关妾的规定，这些规定同样具有法律效力，对于法律文本起到了重要的补充作用，如胡长清曾这样描述民事判例要旨的适用情况，"承法之士无不人手一编，每遇讼争，则律师与审判官皆不约而同，而以'查大理院某年某字某号判决如何如何'，为讼争定谳之根据，此种现象，迨于今之最高法院时代，犹不稍杀，纵谓我国自民元迄今，系采判例法制度，亦无不可"。参见胡长清：《中国民法总论》，商务印书馆，1935 年，第 36 页。

③ 当今学界对于民国时期的妾及其法律地位进行了大量的研究，参见程郁：《清至民国蓄妾习俗之变迁》，上海古籍出版社，2006 年；朱颖：《民国时期妾的法律地位研究》，华东政法大学博士学位论文，2014 年；徐静莉：《"契约"抑或"身份"——民初"妾"之权利变化的语境考察》，《政法论坛》2010 年第 2 期；李刚：《南京国民政府时期"妾"的法律地位与司法裁判》，《山东社会科学》2010 年第 4 期；谭志云：《民国南京政府时期妾的权利及其保护》，《妇女研究论丛》2009 年第 3 期。本处的研究主旨在于辨析婚外同居者与妾在身份上的复杂关联，与上述研究的重点尚有不同。

④ 王恺銮校正：《尹文子校正·大道下》，商务印书馆，1935 年，第 24 页。

⑤ （汉）高诱注：《吕氏春秋》卷第十六《先识览第四·正名》，上海书店，1986 年，第 195—196 页。

⑥ 蒋礼鸿：《商君书锥指》卷五《定分第二十六》，中华书局，1986 年，第 145 页。

大量内容，[①] 其结果是“欲存旧制，适成恶法，改弦更张，又滋纷纠，何去何从，非斟酌尽美，不能遽断”。[②]

就非婚同居之女性是否为妾这一问题而言，历次民法草案和正式实施的民法都只规定了何为婚姻，对其他非婚姻关系则避而不提。如《大清民律草案》（1911年）第1339条规定：“婚姻从呈报于户籍吏，而生效力。”《民国民律草案》（1925年）第1107条规定：“婚姻须呈报于户籍吏登记后，发生效力。”[③]《中华民国民法》（1931年）第982条规定，婚姻的成立应有“公开之仪式及二人以上之证人”。[④] 只要满足了这些程序要求，即为合法婚姻，但除此以外，任何形式的两性结合，法律均未加区分、不予定义。换言之，在法律文本中，只有婚姻（包括无效婚姻和可撤销婚姻）与非婚姻的区别，至于婚姻以外的男女关系，国家不再作出民事区分，而是将其放在刑事范畴，企图以通奸罪加以规范。

但是通奸罪责对于非婚同居也是无从规范的。1928年9月1日施行的《中华民国刑法》（旧刑法）第256条规定：“有夫之妇与人通奸者，处二年以下有期徒刑，其相奸者亦同。”[⑤] 根据这条规定，与人同居之男子，无论有无配偶，都不涉及通奸罪；而与人同居之未婚之妇，也不涉及通奸罪。虽然在1935年7月1日施行的《中华民国刑法》（新刑法）第239条中，这条规定被修改为：“有配偶而与人通奸者，处一年以下有期徒刑，其相奸者亦同。”[⑥] 但同期颁行的《刑事诉讼法》第213条又规定：“刑法第239条之妨害婚姻及家庭罪非配偶不得告诉。”第216条规定：“告诉乃论之罪，其告诉应自得为告诉之人知悉犯人之时起，于六个月内为之。”[⑦]

---

① 相关内容参见张生：《民国初期民法的近代化——以固有法与继受法的整合为中心》，中国政法大学出版社，2002年；王新宇：《民国时期婚姻法近代化研究》，中国法制出版社，2006年；方砚：《近代以来中国婚姻立法的移植与本土化》，华东政法大学博士学位论文，2014年。

② 江庸：《五十年来中国之法制》，《最近之五十年：申报馆五十周年纪念（1872—1922）》，上海申报馆，1923年，第7页（文页）。

③ 杨立新点校：《大清民律草案·民国民律草案》，吉林人民出版社，2002年，第171、351页。

④ 徐百齐编辑，吴鹏飞助编：《中华民国法规大全》第1册，商务印书馆，1936年，第79页。

⑤ 徐百齐编辑，吴鹏飞助编：《中华民国法规大全》第1册，商务印书馆，1936年，第167页。

⑥ 徐百齐编辑，吴鹏飞助编：《中华民国法规大全》第1册，商务印书馆，1936年，第149页。

⑦ 徐百齐编辑，吴鹏飞助编：《中华民国法规大全》第1册，商务印书馆，1936年，第243页。

换言之，虽然在 1935 年之后，类似鲁迅与许广平这样的关系，可能涉及通奸罪问题，但除非男方的原配夫人起诉，而且必须在六个月内起诉，否则通奸罪同样不成立。

在民事关系上，除了婚姻关系中的配偶以外，无论同居者还是妾，都只能取得“家属”之身份。《大清民律草案》（1911 年）和《民国民律草案》（1925 年）均有类似之规定：与家长同一户籍之亲属，为家属；异居之亲属欲入户籍者，须经家长允许；家长、家属互负扶养之义务。[①]《中华民国民法》（1931 年）第 1123 条规定：“称家者，谓以永久共同之生活为目的而同居之亲属团体。家置家长；同家之人，除家长外，均为家属；虽非亲属，而以永久共同生活为目的同居一家者，视为家属。”[②] 按照这些法律条文的规定，妾和同居者都属于家属。但在北洋政府时期，司法判例特别强调妾相对于家长和正妻而言，其地位处于次等，并由此将同居和纳妾做了一定的区分。如大理院 1918 年上字第 186 号判例就明白晓示：

> 妾与家长间名分之成立，应具备如何要件，在现行律并无规定明文。依据条理正当解释，须其家长有认该女为自己正妻以外之配偶，而列为家属之意思；而妾之方面，则须有入其家长之家为次于正妻地位之眷属之合意，始得认该女为其家长法律上之妾。若仅男女有暧昧同居之关系，自难认其有家长与妾之名分。[③]

也就是说，一个女子如果只是和一个有妇之夫同居，还不足以成为妾，她还必须承认自己是地位“次于正妻”的家属，方能成为法律上的妾。但此处只是将妻、妾与同居者做了一个简单的区分，对于妻和妾给予了一个较为明确的界定，但对于同居者到底是何名分，法律并未作进一步说明。

到了南京国民政府时期，在司法院的解释和最高法院的判例中，笔者再未看到规定妾地位须低下的言辞，妾与同居者的这点区分也就因此被彻底去

---

① 杨立新点校：《大清民律草案·民国民律草案》，吉林人民出版社，2002 年，第 170、347 页。

② 徐百齐编辑，吴鹏飞助编：《中华民国法规大全》第 1 册，商务印书馆，1936 年，第 85 页。

③ 朱鸿达主编：《大理院判决例全集》，世界书局，1933 年，第 361—362 页。

除，两者同被纳于家属的范畴。如司法院1932年院字第735号解释例称：“妾虽为现民法所不规定，惟妾与家长既以永久共同生活为目的同居一家，依民法第1123条第三项之规定，应视为家属。”[①] 最高法院1932年上字第107号判例也称：“男女同居已久，纵不能谓已发生夫妇之关系，而其有以永久共同生活为目的而同居一家之事实，固极明了。第二审及第一审，因认已发生家属之关系，即不为无据。”[②] 由这两个判例可以看出，妾与同居者没有了区分，二者同为家属，而她们取得家属身份的要件有二，首先是“以永久共同生活为目的”，其次为“有同居一家之事实”。而且1935年上字第2242号判例还称：“以永久共同生活为目的，另设居所与非亲属同居一家者，仍不能不视为家属。”[③] 也就是说，妾或同居者作为家属，可以与同居之男性在其原有家庭以外，另设居所，无需与其原配夫人同居一室。这与非婚同居的生活情况是基本一致的。

再来看第二个方面：如果非婚同居的女性属于妻的身份，那么后娶之妻与妾的法律界限则仍然是模糊的。从事实婚姻的角度而言，非婚同居中的女性确属“后娶之妻”，而在司法解释和判例中，这类“后娶之妻”往往被视为妾。如北洋政府时期大理院1919年上字第177号判例规定：“后娶之妻，法律上应认为妾。惟定婚之时，不知有妻，又不自愿为妾，许其请求离异。”1919年上字第1176号判例也称：“有妻更娶者，后娶之妻如已知而仍愿同度，并未经合法离异，即应认其为妾。”[④] 南京国民政府时期，也有类似的规定，如最高法院1933年上字第163号判例说：“后娶之妻，已知夫已先有妻在，而仍愿同居，并未经合法离异，仅取得妾之身份，应认为妾。”[⑤] 司法院1931年院字第647号解释又称：“娶妾并非婚姻，自无所谓重婚，如妻请求离异，只得依其他理由，而不得援用民法第1052条第一项之规定。”[⑥] 这些

① 司法院参事处编纂：《司法院解释汇编》第3册，司法院参事处发行，1932年，第139页。

② 冯美学编：《司法院解释最高法院判例分类汇纂》第2集，上海法政学社，1933年，第85页。

③ 《黄友宾与周明虎因请求确认夫妾及亲子关系不成立事件上诉案》，《司法公报》第166号，1937年2月7日，第29页。

④ 朱鸿达主编：《大理院判决例全集》，世界书局，1933年，第335、362页。

⑤ 吕燮华：《妾在法律上地位》，上海政民出版社，1934年，第17页。

⑥ 《司法院解释汇编》第3册，司法院参事处发行，1932年，第48页。

规定使得后娶之妻变成了妾。

既然男性娶妾不属于重婚，那么他们是否触犯了“通奸罪”呢？对此，司法院1932年院字第770号解释称：“《民法·亲属编》无妾之规定。至《民法·亲属编》施行后，自不得更以纳妾为缔结契约之目的，如有类此行为，即属与人通奸，其妻自得依《民法》第1052条第二款请求离婚。如妻不为离婚之请求，仅请别居，自可认为《民法》第1001条但书所称之正当理由。惟在《民法·亲属编》施行前业经成立之纳妾契约，或在该编施行后得妻之明认或默认而为纳妾之行为，其妻即不得据为离婚之请求。但因此而有不能同居之正当理由，仍得请求别居。至妻别居后之生活费用即家庭生活费用……应由夫支付之。”① 最高法院1937年上字第794号判例也称：“夫之与妾通奸，实为纳妾必然之结果。故妻对于夫之纳妾，已于事前同意者，依《民法》第1053条之规定，即不得以夫有与妾通奸之情事，请求离婚。”② 从这两条规定来看，虽然法律认定夫妾之间确实属于通奸行为，妻子可以请求离婚或别居；但如果妻子对此已“明认或默认”，则不能再作此申诉，至于何谓“明认或默认”，再无详细说明。由于民国时期的《民法》在正式条文中对于妾不着一词，全凭司法解释和判例予以规范，而这些相互矛盾甚至截然相反的司法规定，使得在实际的司法操作中，同居、妾、重婚、通奸、离婚等问题纠缠不清、错综复杂。

有意思的是，笔者在档案资料搜集的过程中，并未看到太多非婚同居新女性对同居伴侣的法律诉讼。这或许是因为这些女性如果真想解除同居关系，她们更多会倾向以恋爱自由的原则直接离开其伴侣而非诉诸法律。但是，笔者仍然希冀借用一个同居纠纷的个案来展现国家权力在认定非婚同居者时所呈现出的矛盾和混乱。这一个案来自1944年沦陷时期的北平。如果从法律体系演变而言，北平沦陷后，日伪政府为稳定社会局势，并未对国民政府时期颁布的法律进行大规模变动，而是宣告“现行法令不与临时政府宣言主旨抵触者，均暂继续适用”。因此，南京国民政府的《民法·亲属编》

① 《司法院解释汇编》第3册，司法院参事处发行，1932年，第172页。
② 最高法院判例编辑委员会编：《最高法院判例要旨（1932—1940）》，大东书局，1944年，第103页。

得以继续使用。[①]

1944 年，妇女张范氏状告丈夫张继武骗婚，称张已有妻室却骗她说尚未结婚，遂与其举行了正式结婚仪式，后来才发现张已有发妻王氏。在质问之下，张继武称娶张范氏乃是为妾，张范氏于是请求与其脱离关系。而张继武则提起反诉，称自己的原配王氏早已病故，张范氏乃是其正式婚娶之继室，张范氏之所以称自己为妾，是因为她已再嫁王国华为妻，犯下重婚罪，为了逃脱罪责才谎称自己是妾，妄图与张继武脱离关系。

情况于是变得复杂起来，判断张范氏是应该脱离关系还是构成重婚的前提是辨明其身份究竟是妾还是妻。对此，伪北京地方检察署和伪北京地方法院给出了两种答案。伪北京地方检察署首先对张范氏的重婚罪作出不予起诉的处分，其理由是“本件被告张范氏在名义上虽为告诉人张继武之妻，但查张继武在枣强县原籍已有配偶，被告在实际上实居妾之地位”，既然是妾当然可以自由改嫁，无重婚之可言。如果按照这一说法，张范氏要求脱离关系的请求理应得到法律支持，但伪北京地方法院却驳回了张范氏的请求。在判决书中，法官对检察官的论点进行了直接的反驳，称以后娶之妻为妾的见解，“在现行民法上尚不能为同一解释。现行民法采一夫一妻主义，不认妾之地位，为与婚姻成立要件相合即认为婚姻，与二人结婚者即为重婚，苟认后娶之妻为妾，则将无重婚之可言矣。故本件被告是否另有妻室姑不具论，即有妻室原告在民法上亦非居于妾之地位”，既然是正式婚姻，当然不能请求脱离。[②] 这两种完全相反的意见，既反映了时人对这个问题的困惑，也表现出法律规定在这个问题上的含糊不清，由此可见法律条文与法律实践之间之张力。

通过以上的梳理，我们可以看到，“五四”以后随着新文化思潮的广泛传播，恋爱自由观念被迅速普及和接受，许多人的性道德观念和婚姻伦理观念由此出现了重大的转变。于是一些接受新教育、新思想的女性在爱上一个有妇之夫后，只能甘心或被动地选择了婚外同居的新式生活方式。这一生活

---

① 《法部成立后工作述要》，《政府公报》（北平）第 7 期，1938 年 3 月 7 日，第 18 页。

② 《脱离》（1944 年 4 月），北京市档案馆，档案号：J65-20-2344。

方式无疑打破了“一夫一妻”的婚姻形式，因而又引起了究竟只是恋爱，还是属于纳妾、重婚，抑或“与人通奸”的争论。

当然，对于这些非婚同居的女性自身而言，尽管她们在家庭中所扮演的角色与传统社会的妾有着很大程度上的相似之处，但是，她们不会认同所谓“妾”的角色和定位，也绝不会以妾自居（事实上她们的身份、地位、享有的权利也确实非古代妾所可比拟），甚至她们本人也并不以同居为耻，而这也构成了她们主体认知的重要组成部分。不仅如此，在社会场域中，当时很多人亦认为，基于自由恋爱的感情远比婚姻仪式和原配的名分更能标示其关系的正当性、道德性和合法性。因此，这些女性的自我宣称似乎更符合那个社会的情理标准。

但是，在国家体制层面，伴随着新观念而出现的婚外同居现象，未能得到法律的及时回应，法律对于此类新式生活方式的规范处于缺位状态。从北洋政府到南京国民政府，在历次民法草案和正式颁行的《民法典》中，都只是规范了婚姻关系和亲属关系。在法律文本中，除了婚姻关系以外，其他任何形式的两性结合均未予界定，只是将妾和婚外同居者一并归入家属范畴，这进一步加剧了人们对于同居者与妾的身份混淆。家属这一身份，显然也远不能给这些非婚同居的女性以准确的定位。婚外同居由于不属于婚姻，恰恰又使其规避了重婚罪、通奸罪等刑事罪责。而具体的司法实践又相互矛盾、摇摆不定，其结果是那些同居者由于在法律明文中陷入“失语”状态，只能由执法者各以为是地选择判决依据，这使得同居者在法律上只能以家属的身份请求赡养或者脱离关系，或者以“后娶之妻”的身份告发丈夫重婚，要求离婚或赔偿。从这个角度而言，近代以来的法律建设未能将当时社会上已渐多发的同居问题，及时纳入法律规范的视野，立法理念和法律建设远远滞后于社会生活的移易递嬗，未能适应生活方式的多样演变。

第三节　复古与现代的拉扯：日伪统治下北平的婚恋宣传与实践

在二战中，日本既要对亚洲的多国进行殖民侵略，又要与西方国家进行对抗，在这种情况下，它在文化政策上实行反对近代西方文化、鼓吹与东亚各国所“共有”的“东方文化”的政策，使“东方文化”为其殖民统治服务。①

1937年，北平沦陷。日军采取“以华治华”策略，积极扶持伪政权以稳定北平社会秩序。随即，亲日派在日军的授意下成立了“北平市地方维持会”，作为临时性的伪市政机构。② 在建立起伪政权后，日伪政权为强调自身统治的正当性，迷惑沦陷区民众，高度重视服务于其侵略意图的文化建构，强调对舆论宣传的控制，并把它列为所谓的“宣传战”“思想战”的主要内容。可以说，日伪政权对新闻统制呈现出严密性、严酷性和欺骗性等特点。③ 其中，女性、婚姻和家庭成为日伪政权掌控社会、宣扬侵略文化、维护自身统治的重要内容。伪政府创办了多种大型女性刊物（如《妇女杂志》《新光》等），又在其控制的《实报》《新民报》《晨报》等刊物上大量设立妇女专栏、专页，对传统文化进行异化阐释，鼓吹和塑造回归传统的复古女性道德和女性形象。但是，由于日伪政权在婚姻家庭方面的文化建构本身缺乏正当性与系统性，不仅在观念层面上受到驳斥，而且在事实层面上也缺乏可被接受的土壤，沦陷的北平尽管可能失去了政治的自主性，但在这块土地上，对日伪政权宣传复古女德的批判声音从未停止。因此，日伪当局的这种复古女德建构并没有达到其预期的效果，可以说是一种不正当的、失败的文化建构。

一、日伪政权对“严守贞操”的宣传

受“东方文化”这一殖民思想的影响，日伪政权在对包括北平在内的华北沦陷区民众进行思想控制时，大谈“忠孝节义”。对于女性而言，日伪政权则主张恢复东方固有道德，反对自由恋爱，鼓吹女子“严守贞操”。

---

① 三木清：《续新日本の思想原理协同主义の哲学的基础》，《三木清全集》第17卷，岩波书店1968年，第535页，转引自史桂芳：《试析中日战争时期日本的侵略理论》，《抗日战争研究》2002年第1期。

② 1937年10月12日，“北平市地方维持会”通过决议，“自十三日起，今后凡用北平名称者，一律改成‘北京’”，10月21日正式发布实施。该称呼中国政府及中国人民从未承认，故笔者除史料引用外，一律将所谓“北京”称为北平，特此说明。见李铁虎：《日伪改北平为“北京”始于何时?》，《北京档案史料》1990年第3期。

③ 郭贵儒：《日伪在华北沦陷区新闻统制述论》，《河北师范大学学报（哲学社会科学版）》2003年第3期。

1939年，吴羽音在《妇女家庭》上发表《恢复东方固有道德声中的妇女贞操问题》一文，大谈陈旧的贞操观。作者以对贞操的态度为标准对女性进行分类，认为主张打倒贞操“原先大半都是出自党徒，不但是不学无术，更是恬不知耻”，而受到书报影响而自主恋爱的女性，尽管没有主张打破贞操，却是“伤风败俗的急先锋，社会人群中的败类”；重视贞操才是“女人作人应守的一种本能，为了环境，为了思想，或者也有生性卑贱的人，才有前两流的变态”；继而作者对“严守贞操者”大加褒扬，认为当时时代女性中“到底还是这一流的人们在多数”，并且，“这一流的人们在二十年来先后虽然遭受着落伍的讽刺和歧视，不与一般无耻者流同声附和，但是维持着旧道德，形成了中流砥柱，敦世道，正人心，挽颓风，振败俗”，并认为如果没有“严守贞操者”，“东方固有的道德，早已沦丧无余，那也就无从谈到恢复了”。[①] 作者认为自主恋爱是性道德的缺失，观念保守陈旧；认为自由恋爱与两性交往是对社会风气的败坏，言辞偏激；并从道德层面拔高保守贞操的旧道德，为日伪宣传的“东方文化”进行呼喊，呈现出媚日色彩。

《贞操是压制女性的奴隶道德?》一文的作者尽管声称自己不依据守旧派的传统思想，但却认为“提倡女权，自由平等，废除礼教，破坏贞操”是一种过激的言论。该文还认为女子失去贞操对其身体有害、将影响其独立人格，甚至损害女子作为母亲的“教养次代国民”的义务。并且，作者在文末强调：“新时代妇女运动已经开展，而开始向前迈进，妇女地位将直向上进展，妇女应当如何持身自好，从事正当妇女运动，提倡东方妇女固有之美德。”[②]

日伪政权不仅在报刊媒体上大肆宣传“严守贞操”，它还通过官方途径对贞节烈女进行“褒扬”。如1942年，日伪当局通过统计与评选，对五名“节妇”进行“褒扬”。

① 吴羽音：《恢复东方固有道德声中的妇女贞操问题》，《妇女家庭》第1卷第3期，1939年，第2—3页。
② 淑毅：《贞操是压制女性的奴隶道德?》，《妇女家庭》第1卷第3期，1939年，第9页。

表1.1 1942年日伪政权“节妇”信息

姓名	职业	年龄	籍贯	住所	事实
郝贾玉芳	无	四十三岁	河北省冀县	先英子胡同二号（内二区）	查孀妇郝贾玉芳由二十九岁居孀守节十五年以上，生有子女三人，平素以做针黹度日，并仰仗亲友资助，苦度寒光，抚养子女。
王书芳	无	三十岁	北平	后张公园二十二号（内四区）	民国十八年订婚后，伊未婚夫病故。其翁姑令其再醮，该女情愿过门守节，执意不嫁，彼双方父母未夺其志。现该妇年三旬，意志如前，侍奉翁姑，守节十三年有如一日，似此柏舟，殊堪表彰。
宋郭氏	农	六十八岁	北平	西便门外果厂三号（西郊区）	伊夫早已故去，自从二十二岁守节四十六年，节操贤德，乡里均已卓著。
周邢氏	以房产为生	六十九岁	宁津	库司胡同二号（外五区）	由二十七岁守节四十二年，并抚养幼女成人（已聘），曾经邻人等赠与节妇匾一额。
尹韩氏	纳底子	四十四岁	北平	老君堂村一百十九号（南郊区）	伊夫于十二年前病故，遗有老母少女，家无恒产，仅依手工度日，事姑抚女，颇称节孝。

资料来源：《北平市警察局内五区关于警备科峰行大东亚战争纪念日、警备分局选送孝子节妇表、庆祝会纪念会民众讲谈等会议记录文件》（1942年），北京市档案馆，档案号：J183-002-31417；《北京特别市警察局关于为二周年纪念举行孝子节妇表彰式到太和平听候褒奖、汽车业工会举行的通知》（1942年），北京市档案馆，档案号：J184-002-21901。

但是，“严守贞操”论并未如日伪政权所期待的那样，成为民众在社会中的主要婚恋实践。究其原因，恰恰是因为日伪政权进行的残酷政治和经济统治，过度剥削了北平民众生活所需要的物质或就业资源。其结果是，谋生问题成为此时北平中下层民众面临的普遍问题，低微的收入无法保障其婚姻家庭稳定。[①] 在这种经济破碎、秩序失范的情况下，大量中下

① 张宁、王印焕：《民国时期北京婚姻家庭中妇女的地位》，《北京社会科学》2008年第6期。

层妇女因为日常生活无法维持，其婚姻关系变得十分脆弱，有时无奈之中只得再嫁或者另嫁，贞操反而是她们最少考虑的问题。由于本卷后几章对沦陷区北平妇女再嫁、另嫁的议题有更详细的讨论，因此，在此暂不展开。但笔者仍想呈上一个个案，粗略地展现当时中下层女性在日伪统治下维系婚姻家庭之难。

1943 年，年轻的张王氏因"妨害婚姻"之罪名，被告上法庭。经查，张王氏曾嫁给张春发为妻，因张春发家贫，无力顾赡，于是张王氏起意觅主另嫁。经与其父王广泽谋议，找得媒人平三从中撮合，嫁与侯长怀为妻。张王氏于 1943 年 8 月 18 日在南义堂村侯姓家中与侯长怀举行结婚仪式。随后此事被张春发查悉，并将张王氏和侯长怀告上法庭。

张王氏在其讯问笔录中，对其婚姻、家庭状况进行了描述：

问：姓名、年龄、住址、职业。

答：张王氏，十六岁，庞各庄南头人，现在南义堂村。

问：张春发是你什么人？

答：是以前的男人。

问：现在你又嫁给谁啦？

答：嫁给南义堂姓侯的啦。

问：因为什么又改嫁啦？

答：是张春发养活不起我，情愿叫我改嫁，他好得几个钱。

问：他愿意怎么又告你们呢？

答：因为张春发把我卖给河西做小能多得几个钱，后来因为我娘家爹不愿意我做小，才把我嫁给义堂啦。

问：嫁给义堂不是做小吗？

答：不是。

问：张春发怎样养活不起你呢？

答：他（张春发）不给我预备柴米，我每天在街上讨要吃，是谁都知道的。

问：你愿意改嫁吗？

答：他实在不能养活我，我要饭吃也吃不饱，没有法子，我才嫁人呀。[①]

如果取张王氏的一面之词，我们甚至可以看到，张家如此之贫困，以至于丈夫张春发还曾有过卖妻为人妾之念头，只是因为王家不愿女儿做妾，所以将张王氏另嫁与侯长怀为妻。可见，日伪政权宣称之“严守贞操”论，不论是从观念层面还是从事实层面都难以立足。

二、自由与保守的交锋

北平沦陷后，尽管整个社会面临着日伪政权的高压文化统治，一些婚恋观念趋于保守，但是此前自五四新文化运动延续而来的恋爱自由、婚姻自由之思潮并未完全消失，反而从知识阶层逐渐向下层传播，并对平民阶层的生活产生了一定的影响。可以说，在这块沦陷的土地上，“新”与“旧”、自由与保守的交锋一直存在。

大众媒体尽管受到日伪政权的紧密控制，但是仍有作者在各类刊物上表达对自由婚恋的支持，可见沦陷时期的女性刊物并非如想像中的那般万马齐喑。

有人强调自由婚恋是人的基本权利，认为包办婚姻具有买卖性质。如吴鹏在《妇女杂志》的首期中便发表《如何选择配偶》一文，严厉地批判包办婚姻。吴鹏认为，“在旧式家庭男女间之婚姻，完全为父母所主持，而由媒勺〔妁〕说和，此种婚姻制度，不啻买卖式之婚姻。在男女方既不相知，又不相识，全不自主，完全由人布置，含有强迫性”。他认为中国的婚姻已经走向自由恋爱之路，“近世男女，因不愿行此买卖式之婚姻制度，而醉好自由恋爱，此实为男女青年间必要之正当行为，及其应享的权利……”[②]

有些作者进而对自由择偶和恋爱提出建议。如絜敏认为，女子自由择偶时要注重对方的性情、健康、学识、体貌、思想、家境、年龄、经济能力、办事能力等，唯有这些才能让婚姻美满。[③] 周忠惠则在《自由结婚的我见及

---

① 《张王氏妨害婚姻》（1943年），北京市档案馆，档案号：J065-007-12646。
② 吴鹏：《如何选择配偶》，《妇女杂志》（北平）第1卷第1期，1940年，第17页。
③ 絜敏：《怎样才能使婚姻美满呢?》，《妇女杂志》（北平）第1卷第1期，1940年，第19页。

其应注意的事项》一文中，对自由结婚提出了数条建议：

> 一，男女双方在恋爱时，除对于对方之品貌举止，加以选择视察外，而最要者须注意其有何学识，为何性格……
>
> 二，男女恋爱时，应注意对方有否不良之嗜好，及浮华奢侈之风气……
>
> 三，男女双方当恋爱时，除注意其本身外，并须注意对方之家庭情形……
>
> 四，男女当恋爱时，须细心注意考虑，或探视对方是否出于真心诚意，并其另有他恋否……
>
> 五，当男女双方皆认为合格满意时，应各题之于父母，为之品定，请其许可赞助……
>
> 六，若当父母为定婚时，应加以自己之意见，及评论与认定为要，切勿随之以去……①

有作者认为，自由恋爱不仅是对个体有意义，而且大而广之，是对整个社会的发展都有不可小觑之影响。《怎样才能使婚姻美满呢?》一文指出："婚姻问题已经成为很重要的社会问题，尤其成为青年注意的中心。我们知道，家庭是社会的中坚，婚姻是家庭的开始。欲求社会进步，必得家庭和乐，欲求家庭和乐，首得婚姻美满。"并且对于女性来说，对于自己的婚姻，要反抗任何人的专制，必须自己完全做主。②

这些明显接续五四新文化运动而来的现代婚恋观念在社会中广为传播，对年轻人颇有影响。如当时北平《实报》曾开设一个名为《某夫人信箱》的专栏。该专栏以探讨恋爱、婚姻议题见长，因此备受欢迎。1939 年 3 月 25 日，该专栏刊出第一篇征稿文章，称："打开天窗说亮话，把男女间的一切事儿（恋爱、结婚、性欲，及其附带的一切一切问题）公开谈谈，讲讲问问答答，不是挺应该的事吗？因此，这里才设这个信箱，专门回答这些问

---

① 周忠惠：《自由结婚的我见及其应注意的事项》，《妇女杂志》（北平）第 1 卷第 1 期，1940 年，第 17 页。
② 絮敏：《怎样才能使婚姻美满呢?》，《妇女杂志》（北平）第 1 卷第 1 期，1940 年，第 18 页。

题。”[1] 以此为始，《某夫人信箱》来稿络绎不绝。1939年11月6日，《某夫人信箱》刊出了这样一封读者来信：

亲爱的某夫人：

恕我这样唐突的大胆的给你这封久想给而未给的信。至今我为了实事逼迫，无奈才写了这封不通的信，且毅然决然的给你寄去。

亲爱的某夫人，乞求你的一事实是难以启齿，无奈何只得呈着含羞面孔，颤动的手，跳动的心弦，给你述了以下的事情：

我是一个十八岁的女孩子，本市高中部求学，不幸今年四五月间母命我与一有巨产的商人定婚，可怕的事情，可怜的母亲，受了金钱的吸引力而想断送了我，因为一个不相识的白丁，哪能与他定婚呢？

我曾再三的不允，因为均不合我理想中的条件，自那天起我纯洁的心灵已织成了一层灰色的密绸，我曾百次的自慰，努力的忘掉，但都不成，至今我上课听讲的注意力亦随了精神的颓唐而一转移，若久如此下去，恐对学业上大有影响，是不是？

虽然他是一个二十六岁的巨商，他有油盐店，绸缎庄与染坊，家中还有相当的许多巨款，但是一个受过高等教育的新女性怎能同他定婚呢？

他是有百万家产，我绝不能为了物质上的满足而给我精神上的痛苦，我决定不允许，但是对方曾派人来数次说些“巧言令色”的话来煽动我一颗怯弱的心，可是我不能牺牲了我一生的幸福，于是我对父母发誓：“我自己去找对象，所找的当然是我们学界中理想的朋友，恋爱感情好即可结婚，哪怕他不是公子哥儿，阔家的少爷，我也只得认了一生的大不幸，决不说父母对不起我的怨言。”

母亲应诺了我的请求，承认我可自由选择，家中不负责任，这时我的心才安静了一点点。

……

张碧君敬草[2]

---

① 某夫人：《两性问题》，《实报》1939年3月25日。

② 《某夫人信箱》，《实报》1939年11月6日。

来信描述了一位受到过高等教育、反对父母代定婚姻的女性形象。作者也在来信中提出了择偶的条件，即选择学识相当的“学界中理想的朋友”，“恋爱感情好即可结婚”。尽管我们无法对作者张碧君的个人情况进行进一步的考察，但可以看出，作者明确反对包办婚姻、抱持新式择偶观念。

很多年轻人不仅付诸报刊媒介，甚至切实地拿起法律武器来捍卫自己自由择偶之权利。如 1942 年，年仅 17 岁的女学生汪润秋就读于北平市立第三女子职业学校。她了解到当时的《民法》采取婚姻自主原则，因此与曹学士订婚。但汪润秋在告知母亲汪单氏后，“惊闻家母于三年前已代润秋与被告订定婚约。润秋骤闻此言，五中欲裂，勉呈虚笑之颜，探得以往情节”。汪母代润秋与之订婚的李贵明是天津县人，时年 16 岁，此前因迁乱来京落户，与汪润秋家同院居住。后来经林俊、刘本臣、刘兰亭（与被告有亲戚关系）向汪母说合，最终汪母同意将汪润秋许给李贵明并订立婚约，“俟双方成年后再行结婚”。汪润秋得知详情后，“查《民法》第九七二条规定婚约应由男女当事人自行订定”，并“复查最高法院二十一年上字第一八零二号判例内关婚约应由男女当事人自行订定，为《民法》所明定，此种规定依《民法亲属编施行法》第四条即《民法》施行前所订之婚约亦适用之。是依旧习惯‘凡子女未成年时由其父母或者伯叔代为订立之婚约除子女成年后予以追认外，自不能对于子女发生效力’云云”。汪润秋认为这项婚约在订立之前不被本人知晓，而她本人在获悉此情后，又没有予以追认，因此按照法律条款来看，这项婚约应当没有效力。她托中间人向被告说合后，也没有得到适当的答复，因此便一纸文书将李贵明告到了法院。据汪单氏讯问笔录所载：

> 问：年岁，住址。
>
> 答：三十八岁。
>
> 问：汪润秋是你什么人？
>
> 答：是我女儿。
>
> 问：他告谁？

答：告李贵明。

问：他在北京吗？

答：去年上张家口了。

问：为什么事？

答：因我给我女儿订的婚，他现在不愿意了。

问：订了几年啦？

答：已订三年。

问：你愿意吗？

答：我愿意，我女儿不愿意。①

汪润秋作为新式知识女性，用法律手段捍卫了自己的择偶权利，这无疑是在新的婚恋观念影响下做出的选择。

与之类似的是，1943 年，正在求学的 25 岁的陈宝鉴因事至亲友家中，得知父亲陈德祯将为他举行婚礼，陈宝鉴“闻之惊骇”。更让人惊讶的是，尽管陈宝鉴从未与女方见过面，陈自己亦没有参加婚礼，但在双方父母与亲友的“见证”下，二人仍然成了“夫妻”。② 为此，陈宝鉴请求与新婚“妻子”离婚，认为“婚约应由男女当事人自行订立，而声请人，今已二十五岁，法定成年当无庸托父代为订立婚约”。③ 陈之案件，既可见父母包办婚姻之可笑，亦可见年轻男女的认真坚持。

而在另外一则案件中，孙秉珍则通过法律渠道维护了自己自由择偶的“成果”：

秉珍与声请人原系友谊，俟因感情融洽，被声请人向民求婚，乃于去年旧历六月初三日实行订婚，并立有订婚书及誓约书，各执为证。约定于本年旧历二月二十二日举行结婚典礼，不意被声请人心生异念，于本年旧历正月间忽对秉珍要求退婚，秉珍闻讯后，不胜骇异，一再向其追问悔婚原因，始称系伊胞兄宋延煊反对所致。查秉珍与被声请人订婚

① 《汪润秋请求解除婚约》（1942 年），北京市档案馆，档案号：J065-018-02017。
② 《陈宝鉴请求解除婚约》（1943 年），北京市档案馆，档案号：J065-018-00479。
③ 《陈宝鉴请求解除婚约》（1943 年），北京市档案馆，档案号：J065-018-00479。

系在去年六月间，被声请人已达二十二岁，系属成年之人，既已自行主持订婚，其家属自无反对之必要，何能藉词任意反悔，于情于法有所未合，本拟按照誓约书所载提起刑事诉讼，又恐有伤情面，为此请求钧院俯赐先予传案调解，责令被声请人履行婚约，如调解不能成立，即请移送民庭，以便依法进行诉讼。

宋延彬讯问笔录

问：你什么时候订的婚？

答：去年六月初三日订的婚。

问：有婚书没有？

答：有婚书。

问：有媒人没有？

答：没有媒人，我们原先住在一个院，认识。

问：你有女人没有？

答：我没有女人。

问：你为什么不履行婚约结婚呢？

答：我预备年终结婚，无耐收入不多，所以没有结婚。

孙秉珍讯问笔录

问：为什么告他？

答：他要与我退婚，现下托人说合好了，预备今年四月就结婚了。

问：你还告他吗？

答：不告了，愿意将案具结撤回。[①]

案件中的孙秉珍不仅通过自由择偶的方式与未婚夫订婚，在未婚夫悔婚后又通过法律手段将其诉讼至法院，可以说，该案件为我们呈现出的是一个具有自由婚恋观和法律意识的女性形象。从上述案件中我们可以看出，在沦陷时期的北平，自由婚恋观念与现代择偶方式仍是很多青年的自主选择。

---

① 《孙秉珍请求履行婚约》（1942 年），北京市档案馆，档案号：J065-018-02597。

近代北平是一个充满张力的城市。一方面，相比上海等文明开化较早的沿海城市，北平多受政治因素的影响，民众在婚姻观念上呈现相对保守之势，再加之抗战时期北平沦陷，受到日伪政权的殖民统治，其保守性更为严重；但另一方面，北平作为新文化运动的重镇又最先受到了新思想、新文化的洗礼；因此，在北平民众的婚恋、择偶观念上，“新”与“旧”的并存与冲突也折射出整个社会近代化过程的复杂性。

本章小结

在南京国民政府统治初期，发轫于五四新文化运动时期的一些现代婚姻观念和思潮，此时处于广泛传播阶段，一些领域甚至还进行了更为深入的探讨。例如，婚姻、爱情与贞操之间的关系，自五四时期成为知识界的热议话题之后，讨论的热潮一直延续到 1930 年代。随着抗战形势的紧张，这一“私生活”的话题才被民族国家话语挤占了舆论的空间，逐渐退潮。经过知识界的讨论，贞操被新的时代话语赋予了很多全新的内涵。同时，在这些新式内涵的诠释与传播之下，在社会中也随之出现了很多新式的婚姻观念和婚姻现象。

非婚同居就是其中一个新的社会现象。自由婚恋观念促成了这一现象的出现，很多新式女性为追求爱情，摒弃了传统的婚姻模式，选择与所爱之人共同居住、生活在一起。这种生活观念和生活方式已经迥异于传统社会里的婚姻模式和家庭模式。但是，由于知识界尚未完成社会价值体系的整体重构，因此无法对这种新式生活方式及其带来的身份转型进行概念化表达，有人不免仍在传统的社会框架内去界定这些女性的社会角色，将之称为妾。这一概念显然无法准确地表述出她们的实际生活状况、家庭角色和自我认知，但反对者也未能找到一个准确的名目对其身份予以正名，只能在新的价值体系中用恋爱加以定位，双方形成针锋相对之势。这种认识上的新旧之别，实际上体现出人们对于这一生活方式的名与实之争。而在体制层面，新女性究竟是妻还是妾，也未能得到法律的明确回答。即使现代国家试图表现其进步的治理风格，但是由于传统礼法结构与近代现实生活存在错位，以及新旧社会结构在转型中的互不相融，现代国家的进步性大打折扣。

同时，在北平沦陷区，日本殖民者为了巩固自身的统治，除了用武力镇压人民的反抗，在政治上建立起日伪政权进行统治以外，还在文化方面进行复古保守之建构。在婚姻文化方面，日伪当局主张“严守贞操”的文化观念，试图使沦陷区人民摆脱近代以来的新式观念的影响。但从日伪当局的宣传的正当性和力度来看，这种号召更多是流于纸面，即使仍有父母秉持包办婚姻，但是青年学生与知识分子已学会借助现代媒介为自己的自由择偶发声，并通过法律手段来捍卫自己的自由。

第二章　结婚：民国时期仪式、角色与婚姻的重构

就像恋爱一样，民国时期的婚姻也受到各种因素的影响：新式思潮、政治权力和日常习俗。正是在这多重力量的角逐中，近代婚姻观念和实践既发生了深刻的变化，又呈现出与传统的藕断丝连。

婚姻之成，始于婚礼。南京国民政府成立后，开始对婚礼仪式和结婚登记方式进行改革，试图推动婚姻的现代化，以此彰显其作为现代政权之有效治理。知识分子群体对这些现代政策进行了积极的呼应。对他们而言，采用新式婚礼是其现代身份的一种表现，他们乐此不疲。但是，这种积极似乎只是止于知识分子阶层，普通民众仍然多采用传统婚礼仪式缔结婚姻关系。于是，这对政府的司法权力提出了挑战，尤其是出现婚姻纠纷时，如何界定婚姻成立，是依据政治权力所制定的新式婚俗、婚书来决定，还是按照民众所普遍实践的传统婚礼形式来决定，便成为一个纠结难断的问题。最终，新旧并存、新旧杂糅成为一种新常态。

婚姻缔结之后便是婚姻生活的开始。如何为妻为母，成为当时知识界激烈讨论的一个议题。贤妻良母主义、新贤妻良母主义以及对这些主义的批判层出

不穷、此起彼伏。这背后折射出知识界如何认知和重新界定两性、婚姻、家庭和国家的复杂关系。而这毫无疑问对女性提出了更具挑战性的要求，如何处理与丈夫的关系，如何以现代的观念来哺育子女，如何在婚姻内实现自我价值？这些贤良主义为女性提供了更多的身份认知的可能，所有这些提倡与批判也使女性与婚姻、家庭、社会、国家之间的关系有了更为细密的联系。

与此同时，中国共产党在其领导的根据地也掀起了轰轰烈烈的女性解放和婚姻革命。当中国共产党来到根据地后，他们所面临的是中国农村地区长久以来由于经济凋敝、男女比例失衡等原因所形成的各种婚姻陋俗。因此，如何消除买卖婚姻、童养媳等陋俗，推动婚姻正规化，实现婚姻改革、提高妇女地位，成为中共进行政权建设的重要议题。为此，中共因地制宜地颁布一系列的婚姻条例甚至是婚姻法，有计划、有步骤地针对根据地的具体情况进行婚姻关系和婚姻形式的调整，实现妇女解放，推动农村社会进步。

与之形成对照的是，日伪政权逆时代潮流而行，反而更多地鼓吹女性在婚姻中要“三从四德”、相夫教子，以维系其在沦陷区的殖民统治。但是，因为日伪政权对民众进行过度的剥削，导致了一系列的失业、贫困、人口流失等问题，再加之战争的残酷蔓延，日伪政权所期待的复古、稳定的婚姻关系受到了挑战和冲击，而女性在其中付出了代价，她们或者被丈夫遗弃或者被迫再嫁。“三从四德”的复古企图从未实现。

第一节　礼成：政府权力与婚姻仪式改革

婚姻仪式是男女双方形成婚姻关系的重要步骤。中国古代社会对婚姻仪式的举行极为重视，规定需完成“六礼”，即纳彩、问名、纳吉、纳征、请期、亲迎。唯有完成“六礼”，男女双方的婚姻关系才得以成立，双方亲属以及社会大众对此婚姻关系方才认可。[①] 可以说，婚姻仪式的礼成构成了婚

① 陈鹏：《中国婚姻史稿》，中华书局，1990 年，第 200 页；盛义：《中国婚俗文化》，上海文艺出版社，1994 年，第 98 页。

姻关系最初且最为基础的组成部分。

时至近代，自晚清时便有有志之士对传统婚俗进行改革。[①] 1928年南京国民政府成立后，国家权力开始自上而下地推行体制化的婚俗改革，推出集体婚礼、婚姻登记等新举措，试图更进一步介入婚姻和家庭之中。但是，家庭作为社会最基本之单位，面对这些改革措施，反而呈现出相当大的韧性，仍然以实践传统婚俗为主。其结果是，当夫妻出现婚姻纠纷、走上法庭时，法官更多以传统婚俗为衡量标准去考量婚姻关系是否成立，以此对纠纷做出判决。

一、简化婚礼

传统婚姻仪式十分繁琐，短则一天，多则数日，男女双方需要严格按照规定完成相应礼节。特别是在北平这样具有浓厚民俗文化的城市，婚姻仪式更加复杂，据相关史料记载，北平婚姻仪式需进行“保亲”“合婚”“放小定”“放大定”“行通信礼”“放妆”“迎妆”“迎亲”“谢亲”“拜天地”“坐帐”“撤帐”“双礼”“回门”“住对月”等多项礼节，“自过妆迎娶以至会亲，共须三日，搭棚结彩，置酒设馔以待亲友之庆贺”。[②] 此外，北平民众的旧式婚礼仪式中还有“拜祖先、定名分”的讲究，认为新娘不拜祖先则不算男方家族之嫡派人物，故拜祖先亦是要定名分，俗称认大小，即认识夫家之长幼尊卑也。对于长者各叩一首，平辈者一揖。[③] “排大论小全磕了头”便是定名分的方式。再加上婚礼后还有“回门”等婚俗，[④] 整个婚姻仪式完成的话，大约需要数十天。可以说，传统婚姻仪式是儒家伦理观念和秩序的实在体现，在家长制下，长辈尊亲对子女婚姻具有强大的控制力。

近代以来，随着西方思想的传播，新思想对国人婚姻观念产生了广泛而深刻的影响，甚至传统的婚姻习俗也受到了西方的影响。自清末时，新式婚

---

① 相关研究参见邓伟志、胡申生：《上海婚俗》，文汇出版社，2007年；梁景和：《近代中国陋俗文化嬗变研究》，首都师范大学出版社，2009年；梁景时：《清末民初婚俗的演变述论》，《山西师大学报（社会科学版）》1999年第1期；宋立中：《清末民初江南婚姻礼俗嬗变探因》，《浙江社会科学》2004年第2期。

② 李家瑞编：《北平风俗类征》上册，商务印书馆，1937年，第124页。

③ 李家瑞编：《北平风俗类征》上册，商务印书馆，1937年，第125页。

④ 张宗平、吕永和译，吕永和、汤重南校：《清末北京志资料》，北京燕山出版社，1994年版，第481页。

礼便开始出现。如王韬曾记载，“前日为春甫婚期。行夷礼。至虹口裨治文室，往观其合卺。西人来者甚众。裨妇鼓琴讴歌，抑扬有节。小异亦在。其法：牧师衣冠北向立，其前设一几，几上置婚书、条约；新郎新妇南向立，牧师将条约所载一一举问，傧相为之代答，然后望空而拜。继乃夫妇交揖。礼成即退，殊为简略。”①

中华民国建立后，尤其是五四以后，对于婚姻的缔结，那些具备新知识的新青年纷纷选择自己喜欢的结婚仪式，总体是趋向简约化。像赵元任和杨步伟结婚，只拟有中英文婚书两份，邀胡适和朱征女士作证人，其婚书和寄亲友的通知书内容如下：

> 赵元任博士和杨步伟女医士恭敬的对朋友们和亲戚们送呈这件临时的通知书，告诉诸位他们两个人在这信未到之先已经在十年六月一日（就是西历一九二一年六月一日）下午三点钟东经百二十度平均太阳标准时在北京自主结婚；
>
> 告诉诸位，他们结婚的仪式是如下：
>
> 第一节　第一段　甲本人和证婚人签名，证婚人：胡适之博士，朱徵女医士；
>
> 告诉诸位，因为要破除近来新旧界中俗陋的虚文和无为的繁费的习气，所以他们申明，除底下两个例外，贺礼一概不收；
>
> 例外一：抽象的好意，例如表示于书信，诗文，或音乐等，由送礼者自创的非物质的贺礼，
>
> 例外二：或由各位用自己的名义捐款给中国科学社，该社各处的住址如下：
>
> 南京成贤街中国科学社胡刚复博士，
>
> 上海大同学校胡明复搏士，
>
> 北京西四牌楼羊肉胡同四十五号任叔永社长；
>
> 又告诉诸位，他们两个人旅行到六月底回来之后，很希望朋友们亲

① 中华书局编辑部编，汤志钧、陈正青校订：《王韬日记（增订本）》，1859年3月28日，中华书局，2015年，第287页。

戚们常常到北京小雅宝胡同四十九号敝舍来茶谈叙旧知新。

下签名人赵元任和杨步伟同意申明他们相对的感情和信用的性质和程度已经可以使得这感情和信用无条件的永久存在。

所以他们就在本日，十年六月一日，就是西历一九二一年六月一日，成终身伴侣关系，就请最好朋友当中两个人签名作证。

本人签名 杨步伟

赵元任

证人签名 朱徵

胡适①

四人签名之后，婚事就完成了。当然，赵杨之婚礼可能太过简单，但是，当时城市中的五四青年对于婚礼多选择简单的仪式已是不争的事实。即使当时对于婚礼并没有统一的规定，但城市文明结婚多有一个大致的程序，即：奏乐，司仪、男宾、女宾、主婚人、介绍人及新郎新娘入席，证婚人宣读证书或发言，各方用印，新郎新娘交换戒指，相对行鞠躬礼，谢主婚人及介绍人，向亲族和来宾致礼，来宾或亲族演说，唱文明歌等。当然，不同的婚礼有或繁或简之变化，但基本的程序大致如此。② 可以说，“文明结婚”一词逐渐被越来越多的人所接受。

1928年南京国民政府成立后，面对纷繁不同的婚礼，政府制定了一个统一流程，规范婚礼，以期体现婚姻自由理念。整个过程包括：（1）订婚男女到了法定年龄经父母同意，可以择期订婚，婚约应附男女双方世系表。（2）请期，一方拟定婚期，用书帖征得对方同意，请期时应附体格检查证书。（3）结婚，应请证婚人、介绍人、司仪及嫔相和近亲好友，结婚应节省以敬爱为本，不得议及财务。结婚的仪式为：结婚礼开始，奏乐、证婚人、介绍人、来宾及亲属入席，主婚人入席，嫔相引新郎、新娘入席，全体肃立向国党旗及国父遗像行三鞠躬礼。证明人宣读结婚证书。新郎、新娘盖章，证婚

---

① 杨步伟：《一个女人的自传》，岳麓书社，1987年，第206—207页。

② 对于婚礼的一般程序乃是总结丁世良、赵放：《中国地方志民俗资料汇编》（书目文献资料1989年版）以及常人春：《红白喜事——旧京婚丧礼俗》（北京燕山出版社1996年版）有关记载总结而成。

人、介绍人、主婚人盖章。新郎、新娘交换饰物。新郎、新娘相向行三鞠躬礼。证婚人训词，主婚人谢词。新郎、新娘分别向证婚人、介绍人行三鞠躬，谢来宾一鞠躬，谢主婚人三鞠躬。奏乐嫔相引新郎、新娘退席，礼成。[①] 1930 年国民政府《民法・亲属编》还明确规定“结婚应有公开之仪式及二人以上之证人”，[②] 由此减少了婚姻关系缔结的制约条件，制衡了家庭对于婚姻的裁量权，从而提高了男女双方对于婚姻的自主权。这种对于婚姻仪式的简化，既体现出现代性，且花费甚少，因此很是受到一些年轻人的支持。

本来结婚典礼，就是向社会表示二人开始营共同生活，对社会将担负责任，合于法律的条件——公开的仪式，及两人以上的证人——也就够了，何必一定要弄许多繁文缛节，认坐花轿，坐马车，甚而至于坐扎彩汽车，才算结婚的女人，实质上还是其心不脱“俘虏”地位，情愿人家以俘虏相待的，否则结婚是自己两人间的事，两人应该亲身出面共同办理，为什么一定要等在家里让人家以车轿抬了去。像从前父母包办的婚姻一样，可可怜怜不声不响，一直到礼案前被人摆布才算结婚呢！庄严不一定是繁缛，郑重也不一定是复杂，将吹鼓手换成乐队，轿子换成马车汽车，一样都是宗法社会的玩意，有思想的青年朋友们，应该起来毅然加以改革的。这一双青年朋友的婚礼仪式，很可以作我们大家的榜样，希望以后青年朋友们结婚，就照这种精神！简单朴素庄严郑重！去办理罢！[③]

越来越多的年轻人还身体力行地实践新式婚礼。如 1934 年无锡陈丽云与童舒培结婚时，婚礼在无锡饭店大礼厅举行，结婚的礼节很简单，新郎、新娘站定后，“照例地，由证婚人、主婚人等宣读证书，用印盖章，完全了应尽的任务。结婚证书是双料的，同样备就了两张，预备双双悬挂在绣闼中。音乐队奏着‘文明结婚’的歌曲，送两人入洞房”。[④] 同样地，在 1936 年，归绥中学校长霍世休和赵承芳也举行新式婚礼。“因为霍君是办教育的，

① 张静如、卞杏英主编：《国民政府统治时期中国社会之变迁》，中国人民大学出版社，1993 年，第 284—285 页。

② 徐百齐编辑，吴鹏飞助编：《中华民国法规大全》第 1 册，商务印书馆，1936 年，第 79 页。

③ 某夫人：《一个值得提倡的婚礼仪式》，《实报》1941 年 10 月 4 日。

④ 《无锡标准美人婚礼》，《大美晚报》1934 年 4 月 26 日，第 2 版。

所以来宾以教育界人士为多，新娘装束完全是最新式，服洁白之衣，佩黄色的花，在绥远尚是初见。证婚人为祁定远先生，礼堂的布置，由联欢社社长樊涤清君匠心擘划，极幽雅绮丽之至。举行婚礼时，证婚人祁定远先生致辞，因新郎为教育家，新娘曾为药剂师，特以作育人材，提倡卫生为意，语意双关，颇得幽默真味。收得贺电不少，北平《文化论衡》什杂〔杂志〕主办人万斯年君，特寄新诗致贺，其中有名句‘有一片芳心，爱上了佩心’等语，传诵一堂。”①

在政府的大力提倡下，部分地区甚至出现了“集团结婚”的现象。1934年，上海社会局率先提倡集团结婚，并从经济、社会和民族之意义论述其必要性：“此种创举，实开‘变政先变俗’的先声；就经济的方面说：这是厉行节约运动，际此民生凋敝，百业衰落的不景气期内，人民能破除因袭的婚礼的铺张，各节省此项靡费，每人平均以四百元计，每次五十对结婚男女即可节省二万元之谱，将来此制推行及于全国，所积资金总数当更有可观！次就社会的意义说：婚礼用集团的方式举行，不但革除了传统的陋习，以庄严隆重的典礼，替代旧有的繁〈文〉缛节，一新人民耳目，并可使此种新家庭，自始便体认到社会的意识，易于走向人文演进的坦途。再次就民族的见地说：结婚费用既省，可减少流行的晚婚现象，个人的血统得以延续，民族的生命亦因之发扬光大；假如于当事人请求结婚登记时，照章须呈验医生体格检验单，限制官能欠健全者的结婚，不是实现了‘强国必先强种，强种必先强身’的政策吗?”②

此后不久，上海出台集团结婚之登记细则和仪式。

（一）申请登记

一，凡本市市民举行结婚礼得申请参加集团结婚礼；

二，规定每月第一星期三为集团结婚日，在市政府大礼堂举行，由市长及社会局长证婚；

---

① 《昨两个婚礼》，《绥远西北日报》1936年9月14日，第3版。

② 何学尼：《新生活集团结婚制应推行全国》，《社会半月刊（上海）》第1卷第8期，1934年12月，第25—26页。

三，参加者应缴费用二十元；

四，参加者应先向社会局申请核准，申请书可向社会局索取，概不取费；

五，社会局将核准登记之结婚人于婚前公布之，如有对于结婚人之结合认为非法者，应于结婚五日前呈报社会局核办；

六，核准登记之申请人由社会局发给登记证，届期凭证参加；

七，呈准参加者应依照《参加新生活集团结婚须知》各项办理，所有时间及手续，均应绝对遵守；

八，结婚证书，由市政府印备发给。

（二）结婚仪式

一，奏乐；

二，来宾入席；

三，证婚人入席；

四，主婚人入席；

五，结婚人入席……

六，行集团结婚礼：结婚人各向对立，行三鞠躬礼；

七，证婚人印发结婚证书，结婚人依次具领，仍退入原位；

八，证婚人发给纪念品；

九，礼成。①

1935年4月，上海举办了第一届集团结婚典礼，共有57对新人参加此次婚礼，“婚礼开始，为求时间经济起见，改为每两对同时举行，由司仪报告双方姓名，新郎由孙秉辉，新娘由陈国伟引导，从旁扶梯登台，对总理遗像立定，司仪口呼对总理遗像及党国旗行最敬礼，三鞠躬，新郎新娘相对立，两鞠躬，复位，向证婚人致敬礼，一鞠躬，分立左方之吴市长即将证书授予新郎，右方之吴局长，将纪念章授予新娘，谢证婚人，一鞠躬，双方携手退下，立于规定位置”。礼成后，虽已暮色苍茫，但是“围聚于市政府前

① 《四月三日举行第一届集团结婚典礼》，《申报》1935年2月7日，第4张第16版。

广场上者，依然拥挤，市公安局乐队复奏乐，礼堂之门大开，五十七对新郎新娘，乃随手提明角灯及宫灯之市府男女职员，列队而出，当缓步走上石阶时，蓝袍黑褂与白色婚纱相映，远望之，恂恂然，飘飘然，颇类含有东方风味之花边图案，可谓奇观……新郎新娘列半圆形阵于市府崇阶之前者，达半小时，一任新闻记者及摄影师为之摄影。市长及社会局长亦含笑立于此桃色阵线之中央，至六时许始各散去”。[①] 据《上海市政府公报》统计，1935—1937 年上海市共举办了 13 届集团结婚，参加者共计 1188 对，2376 人。[②] 这一形式很快风靡各地，南京、杭州、芜湖、北平、天津纷纷仿办。

抗战军兴，东部国土泰半沦陷，集团结婚由于其经济、简便，继续在西南后方开展起来。为规范集团结婚，国民政府内政部于 1942 年 11 月 1 日颁布《集团结婚办法》，主要内容为：一、集团结婚在城市举行者，由县市政府或其他所属机关主办，在乡村举行者，由乡镇公所主办。二、每次之日期、地点，应参照当地习惯、环境酌定，并应于举行婚礼前二个月公告之。参加集团结婚之每对婚姻当事人，应于规定期间向主办机关申请登记，未成年之婚姻当事人，并请由法定代理人共同申请登记。三、申请书内应由男女双方之家长或监护人，双方之主婚人，及介绍人共同签印。四、主办机关于申请登记截止后，应将每对婚姻当事人之姓名、年龄、籍贯、住址、职业，于举行婚礼前一个月公告之。有利害关系之第三人对于申请登记人之婚姻如有异议，应于举行婚礼十日前，向主办机关提出异议声明书。主办机关收到异议声明书后，应即通知被声请异议之婚姻当事人自行处理，在该项异议未经合法解决前应不予核准。五、申请登记之男女双方，均应缴验合格医师所出之健康证明书。主办方还规定了礼服条例、缴纳费用和行礼仪式。[③]

由于有了统一的规定，各地实行集团结婚更为正规，又由于集团结婚本身的简单，战乱时期很多婚龄青年都选择这种方式来缔结婚姻。抗战胜利后，各地再掀起集团结婚的热潮。如上海市于 1945 年 12 月 25 日由市社会局举办了抗战胜利后的第一届集团结婚，名为“胜利纪念集团结婚典礼”，

---

① 《集团结婚在市府举行婚礼》，《妇女月报》第 1 卷第 4 期，1935 年 5 月，第 28—29 页。

② 《上海市政府公报》第 156—158、162、164、166、168、170、174—176、178、180 期。

③ 《集团结婚办法》，《内政公报》第 15 卷第 7—12 期，1942 年 7—12 月，第 14—15 页。

共有42对新人参加。之后上海市社会局于1946年2月9日发布公告确定于1946年春夏秋冬司机分别举行四次集团结婚典礼的决定。[①] 根据这一公告，上海市社会局分别在1946年3月3日、10月10日、12月12日以及1947年4月4日举办了四届集团结婚典礼。南京从1946年10月10日由新生活运动会与市社会局合办了国民政府还都后的首届南京市新生活集团结婚，至1947年12月已举办了6届，参加者共有700余对。[②]

二、登记婚姻

在简化仪式的同时，南京国民政府希望将能将民众的婚姻进一步纳入国家权力范围之内，以便于对社会进行更有效的掌控，故部分地方政府开始颁行婚姻登记办法。1930年，广州率先在全国开展婚姻登记，社会局通过婚姻注册章程及市民借用该局礼堂举办婚礼规则，规定市民“嗣后凡系合法之结婚务须到局，依章声请注册”。[③] 此后，其他城市依照广州办法也陆续开始了婚姻登记工作。1931年，北平“因念广州市已举办市民婚姻登记，成绩昭著，本市亟宜仿效，盖既可保障合法婚姻，并便于统计”。[④] 次年9月，北平市政府公布《北平市市民结婚登记规则》，规定市民结婚应持当事人声请书、男女结婚愿书、保证书等文件到社会局进行登记；同时结婚登记者可在社会局礼堂举行婚姻仪式，由社会局局长或委派代表进行证婚。此规则除规定民众结婚登记外，还对声请书、愿书及保证书的样式、内容进行了规定。[⑤] 北平市政府希望以行政方式将民众婚姻纳入国家权力的控制范围之内，甚至将婚礼场所从民众家中或饭店转移至社会局礼堂，在仪式层面加入国家权力之存在。

同时，为了进一步彰显政府对婚姻的控制，平津卫戍总司令行营曾于1930年5月颁布婚书章程，规定“官制婚书须由民政厅或社会局盖印于前方

---

① 《上海社会局第一届集团结婚仪式》（1945年11月），上海市档案馆馆藏，卷宗号：Q6-10-415。

② 左玉河主编：《民国社会生活史》上，广东人民出版社，2019年，第510页。

③ 《广州社会局举办婚姻注册》，《广东民政公报》第69、70两期合刊，1930年9月30日，第255页。

④ 《京市府将举办婚姻登记》，《法律评论》（北平）第8卷第22期，1931年3月8日，第26页。

⑤ 《北平市市民结婚登记规则》，《北平市市政公报》第166期，1932年9月26日，第1—3页。

年月上，并由县市政府或公安局盖印于后方年月上，以昭郑重”，同时缴纳一元成本费及四角印花税。[①] 通过加盖官方印信以证明此种婚书代表官方意志，政府希望通过官制婚书取代传统的龙凤贴，使其成为证明夫妻婚姻关系的唯一凭证，从而加强国家对民众婚姻的控制能力。

北平沦陷后，由于其残酷的殖民统治，传统家庭结构日渐崩溃。有鉴于此，日伪政府希望通过控制婚姻的缔结，更进一步稳定家庭关系和社会秩序。1942年，日伪政府颁布所谓《修正北京特别市市制婚书发行章程》，较之前的婚书章程有了更加严格的规定。该章程规定：“本市居民无论初婚、续婚，男女双方应于结婚前各领用市制婚书一份，遵照填写，以为凭证。”对未使用官制婚书的民众，“一经查觉，除责令补领外，照婚书原价加二倍处罚”，以处罚手段推动官制婚书在民间的使用，规范婚姻缔结流程。[②] 除颁布《婚书章程》外，伪政府将订婚书也纳入管制范围内，颁布所谓《修正北京特别市市制订婚书发行章程》，从订婚阶段开始实行监管。[③] 可以说，从民国开始，婚姻登记业已出现并成为政府力图推行的证明现代婚姻关系缔结的操作方式之一。

三、顺应传统

尽管政府公权力一直努力提倡现代婚礼仪式和婚姻登记，但是普通民众仍怀着一种迟疑和犹豫的态度来看待这些新式仪式。对于他们来说，婚礼的主要目的并不是为了体现现代的婚姻理念，而是向周围的亲朋好友公开展示婚姻关系的缔结，从而使此段婚姻获得社会的承认。由于婚礼举办的成功与否会在一定程度上影响亲朋对于此段婚姻的评价，所以很多人在婚礼形式上往往还是会采用传统婚礼。

同样地，由于在传统婚姻理念中，婚姻关系的缔结主要在家族范围内进行，是否符合传统礼教，是否被家族尊长与亲朋认可比政府承认更为重要，所以大部分民众并不会主动进行婚姻登记，这从离婚时大部分夫妇在庭审中

---

① 《法规：各省市发售官制婚书章程》，《北平特别市市政公报》第46期，1930年5月19日，第1—2页。

② 《修正北京特别市市制婚书发行章程》，《市政公报》第181期，1943年1月15日，第1页。

③ 《修正北京特别市市制订婚书发行章程》，《市政公报》第181期，1943年1月15日，第2页。

只能提交传统的结婚贴可见一斑。可以说，民国时期政府所推行的现代婚姻登记工作所取得的效果是有限的。

面对民众根深蒂固的传统婚姻习俗和结婚方式，政府也处于一种矛盾之中。如果政府采取强制手段推行新式结婚仪式和婚姻登记，则容易引起民众的不满。所以政府在颁布相关规定时，对传统的民间逻辑和实践进行了一定程度的妥协，留有一些模糊空间。例如在婚姻仪式中，虽然政府提倡简化婚姻仪式，设立相关法律条文，并举办集体婚礼等新式婚姻模式，但是从未强制民众更改结婚方式，集体婚礼也以自愿报名的方式进行；在婚姻登记规则中，政府对于婚姻登记并未采取强制措施，只是规定“凡本市居民结婚得依本规则呈请社会局登记”，而对于未进行登记的民众没有任何惩罚措施，也并未规定未登记婚姻视为无效。[①] 在1930年国民政府颁布的《婚书章程》中，规定“官制婚书无论初婚续婚，男女双方各于订婚时购用，俟结婚时再于后方填载结婚年月日等项”，但并未规定男女结婚时必须购定；即使在日伪时期，伪政府所颁布的章程中虽然宣称要对未购买官制婚书的夫妇实行一定处罚，但前提却是“一经查觉”，也就是说，如未被查觉则无任何后果。[②] 同时官方虽颁布了《婚书章程》，但是从未明确表示官制婚书为婚姻关系的唯一凭证，在1942年《婚书章程》中，伪政府规定“本市自发行市制婚书之日起，一律禁止私售，违者处以十元以上、二十元以下之罚金”，但此规定仅是禁止民间私制私售官方婚书，并未禁止其他婚书在社会上通行，传统婚书依旧可以在婚姻中使用。[③]

而政府对于民间传统婚俗最大的妥协，莫过于在法庭上处理离婚纠纷时所呈现出来的顺应传统之态度。在离婚案庭审过程中，法官所要解决的首要问题就是确认当事人是否为婚姻关系，由此才能确定离婚诉求之正当性，而询问双方的结婚方式则是一种普遍使用的证明方法。此时，法官作为政府意志的执行者，他们本应该要在司法实践中贯彻官方所颁布的相关法令，但是如果法官严格执行婚姻登记和新式婚书的相关规则，则大量未进行登记的夫

① 《北平市市民结婚登记规则》，《北平市市政公报》第166期，1932年9月26日，第1—3页。

② 《法规：各省市发售官制婚书章程》，《北平特别市市政公报》第46期，1930年5月19日，第1—2页；《修正北京特别市市制婚书发行章程》，《市政公报》第181期，1943年1月15日，第1页。

③ 《修正北京特别市市制婚书发行章程》，《市政公报》第181期，1943年1月15日，第1页。

妇无法证明他们的婚姻关系合法，离婚案诉讼也将视为无效，这将导致政府所颁布的离婚法律形同虚设。面对此种状况，很多法官只能妥协，甚至在一定程度上主动迎合了民众关于婚俗的传统理念和方式。

如在1942年，在傅耀廷与傅李氏的离婚案中，法官在庭审过程中首先确认当事人双方是否为婚姻关系。但是法官并未询问他们是否拥有官方婚书，而是询问了他们的结婚方式：

问（傅李氏）：你过门的时候有介绍没有？

答：是曹振海的大媒。

问：在什么时候？

答：于民国二十五年十月初十日。当初娶我做妻，他的前妻樊氏与军队跑了才娶的我，不料樊氏又回来了，让我做妾我不甘心。

法官对于双方婚姻方式的询问并未首先提及双方是否具有婚书，而是将是否有媒人放在了首位，媒人作为传统婚姻双方的联系人和见证人，对于确认双方的婚姻关系具有重要作用。之后法官对傅李氏与傅耀廷的婚姻关系进行了进一步确认。

问（傅李氏）：拜天地了没有，有婚书没有？

答：拜天地来，没有婚书，有小贴。

问：用什么娶得？

答：用轿子娶得，并且有亲戚们都来着。①

傅耀廷用轿子这种传统的交通工具迎娶新娘，并举行了“拜天地”的仪式，以此证明女性完成了从“人女”到“人妻”的身份转变，夫妻的婚姻关系就此达成，而“小贴”（即龙凤贴）则为双方的婚姻提供了书面证明，确定双方的夫妻关系确已成立。法官将拜天地与婚书放在一起进行询问，并未将婚书作为婚姻关系的唯一凭证，而是确认双方是否按照传统习俗实行拜天地的礼节，这充分展示了法官对于民众的婚姻方式采取了一种新旧包容的态度。在此后的庭审中，法官再次询问媒人曹振海，当事人是否拜过天地，得

① 《傅耀廷诉傅李氏离婚案》（1942年3月27日），北京市档案馆，档案号：J065-018-02521。

到了肯定的回答。在此案中，我们发现法官在司法实践中并未严格执行官方意志，而是顺应了当时民众婚姻的实际情况，尊重了民众所采取的传统婚姻缔结方式。

在司法实践中，法官有时还会进一步扩大官方所留有的模糊空间。《民法·亲属编》虽规定“结婚应有公开之仪式及二人以上之证人”，其本意是，“以结婚为要式行为，关于当事人身份之变更，应具备一定之形式，期社会之周知……本案仿法制局最新草案之立法精神，不采严格之仪式主义，但为区别正式配偶与无婚姻关系之结合，而设最低限度之形式，即仅须有公开之形式，及二名以上之证人而已”。[①] 但是法律并未明确何为“公开之仪式”，证人应为何种身份，所以在实际庭审中，法官对规定的模糊之处进行了充分利用，甚至对其意义进行了延伸。例如在王维成和王董氏离婚案中，法官并未严格按照“公开仪式”与“二人以上之证人”进行确认，而是询问了双方婚姻中是否使过彩礼。王董氏在诉状中提到“窃氏凭媒证，礼聘王维成为妻”，表示自己结婚曾举行了正式仪式，而法官在之后的庭审中又对该问题进行了询问：

问（王董氏）：被告离你娘家多远，是否使过彩礼？

答：二里。出嫁时我母家没有使过彩礼。[②]

在郑程氏与郑懋勋案、王璧鉴与王庞氏案中，法官重点调查了双方婚姻中是否有媒人。[③] 马钊在研究40年代北平地区的重婚案时认为，在上个世纪40年代的北平，法官在判断一件婚姻是否有法律约束力时，所关注的并不是结婚所举办的仪式，而是婚礼是否成为一个由结婚双方以外的人所关注的一个公共事件。[④] 笔者对此观点较为认同，但想进一步说明的是，至少从这些离婚案件中，我们可见，法官对于婚礼礼成、婚姻关系的成立，更倾向于确

① 薛威霆：《民法亲属编释义》，上海法学编译社，1932年，第35页。

② 《王董氏诉王维成离婚案》（1942年5月5日），北京市档案馆，档案号：J065-018-02695。

③ 《郑程氏诉郑懋勋离婚案》（1942年3月17日），北京市档案馆，档案号：J065-018-02804；《王璧鉴诉王庞氏离婚案》（1942年7月7日），北京市档案馆，档案号：J065-018-04355。

④ Zhao Ma，*On the Run：Women，City and the Law in Beijing*，1937-1949，Ph. D. dissertation，The Johns Hopkins University，2007，p. 87.

定传统婚礼仪式的要素，可以说，官方本就具有模糊阐释空间的规定被法官在司法实践中更进一步扩大。

要而言之，南京国民政府在建立后，试图通过改革婚礼仪式、推动婚姻登记政策来实现对民众家庭、婚姻的更为有效的掌控，以期推动现代社会治理。这些新式仪式和政策在知识阶层得到更多的呼应，但是对于更为广泛的普通民众而言，他们仍然更多地选择传统婚礼来缔结婚姻关系。这导致政府必须在推动相应政策时寻求一种平衡和妥协，更多依赖传统婚俗之要素来判断婚姻关系之成立，由此解决相应的婚姻纠纷，保障民众的离婚权利。

第二节　贤妻良母：民国女性的婚后角色定位

在传统的中国社会里，女子进入婚姻后，其家庭角色被定位为“相夫教子”的“贤妻良母”，所谓“妇者，服也，服于家事，事人者也”。[①]“贤妻良母”作为中国女性的传统形象和生活的基本范式，在近代中国曾引起广泛而又激烈的争论，有人将之看作女性行为方式的最高典范，也有人将之斥为妇女解放的绊脚石。进入民国时期，特别是在五四新文化运动以后，“贤妻良母主义”在与女性独立、个性主义等思潮的论战中，也开始融入一些新鲜的时代特征，从一些新的角度和内涵来阐释“贤妻良母主义”，这就是所谓的“新贤妻良母主义”。

一、贤妻良母主义之出现

在五四时期，男女平等问题一时“成为社会人士聚争的问题”。[②] 与此前的女权理论不同，五四时期人们创造了一个崭新的女性形象——“娜拉”，将男女平等从个性解放的角度来论证，发出“女人是人”的呼声。这种女权观念或许可以用女作家庐隐的一句话来说明：“今后妇女的出路，就是打破

① 陈立撰，吴则虞点校：《白虎通疏证》卷十《嫁娶》，中华书局，1994年，第491页。
② 金仲华：《节制生育与妇人生理的解放》，《妇女杂志》第17卷第9号，1931年9月，第2页。

家庭的藩篱到社会上去，逃出傀儡家庭，去过人类应过的生活，不仅仅作个女人，还要作人。”[①] 将女性视为可独立于家庭、丈夫与儿女之外的个人，“启示妇女到社会去，脱离‘傀儡家庭’和男子的奴隶”，[②] 是这种观念带给中国女性最强烈的冲击。妇女问题研究专家舒芜曾说过，新文化运动中提出的妇女问题，“其实就是妇女的人格独立、人身自主、人权平等的问题，就是‘人的发现’推广应用于妇女身上，发现了‘妇女也是人’，妇女发现了‘我也是人’，由此而生的种种问题”。[③] 五四以后，“女人是人”的呼声更加响亮。

尽管“女人是人”的呼声在五四时期已经响起，且得到了一部分人的响应，但是并未在社会各个阶层中得以普及，它在向下传播的过程中，更是遇到了强大的思想抵抗，“贤妻良母主义”即为其中最具影响力的一股思潮。“贤妻良母主义”有其西方的理论源头，因提倡恋爱自由而备受近代国人青睐的爱伦凯（Ellen Key）就非常重视妇女的“母性”特征，认为妇女最重要的天职便是母职，妇女之所以是妇女，就在于她的母性，女子的天性就适合母职。如果做母亲的不能充分履行其天职，那么无论做别的什么事业，都是不足取的。因此妇女不应该从事职业，妇女的真正的事业是在生育儿女，她们如果抛弃天赋的职务去从事劳动，就势必会使文化中最重要最宝贵的要素——母性，一代一代地消灭下去。[④]

近代中国的“贤妻良母主义”者以爱伦凯等人的学说为理论参照，着重强调养育幼儿、照料家事的“母职”、“妻职”才是妇女的“天职”。他们一开始常常借口妇女生理上特殊的构造，有的认为女子天生的习性特质，就是“温柔而精密”，所以非常适宜治理烦琐的家务；[⑤] 从男女两性的能力上看，“男主外，女主内，实为不易之论”。[⑥] 有的则拿妇女的“生殖机能”大做文

---

① 庐隐：《今后妇女的出路》，钱虹编：《庐隐选集》上，福建人民出版社 1985 年版，第 31 页。

② 旅冈：《漫话“娜拉年”与“戏剧年”》，《申报》1935 年 12 月 27 日，第 1 版。

③ 舒芜编录：《女性的发现——知堂妇女论类抄》，文化艺术出版社，1990 年，第 4 页。

④ 镜影：《妇女在家庭中的任务》，《妇女杂志》第 15 卷第 10 号，1929 年 10 月，第 29—31 页；蓬洲：《妇女就职与母性问题》，《妇女杂志》第 13 卷第 2 号，1927 年 2 月，第 2—5 页；黄石：《妇女果不适于职业么》，《妇女杂志》第 10 卷第 6 号，1924 年 6 月，第 872—881 页。

⑤ 王汉威：《夫妻的义务》，《妇女杂志》第 15 卷第 12 号，1929 年 12 月，第 39 页。

⑥ 心冷：《新女子与家庭》上，《申报》1921 年 10 月 30 日，第 5 张第 18 版。

章，认为由于只有女子拥有这项机能，所以女子的专职就是“延种的生产”，男子则应专职“延命的生产”，“我们简直可以说，男子最神圣的是劳动，女子最神圣的是生育”。①

但是，由于自晚清以来，人们对于传统纲常礼教进行了持续的批判，这种传统观念显然已没有足够的说服力和宣传市场。而且到了抗战以后，由于战争的需要，妇女英勇参战和广泛参与到生产领域的事实，使得那些仅以生理和心理上差异的立论已经明显不再适用。于是很多人开始对传统道德观念进行全新的诠释，在妇女“个性”的宣传热潮下，将妇女“贤妻良母”的传统角色定位，与国家、社会的发展相联系，在一种新式的情境下强调妇女的“母职”和“妻职”，“在增强妇女对国家民族的贡献和争取自身幸福的掩护下，发挥议论”，② 以此反对妇女走出家庭、就职社会。

在强调妇女治理家庭对于国家和社会的意义时，当时中国的“贤妻良母主义”者往往首先模糊社会和家庭的界限，认为社会只不过是一个空名，并没有实在的本质，要说社会实在的本质，就是“家庭”、“学校”等团体，“讲社会两字，不能笼统，家庭岂不就是社会?”③ 既然如此，那么妇女在家庭做她的贤妻良母，不就等于在社会上服务了吗？因此有人说既然男子为了家庭经济的重担，在社会上为生活挣扎，那么女子把家庭弄得整整齐齐，安慰男子在社会服务的辛劳，“间接的也是为社会服务”。④“管理社会一部分的事务，不是作社会的事业么？不是尽那社会的一员的责任么?”⑤ 这样看来，妻子的工作就不是为一家或一人而做的，乃是为全社会、全人类而做，所以“妻”的责任是非常重大。⑥ 为了安慰那些主妇们失落之心，他们又给治理家务的主妇们戴上了高帽，称“主妇之持家，若总理之治国，其天职之重要，不胜枚举”；⑦“我们要知道妇女们，把家务措置得当，把子女管理得法，其

① 许地山：《现行婚制之错误与男女关系之将来》，《社会学界》第1卷，1927年6月，第216页。

② 白霜：《回家庭？到社会?》，《解放日报》1944年3月8日，第4版。

③ 刘伯明演讲，张友鸾、陈东原记：《女子问题（二）》，《妇女杂志》第8卷第5号，1922年5月，第10页。

④ 莫湮：《中国妇女到那里去》，《东方杂志》第33卷第17号，1936年9月，第268页。

⑤ 范隅：《妇女的家庭工作》，《妇女杂志》第10卷第6号，1924年6月，第887页。

⑥ 宋孝璠：《妻的责任》，《妇女杂志》第15卷第10号，1929年10月，第28页。

⑦ 豪：《主妇之天职》，《申报》1923年8月30日，第1版。

造福社会，与男子是相等的，无丝毫退让的……如车有两轮，鸟有两翼，缺一不可的”。[①] 并称如果妇女纷纷走出家庭，必然会导致家庭动荡，并最终导致社会的崩溃。“所以欲求充实家庭，便更只有驱逐妇女回到家庭去。”[②] 当抗战爆发，男人们纷纷走上战场的时候，人们更有理由理直气壮地要求妇女留在家中治理家政，因为当将士效命疆场之时，显然不能担负家庭责任，常常不免有后顾之忧，如果妻子们能够治理好家务，代负其责，就会使前方将士勇于前进了。[③]

还有一些人从着力强调妇女对于儿童教育重要性的角度立论，认为“对于绵延宇宙之生命，促进社会进化者，总是赖后进的儿童们”，儿童们的教育，当然离不开家庭，而家庭教育任务的承担者，又总是母亲们。[④] 那么，做母亲的如果不能好好负起教育儿童的责任，则国家民族的衰落，便是不能避免的。因此，他们认为女子应当回到家庭去教育自己的子女。[⑤] 虽然也有人承认女子除了“为母”的职责外，也有“为人”的职责，然而比较起来，他们认为还是前者更为重要，在二者不可兼得的时候，只好舍“人职”（humanhood）而尽“母职”（motherhood）了。[⑥] 因为妇女如果到社会就职，在社会公益设备不完备、孕育婴儿事务不能避免的情况下，职业生活的结果，“总不免有损害母性之虞”。[⑦] 所以如果顾及家庭就不能置身职业，“双方兼顾势所难能”。[⑧] 西方学者泰伯尔（Tarbell）就曾论道：“在各种职业和工业中，有很多成功的妇人，但没有伟大的妇人。”又说：“职业生活的成功，是压迫模范而健全的妇人的天性最强的压力。”爱伦凯也说：“若果不使女子做‘灵魂的教育者’，而使她们和男子一样，从事家外劳动，实在是精力的大误用。”[⑨] 这一点也正是中国的“贤妻良母主义”者所信奉的。

---

① 张铭鼎：《何谓内助》（小家庭的主妇征文），《妇女杂志》第 13 卷第 1 号，1927 年 1 月，第 75 页。

② 邦彦：《谁是家庭的主持者?》，《家庭星期》第 1 卷第 23 期，1936 年 5 月 3 日，第 5 页。

③ 朱纶：《抗战建国时期妇运的理论及其实际工作》，《妇女文化战时特刊》第 20 期，1938 年 9 月 1 日，第 12 页。

④ 谦弟：《近代已婚妇人解放论》，《新女性》第 2 卷第 2 号，1927 年 2 月，第 160 页。

⑤ 莫湮：《中国妇女到那里去》，《东方杂志》第 33 卷第 17 号，1936 年 9 月，第 269 页。

⑥ 黄石：《妇女果不适于职业么》，《妇女杂志》第 10 卷第 6 号，1924 年 6 月，第 875—876 页。

⑦ 蓬洲：《妇女就职与母性问题》，《妇女杂志》第 13 卷第 2 号，1927 年 2 月，第 4 页。

⑧ 云裳：《中国式的丈夫》，《妇女共鸣》第 4 卷第 11 期，1935 年 11 月，第 54 页。

⑨ 黄石：《妇女果不适于职业么》，《妇女杂志》第 10 卷第 6 号，1924 年 6 月，第 876 页。

通过对古今中外思想资源的援引，很多人得出这样的结论："为母的职务，不只是女子最高的使命，并且是女子最高的福乐……我们不欲拯救世界则已，苟欲拯救世界，非实行母性复兴运动不可！换句话说，拯救人类出于堕落的责任，完全放在女子的身上。"[①] 既然妇女留在家中，尽尊严神圣的"母职"是如此重要，他们质问："为什么新的妇女宁愿放弃尊严神圣的母责，向'家庭工作'之外的职业上奋斗呢?"[②] 他们声称即使娜拉生在当时的中国，就是知道家庭是一个傀儡，也不能不忍苦耐劳下去，否则解放和自由固然能够得到，但幸福仍然不能得到。因为娜拉出走以前是女子单方受苦，单方受拘束，如果出走了，就会变成双方都受苦，双方都受拘束了。所以娜拉即使已经离开了家庭，也应该为了责任而回到家庭来。"这并不是说回到家庭来做良妻贤母，而乃是说回家来与丈夫相爱以终，共策进行。我们不可只顾自己的欢快和融洽，也应看到他人的苦痛与不和谐。"[③] 总之，重视女子的"母性"、"母职"和"妻职"，而轻视女子的"人性"和"人职"，是这一派共通的根本观念。

二、对贤良主义之批判

"回家庭？到社会？是妇女运动中的基本论争，贯穿了中国妇女运动的整个历程"，[④] 这是民国时人准确的历史总结。五四以后，新"贤妻良母主义"者从国家与社会的角度来论述"母职"与"妻职"的重要性，具有很大的迷惑性，这也引起了许多有识之士的警惕，并对此展开了批判。坚持妇女应该就业的人认为，"母性保护论"者既然承认女子也是个"人"，就不能否定女子的劳动权，因为每个人都有劳动权与生活权。他们根据纪尔曼夫人（Charlotte Perkins Gilman）的学说，认为凡人都具有两种机能，一种是"自我保存"的机能（the function of self-preservation），一种是"种族保存"的机能（the function of race-preservation）。"母权论者只许女子发挥种族保全

---

① 黄石：《爱伦凯的母性教育论》，《妇女杂志》第10卷第5号，1924年5月，第742页。
② 范隅：《妇女的家庭工作》，《妇女杂志》第10卷第6号，1924年6月，第889页。
③ 娟冰：《娜拉走后究竟怎样》，《国闻周报》第11卷第11期，1934年3月19日，第5页。
④ 白霜：《回家庭？到社会?》，《解放日报》1944年3月8日，第4版。

的机能，不许女子发挥自我保全的机能；只许女子发挥她们的母性，不许发挥她们的‘人性’，持论未免太偏颇了！”[①] 另外在当时国民经济崩溃、民众日渐贫困的情况下，叫妇女回到家庭去或者叫她们安心地住在家中、经营家务，除了极少部分的特权者、富有者之外，基本上没有这个可能。所以他们指出这种为绝大多数妇女所不能实行的“回到家庭去”的理论，只是反映了最上层的、最少数的贵人们的要求与心理，在事实上也是不可能实现的。[②] 至于母权论者所强调的母职、妻职，他们借用母权论者的理由——天性、天职——讥讽道：“至于母职的应该尊重，原是不错。但我们要晓得为母是妇人天然的本能，决不会因职业的缘故而薄弱。”[③]

参照近代社会关于“贤妻良母主义”的几次大争论，如果我们仔细体味反“贤妻良母主义”者的意见，便会发现反对者的理由主要集中在两点，一是强调经济状况和抗战现实不允许妇女回到家庭，二是反对“贤妻良母”这个字眼，或者说反对“贤妻良母”这四个字所体现的封建色彩及其所代表的旧伦理标准。“贤妻良母”一词是从封建社会沿袭下来的，其传统含义的确蕴有将妇女当成男子寄生虫和附属品的意味，“使伊作丈夫的奴婢，那便是‘贤’，叫伊作孩子们的奶妈，那便是‘良’”。[④] 所以这四个字确实有点令人望而生厌，难怪很多人将贤妻良母的思想与封建势力直接挂起钩来，认为“这种思想能在中国社会流布着，而形成一种现实的势力，是与封建思想在我国尚有稳固的基础，有极大的关系”。[⑤] 但是面对着母权论者这样的诘问：“凡是妇女都要为妻为母的，做了妻母，当然应该贤良，反对良妻贤母主义的人，难道主张女子不该做妻做母，做了妻母应该以不良不贤为正宗么？”[⑥]

反对者虽然从各个方面驳斥“贤良”论，却没有人敢于公然声称妇女应该不良不贤。他们只是强调要将妇女应不应该贤良的问题，与“贤妻良母主义”问题划清界限。例如有人从“贤妻良母”的词义出发，来说明这四个字

---

① 黄石：《妇女果不适于职业么》，《妇女杂志》第 10 卷第 6 号，1924 年 6 月，第 876 页。
② 莫湮：《中国妇女到那里去》，《东方杂志》第 33 卷第 17 号，1936 年 9 月，第 268—269 页。
③ Y. D.：《职业与妇女》，《妇女杂志》第 7 卷第 11 号，1921 年 11 月，第 10 页。
④ 蜀龙：《新贤良主义的基本概念》，《妇女共鸣》第 4 卷第 11 期，1935 年 11 月，第 10—11 页。
⑤ 莫湮：《中国妇女到那里去》，《东方杂志》第 33 卷第 17 号，1936 年 9 月，第 271 页。
⑥ 光义：《良妻贤母主义的不通》，《妇女杂志》第 10 卷第 2 号，1924 年 2 月，第 365 页。

的不通，认为“妇女的须做妻做母，做了妻母的应该贤良，乃是不待言的事，本来不成为主义”，比如说我们是人，我们应该做人，而且应该做好人，这是理所当然的事情，所以根本用不着立一个“好人主义”的名词。妻和母同样原不过是人的职分之一，除了做妻做母之外，妇女还可以做教师、做议员、做官吏以及做学者、技术家等等，难道妇女只有做妻做母时应该贤良，做别的事情便该不贤良了么？“所以我说，良妻贤母主义这一个名词，实在是不通的。”[①] 有的干脆承认贤良是妇女的美德，但又从其他方面来强调“贤妻良母”不应该成为一种主义，或者说现实情况不允许“贤妻良母”成为主义。例如有位女士首先声明她并不主张“恶母坏妻”运动，不过她认为要把“贤母”或“良妻”作为人生最高的价值，则大错特错。因为近代社会经济困难，男子不可能独力撑持一个家庭，女子非出来共同工作不可，这是必然的趋势。所以说贤妻良母主义是事实上所不可能实现的，“如此对这个方面的运动，直可谓之‘向时代开倒车’！”[②] 一个署名盘石的论者更是一针见血地指出：“反对贤妻良母，并不是希望每个女子将来都成为刁妻恶母，而是反对那不合时代的贤妻良母，也就是反对以封建社会的道德标准来度量今日的妇女。”[③] 这实际上道出了问题的本质。

三、新贤妻良母主义之兴起

当贤妻良母、母职、气质、职业这几个概念纠缠在一起的时候，人们很容易无所适从，不知道究竟如何才是“贤良”。这个问题如果不解决，就无法从根本上厘清传统“贤妻良母”观念在人们思想中的消极影响。故而尽早澄清这几个概念之间的关系，就显得非常重要。1942年，担任中共南方局书记的周恩来亲自撰写了一篇《论“贤妻良母”与母职》的文章，解答妇女的贤良与就业的关系问题。文章一开篇就承认“无论在何社会，做母亲的当然要良，做妻子的当然要贤，这犹之做父亲的当然要良，做丈夫的当然要贤，一样成为天经地义不可变易的真理”。站在解放妇女的立场上，周恩来并不

---

① 光义：《良妻贤母主义的不通》，《妇女杂志》第10卷第2号，1924年2月，第365页。

② 何觉我女士：《妇女运动的错误及正轨》，《妇女杂志》第10卷第4号，1924年4月，第591—592页。

③ 盘石：《中国妇女婚姻上所受的压迫》，《东方杂志》第33卷第11号，1936年6月，第105页。

反对良母或者贤妻这两个独立的“美称和赞意”，但是认为一旦“贤妻良母”作为一个固定的连结在一起的名词，就具有了特定的含义，“是专门限于男权社会用以作束缚妇女的桎梏”，因此必须反对。即使在“贤妻良母”的前面加上一个“新”字，或者对“贤妻良母”进行新的定义，也是需要加以反对的。尽管这种做法可能是完全站在男女平等的立场，要求妇女尽其应尽的母职和妻职，但只要保持了这个旧的固有的名词，“你便先陷入男权社会的立场，而将妇女在社会上地位定型化了之后，再加以新的解释，这无论如何是不妥的，而且也不合逻辑的”。

周恩来也承认母性的伟大和母职的重要，“我们尊重母职，提倡母职……母职，是妇女在人类社会中最光荣的天职”，世界上没有任何一种任务，再比母职光荣和永恒的了。但是提倡母职并不意味着妇女应该回到家庭，“妇女于尽母职的时候，少做一点其他事情，不仅是许可的，而且是分工的必须”。所以周恩来认为应该反对借口妇女应尽母职，因而取消其社会职业的做法。文章最后主张以尊重母职提倡母职为中心的新观念来代替“贤妻良母”的旧观念。[①]

周恩来的意见同样可以适用于对20世纪二三十年代新贤妻良母主义言论的评判，也就是说妇女的母职和妻职都很重要，但是不能据此就认为妇女的职业只有母职和妻职，更不能就此提倡“贤妻良母主义”。在周恩来看来，个性与母性、社会职业与母职并不是极端对立、非此即彼的，所以不能以母职、妻职为借口来反对妇女的解放运动。这种看法无疑有其深刻之处，但是在周恩来的文章中，有一个问题却没有论述清楚，就是究竟什么是母职？他承认母职和妻职是重要的，但是对母职和妻职的具体内容却没有做出详细的界定，更没有指出男性在家庭中应该承担什么样的责任，应该分担哪些传统社会里的母职和妻职。

这种理论上的含糊性，导致了当时有很多人一方面承认女子是“人”，她有人的自由、权利同责任，应该有机会培养她的人格、知识和技能；而同时却又将传统社会里的母职和妻职的内容一股脑地加在新女性的身上，让她

---

① 周恩来：《论“贤妻良母”与母职》，《新华日报》副刊《妇女之路》第38期，1942年9月27日，第4版。

们同时承担个性发展与母性、妻性发展的双重任务。例如有人说："一个要达到她做'人'的地位的女子，既要保存她的性同母性的满足，又须发展她的个性的机会。"[①] 他们既承认"妇女经济独立，实在是妇女解放的根基，妇女就职的确是很重要的了"，又认为"母性当然是妇女最重要的事，妇女最大的职务，不可废弃的"。[②] 这就是他们认为在现有的社会关系下的女子的"自立"。[③] 但是这样的双重发展，其实就是加在妇女身上的双重压力，其结果是必然极大地影响女性在职业之路上的进取。

为了回应反对者的责难，新"贤妻良母主义"者对"贤"和"良"的标准做出新的界定，以别于"旧"贤良主义。如屠哲隐就注明，所谓"贤妻"并不是指服从丈夫，而是要与丈夫共建优美的家庭，扶助丈夫的事业。所谓"良母"更无服从儿子的意思，而是要教育儿子，使之成为有用的国民。[④] 盘石也声言："新时代的贤妻，是要知道把自己从家庭劳役中解放出来，与男子同样的走向社会；新时代的良母，是知道教导她们的子女继续着她们未完成的工作，并且知道教导他们成为有益于大众的人。"[⑤] 郑锡瑜则认为，新贤良主义"就是女子用新科学的精神，帮助丈夫的事业，用合乎卫生方法处理家政，用新教育法抚育教育儿女"。[⑥]

1935年，《妇女共鸣》杂志曾刊发了一期《新贤良专号》，专门阐述自己的宗旨和新贤良主义的基本概念。概括起来，他们的看法主要是两点：第一，贤良的前提是家庭内的男女双方必须平等，是基于男女两方平等原则下所负的一种家庭责任。"妻的责任乃是与夫的责任相对待。夫如不尽责任，妻没有独尽责任的理由。母的责任乃与父的责任相平等，父如不尽责任，妻〔母〕没有单尽责任的理由。"[⑦] 第二，在男女责任平等的基础上，不仅要提

---

① 王国秀：《中国妇女的社会地位与妇女运动》，《东方杂志》第32卷第21号，1935年11月，第101页。

② 蓬洲：《妇女就职与母性问题》，《妇女杂志》第13卷第2号，1927年2月，第5页。当时这样的言论很多，还可参见三无：《妇人职业问题之学说及批评》，《东方杂志》第17卷第10号，1920年5月，第49—54页。

③ 莫湮：《中国妇女到那里去》，《东方杂志》第33卷第17号，1936年9月，第269页。

④ 屠哲隐：《贤妻良母的正义——为"贤妻良母"四字辩护》，《妇女杂志》第10卷第2号，1924年2月，第364页。

⑤ 盘石：《中国妇女婚姻上所受的压迫》，《东方杂志》第33卷第11号，1936年6月，第105页。

⑥ 郑锡瑜：《评新贤妻良母主义》，《妇女月报》第1卷第5期，1935年6月，第1页。

⑦ 蜀龙：《新贤良主义的基本概念》，《妇女共鸣》第4卷第11期，1935年11月，第11页。

倡“贤妻良母”，也要提倡“贤夫良父”，因为贤妻“是相对贤夫而存在的”。[①] 所谓新贤良主义，乃是赞成贤良的原则而反对偏于女性的贤良，进一步提倡男女两方共同贤良，以维持幸福的家庭。“贤良必求之于男女两方平等。我们必要男子作起贤夫良父来，不能单求女子作贤妻良母。”[②]

新贤良主义甫一出现，立即引起很多人的反对，他们认为其实质是一方面要求知识妇女回家做“贤妻良母”，这无异于贤良主义的“借尸还魂”；另一方面则进一步要求青年知识男性也回家做个服服帖帖的“贤夫良父”，使那些汉奸投降派能够从从容容地做他们“睦邻”的工作。[③]“所以不管他们怎样的在贤妻良母之上，冠以一个‘新’字，实际上决不会超过封建意识的范围。‘新’字的作用，最多不过是一种麻醉或是欺骗而已。”[④] 当代研究者对其也多持批判态度。正如前文所述，“贤良”这个概念经过封建社会的长期打磨，已具有特定的内涵，它意味着对女性的束缚和压迫，是将妇女捆绑在家庭的锁链。不加甄别、不加解释地套用这一概念，只能造成思想的混乱或成为复古思潮的幌子，使复古思潮借其旗号而大行其道。新“贤妻良母主义”虽然对贤良的标准进行了重新定义，立论看似新意迭出，但是大多数的言论恰如时人所言，都只是在“贤良”两个字义上布置迷魂阵。[⑤] 而且如果仅仅围绕着“妻”、“母”来定义妇女的价值，那么无论怎样定义，妇女的价值实现，总还是围绕着丈夫和儿子，缺乏自己的独立价值。从这一角度说，对新贤良主义的批评确实很有必要。

但是需要指出的是，新贤良主义宣扬男女平等和夫妇共贤，要求夫妇共同担负起家庭的责任，却是相当合理的。当时，也有少数有识之士在提倡男女共同承担家务劳动。例如新女性代表之一、《妇女共鸣》杂志主编李峙山在谈到自己对于理想配偶的要求时，就表示：“因为我是一个做革命事业的女子，当然无暇来做管家妇；所以他必须愿意同时和我操作临时家庭中的一

① 峙山：《贤夫贤妻的必要条件》，《妇女共鸣》第 4 卷第 11 期，1935 年 11 月，第 15 页。
② 蜀龙：《新贤良主义的基本概念》，《妇女共鸣》第 4 卷第 11 期，1935 年 11 月，第 14 页。
③ 罗琼：《从“贤妻良母”到“贤夫良父”》，《妇女生活》第 2 卷第 1 期，1936 年 1 月，第 65—67 页。
④ 梅魂：《妇女到社会去的论据及其目标》，《妇女共鸣》第 5 卷第 1 期，1936 年 1 月，第 16 页。
⑤ 集熙：《“贤妻良母”的认识》，《妇女共鸣》第 4 卷第 11 期，1935 年 11 月，第 46 页。

切琐碎事宜。”“因为女子对于儿女已尽了生育的责任，所以我希望他能对于子女尽养育和教育的责任。”[①] 另一位女性也希望自己未来的配偶能够做到：“我的公事较他忙的时候，他能代我稍理家务，预备饮食。当他忙的时候，当然，也帮他忙。”[②] 更有人进而主张男女应根据“分工”和“互助”的原理来对家庭负上责任：

> 譬如说，男的方面在能力上及事业上均有较好的地位或收入时，则男子方面至少应担负大部或全部的经济责任，而女的或因学识、能力与社会地位较差的原故，则至少应担负家庭日常生活之布置和处理；相反地，若女的因社会地位及旁的能力稍长于男子，则男子至少也应该担负家庭之日常生活的责任。至于男女两方均能从事于职业，而且均能对家庭担负经济上及日常生活上的责任的话，那是再好没有的事情了！[③]

这些言论与新贤妻良母主义的主张可谓异曲同工。新“贤妻良母主义”宣扬夫妇共贤，共同担负家庭责任，正是在男女平等原则的基础上对夫妻社会分工与家庭分工的重新考虑。只是由于过去中国妇女的唯一职责就是困守家庭整理家务，这种观念沿袭到民国时期，导致人们形成了这样的一种思维定式：管理家务一定是全职的，管理家务就意味着退守家庭。在这种语境限制下，新贤良主义的主张自然而然就被误解为不仅要女子退回家庭，而且要将男子也拉回到家庭中去。从新贤良主义理论的本身来说，其实并未含有这样的意思。新贤良主义的主张者在回应批评时曾解释道：“担负贤良责任，并不必回家庭。”[④] 他们认为批评者最大的错误在于“把家庭生活和社会生活完全混为一谈了”，“所谓新贤良主义者，当然是指的家庭生活的主义。大前提范围在家庭里面，何尝说过要叫人整个的生活葬送在新贤良主义中去呢？……我们不曾主张男女死守在家庭中，对家庭负责与死守家庭或与

---

① 峙山：《我的理想伴侣与实际伴侣》，《女星》第 32 期，1924 年 3 月 6 日，第 2 页。
② 若吾：《我之理想的配偶》（五十），《妇女杂志》第 9 卷第 11 号，1923 年 11 月，第 129 页。
③ 叶辉：《男女对于家庭的共同责任》，《妇女共鸣》第 4 卷第 12 期，1935 年 12 月，第 16 页。
④ 李峙山：《贤良问题之再论辩》，《妇女共鸣》第 5 卷第 2 期，1936 年 2 月，第 44 页。

以家庭为人生最后目的，当然两样”。[①] 从这样的表白来看，新“贤妻良母主义”还是具有一定合理内涵的，只是这些内涵，在那个时代不被人看重和认同。

综言之，新“贤妻良母主义”与传统的“贤妻良母”观念已经有了很大的区别。尽管新“贤妻良母主义”仍然充斥了一些带有传统伦理色彩的陈词滥调，但是它也吸收了一些男女平等的观念，对“贤妻良母”的标准和内涵进行了重新定义和阐释。综观新“贤妻良母主义”者及其反对者的言论，我们发现其实这二者对于传统的社会分工和家庭分工模式都缺乏足够的理论反思。“贤妻”“良母”固然是每个妇人都应该做到的行为规范，但是新“贤妻良母主义”者往往就因为过于强调这一点而忽视了妇女职业的问题，结果与“妇女回家论”同声共气；同样，强调妇女经济独立权和职业权的论者往往着力论证母性、家事不是妇女的天职，而不去从理论上进一步厘清男人是否同样具有处理家务、抚育婴儿的义务。这正是导致民国时期有关贤妻良母的争论哓哓不休的根本原因。

第三节　新生：根据地婚姻政策颁布与婚俗改革

1927 年蒋介石、汪精卫叛变革命，相继发动“四一二”和“七一五”反革命政变，第一次国共合作破裂，轰轰烈烈的大革命走向失败，中国共产党人也由此走向武装反对国民党政权的道路。中国共产党将武装革命引向反动势力相对薄弱的农村，把武装斗争、土地革命和根据地建设三者结合起来。自 1927 年到 1934 年间，中国共产党人先后建立了湘赣、湘鄂赣、赣南闽西、闽浙赣、鄂豫皖等大小十余块革命根据地。第五次反“围剿”失利后，红军辗转抵达陕西，先后建立了晋察冀、晋绥、晋冀鲁豫、山东、苏南等十余块抗日根据地。

---

① 蜀龙：《读了“从贤妻良母到贤夫良父”以后》，《妇女共鸣》第 5 卷第 2 期，1936 年 2 月，第 35—37 页。

在这些根据地里，中国共产党实行无产阶级的革命纲领，将过去各项无产阶级的理论设计付诸实践。其中，最重要的一个方面便是婚姻。在根据地建立之前，那里的农村仍然是陈陈相因的婚姻形态，婚姻不能自主，买卖婚姻盛行，不允许寡妇再嫁、童养媳、早婚等婚姻陋俗长期存在。但是，中国共产党人通过颁布政策、动员群众等方式，对这些传统婚姻形态进行了深入的改革；同时，他们还根据各根据地具体情况和外在时局变化进行了实事求是的调整。其结果是一些传统婚姻陋俗被遏制甚至被废除，新式婚姻形式得到确认和保障。妇女解放成为根据地建设最重要的成就之一。

一、传统农村婚姻状况与婚姻形态

在根据地建设的过程中，中国共产党人所面临的是近代中国农村凋敝的经济形势和男多女少的人口结构，而这些因素都深刻影响了中国农村的婚姻状况和婚姻形态。

近代中国农村经济自一战以后已濒于破产的边缘。内有繁多的苛捐杂税，地主豪绅的重重剥削；外有帝国主义的经济入侵；而多次灾荒的蹂躏和世界经济危机的袭击更是进一步让农村经济趋于崩溃。

农村沉重的经济负担，仅举田赋一项就足以说明问题。民国时期各省政府收入中，田赋大约占 40%上下；各县政府收入中，田赋更占 60%以上。自民国元年以来，各地军阀、官僚常把田赋当作封建割据最主要的财政基础，因此田赋数额几乎年年增加。因为田赋正税向有定额，所以增加得最快的便是田赋附加。据 1934 年农村复兴委员会的调查，江苏省各县的田赋附加税有 105 种，浙江省竟达 739 种。另外田赋的预征也是民国的一大特色，中国当时预征田赋的有十余省之多，而最著名的要数四川，这里一年四征已是一件极寻常之事，多的地方一年中曾经征到十三四次之多。许多县份如巴县、德阳、什邡已经预征到五六十年代，更有预征到七八十年代（如乐至）甚至 90 年代（如新繁）的。[①]

---

① 薛暮桥：《中国农村经济常识》，新知书店，1937 年，第 103—105 页。

在经济因素之外，近代农村还呈现出男多女少的人口结构。据当时一些社会调查所载，二三十年代很多地方的性别比例高达 110 左右，最高的可达 119（见表 2.1）。

表 2.1　中国农村区域性别比例比较表（1918—1931）

区域	调查年份	男性人数	女性人数	性比例
安徽等 4 省 11 处	1924—1925	8193	7208	113.50
河北等 11 省 22 处	1929—1931	19645	18089	109.00
河北等省 200 村	1922	19593	17598	111.30
安徽等 10 省 16 处	1921—1925	7684	7268	105.70
江苏江宁杨柳村	1926	1411	1223	115.20
北平挂甲屯村	1926	217	189	114.80
山西清源	1928	468	452	119.00
河北定县（5255 家）	1930	15780	14862	106.20
北平黑山扈村	1926—1927	197	190	103.70
广东潮州凤凰村	1918	338	312	108.30
河北定县（515 家）	1929	1835	1736	105.70
河北定县大王耨村	1929	1165	1023	113.90

资料来源：孙本文：《现代中国社会问题》第 2 册，商务印书馆，1946 年，第 102—103 页。

以上数字来自于当时的各种调查，由于调查的时间、地区不同，将这些不同的人口和性比例相加和平均，不尽合适，但我们却可以将这些数字看成在不同时间、不同地区所进行的抽样调查，虽不足以完全、详尽地体现农村的性别比情况，但也大致能反映出在较长一段时间内各地农村男多女少的情形。

还有一些微观调查数据也记录了适婚年龄段男女的性别比情况。如李景汉于 1929 年在河北定县对 515 家人口性别比的调查数据，就表明在适婚年龄段男多于女的现实。

表 2.2 河北定县 515 家人口年龄与性别之分配及性比例表（1929）

年龄组	男女数	百分比	男数	女数	性比例
5 岁以下	543	15.21	249	294	84.70
5—14	721	20.19	391	330	118.50
15—24	640	17.92	362	278	130.20
25—34	482	13.50	249	233	106.90
35—44	452	12.66	235	217	108.30
45—54	335	9.38	164	171	95.90
55—64	219	6.13	110	109	100.90
65—74	133	3.72	55	78	70.50
75—84	45	1.26	20	25	80.00
85 及以上	1	0.03	0	1	0
总合	3571	100.00	1835	1736	105.70

资料来源：李景汉：《定县社会概况调查》，中国人民大学出版社，1986 年，第 130 页。

在这个表中，如果以 15—24 岁为适婚年龄阶段，那么男女性别比高达 130 以上。不仅在北方，南方的农村也呈现出相似的趋势。1934 年，言心哲对江苏江宁县土山镇 286 家农户、1561 人的各年龄段性别比进行调查统计。其中，15—24 岁年龄段的性别比高达 122.07，而下一个年龄段 25—34 岁的性别比也有 111.30。

表 2.3 江苏江宁县土山镇 286 家农户人口年龄与性别之分配表（1934）

年龄组	男	女	总计	总计之分配	性比例
5 岁以下	57	71	128	8.20	80.28
5—14	177	181	358	21.55	97.79
15—24	177	145	322	20.63	122.07
25—34	128	115	243	15.67	111.30
35—44	105	90	195	12.49	116.67
45—54	96	77	173	11.08	124.68

（续表）

年龄组	男	女	总计	总计之分配	性比例
55—64	42	59	101	6.47	71.19
65—74	15	20	35	2.24	75.00
75—84	4	2	6	0.38	50.00
总计或平均	801	760	1561	100.00	105.39

资料来源：言心哲：《农村家庭调查》，商务印书馆，1935年，第31页。

这些数字的一致性充分体现出农村男多女少的人口构成。可以说，近代农村经济恶化，再加之男女比例失衡，这些因素在很大程度上决定了农村地区婚姻论财的特点。人们试图通过婚姻论财来改变家庭的经济情况，婚嫁费用逐渐占据农家支出的较大比例。

婚姻论财首先体现在聘金的预定与要求上。在农村，对于聘礼，女方会根据男方的家境采取不同的对策。在山西太谷县，“订婚时富户无聘金，中户以下初婚或续娶必须聘金百元上下，此外男家送首饰、绸缎四色至八色，女家回送文具四色礼物，俗曰换帖”。在交城县，“乡俗男家出二三百元聘金，聘定闺女，必须当年迎娶，如隔年迎娶，女家另索七八十元，名曰推磨，如不允给，即不嫁与”。这里婚嫁的买卖关系就体现得很明显了。而在榆社县，“向来聘金多不过二十四千文，近年缔姻首先论财礼之多寡，富者或不受其影响，贫者每每需二三百元之聘金”。在稷山县，“富家订婚不论财礼多寡，专讲门第；贫家计较财礼，俨若货品交易，讲论甚烦”。① 甚至在沁源，此前在“清之季年，本县小康之家结婚不论财，所纳聘金不过二三十金。民国以来，货物价昂，人趋奢华，凡非巨富之家，议婚必先论财。据近年考察，家愈贫者，聘金愈剧，甚至有二三百金以上”。②

在订婚之外，婚嫁费用在农家经济的支出中比例也越来越高。据1920年代对华北及中国中东部1503个农户的调查显示，农家婚嫁费用在华北是

① 《山西省各县风俗概况表》，山西省民政厅编：《山西民政刊要（1933年）》，《近代中国史料丛刊》第3编第74辑，（台北）文海出版社有限公司，1997年，第262、263、270、279页。

② 《沁源县志》卷二《风土略》，1933年铅印本，第48—49页。

47.5元，中东部则是114.83元。如果对照农家年均生活费用分别为190.63元（华北）、288.63元（中东部）的标准，那么，在华北婚嫁的费用是全年生活费的四分之一，而中东部则接近40%。① 李景汉在对河北定县农村家庭婚嫁进行调查时，也发现了相同的趋势。在男婚女嫁时，男家大宗的费用，主要包括酒席、聘礼与新郎置办的衣服。其中，上户人家的酒席普遍每桌在4元上下，中户与下户人家的酒席普遍每桌2元上下，这样，一场婚宴下来，上户与下户酒席大都在20元以上。而上户所送的聘礼约值10元到120元，中户所送的聘礼约在10元以内，下户因为贫寒，通常是不送聘礼。新郎置办迎娶的衣服，也因贫富而有分别，上户普通从40元到150元，中户普通从20元到30元，下户普通在5元至15元。除了这几样大宗的开支以外，还有修理新房费、酒费、赁家具费、赁轿费、香烟费等等。按调查所得，这几样费用加起来，也得20元左右。费用合计起来，办一回喜事，上户约用200元上下，中户约用100元上下，下户约用40元上下。

与此同时，女家大宗的费用，主要包括酒席、嫁妆、衣服和首饰。女家的酒席费与男家的相差不多。在嫁妆这一类中，上户费用在100元上下，中户约50元上下，下户约15元上下。而衣服一项，上户要200元上下，中户100元上下，下户40元上下。首饰上户要用100元上下，中户40元上下，下户10元上下。另外其他的杂费合计也得20元左右。一切费用加起来，上户约用400元左右，中户约用200元左右，下户约用70元左右。而当时定县农户的收入又如何呢？据同时期对定县34家农户的收入调查显示，这34家全年内一切收入总数共计9558.89元，平均每家收入为281.14元，其中收入最多的家庭为486元，最少的89元。② 以此对比男女两家支出的婚嫁费用，便可见婚嫁在农家经济生活中占有多么大的比例。

婚嫁费用的居高不下一直延续到了30年代。据当时一份对于济南农民的社会调查显示，“一个中等的农民，约二十亩田地左右之家，据他们自说，结婚总要花个二三百元上下……像上述之家，每年收入以二十亩计，每亩粮

---

① ［美］卜凯著，张履鸾译：《中国农家经济》，商务印书馆，1937年，第554—555页。
② 李景汉：《定县社会概况调查》，中国人民大学出版社，1986年，第383—384、302页。

食值八元，统共不上一百六十元，除了他们的生活用度以外，所余的真是无几”。[①] 可见，对于很多家庭而言，结婚成为其沉重的负担。

面对这种形势，男性结婚年龄呈现出两极分化的特点。一般家庭——尤其是贫困家庭的男性，只能等到攒足了钱再娶妻，这在无形之中导致农村贫困男性的晚婚或者不婚。像在湖北蒲圻，“一妇女价值千数百缗，乡村稍有产者，恒竭其所入以备买价，无产者每终身鳏居，无法娶妇”。[②] 当时一项在江苏部分地区的调查也清楚地说明了农民的婚姻状况与其家境、财产的比例关系（见表 2.4），农民的经济状况越差，结婚的几率就越小，结婚年龄也就越高。

表 2.4　江苏部分地区农民与结婚年龄关系表

地方	农民的类别	结婚的百分比	结婚年龄
南通	自种农	100	20.40
	自种农兼租种农	92.10	20.50
	租种农	69.70	22.10
宿县	自种农	99.50	17.80
	自种农兼租种农	79.80	19.00
	租种农	65.70	21.00

资料来源：古梅编著：《中国农村经济问题》，中华书局，1936 年，第 19 页。

而家境稍好的家庭，男子则更多是早婚。在河北井陉县，“富人多以儿子早婚为最乐最幸之事，养儿至十二三岁即为之婚娶，以盼弄孙之乐，故富家男子娶亲至晚不过十五岁，甚有十岁前即娶亲者，贫家亦有早婚者，但为数甚少”。而在阳原县，“富贵之家，男子十五而娶，女则十七始嫁”。但是“贫农则而立、不惑之年始得积资聘妇，女则年仅十五即嫁”。[③] 根据对 1935 年山东省邹平县全县 9 个月内 1266 件结婚登记的调查，发现“邹平的早婚陋俗，实在成为人口问题的中心问题”。在这 1266 件婚姻登记中，男子以 15

① 单伦理：《济南的农民婚姻》，《女青年》第 14 卷第 3 期，1935 年 3 月，第 21—23 页。

② 湖北省政府民政厅编：《湖北县政概况》（一），《近代中国史料丛刊》第 3 编第 74 辑，（台北）文海出版社有限公司，1997 年，第 22 页。

③ 丁世良、赵放主编：《中国地方志民俗资料汇编・华北卷》，书目文献出版社，1989 年，第 168 页。

岁结婚为最多，占总数的12.40%，如果把20岁以前百分数相加，则占到53.86%。[①] 这一结婚年龄在当时可谓普遍现象，据当时的各种社会调查，结婚年龄在15—19岁之间者全部占据了最多的比例（详见表2.5）。

表2.5 中国乡村人口结婚年龄分配举例表

结婚年龄组	河北定县515家				河北定县大王耨村				河北等11省22处			
	男子		女子		男子		女子		男子		女子	
	人数	百分比	人数	百分比	人数	百分比	人数	百分比	人数	百分比	人数	百分比
10岁以下	10	1.31	—	—	6	1.28	—	—	—	—	—	—
10—14	307	40.08	59	7.70	112	23.88	14	2.25	22	4.80	37	5.40
15—19	273	35.64	528	68.93	174	37.10	350	61.40	187	40.30	461	66.80
20—24	88	11.49	167	21.80	65	13.86	186	32.60	183	39.40	175	25.40
25—29	37	4.83	10	1.31	62	13.82	14	2.46	47	10.10	16	2.30
30—34	25	3.26	1	0.13	25	5.33	4	1.23	14	3.00	—	—
35—39	16	2.09	1	0.13	16	3.41	2	0.61	7	1.50	5	0.10
40—44	7	0.91	—	—	5	1.06	—	—	4	0.90	—	—
45—49	2	0.26	—	—	4	0.85	—	—	—	—	—	—
50—54	1	0.13	—	—	—	—	—	—	—	—	—	—

资料来源：言心哲：《中国乡村人口问题之分析》，商务印书馆，1935年，第42页后。

由于经济与婚姻的密切捆绑，很多地方出现娶寡妇、养童养媳等婚俗。像1928年一项对北京西郊挂甲屯的调查表明，寡妇再嫁婚礼极简单，喜轿一顶，在夜间迎娶过门，费用仅20元。而当地通常成婚的费用是男家200元，女家嫁妆20元。[②] 正因为娶寡妇省钱，很多地方还有着抢寡妇的陋俗。在湖北蒲圻，"凡妇女新寡，经其尊亲允许改嫁时，求婚者惟恐不得，常率其戚族于昏夜往抢，名曰'抢亲'"。[③] 在那些性别比例奇高的地区，寡妇会

① 吴顾毓：《邹平第一年生命统计之分析》，《乡村建设》第6卷第1期，1936年8月16日，第3、5页。

② 李景汉：《北平郊外之乡村调查》，商务印书馆，1929年，第85—86页。

③ 湖北省政府民政厅编：《湖北县政概况》（一），《近代中国史料丛刊》第3编第74辑，（台北）文海出版社有限公司，1997年，第22页。

被标上很高的价钱。如在陕北洛川一带，尽管流行着“先嫁由父母，再嫁由本身”的习俗，但事实上，“强梁夫家，出卖寡妇，尽量索价，多不顾及其本身之主张”，“再婚财礼，民国十年前，约计几百串制钱；抗战前，需白洋三五百至七八百元；近来则需法币至二三万以上矣”。[①]

不唯寡妇便宜，养童养媳也可在婚姻上省一大笔钱。如费孝通记载，在江村，“婚姻聘礼所花的钱，总数约在 200 元至 400 元之间。举行婚礼的开支，在 200 元至 400 元之间”。这么高的费用导致大量男性晚婚，而且即使是晚婚，其结婚费用粗略估计也大约需要 500 元，相当于一个家庭一年的开支。在这种情况下，“童养媳”较为普遍，因为这样婚姻费用可以缩减到少于 100 元。[②] 在浙江兰溪，“婚姻以金钱为重，贫家娶妻，很不容易，故其父母亦乐于养童养媳。作童养媳之年龄，或只数月，或已数岁”。[③] 甚至在兰溪一带，据说“男家或竟不出聘金，而女家为减轻负担计，甚或送二三十圆与男家，谓之‘贴头’云。可知童养媳之事实在贫家为最普遍也”。[④]

在一些贫困地区，买卖婚姻也大量存在。像在陕北，农家妇女的婚姻大都难逃买卖的命运，对于农家而言，如果生活不能维持，即将女儿高价出售，十二三岁的小姑娘，可配三四十岁的汉子，最普遍的平均也是十四五岁的女子与二十八九的男子结婚，每卖一个女子，价在几十元以至百元不等。[⑤] 其他如站年汉、两头亲、兄死妻嫂等等婚俗，也大都可以视为是在礼法变通下节约家庭经济的自然选择。

各种婚姻陋俗导致的结果是农村中夫妻年龄差别较大，少有男女双方年龄合适者。如李景汉在定县对 515 家的 766 对夫妻的结婚年龄进行了调查，其中有 533 对是夫幼于妻，占总数的 69.6%，夫幼于妻的平均年龄为 3.8 岁。[⑥] 在一些极端情况下，夫妻年龄差异更大。如在山东邹平，“有时女子要

---

① 丁世良、赵放主编：《中国地方志民俗资料汇编·西北卷》，书目文献出版社，1989 年，第 125 页。

② 费孝通：《江村农民生活及其变迁》，敦煌文艺出版社，1997 年，第 38—41、48 页。

③ 冯紫岗编：《兰溪农村调查》（1935 年 1 月），李文海主编，夏明方、黄兴涛副主编：《民国时期社会调查丛编·乡村社会卷》，福建教育出版社，2014 年，第 359 页。

④ 陈顾远：《关于童养媳》，《经世》第 2 卷第 1 期，1937 年 7 月，第 76 页。

⑤ 洁冰：《陕北绥德的妇女》，《女子月刊》第 4 卷第 5 期，1936 年 5 月，第 90 页。

⑥ 李景汉：《定县社会概况调查》，中国人民大学出版社，1996 年，第 145—146 页。

大男子一倍”，当地流行的歌谣唱到：“十八的大姐九岁的郎，不像儿来不像郎。要说是郎来，郎又小；要说是儿来，不叫娘。”[①] 对山西定襄县史家岗村133个农家的调查也表明，“各家夫之年龄长于妻十岁至二十岁者甚多”。[②]

二、中国共产党领导下的农村婚姻解放

中国共产党人在进行根据地建设时，所面临的现实便是农村各种婚姻陋俗。为了推动根据地建设，尤其是争取农村女性对根据地的支持，中国共产党人就要对各种陋俗进行根本上的改革。他们在根据地设立和颁布了婚姻条例、婚姻法等，从政策层面对农村婚姻改革进行指导，不仅对传统陋俗进行废除，而且还建立新式婚姻登记等程序。其结果是，根据地妇女的生活发生了翻天覆地的变化，她们的地位得到提升，权益得到保障。

（一）根据地婚姻法制建设

根据地婚姻法制建设最关键的一步便是颁布婚姻条例。1931年11月28日，中华苏维埃共和国中央执行委员会第一次会议通过了《中华苏维埃共和国婚姻条例》。该条例共23条，分原则、结婚、离婚、离婚后小孩的抚养以及男女财产的处理，未经结婚登记所生小孩的抚养等七个部分。《条例》首先确定了婚姻自由、废除买卖婚姻、禁止童养媳以及确立一夫一妻制等原则。其次，《条例》对婚龄有明确的规定。结婚的年龄，男子须满20岁，女子须满18岁。再次，《条例》对缔结婚姻双方的健康状况也做了规定，那些患有传染性疾病的人不准结婚。最后，对于有血缘关系的人之间的婚姻缔结进行了界定，《条例》规定禁止五服以内的宗族血统者互相通婚，这既有伦理的考虑，也是为了减少遗传病的发生。[③]《中华苏维埃共和国婚姻条例》还明确提出离婚自由，这一部分将于第四章进行详述，此处不再展开。《中华苏维埃共和国婚姻条例》的进步意义在于，这是第一次以全国性的法规形式对废除买卖婚姻、包办婚姻、童养媳等做了法律上的确认，以法律的形式规

① 李靖宇：《邹平早婚问题之分析研究》，《乡村建设》第4卷第30期，1935年6月，第22页。

② 刘容亭：《山西定襄史家岗村一百三十三个农家之调查》，《新农村》第17期，1934年10月，第35页。

③ 《中华苏维埃共和国婚姻条例》（1931年11月28日），江西省妇女联合会、江西省档案馆选编：《江西苏区妇女运动史料选编（1927—1935年）》，江西人民出版社，1982年，第33—35页。

定婚姻的缔结是完全基于男女双方的自愿；而在离婚问题上，偏于保护女子的原则，体现出对婚姻中弱势一方的保护。

1934年，苏维埃中央政府又出台了《中华苏维埃共和国婚姻法》，对《婚姻条例》进行了更进一步的修正。如对亲族血统的结婚限制由五代降为三代；增加了对事实婚姻的确认，“凡男女实行同居者不论登记与否均以结婚论”；对离婚后财产和子女抚养等问题进行限定性调整。[①] 可以说，《中华苏维埃共和国婚姻法》是一夫一妻、婚姻自由、保护妇女权益、提高妇女地位等进步的婚姻主张第一次以立法形式在苏区中得以实现。只是由于第五次反“围剿”的失利，《中华苏维埃共和国婚姻法》并未持续实践下去。

苏区时期的婚姻立法为日后抗日根据地建设提供了良好的基础。在抗日战争期间，中国共产党继续在根据地推行婚姻法制建设。“在共产党领导下，边区的妇女和边区全体群众，共同进行着抗日反封建的斗争，提出了许多改善生活的要求，反对不合理的婚姻也是要求中的一个”。[②] 1939年4月，陕甘宁边区颁布了《陕甘宁边区婚姻条例》，其后各根据地以此为蓝本，根据各地实际情况，纷纷颁布了各自的婚姻法规。主要包括1941年7月7日颁布的《晋察冀边区婚姻条例草案》；1943年1月21日晋察冀边区第一届参议会通过、同年2月4日公布新的《晋察冀边区婚姻条例》；1942年1月公布的《晋冀鲁豫边区婚姻暂行条例》；1941年4月1日公布的《晋西北婚姻暂行条例》；1945年3月16日施行的《山东省婚姻暂行条例》以及晋绥根据地颁布的《晋绥边区婚姻暂行条例》等。

总体来看，这些婚姻条例有以下共同特点。首先，确立了婚姻自由的原则。《陕甘宁婚姻条例》第一章第二条规定，“男女婚姻以本人之自由意志为原则”。《晋冀鲁豫边区婚姻暂行条例》第四章第十条规定，“结婚须男女双方自愿，任何人不得强迫”。《晋察冀边区婚姻条例草案》第一章第二条规定，“男女婚姻须双方自由、自主、自愿，第三者不得干涉”。《晋西北婚姻

① 《中华苏维埃共和国婚姻法》（1934年4月8日），韩延龙、常兆儒：《中国新民主主义革命时期根据地法制文献选编》第4卷，中国社会科学出版社，1984年，第792—795页。

② 王斐然：《晋察冀边区婚姻条例中几个问题的阐述》（1946年7月22日），山西省档案馆，革命历史资料，档案号：C5－58，第1页。

暂行条例》第一章第二条规定，“婚姻以基于男女当事人之自由意志为原则”。其他婚姻条例都有相关的保障婚姻自由的条文。其次，废除了包办买卖婚姻，禁止童养媳、早婚等不合理婚俗，消除旧的婚姻形态。基本上所有根据地的婚姻条例都有相关的规定。第三，规定了初婚的年龄。关于婚龄的规定，各根据地略有差别。陕甘宁、晋察冀规定为男20岁，女18岁；晋绥、晋西北、晋冀鲁豫规定为男18岁，女16岁；山东省规定为男18岁，女17岁。尽管有些根据地对此有不同规定，但大都是在此基础上加以提高。对于初婚年龄的限定是从法律上杜绝早婚。还有，对结婚双方的生理条件也提出了要求，各婚姻条例大都规定有直接血统关系者不得结婚，山东省更是明确指出“本族五服以内之血亲不得结婚，亲姑表姨亦应尽量避免缔结婚姻”。另外，有生理疾病者以及不能人道者不能结婚。这些条例还对离婚做出了细致的规定，容后再述。①

这些条例或者存在一些地域差异，或者是针对此前婚姻条例施行过程中所存在的问题而进行了调整和修订，但是，整体而言，它们折射出中国共产党领导下根据地的理想婚姻形态。“男女在社会上、政治上、经济上、家庭地位上，一律平等，实行严格的一夫一妻制，这是边区新民主主义社会的一种表现，在殖民地、半殖民地、半封建的社会里女子被当作一种商品而买卖，被当作一种奴隶而奴役，‘三婢四妾’成为一些特殊阶级的权利；‘男尊女卑’‘夫倡妇随’成为封建人物奴役妇女的‘天经地义’。所有这些，随着边区新民主主义政治经济的建设，都被粉碎着！妇女解放是社会解放的一个内容，而妇女也只有在社会解放当中才能求得自己的彻底解放……我们的婚姻条例正贯彻着建设新民主主义的严肃的婚姻制度的精神”。② 曾任晋察冀边区司法处长、晋察冀边区高等法院院长的王斐然更进一步总结道，根据地的婚姻一是“男女双方自主自愿，不是强迫包办的，这和以‘门当户对’为条件的婚姻大不相同”，同时，这种婚姻强调的是“严格的一夫一妻制，‘严

---

① 关于各地婚姻条例的记载，详见韩延龙、常兆儒：《中国新民主主义革命时期根据地法制文献选编》第4卷，中国社会科学出版社，1984年，第788—890页。

② 《关于我们的婚姻条例》（1941年7月7日指示信第51号），晋察冀边区行政委员会：《现行法令汇集》上册（1945年12月15日），山西省档案馆，革命历史资料，档案号：C3—4，第223页。

格’就是说表里如一的在一男一女夫妇关系存在时，不与以外的人发生夫妇关系”。基于此的夫妻关系，“是生活伴侣，事业伴侣，是终身的，不是临时的搭伙计。在生活上说，结婚是为了幸福而不是为了苦恼；在事业上说，结婚是为了发展而不是为了阻碍甚至破坏”。[①]

（二）根据地对婚姻陋俗的废除

根据地一直坚持废除买卖婚姻，由于废除了买卖婚姻，这在客观上为贫苦群众的婚姻缔结创造了有利条件。1928 年 1 月，中共江西遂川县委拟定的《施政大纲》中，即有“废除聘金聘礼，反对买卖婚姻”的规定，以后闽西革命根据地的龙岩、上杭、永定县委及闽西苏维埃政府，都先后颁布了《婚姻条例》。1930 年，饶和埔诏苏维埃政府制定了《婚姻法》，提出“男女结婚以双方同意为原则，不受任何人干涉；取消聘金及礼物；寡妇任其自由结婚，有借端阻止者严办”。[②] 在赣西，“婚姻制度的改革，过去这些地方，每娶一个老婆，要费二百元以上，现在却不同了，已经订好的聘金不纳，未订概不许定聘金，结婚自由的事，已普遍了赤色区”。[③] 在江西省兴国县，“过去讨老婆非钱不行，因此许多贫农讨老婆不到。即讨，不是带童养媳，就是要到好大年纪。若是讨了老婆又死了，再讨就非常困难。现在完全没有这个困难了”。[④]

但是传统观念和习俗难以一下根除，直到抗战时期根据地内的买卖婚姻等陋俗仍然存在。在太行根据地，“父母干涉儿女婚姻和买卖婚姻无时不在作祟，如果不进行深入的教育和紧密的掌握，将会发展了买卖婚姻……买卖婚姻仍然严重存在，法令颁布后只是由公开转向秘密，由金钱变为粮食，寡妇再嫁已取得自由，但娘家使钱与媒人使钱的现象仍存在，不过更秘密，有的以谢礼代替买价”。在榆社，无论闺女、寡妇普遍均需：1. 毛市布三丈，合洋 60 元；2. 小米三石，合洋 200 元；3. 麦子一石，合洋 110 元；4. 棉花

---

① 王斐然：《晋察冀边区婚姻条例中几个问题的阐述》(1946 年 7 月 22 日)，山西省档案馆，革命历史资料，档案号：C5—58，第 1 页。

② 范华龄主编：《漳州妇女运动史》，厦门大学出版社，1995 年，第 48—49 页。

③ 克珍：《赣西苏维埃区域的现状》（1930 年 2 月 19 日），《中央革命根据地史料选编》上，江西人民出版社，1982 年，第 179 页。

④ 毛泽东：《兴国调查》(1930 年 10 月)，《毛泽东农村调查文集》，人民出版社，1982 年，第 220—221 页。

20斤，合洋180元；5. 其他。在武乡，闺女比寡妇便宜，闺女普遍需洋300—500元，有多至700元者，而寡妇有多至1000—1200元。在襄垣，与榆社差不多，但个别的有多至2000元者。在敌占区与游击区买卖更甚，襄垣敌占区妇女有卖伪款700元者。[①]因此，各根据地政府进一步加大法制建设和宣传力度，废除买卖婚姻。如1942年1月5日施行的《晋冀鲁豫边区婚姻暂行条例》规定，"禁止重婚、早婚、纳妾、蓄婢、童养媳、买卖婚姻、租妻及伙同娶妻"。其《施行细则》又进一步强调"经女方提出解除婚姻后，要与他方订婚、结婚仍有买卖情事者，任何人均得告发，并应从重处罚"。[②]而1943年颁布的《晋冀鲁豫边区妨害婚姻治罪暂行条例》中甚至规定，买卖婚姻者要被判处"一年以下之徒刑，得并科三百元以下之罚金"。[③] 1948年颁布的《晋绥边区婚姻条例》中也明确指出，"严禁买卖婚姻，违者由村代表委员会分别情形加以教育或处罚。凡在本条例公布前已成立之买卖婚姻，其未付之款物宣布废除"。[④] 可以说，几乎所有边区政府都将废除买卖婚姻作为其婚姻法律制定的主要目标。在法律规定之外，边区政府也注重宣传，"买卖婚姻也应一面政府禁止，一面教育群众，使其自觉的不再买卖子女，同时教育妇女积极参加生产，使其生活上有能力自给，且思想上有一定程度的觉悟时，家庭已不能再行包办"。[⑤]

在根据地政府的大力宣传和坚定执行下，买卖婚姻逐渐从社会中销声匿迹。如在山西临县安业村和白家庄，"买卖婚姻在这两个村基本上是废除了。同时也可看出买卖婚姻的废除对政治上、经济上翻了身的贫农、新中农是有利的，他们结婚的大大增加了，并超过了其他阶层"。[⑥] 山西兴县一位名为白

① 《太行三专婚姻问题的统计分析》（1944年），山西省档案馆，档案号：A67—2—34—4。

② 晋冀鲁豫边区政府编印：《晋冀鲁豫边区法令汇编》（1943年7月），山西省档案馆，革命历史资料，档案号：C3—8，第20—24页。

③ 《晋冀鲁豫边区妨害婚姻治罪暂行条例》（1943年1月5日），晋冀鲁豫边区政府编印：《晋冀鲁豫边区法令汇编》（1943年7月），山西省档案馆，革命历史资料，档案号：C3—8，第141页。

④ 《晋绥边区婚姻条例》（1948年5月9日），《晋绥妇女婚姻问题材料》（1948年），山西省档案馆，山西革命历史档案，中共晋绥分局，档案号：A21—06—46，第1页。

⑤ 《晋绥边区婚姻制度及解决婚姻问题所产生的效果、意见、办法》，《晋绥妇女婚姻问题材料》（1948年），山西省档案馆，山西革命历史档案，中共晋绥分局，档案号：A21—06—46，第10页。

⑥ 《安业村婚姻材料》，《晋绥妇女婚姻问题材料》（1948年），山西省档案馆，山西革命历史档案，中共晋绥分局，档案号：A21—06—46，第13页。

巧娥的女子，“原是城里一个破产地主的媳妇，后来她男人写信回来叫另嫁，她决心自己找对象，不许娘家卖钱，自己找了个工作同志结婚”。[①] 山西五寨县观音店一位名为唐翠女的妇女代表，在“讨论了买卖婚姻的害处后，即宣布她十九岁的女儿不卖一个钱，只要双方看对了，后来和一个贫农青年代表结婚了。因此买卖婚姻、早婚都在渐减少着”。[②]

在废除买卖婚姻后，越来越多的女性得以自由择偶，而且她们选择的余地也有所扩大。“青年妇女的思想上对找丈夫的条件有了变动，她们不希望找财主家，而希望找思想进步和工作积极能劳动的男人。”[③] 由此，红军战士、八路军战士、生产竞赛中的英雄等新型人物成为根据地女子自由恋爱、自由结婚的首选。如民谣中说到，“吃菜要吃白菜心，寻汉要寻一个八路军”，“不走东来不走西，死也要做红军的妻”，“山丹丹开花崖对崖，劳动竞赛当中选人才”。[④] 民谣是对现实的折射。在现实中，很多女性得以真正实践自由恋爱、自由结婚。如在晋绥边区，“过去一般妇女和社会人士嫁闺女都认定门当户对，爱到地主富农家当媳妇，对贫苦农民工人是看不起的，而现在则有不同，她们感到会劳动的人是光荣的，例如一个老财白碰苏的闺女白旦儿说：‘我不找有钱人家，我愿意找一个织布工人，两人一块织布过生活就好了。’大部分妇女结婚，愿意找中农（现在一般贫民上升到中农的已不少了），和工人结婚的也比以前多，如临南招贤和工人结婚的有 7 个（从 1940 至今春），许多没有结婚的女孩都愿意和干部结婚，在群众中有这样一句民谣：‘不爱你那银子不爱你那钱，单爱你那革命老经验！’如兴县刘旦儿，她是个纺织妇女，未婚，她要找我们一个干部结婚，而家里因为干部没有钱花不允许，她非常生气，就和家里讲道理说：‘和干部结婚，能进步，可以帮助学文化，做工作，生活上自己纺花织布不靠别人。’有许多妇女也

① 《晋绥边区婚姻制度及解决婚姻问题所产生的效果、意见、办法》，《晋绥妇女婚姻问题材料》（1948 年），山西省档案馆，山西革命历史档案，中共晋绥分局，档案号：A21－06－46，第 2 页。

② 《晋西北妇女婚姻问题材料》（1949 年 8 月 15 日），《晋绥妇女婚姻问题材料》（1948 年），山西省档案馆，山西革命历史档案，中共晋绥分局，档案号：A21－06－46，第 4 页。

③ 浦安修：《五年来华北抗日民主根据地妇女运动的初步总结》（1943 年 7 月 16 日），中华全国妇女联合会妇女运动历史研究室编：《中国妇女运动历史资料（1937—1945）》，中国妇女出版社，1991 年，第 710 页。

④ 党音之、于志明编：《信天游 500 首》，陕西人民出版社，1993 年，第 321、327、334 页。

愿嫁我们部队八路军的干部，尤其八分区平川妇女，她们不怕山上吃苦，愿上山去找个干部或八路军结婚”。[①]

各根据地政府在废除买卖婚姻的同时，也禁止童养媳。童养媳的出现很大程度上与婚姻论财、买卖婚姻密切相关。买卖婚姻废除后，在客观上也杜绝了产生童养媳的经济因素。1930年，江西宁都县苏维埃工作章程中明确规定“禁止虐待童养媳，并废除妾媵、童养媳制度”。[②] 同年，漳州饶和埔诏苏维埃政府还颁布了《保护妇女青年条例》，也规定禁止虐待童养媳，并废除妾媵、童养媳制度。[③] 而在赣西南，“旧例男家出嫁资，去年，各地农协、革委会、苏维埃为反对买卖婚姻……各地讨老婆的特别多，甚至还娶童养媳。在赣西苏维埃成立的会议中CY特委提出要男女婚姻年龄的限度，如男大于女八岁者不准结婚”。[④] 这固然有些武断，但限定婚姻双方年龄的差距，在客观上也推动了童养媳的废除。苏维埃政府也很注重向群众宣传废除童养媳制度、禁止虐待童养媳。例如在湘鄂赣根据地，一个童养媳被她的婆婆虐待致死，湘鄂赣苏维埃便将她的丈夫与婆婆斥为工农革命队伍中的罪人，将其二人游行全省，以儆效尤，取得较好的效果。[⑤]

在抗日根据地时期，各地政府也都意识到“童养媳也普遍于各地，她们所受之虐待、痛苦，更甚于一般妇女”。[⑥] 因此，他们不仅都提出要废除童养媳，而且还有一些地方考虑到一些童养媳在婚姻条例颁布之前就存在，因此，也试图对她们进行妥善安置。如1942年颁布的《晋冀鲁豫边区婚姻暂行条例施行细则》第四条便规定：“在《边区婚姻暂行条例》施行前之童养媳，不得虐待，未至法定结婚年龄，不得结婚。其自愿另择配偶者，得随时

---

① 《晋绥边区婚姻制度及解决婚姻问题所产生的效果、意见、办法》，《晋绥妇女婚姻问题材料》（1948年），山西革命历史档案，中共晋绥分局，山西省档案馆，档案号：A21—06—46，第3页。

② 《广昌县工农兵代表大会决议案》（1930年），江西省妇女联合会、江西省档案馆选编：《江西苏区妇女运动史料选编（1927—1935年）》，江西人民出版社，1982年，第22页。

③ 范华龄主编：《漳州妇女运动史》，厦门大学出版社，1995年，第49页。

④ 《张怀万巡视赣西南报告》（1930年4月5日），彭泰城等选编：《井冈山的红色文献》，江西人民出版社，2016年，第540页。

⑤ 《用群众的力量来铲除带童养媳与虐待童养媳的坏风俗》（1932年12月3日），中华全国妇女联合会妇女运动历史研究室编：《中国妇女运动历史资料（1927—1937）》，中国妇女出版社，1991年，第260页。

⑥ 《晋绥边区婚姻制度及解决婚姻问题所产生的效果、意见、办法》，《晋绥妇女婚姻问题材料》（1948年），山西省档案馆，山西革命历史档案，中共晋绥分局，档案号：A21—06—46，第2页。

请求解除婚约。男方不得索还婚礼与金钱，并不得讨要在童养期间所消费之一切生活费用。”[①] 1948 年颁布的《晋绥边区婚姻条例》也规定，“禁止童养媳，已童养者如其本人愿回娘家，可向村代表委员会提出，得回娘家居住；将来是否继续婚约关系，待双方到达结婚年龄后自己决定；不得强迫成婚”。[②]

根据地政府还废除早婚。如在晋绥边区，“早婚现象很普遍，一般多是十三—十五岁结婚，甚至还有十二岁即结婚的，对女孩的发育有极大妨碍”。有鉴于此，晋绥根据地政府规定：“早婚要禁止，通过各方面教育群众，使之了解早婚之害，对贫家养不起者，婆家应给以帮助，务必达结婚年龄（16 岁）始能结婚。”[③] 在晋西北根据地，政府也积极废除早婚。如山西崞县五区政府在 3 月份一天禁止了五家早婚的，有的经多次劝说无效已娶到婆家的，坚决把新娘送回娘家，等到结婚年龄再去。保德荣家沟康圪太子以 3 石米卖了自己的妹妹，经查出后没收了全部财礼，并罚劳役一个月。河曲六区区长王虎、五区区长郇丙寅在自己儿女婚姻问题上，执行了不早婚不买卖的决定。七区区长原计划给自己儿女早婚，懂得了早婚的害处后，到处宣传，“女儿一定要到十八岁才出聘啦”，在他劝说影响下，区里已娶过的不够结婚年龄的媳妇，都暂送回了娘家。[④]

即使是寡妇再嫁，也不再受到歧视和干涉，“社会上已认为这是合理的了，虚伪的、不得已的片面贞操观念已打破”。[⑤] 各边区对寡妇再嫁的权利等诸多方面都做了详细的规定。如《晋冀鲁豫边区婚姻暂行条例》规定，“寡妇有再婚与否之自由，任何人不得干涉，或借此索取财物。再婚时其本人财物可带走”。[⑥] 而《晋冀鲁豫边区妨害婚姻治罪暂行条例》也明确指出，有

---

① 《晋冀鲁豫边区婚姻暂行条例施行细则》（1942 年 4 月 26 日），晋冀鲁豫边区政府编印：《晋冀鲁豫边区法令汇编》（1943 年 7 月），山西省档案馆，革命历史资料，档案号：C3—8，第 23 页。

② 《晋绥边区婚姻条例》（1948 年 5 月 9 日），《晋绥妇女婚姻问题材料》（1948 年），山西省档案馆，山西革命历史档案，中共晋绥分局，档案号：A21—06—46，第 2 页。

③ 《晋绥边区婚姻制度及解决婚姻问题所产生的效果、意见、办法》，《晋绥妇女婚姻问题材料》（1948 年），山西省档案馆，山西革命历史档案，中共晋绥分局，档案号：A21—06—46，第 2、10 页。

④ 《晋西北妇女婚姻问题材料》（1949 年 8 月 15 日），《晋绥妇女婚姻问题材料》（1948 年），山西省档案馆，山西革命历史档案，中共晋绥分局，档案号：A21—06—46，第 3—4 页。

⑤ 浦安修：《五年来华北抗日民主根据地妇女运动的初步总结》（1943 年 7 月 16 日），中华全国妇女联合会妇女运动历史研究室编：《中国妇女运动历史资料（1937—1945）》，中国妇女出版社，1991 年，第 709 页。

⑥ 《晋冀鲁豫边区婚姻暂行条例》（1942 年 1 月 5 日），晋冀鲁豫边区政府编印：《晋冀鲁豫边区法令汇编》（1943 年 7 月），山西省档案馆，革命历史资料，档案号：C3—8，第 21 页。

“勒索财物妨害寡妇再嫁者”要被判处“五年以下一年以上之徒刑，得并科千元以下之罚金”。[①] 这些规定在客观上也为寡妇再嫁创造了条件。山东省莒南县相家庄寡妇傅建成，经人介绍与本村职工会长胡继结婚，依据山东省颁布的婚姻条例，结婚证书上规定她与前夫所生的孩子仍然从前夫的姓，并继承她的遗产等，傅建成看后非常激动地说，“共产党的法子就是好，以后我要更好的听共产党的话”。[②] 在晋西北，“保德牧塔一个寡妇自己找好了对象时，翁翁硬要了身价米二石八斗，她跑到政府去告状，财礼全部没收，并处分了卖儿媳的陈玉方”。[③]

可以说，在各根据地政府制定法律和推广宣传等切实的努力下，根据地主要的婚姻陋俗——买卖婚姻、童养媳、早婚和歧视寡妇再嫁基本上得到遏制，甚至在一些地方还被根除。这也在一定程度上促进了农村生活的严肃化。此前这些婚姻陋俗的存在容易“造成男女性关系的紊乱，这种性乱可以说是农村婚姻制度的一方面”，而“一般群众认为这是普遍现象……在农民的观念上，甚至以为这是‘换口味’的事，是合法的!”其结果是“造成花柳病盛行，生殖率减低（据调查许多村庄婴孩之死亡率平均占其总数之一半），造成淫乱之风，使农民生产情绪低，也造成农村间的不团结，争风吃醋之吵架常发生”。而在婚姻条例颁布以后，由于许多婚姻陋俗得到了解决，上述现象“一般较战前减少了”。[④] 妇女的权益得到根本保障，妇女地位有明显提高。

（三）根据地对新式婚姻关系的规范

在废除传统婚姻陋俗的基础上，根据地还推动新式婚姻的确立，尤其是在订婚、婚姻登记和结婚仪式等环节。

如1942年《晋冀鲁豫边区婚姻暂行条例》对订婚进行了详细的规定：

---

① 《晋冀鲁豫边区妨害婚姻治罪暂行条例》（1943年1月5日），晋冀鲁豫边区政府编印：《晋冀鲁豫边区法令汇编》（1943年7月），山西省档案馆，革命历史资料，档案号：C3－8，第141页。

② 张侠：《鲁中南妇女运动史》，山东大学出版社，1993年，第162页。

③ 《晋西北妇女婚姻问题材料》（1949年8月15日），《晋绥妇女婚姻问题材料》，山西省档案馆，山西革命历史档案，中共晋绥分局，档案号：A21－06－46，第5页。

④ 浦安修：《五年来华北抗日民主根据地妇女运动的初步总结》（1943年7月16日），中华全国妇女联合会妇女运动历史研究室编：《中国妇女运动历史资料（1937—1945）》，中国妇女出版社，1991年，第707—708页。

第三条　订婚须男女双方自愿，任何人不得强迫。

第四条　男不满十七岁，女不满十五岁者，不得订婚。

第五条　订婚时，男女双方均不得索取金钱或其他物质报酬。

第六条　订婚时，男女双方须在村级以上政府登记方为有效。违反前三条规定之一者，不得登记。

第七条　订婚后男女双方有一方不愿继续婚约或结婚者，均得请求解除婚约。

但对抗战军人提出解除婚约时，须经抗战军人本人同意，倘音信毫无，在二年以上者，不在此限。

第八条　解除婚约时，须向村级以上政府声请备案。

第九条　在本条例施行前所订之婚约解除后，曾收受对方之金钱财物者，应如数退还。如一次不能退还时，得订立契约分期偿还。倘确实无力偿还，而对方亦非贫穷者，不在此限。①

晋冀鲁豫边区政府还进一步规定违反条例所面临的惩罚，“强迫不到结婚或订婚年龄之男女结婚或订婚者”，“不经本人同意，而强迫其结婚或订婚”，“妨害成年男女自愿结婚或订婚者”要处一年以下之徒刑，并罚款300元。②

在订婚之外，根据地政府尤其注重婚姻登记。大部分根据地政府都要求结婚的男女双方要在村、区或县级政府进行正式的婚姻登记，这主要是为了预防“强迫婚约、买卖婚姻、隐瞒婚姻年龄等情发生”。③ 以晋察冀边区为例，1943年《晋察冀边区婚姻条例》规定，“结婚应有公开之仪式及二人以上之证人，向结婚所在地之村公所或县市政府登记，领取结婚证书”。④ 次年，晋察冀边区政府还特意发通知，就婚姻登记问题进行详细说明。该通知说，之所以要求男女双方进行婚姻登记，“是为了防止男女关系的混乱和不

---

① 《晋冀鲁豫边区婚姻暂行条例》（1942年1月5日），晋冀鲁豫边区政府编印：《晋冀鲁豫边区法令汇编》（1943年7月），山西省档案馆，革命历史资料，档案号：C3－8，第20—21页。

② 《晋冀鲁豫边区妨害婚姻治罪暂行条例》（1943年1月5日），晋冀鲁豫边区政府编印：《晋冀鲁豫边区法令汇编》（1943年7月），山西省档案馆，革命历史资料，档案号：C3－8，第141页。

③ 《山西省人民政府命令（法民社字第155号）》（1949年2月19日），山西省民政厅：《省政府、本厅关于婚姻工作的指示、命令、指令、规定、通知、批复》，山西省档案馆，档案号：C64－3－1。

④ 《晋察冀边区婚姻条例》（1943年2月4日），晋察冀边区行政委员会：《现行法令汇集》上册（1945年12月15日），山西省档案馆，革命历史资料，档案号：C3－4，第220页。

够结婚条件的男女随便结婚”。而且，为了方便民众，男女双方主要到村公所登记即可。那么，如果在结婚前或结婚后不登记的是否会影响婚姻效力呢？晋察冀边区政府指出，这要因情况不同而异。如果未举行公开仪式的，那么不登记的话，就没有婚姻效力，而且男女双方“应由县按‘妨害风化’治罪。因这种婚姻，很易使男女关系混乱，且会给敌人与破坏分子以造谣的口实，所以应视为无效”。如果已有公开仪式且符合结婚条件的，那么即使不登记，其婚姻也是有效的。可是，政府还是要对夫妻双方“加以教育，使他们遵守《婚姻条例》的规定，向结婚所在地的村公所或县政府补行登记，取得法律上之合法地位”。如果已经举行公开仪式但却不符合结婚条件的话，那么要根据实际情况进行适当处理，比如说“男女不到结婚年龄的可令暂时分开，等到达结婚年龄，再行同居，违犯《婚姻条例》第七、第八、第九三条的规定的可强令拆散”。边区政府还特意提醒各专员、县长和县佐说，要注意不能犯“‘一律强行拆散’和‘置之不理’的两种偏向”。①

晋察冀边区政府还列举了男女双方在进行结婚登记时的详细办法：

> 结婚登记办法：A. 结婚登记事项除结婚登记证上所列项目外，并须注意下列各项：（甲）男女双方有无亲属关系？是什么亲属？（乙）双方有无疾病缺陷？（丙）以前结过婚没有？如果结过婚的现在是否已经离婚？审查双方是否合乎离婚条件。B. 男女结婚向所在地村公所进行登记时，其住于别村的一方（一般是女方）得用书面登记由当事人与住在村民委会员签名、并按指印交由结婚所在村村公所审查，其住于结婚所在村之一方（一般是男的）应当面说明结婚登记事项，并在结婚登记证上签名、按指印或由一方先就他方向结婚所在地之村公所登记后，再行结婚。村公所对声请结婚的男女双方，应就其登记事项详细审查，合于结婚条件者即准予登记，不合结婚条件者不予登记（关于结婚年龄在游击区及早婚习惯很深的晋东北一带不必强调非达法定年龄不可，但在十四岁以

① 《晋察冀边区行政委员会通知·关于婚姻登记问题的通知（民社字第3号）》（1943年5月27日），晋察冀边区行政委员会：《现行法令汇集》上册（1945年12月15日），山西省档案馆，革命历史资料，档案号：C3—4，第234—235页。

下的一定要禁止，已结婚的也要强令分开，到达适当年龄，再准同居）。并规定“结婚登记证由县统一印发，月终将存根送区转县统计之”。①

边区政府并设计了统一的婚姻登记表和登记存根，如下：

<table>
<tr><td colspan="6">县结婚登记（甲）</td></tr>
<tr><td>姓名</td><td></td><td></td><td>介绍人</td><td>证婚人</td><td rowspan="6">县第 区公所 年 月 日 填发</td></tr>
<tr><td>性别</td><td></td><td></td><td rowspan="2"></td><td rowspan="2"></td></tr>
<tr><td>年龄</td><td></td><td></td></tr>
<tr><td>籍贯</td><td></td><td></td><td colspan="2">职业</td></tr>
<tr><td>住址</td><td></td><td></td><td colspan="2">住址</td></tr>
<tr><td>结婚日期</td><td></td><td></td><td></td><td></td></tr>
</table>

字第　　号

<table>
<tr><td colspan="6">县结婚登记（乙）</td></tr>
<tr><td>姓名</td><td></td><td></td><td>介绍人</td><td>证婚人</td><td rowspan="6">县第 区公所 年 月 日 填发</td></tr>
<tr><td>性别</td><td></td><td></td><td rowspan="2"></td><td rowspan="2"></td></tr>
<tr><td>年龄</td><td></td><td></td></tr>
<tr><td>籍贯</td><td></td><td></td><td colspan="2">职业</td></tr>
<tr><td>住址</td><td></td><td></td><td colspan="2">住址</td></tr>
<tr><td>结婚日期</td><td></td><td></td><td></td><td></td></tr>
</table>

字第　　号

① 《晋察冀边区行政委员会通知·关于婚姻登记问题的通知（民社字第 3 号）》（1943 年 5 月 27 日），晋察冀边区行政委员会：《现行法令汇集》上册（1945 年 12 月 15 日），山西省档案馆，革命历史资料，档案号：C3—4，第 236 页。

<table>
<tr><td colspan="6">县结婚登记（存根）</td></tr>
<tr><td>姓名</td><td></td><td></td><td>介绍人</td><td>证婚人</td><td rowspan="6">县第 区公所 年 月 日 填发</td></tr>
<tr><td>性别</td><td></td><td></td><td rowspan="2"></td><td rowspan="2"></td></tr>
<tr><td>年龄</td><td></td><td></td></tr>
<tr><td>籍贯</td><td></td><td></td><td colspan="2">职业</td></tr>
<tr><td>住址</td><td></td><td></td><td colspan="2">住址</td></tr>
<tr><td>结婚日期</td><td></td><td></td><td></td><td></td></tr>
</table>

资料来源：《晋察冀边区行政委员会通知·关于婚姻登记问题的通知（民社字第3号）》（1943年5月27日），晋察冀边区行政委员会：《现行法令汇集》上册（1945年12月15日），山西省档案馆，革命历史资料，档案号：C3—4，第237页。

边区政府还尤其注意推动简化结婚仪式，反对传统婚礼的铺张浪费。“我们反对旧式婚姻的铺张、浪费与封建迷信的所谓‘礼节’，但也并不主张取消结婚仪式，我们提倡简单朴素而又严肃庄重的特别是具有教育意义的仪式，这不仅为了使当事人对婚姻大事的更加郑重，而且也使在社会上、法律上取得一层保障”。[①] 当时主要提倡的结婚仪式是“简单、庄严、郑重、节省（经济上、时间上）为主”，[②] 或者“主要作到简单、庄重（禁止侮辱妇女的风俗习惯）、节约（金钱、时间），主要是应从反对打骂虐待妇女作起”。[③]

但是，这样简化的新式婚俗往往与地方传统婚俗形成一种张力。如1943年《晋察冀边区婚姻条例》第五条规定：“结婚应有公开之仪式及二人以上之证人，向结婚所在地之村公所或县市政府登记，领取结婚证书。”由于当地素有大办婚礼之习俗，因此，结婚仪式简化容易引起一些误会。王斐然曾

① 《关于我们的婚姻条例》（1941年7月7日指示信第51号），晋察冀边区行政委员会：《现行法令汇集》上册（1945年12月15日），山西省档案馆，革命历史资料，档案号：C3—4，第232页。

② 晋冀豫区党委妇委会：《关于婚姻问题研究的材料》（1942年8月14日），山西省档案馆，档案号：A001—07—00004—014，第5页。

③ 晋冀豫区妇救总会：《关于反对买卖婚争取自主婚的初步总结》（1942年8月31日），山西省档案馆，档案号：A1—7—4—15，第8页。

说道："结婚仪式本属微枝末节；但有一些人，偏偏爱对此发生种种议论或诽谤。其原因有的是出于误会，而有的则是恶意的攻击。例如常流行着这样的说法：'八路军结婚拉拉手就得啦！'讥诮仪式不郑重。"但是，他认为"其实郑重与否，绝不在于铺张，奢侈，如大摆筵宴，坐汽车坐轿等等；其目的也是在结婚仪式中给新夫妇以鼓舞，庆祝；是现在同志们对新夫妇关切爱护的表示"。他还曾观察到，"在老解放区，有的青年男女们结婚的仪式，很自然的形成了一种开会的形式。其中的要项除了让她们讲恋爱史以外，就是有好多人特别是村干部如民政委员一类的人，要演讲一番。再有就是一些唱歌，扭秧歌一类的助兴节目。这种切实朴素不铺张不虚伪——严肃活泼——有意义又生气的形式，确为解放区一种优良礼俗，大有加以提倡之必要"。①

经过根据地政府的大力提倡，婚礼仪式大多得到简化。如在山西左权县堡则村，原来的结婚仪式是"首先是要坐轿达'王八'看好日子，要来时给天地日月烧香磕头，拜了长命灯（谷里插着阴阳搞得黄纸），引新妇的人把新妇头上插的花拿下来插在新郎头上，然后新郎再插到自己家的墙上，等新妇到娘家认亲时再插在自己的头上，为的是早养育，'插低生儿早，插高生儿迟'"。而经过简化的新式婚礼仪式则是"大部分通过开会的形式举行结婚典礼，请人讲讲话，新郎新妇换礼物，除了个别的村干部不坐轿以外，其他仍还是要坐轿的，但在仪式方面是改造了，不烧香也不磕头的"。②

要而言之，中国共产党在根据地颁布的法令和政策以及所推动的婚姻改革是中国婚姻史上的一次重要的革命。不管是各地的婚姻条例，还是统一的婚姻法，根据地政府都不是凭空造物，而是既秉持着婚姻自由、一夫一妻的核心精神，同时又根据地方传统对婚姻条例和婚姻法进行适当的调适。由此，根据地政府得以有力地废除买卖婚姻、童养媳、早婚等婚姻陋俗，并且建立起新的订婚、婚姻登记和婚礼仪式等一系列规范。可以说，建立在男女双方自愿基础上的新型婚姻关系逐渐形成。这从百姓们传唱的歌谣中便可见

① 王斐然：《晋察冀边区婚姻条例中几个问题的阐述》（1946年7月22日），山西省档案馆，革命历史资料，档案号：C5—58，第3—4页。

② 左权二区救联会：《五年来妇女工作总结（堡则村）》（1942年12月），山西省档案馆，档案号：A166—1—137—2，第9页。

一斑："今个世界不相同，红旗飘飘好威风。没有阿哥打单身，没有细妹无老公。""若然没有苏维埃，我俩哪能配成双。"[①] 广大深受束缚的妇女从传统婚姻中走了出来，获得了新生。当然，这是一次前所未有的探索，在其过程中，由于理论与实践的差距以及具体执行过程中的偏差，同时又加上险恶的外部环境，这使得中国共产党在根据地的婚姻改革实践不可能是十全十美的。

第四节 三从四德？日伪时期的女德重塑与坍塌

如前所述，北平沦陷后，日伪当局为了进一步稳定社会秩序，巩固殖民统治，曾推行复古和保守的婚恋观。除了此前"严守贞操"之宣传，日伪政府还大力鼓吹男主外、女主内的"新民主义"，并且号召民众戒除"英美习惯"，恢复"三从四德"。

一、日伪当局对"三从四德"的宣传

创刊于1940年的《新光》杂志是日伪当局的重要宣传工具，其宗旨就是恢复传统文化道德、教化民众顺从。在创刊初期，就刊登了关于"三从四德"的文章，如在创刊号中《光阴与新青年妇女的修身立身》一文中，作者"倡导"："我们新青年妇女，就应该利用我们的朝气，宝贵我们的光阴，趁着现在提倡旧道德、旧礼教的时期，我们先以为修身立身的根本。"进而作者对妇女提出了孝、悌、忠、信、礼、义、廉、耻、立志、进取、求知识、学技能、有恒、自治、勤职、公德、公益、卫生等18条要求。[②]

除了对女性提出旧道德要求，一些报刊还将"妇德""三从四德"与国家、民族问题联系起来。如《妇女道德之修养》一文认为："中国自古以来，妇女道德的条目，就是'三从四德'。因为我们的国家，原以家庭为出发点，

---

① 陈荣华、何友良：《中央苏区史略》，上海社会科学出版社，1992年，第180页。
② 君芳：《光阴与新青年妇女的修身立身》，《新光》第1卷第1期，1940年4月，第57页。

必家齐而后国治，国治而后天下平。家庭中的主要人物就是妇女，妇女如能履行着三从四德的大道，则家庭始能和睦。”① 雪芦则不仅倡导“三从四德”，还建议妇女了解和学习日本的妇道，强调所谓的“五伦八德”，并认为日本的国家强盛是仰仗于妇女尊崇这种道德。② 这些文章将妇女、婚姻、家庭问题与国家、民族相互联系，为日伪当局的复古文化建构做注解，试图强化日伪当局奴化宣传的合理性与正当性。

日伪当局还把“三从四德”视为“击灭英美”、戒除“英美习惯”之利器。《第五次治安强化运动中之妇女如何革新家庭生活之刍见》称：“我国古训，讲究妇女有‘四行’……但是自从欧风东渐，受了欧美享乐主义的侵染，一般青年女性，血气方期，便倡言打倒三从四德，以为三从四德，只是作了男性的奴隶。殊不知三从四德，正是我们女性足以自为傲、足以自荣的唯一美德。”③ 由是，有人提出，“三从四德”为妇女必须遵守之美德。“三从四德不但不能推翻，并且依然不失其为指导妇女生活的金科玉律，就是现在一般妇女，也都在不知不觉之间，天天履行着，未尝一刻违反他。那么三从四德，不惟不能否认，并且如果一有违反，则种种不幸必至因缘而起。”④

基于此，日伪当局还美化宣传日本妇女，认为日本妇女是“三从四德”之典范，并要求中国女性向日本妇女学习。在其本国，日本社会普遍认为在婚姻生活中，“男子长大后会成为一家之主，努力从事自己的事业，女子成为妻子后则会照顾一家老小的生活，女子在家里照顾家人，寻求家庭的和睦幸福这件事，最终演变为国家的美德，尽力抚养儿女会有利于国家的发展”。⑤ 从整体上来看，日本社会在婚姻和性别观念上较为保守，而这也为日伪当局在北平推行复古的婚姻家庭观念提供了基础。如超明撰写《日本的主妇生活堪称我们的典范》，认为“友邦日本的主妇，有着伟大的风度……她

---

① 慎：《妇女道德之修养》，《晨报》第2—4期，1938年12月1日，第8版。

② 雪芦：《第五次治安强化运动中之妇女如何革新家庭生活之刍见》，《新光》第3卷第8期，1942年11月，第1页。

③ 雪芦：《第五次治安强化运动中之妇女如何革新家庭生活之刍见》，《新光》第3卷第8期，1942年11月，第1页。

④ 慎：《妇女道德之修养》，《晨报》第2—4期，1938年12月1日，第8版。

⑤ ［日］综合女性史研究会：《日本女性の歴史——性・愛・家族》，角川书店，1992年，第185—186页。

们的生活是在节俭、勤劳、礼貌、和平、温柔的条件下……日本的家庭主妇，日常生活虽然是这样刻板，但是非常有纪律，使整个的家庭有条不紊，平和快乐”。[①] 与之类似的，樊祥在《日本妇女有才便是德》一文中称“日本妇女是世界中的标准女人。这句话并不太过，因为目前世界各国的妇女都走着极端，也可以说是都有所偏废，不完备，长不能补短，不是所谓新的失掉了女人的天性和责任——破坏了两性的趣味，破坏了家庭与社会。那就是旧的不合时代——不能发挥女人的本能，成了家庭与社会的陈列品，或说是赘累……日本的社会已经达到工业化，但女人只取了欧美的长处，而更能保存自己固有的美德，这个原因是很明显的，若明乎此，就不会怪中国这些表面的病态，也不奇怪日本女人为什么这样好了”。[②]《妇女杂志》还创设了“日本女性之声音”、“医学与日本女性”、“决战生产的日本女性说明”等专题专门宣传介绍日本女性。这些文章大多称赞日本女性的“勤劳勇敢”和“贤妻良母”，认为“日本女性在战争中对国家的贡献不亚于前线浴血的战士，她们在决战生产线上发挥了女性的威力”，[③] 进而要求中国女性向日本女性学习。

这些政治色彩浓重、为日伪政权宣传的文章倡导着复古的伦理道德观念“三从四德”。从内容上来看，日伪当局在文化建构中并未对“三从四德”做出详尽的诠释；从宣传方式和宣传力度来看，日伪也仅仅利用报纸、杂志对“三从四德”进行了空洞的鼓吹。学者黄东曾言，政治权力对于文化观念的建构从一开始就不可能只是经院哲学式的冥想，它一定要通过社会结构和社会化的宣传等等来达成对民众心灵的撞击，进而实现塑造顺民的目的。[④] 日伪政权这种缺乏正当性的建构与不充分的宣传，使得守旧复古的文化建构并未对广大民众的日常生活产生深远的影响。

二、日伪当局对“男主外、女主内”的鼓吹

除了宣传“三从四德”外，日伪当局还借由“新民主义”鼓吹男主外、

① 超明：《日本的主妇生活堪为我们的典范》，《妇女杂志》（北平）第4卷第10期，1943年10月，第6页。
② 樊祥：《日本妇女有才便是德》，《妇女杂志》（北平）第2卷第2期，1941年，第67页。
③ 《决战生产的日本女性说明》，《妇女杂志》（北平）第5卷第11期，1944年，第13页。
④ 黄东：《塑造顺民——华北日伪的“国家认同”建构》，社会科学文献出版社，2013年，第20页。

女主内的家庭分工模式。《大学》有云："大学之道，在明明德，在亲民，在止于至善。"而日伪政权则援此"发明"了所谓的"新民主义"。

缪斌[①]作为日伪华北伪政权的重要代表人物，对"新民主义"的炮制起到了重要作用。在《新民主义》一文中，缪斌这样解释"新民主义"：

> 故新民主义，以实行王道为志趣。而实行之法，则在于格物、致知、诚意、正心、修身、齐家、亲乡、治国、平天下之九项。[②]

缪斌继而对"新民主义"中之"齐家"做出如下的说明：

> 由西洋之个人主义，而发展为男女平等之说。由平等之说，误解为男女权利义务均须事事相等，此实违反天理人性者也。天生男女，以造人类，各别其性，各有其德。男性阳，女性阴，男德刚，女德柔。所谓"阴阳合德"，所谓"刚柔相推，而生变化"，所谓"君子之道，造端乎夫妇。及其至也，察乎天地"，此天然人生之不易法则也。故男有男之阳刚之德，女有女之阴柔之德。男主外，女主内，各禀天赋，各尽其性，此之谓真正之平等。若强欲女子以任男子之事，非但女子不能胜任，抑且违反天理。譬如政治，男子之事也。女子而干涉政治，向为我东洋道德所不许。故书经有言"牝鸡无晨，牝鸡之晨，惟家之索"，此喻纣之妇言是用也。历观我国史乘，凡妇人当政，未有不乱者。今我国又不幸而有宋氏三姐妹干政，使国家成一片之焦土，可为明证。盖用非其性，安得不乱乎。今之西洋思想，要求女子之参政矣，甚且欲女子之服兵役矣，兹何异强令男子生育，专理家政，为喂奶、缝纫、洗濯、炊饭之事，此不可能也。故男子有男子之事，女子有女子之事，此始足以称之为平等。且女子之内政，实亦关于天下之治，自闺门衽席之微，而达之于朝廷表著之位。自朝廷表著之近，而达于乡田井牧之间。盖未有内不理而外能顺，家不齐而国自治者。故女子可不必参政，而于政教风

① 缪斌早年曾参加国民党，曾担任国民党第二届候补中央执行委员，以理论宣传见长，抗战全面爆发后投靠日本，并担任伪新民会中央指导部长。参见刘国铭等：《中国国民党百年人物全书》（下册），团结出版社，2005年，第2404页。

② 缪斌：《新民主义》，伪新民会中央指导部，1938年，第6—8页。

化，则所关甚大。①

由上文可知，缪斌所言之“新民主义”，从中国传统思想出发，以男女两性的不同特点为理由，认为男女各司其职才是真正的男女平等，而近代以来由西方传入的男女平等学说忽视了两性的权利与义务的对等关系，并不是真正的平等。因此，男女两性应因各自特点，回归中国传统的两性分工之中，男主外女主内，“此之谓真正之平等”。缪斌的两性理论假借“男女平等”的名义，其观点实质上完全基于中国传统两性角色观念，推崇“男外女内”的性别分工，主张女性安心于家庭事务，反对女性参与政治，从而压制妇女的社会作用，消磨人民的抵抗情绪。此种理论是在日本操纵下汉奸群体对近代两性平等观念所进行的一次复古建构。可以说，“新民主义”对中国传统经典的再利用无疑是为了该理论的正当性和合理性寻找理论依据。

同时日伪还在报纸杂志上对“妇女应当回家去”的论调大肆宣扬。伪新民会副会长喻熙杰在《新国民运动与新妇女运动》中鼓吹：“目前的时代下，妇女整理家政已形成了必然的事实。因为在参战体制下，后方必须治安稳固。要治安的稳固，则国民大众的一致努力是必然的事实；所以我们要提起妇女注意的则是新妇女运动的路向。因此，我们要高呼新妇女回到厨房去的口号，这是最合于实际的一种说法。”②

报刊上也出现了大量鼓吹女性回归家庭的相关文章，从多个角度论述女性家庭角色的合理性，例如李竹君从个人思想、家族观念和社会责任多个角度论述女性回归家庭的重要性，他认为近代女性深受西方自由主义思想侵染，“自顾自己享受而不顾家族……因享受个人的乐趣，举止轻佻，性情浮躁，女子之贞操更不顾忌，离婚结婚极不重视”，而东方的大家族观念使女性成为“族长的内助”，妇女的贤德有助于“大家族的和好和永久团圆”，同时根据“男主外、女主内”的传统性别观念，女性做好照顾家庭之责任，从而让男性“为国

① 缪斌：《新民主义》，伪新民会中央指导部，1938年，第17—19页。

② 喻熙杰：《新国民运动与新妇女运动》，《妇女杂志》（北平）第4卷第7期，1943年7月，第1页。

家为社会可用全身的精神去工作”。[①]《新妇女》主要撰稿人康式如亦从“国民精神”角度鼓吹“中国数千年来，即为家族主义国家，妇女之责任极为重大……妇女运动要以国民精神再建为鹄的，与恢复固有妇女美德为信条”。[②]

在“官方”的“呼吁”下，沦陷时期北平的部分“落水”文人也对这种论调进行回应。《第四次治运目标及妇女界应负的责任》《大东亚战争期中新妇女应有之目标》等文章向妇女界提出了四项任务：“一、管理家事，使男人无后顾之忧。二、教育子女，使成将来防共兴亚的斗士。三、向姐妹群众宣传共党罪恶，不为邪说迷惑。四、必要时参加前线救护工作。”[③] 这些文章不仅宣扬“妇女回家去”的论调，而且进行了反共亲日的宣传。《第五次治安强化运动中之妇女如何革新家庭生活之刍见》一文认为，“我们都知道‘丈夫生而愿为之有室，女子生而愿为之有家’。可见家庭是男子生活上的一个唯一寄托之所，而且治理家又是我们女性唯一的专责。世界文明越进化，我们的责任也越重大。五千年来不论上中下阶级，只要生而为女性，便负有治家的责任。换句话说，也就是我们女性的一种义务”。[④]“家事天职”的论调在当时日伪控制的报刊上比比皆是。

与此同时，女性应为“贤妻良母”的宣传亦不绝于耳。正如上文所引缪斌之宣称“女子之内政，实亦关于天下之治，自闺门衽席之微，而达之于朝廷表著之位……盖未有内不理而外能顺，家不齐而国自治者。故女子可不必参政，而于政教风化，则所关甚大”。康式如对此表示赞同，认为“此言发挥妇女与齐家、亲乡、治国、平天下的基础，全部以妇女的相夫教子作出发点，所以说建设妇女精神上的正鹄，不能不以贤妻良母为依归”。[⑤]《新民报·妇女周刊》甚至组织召开“妇女问题讨论座谈会”，与会者指出“新民主

---

① 李竹君：《由东亚共荣圈的确立再谈到中日妇女的提携》，《妇女杂志》（北平）第 3 卷第 7 期，1942 年 7 月，第 2—3 页。

② 康式如：《国民精神再建与妇女运动》，《新妇女》第 2 卷第 2 期，1940 年 2 月，第 57 页。

③ 雪兰：《第四次治运目标及妇女界应负的责任》，《新光》第 3 卷第 1 期，1942 年 4 月；温念慈：《大东亚战争期中新妇女应有之目标》，《新光》第 3 卷第 1 期，1942 年 4 月。

④ 雪芦：《第五次治安强化运动中之妇女如何革新家庭生活之刍见》，《新光》第 3 卷第 8 期，1942 年 11 月，第 1 页。

⑤ 康式如：《希望于今年之〈新妇女〉》，《新妇女》第 2 卷第 1 期，1940 年 1 月，第 13 页。

义”下之妇女，不是参政，不是革命，更不是从军，而是做贤妻良母。[①] 可见“贤妻良母”就是日伪政府所确定的对女性的角色定位。一些文章还对“贤妻良母”的标准进行了讨论。筱梦在《何谓贤妻良母》一文中认为“有相当的学识”和“温柔挚诚的性格”是贤良女性的必备条件；风和则认为女性拥有“办事的能力”“温柔的性情”和“普通的学识”就可称之为贤妻良母。[②]

无论是鼓吹“三从四德”，还是鼓励“妇女回家”，成为“贤妻良母”，其理论均基于中国传统性别观念，主张男女两性均应以传统性别分工为基准，男性专注于社会工作，女性专注于家庭事务，女性应为男性照顾家庭从而解除其后顾之忧。大而言之，这种两性家庭分工是为了服务于日本的殖民战争。曾任北平市私立育青女子高级职业学校校长尹梅伯发文说：“我中国既为枢轴国家之一环，因之所负之使命，乃愈形重大。而此项责任，我妇女界实应毅然奋起，分担巨艰，认清英美国家对我武力及经济之侵略，以及白种人功利思想之弊害，物质文明之缺陷；同时保持我东方精神文明及道义精神而发扬我国数千年来之古训，讲求修齐治平之道，从兹树立我妇女界之中心思想，坚定意志向前迈进，而于修身齐家之后，协力华北建设，以期完成大东亚战争。”[③] 可以说，这种“修身齐家”之主张与自五四新文化运动以来妇女逐步走向社会的趋势背道而驰。

三、日伪时期北平女性的现实婚姻处境

尽管日伪政权大力提倡“三从四德”“男主外、女主内”“妇女回家”和“贤妻良母”等复古女性道德，但是一方面日伪统治导致了失业、贫困和吸毒等问题，另一方面则由于战争所引发的人口迁移和社会失序，沦陷时期北平的婚姻在现实层面上反而呈现出离散的混乱，女性被遗弃、被虐待、被迫再嫁、丈夫失踪无力供养家庭的情况频繁发生。

---

① 谢荫明、陈静：《沦陷时期的北平社会》，北京出版社，2015年，第310页。

② 参见筱梦：《何谓贤妻良母》，《妇女杂志》（北平）第5卷第12期，1944年12月，第3页；风和：《贤妻良母应具备之条件》，《德风》第1卷第2期，1938年2月，第37页。

③ 尹梅柏：《民国三十二年我妇女界之使命》，《妇女杂志》（北平）第4卷第1期，1943年1月，第24页。

部分男性身处社会底层，所从事的职业收入微薄，一旦家中人口众多，这些收入并不能承担起日常的家庭开销，生计的艰难导致这些男性无法善待妻子，甚至遗弃妻子。如在李张氏与李如民离婚案中，李张氏声称丈夫以拉三轮为生，每日只有数元收入，但是李如民现在完全不顾她的生活，甚至离家数日不知踪迹。“他每天赚三两块钱，除去交车份钱以外，赚一块。这钱不够他自己花的，我挨饿他不管。”无奈之下，李张氏只得请求法院准许离婚。在庭审阶段，李如民亦表示生计艰难，实在无法养活妻子。

> 问（李如民）：她生过小孩没有？
>
> 答：娶了她六个月即产生了一个孩子，后来死了，现在她又有了胎了。
>
> 问：现在她要与你离婚，你有什么想法？
>
> 答：娶她花了七八百块，并且我也养不了她，每天拉三轮车也可赚四五块，家里还有一个娃娃，养不了她。

李张氏也表示丈夫确实很难养活自己。

> 问（李张氏）：你是什么时候回你娘家去住的？
>
> 答：今年正月回娘家了，因为我病了，他也养不了我。①

同样的，1944 年，29 岁的郑安氏被丈夫控告重婚，但是郑安氏辩称其“改嫁”的主要原因在于丈夫无法养活自己：“缘于数年前因我元配夫郑元不养活我，叫我随便，后给我改嫁姚连为妻。”在法庭审讯中，她毫不掩饰自己求生存的动机，在她看来，自己的做法是名正言顺的。

> 问（郑安氏）：你为什么改嫁呀？
>
> 答：因他不养活我。
>
> 问：你与你男人没有离异怎么又嫁人了？
>
> 答：因我男人不养活我，叫我出去不要我了。②

同一年，20 岁的舒盛氏同样被丈夫以重婚罪起诉，因为她在没有与丈夫

① 《李张氏诉李如民离婚案》(1942 年 8 月 14 日)，北京市档案馆，档案号：J065-018-04488。
② 《重婚》(1944 年 3 月 25 日)，北京市档案馆，档案号：J65-8-2918。

离婚的情况下，改嫁给樊树清了。在法庭审讯时，舒盛氏也是强调自己原来的丈夫无法养活自己，自己别无选择才另嫁他人。

问（舒盛氏）：舒振文是你男人么？

答：是。

问：你怎么不跟他了？

答：因为他不管我吃喝，叫我回的娘家，后来他将婚书又给我送回去了。

……

问：你为什么不跟你男人舒振文了呢？

答：由去年二月间他就不管我吃喝，他在外边也不回家，我没办法就住娘家，我回家我公公不收，也不给饭吃，后来我公公将婚书退还我娘家，准我离婚，我没生活才又嫁人。

问：你愿意跟谁？

答：请庭长判断。谁管我吃食，我就跟谁。[①]

与之类似的，齐凤云与刘文盛结婚甫一年，但是，刘文盛并无能力养活妻子，家庭生活渐渐无法支撑下去，于是，齐凤云提出离婚请求。在法官询问离婚原因时，齐凤云的回答相当直白："结婚以后，他维持不了生活，所以请求离婚。"[②] 朱崔氏要求离婚的理由也是因为丈夫"不务正业，致不能生活"，近年以来，"公然不能给以饱食，余者衣住更不能相顾"，为了保全生命，只好请求脱离关系。[③] "谁管我吃食，我就跟谁"，很多女性在这样困顿的现实生活中，只能沦为命运的牺牲品。

还有一些男性吃喝嫖赌，对妻子进行各种虐待。1942 年，25 岁的柳王氏向伪北京地方法院申请离婚，其离婚诉状中写道：

---

① 《赃物》（1944 年 6 月 29 日），北京市档案馆，档案号：J65-8-4484。

② 《齐凤云诉刘文盛离婚案》（1942 年 4 月 21 日），北京市档案馆，档案号：J065-018-01744。

③ 《离婚》（1942 年 6 月 12 日），北京市档案馆，档案号：J65-18-3389。因为丈夫不能赡养而离婚的还有赵氏、郭王氏、马王氏，见《李春华关于请追究离婚妻侵占家具的呈》（1943 年 12 月 22 日），北京市档案馆，档案号：J181—22—17396；《王氏关于其与郭振东离婚请备案的函》（1934 年 9 月 10 日），北京市档案馆，档案号：J181—31—4100；《离婚》（1943 年 3 月 3 日），北京市档案馆，档案号：J65—19—1927。

窃原告于民国二十一年十月间结婚，入门未久，即遭受被告及其母之虐待，始而辞色凌辱，继则殴打兼施，加以被告胞妹郑柳氏之挑拨，直不得一日之安度。邻人及被告铺伙王季臣均可作证，与空言指摘者不同。又被告既吸鸦片，兼打吗啡，滥赌狂嫖，复与三里河海丰馆女招待张秀芳姘恋，致染不治之花柳恶疾。原告所生之子女，因其遗毒所中，均告夭亡。五六年来，彼此始终未曾同室，有夫若此，孰肯再留。离婚固属不祥，强合必致召祸。被告既兼具《民法》第一零五二条第二、第三、第四、第五、第七各款之情形，即依该条之规定，诉请钧院判准离婚，并命被告负担诉讼费用。

从诉状中我们可以发现，妻子柳王氏认为丈夫柳金榜既与她人通奸、背叛夫妻感情，同时还连累自己感染了花柳病，并祸及后代。在之后的庭审中，柳王氏的表述使这一点表现得更加明显。

问（柳王氏）：为何声请离婚？

答：因为柳金榜吸食毒品，染有花柳病，且感情日渐不能维持，是以声请。

柳金榜对于妻子离婚诉求也表示同意，双方最终达成离婚协议。[①]

在沦陷时期北平恶劣的经济情况下，一些男性很难得到收入可观且稳定的工作机会，于是，他们往往选择背井离乡前去外地寻找谋生渠道，而在战争环境中，由于交通、通信不畅，这些男性往往与家人失去联系，甚至再未回家。这导致家中妻子处于生活困顿之中。例如恩志箴与周香谷自结婚后，双方感情融洽，1936 年周香谷前往上海经商，分离初期双方仍有书信往来，但是之后周香谷再无消息传来。恩志箴孤身在北平，深陷困顿，“值此米珠薪桂之际，家无财产，所有衣物变卖一空，四处借贷，债台高筑，无奈只得回母家居住”。[②] 还有曹赵秀芬与曹振瀛也是相似的情景。二人在 1936 年结婚，婚后仅十余日，曹振瀛就前往南京外交部任职，曹赵秀芬则留在北平生

① 《柳王氏诉柳金榜离婚案》（1942 年 2 月 4 日），北京市档案馆，档案号：J065-018-00525。

② 《恩志箴诉周香谷离婚案》（1943 年 5 月 4 日），北京市档案馆，档案号：J065-019-04206。

活。日军发动对南京的进攻后，曹赵秀芬担心丈夫的安全，托人写信寄往南京，但无回信，又托人前往南京寻人，亦无消息。后来听说丈夫所处机关已经迁往重庆，曹赵秀芬再托人寻找，还是没有丈夫的下落。此时，曹赵秀芬与婆母共同生活，家中“毫无经济来源，茹苦度日，万分困难”，不得已曹赵秀芬只能向娘家借贷，租房居住，后又因欠租只得在亲友处暂住。最后，曹赵秀芬无力赡养婆母和父亲，丈夫又毫无消息，她只得请求法院判准离婚，以求重新生活。

针对被告失踪的事实，法官对曹赵秀芬进行了询问。

> 问（曹赵秀芬）：曹振瀛哪年走的？
>
> 答：廿五年八月间走的，到外作事。
>
> ……
>
> 问：有信来没有？
>
> 答：没来信。
>
> 问：由事变后来过信没有？
>
> 答：事变后没来过信。

曹振瀛的母亲曹赵氏也证实了儿子自离家后从未来信。

> 问（曹赵氏）：曹振瀛现在何处？
>
> 答：在四川外事部作事。
>
> 问：有信来没有？
>
> 答：有信，去年六月来信。
>
> 问：由什么地方来的信？
>
> 答：记得在四川□□□十四号。
>
> 问：那信有没有了？
>
> 答：信没保存。
>
> 问：以后来信没有？
>
> 答：没来信。
>
> 问：究竟曹振瀛在何处你知道吗？

答：现在不知道。

问：你儿子走了几年？

答：去了七年，他十五岁时走得，今年他廿三岁。

法官在确定了曹振瀛失踪的事实后，准许了曹赵秀芬的离婚请求。

据夫妻之一方生死不明，已逾三年者，他方得向法院请求离婚，为《民法》第一千五百二十条第九款所明定。本原告与被告于民国二十五年十月十二日在北京结婚，婚后十余日被告即往南京外交部充任茶房。自南京事变后，迄无音信，究竟生死，无处知晓，此项事实非但为原告所主张，即本院传讯被告之母曹赵氏亦不否认。查被告自南京陷落后，迄今生死不明，既逾三年，则原告诉请离婚核与前法文规定自无不合，应认其请求为有理由。[①]

还有一些女性因为丈夫无力供养，只好再嫁。如赵王氏 14 岁时嫁给纪长增为妻，并为他生儿育女。1940 年纪长增赴外谋生，久无音信，赵王氏以家贫子幼，生活无由，迫不得已，遂托刘春有做媒改嫁赵振江为妻。[②] 无独有偶，应氏于 19 岁时出嫁，后来丈夫去世，1940 年应氏以孤独无依为由，托石冉氏为媒，改嫁李树才为妻，但因李树才家境贫寒不能赡顾，应氏又于 1941 年背夫出走，复托由李冉氏、刘志、田致原为媒，又与王殿柱结婚。[③] 1942 年，李树才控告王殿柱拐逃其妻王应氏，这份供词颇可一窥北平沦陷时普通家庭所面临的现实问题。

李树才讯问笔录：

问：你因何控告王殿柱呢？

答：他把我媳妇拐来在此处居住。

问：你（?）怎娶的，有媒人吗？

答：去年八月十四日娶的，有媒人撮合的。

---

① 《曹赵秀芬诉曹振瀛离婚案》（1942 年 2 月 21 日），北京市档案馆，档案号：J065-018-01398。

② 《赵王氏妨害婚姻》（1942 年），北京市档案馆，档案号：J065-006-01593。

③ 《李树才控告王殿柱拐逃其妻》（1942 年），北京市档案馆，档案号：J065-006-00599。

问：她在何时因何逃跑呢？

答：她于本年十一月初二日跑的，不知道因为什么。

问：她跑的时候你报告（?）家啦吗？

答：我没有报告，本打算暗地找，找不找〔着〕再报告。

问：你怎么知道是王殿柱拐走的呢？

答：因我访查每日，忽于前日在卢沟桥遇见我妻，由街上到十六号院内东屋里去啦。

问：你告他打算想怎么办呢？

答：我想仍领我媳妇回去过日子。

王殿柱讯问笔录：

问：李树才告你拐逃伊妻，你说一说吧。

答：这事在十一月初旬有我朋友田致原转求长辛店李老太太给我说的，还有一个姓马的给介绍。

问：在几时娶的，花了多少钱彩礼呢？

答：在十一月初四日娶的，花了一万元彩礼。

问：在娶她以前你不知道她有本夫吗？

答：我不知道，媒人说她是寡妇。

问：王应氏也未当你说吗？

答：她也未当我说有本夫呀。

问：你想如何办法呢？

答：我为娶她花了彩礼一万元，连办喜事共花了两万余元，她不跟我，须将钱给我退回来呀。

王应氏讯问笔录：

问：你在什么时候嫁的王殿柱呢？

答：在本年十一月初四日嫁的他。

问：你何时嫁给李树才呢？

答：我与他是姘度，并无媒人，我于去年八月二十由北京到长辛店找我石干娘给我找主。

问：找的谁呢？

答：找李树才与其姘度，以他不管我生活费，我才又找姓李的转托姓田的给我找主。

问：姓田的与你找的谁呢？彩礼多少钱呢？

答：给我找的王殿柱，彩礼一万元，我自使五十元（?）者媒人均分了。

问：你打算愿意跟谁去呢？

答：我愿意跟王殿柱过，因能白头到老，李树才性子不好，又有嗜好，我决不能跟他过啦。[①]

笔者翻阅当时的档案资料发现，丧偶后再嫁或假称丧偶而重新改嫁的案件并不少见。[②] 这种情况的出现反映了在求生困难的情况下，相比“守节”来说，“谋生”是中下层妇女面临的更为严峻的问题。日伪政府所宣传的“三从四德”“妇女回家”等复古思想，在普通为生活所困的民众中并没有可以实施的土壤。

本章小结

民国时期的婚姻呈现出复杂的面向，南京国民政府、日伪政权、知识分子、普通民众等在其中扮演了各自的角色。首先，知识分子延续自五四新文化以来的新思潮，开始积极讨论妇女婚后应该扮演的角色，在这其中，女性究竟应该如何处理家庭、社会和国家的关系，男性是否也要承担起和女性共同的家庭责任，这些议题成为知识界激烈讨论的议题。在此基础上，各种主义——“贤妻良母主义”、“新贤妻良母主义”纷纷兴起。在这些贤良主义讨

① 《李树才控告王殿柱拐逃其妻》（1942 年），北京市档案馆，档案号：J065-006-00599。

② 《张殿春妨害婚姻》（1944 年），北京市档案馆，档案号：J065-007-11818；《王玉如妨害婚姻等罪》（1945 年），北京市档案馆，档案号：J065-010-00214；《张李氏妨害婚姻》（1942 年），北京市档案馆，档案号：J065-006-00565；《郭邢氏妨害婚姻》（1942 年），北京市档案馆，档案号：J065-006-01909。

论的背后，体现了知识分子对何为美好家庭、何为良好社会以及何为健全国家的纷繁想像。

与此同时，政治权力在近代婚姻中逐渐扮演着越来越突出的角色。南京国民政府在城市中对传统婚姻仪式进行改革，试图将国家权力更进一步渗透进个体婚姻和家庭之中。中国共产党在农村地区，也通过颁行、宣传婚姻条例和婚姻法的形式，大力废除不良婚姻形态，建立起正规的结婚程序和新式的婚姻观念，深刻地改变了根据地民众的婚姻观和婚姻实践，妇女的权益得到保障，其地位也有了很大的提高。尽管农村传统呈现出非同寻常的韧性，但是，现代政治权力一直没有放弃将婚姻变革视为其政权建设的重要内容。

而在日伪政权统治下的北平，也呈现出上与下的矛盾和张力。日伪政权再三鼓吹复古婚姻价值和女性形象，试图消除沦陷区社会内西方新式观念的影响。但是，普通民众在面临家庭贫困、社会失序等现实挑战时，求生存反而成为他们切实考量的因素，日伪宣传其效果是相当有限的。

第三章 婚后：民国时期女性、社会与战争的互动

婚姻既成，那么接下来便是婚后之生活。民国时期的家庭面临着社会、国家和战争的各种挑战。以家庭和社会的关系而言，当时女性面临的两难选择是究竟在家相夫教子、以家事为途径照顾好小家庭，还是走出家庭、通过职业为社会服务。由是，成为家庭主妇还是成为职业女性成为民国时期很多女性所面临的艰难选择。

而战争无疑使女性和家庭的生存处境更为艰难。尤其是 1937 年全面抗战爆发后，一方面日伪政权在沦陷区的统治在很大程度上改变了婚姻和家庭的结构，人们在选择与谁结婚、如何生活方面呈现出很大的变化。另一方面，由于战争所导致的人口流动、迁移乃至失踪，也促成了一种特殊的家庭形式——家庭“伪组织”——的出现，很多男女在原有婚姻和家庭外另组战时家庭。而当战争结束后，这类家庭该如何定性，又该何去何从，这些问题都为当时的政府带来了新的挑战。

第一节 贤良或独立：民国女性对家事与职业的两难抉择

时至近代，当女性得以走出家门、进入社会，以职业女性之姿谋取经济和生活独立时，这反而给女性带来新的困境。如何平衡家庭与职业之间的关系？这成为民国知识界讨论的一个重要议题，也让很多女性在实践为妻为母和职业女性这两种身份之间表现出前所未有的挣扎。本节试图梳理民国时期妇女家事与妇女职业既并立又对立的关系，以此审视这些女性所处的两难困境及其主要原因。

一、民国时期的妇女职业思潮

五四时期，一些人反思辛亥革命为何失败。他们痛苦地意识到，一切社会问题的解决，都离不开人的解放，妇女的人格独立因而成为许多人的共同诉求。在此基础上，人们开始极力强调妇女经济独立的重要性，并进而对妇女职业问题进行了全新的论证与阐释。

早在清末民初，男女平等、妇女职业的呼声即已出现。戊戌维新时期，梁启超等人呼吁将女子由分利之人变为生利之人，提出妇女就业的主张。20世纪初，提倡妇女经济自立的呼声越来越高，女性的经济独立被视为妇女解放的重要条件。早在1903年出版的著作《女界钟》中，作者金一便提出女子营业之重要性。“无权利故不能营业，不能营业故依赖而无独立性，依赖而无独立性故分利不生利，公私内外交受其害，两失计也。今日欧洲女子之营业，有骎骎蚀男子之势，其发达亦可惊也。夫权利之侵蚀，虽夫妇之相爱亦有时而不得避，而况乎关于普通之两部分也。且女子其无难色，此事之行于女子，亦甚有益也。”[①]

就妇女解放问题而言，如果说戊戌时期人们多着眼于妇女应尽的义务，辛亥革命时期人们更重视妇女应享有的权利，那么，到了五四新文化运动时

---

① 金天翮著，陈雁编校：《女界钟》，上海古籍出版社，2003年，第51页。

期，时人则更多地着眼于女子的人格独立。[①] 此时，人们对传统社会进行了整体的反思和批判，认为传统社会建立在农业经济基础之上，而农业经济又以家庭为本位，因此中国社会的构成单位不是个人而是家庭；导致民族危机日益加深的罪魁祸首则是传统的家庭（家族）制度、宗法制度以及以此为基础的伦理纲常。故而，陈独秀断言，“伦理的觉悟，为吾人最后觉悟之最后觉悟”；[②] 李大钊声称，“中国现在的社会，万恶之原，都在家族制度”，[③]“社会上种种解放的运动，是打破大家族制度的运动”；[④] 傅斯年也悲叹，“然则什么是破坏个性的最大势力？我答道：中国的家庭”。[⑤] 基于这样的逻辑，家庭就成了近代妇女运动的革命对象，甚至有人说“代表封建的束缚的家庭，便是妇女运动的惟一对象”。[⑥] 正因如此，离家出走的娜拉才成为新女性的典型代表在五四时期闪亮登场。

1918 年 6 月，胡适将挪威剧作家易卜生的名作《傀儡之家》翻译为《娜拉》，发表于《新青年》上，这标志着新文化时代的一个崭新的女性形象的出场。或许女作家庐隐的一句话可以表达出娜拉所代表的精神意旨，“今后妇女的出路，就是打破家庭的藩篱到社会上去，逃出傀儡家庭，去过人类应有的生活，不仅仅作个女人，还要作人”。[⑦] 按照茅盾的解读，娜拉精神就是“‘我要做堂堂的一个人’的精神”，是她“觉悟到自已除了是丈夫的妻和儿女的母之外还是一个‘堂堂的人’，还有她‘做人的责任’”。[⑧] 因此，当时就有人说：“妇女运动的主义，就是所谓‘妇人亦人’的‘娜拉主义’。”[⑨] 学者舒芜也认为，新文化运动中提出的妇女问题，“其实就是妇女的人格独立、人身自主、人权平等的问题，就是‘人的发现’推广应用于妇女身上，发现

① 郑永福、吕美颐：《中国妇女通史·民国卷》，杭州出版社，2010 年，第 44 页。

② 陈独秀：《吾人最后之觉悟》，《青年杂志》第 1 卷第 6 号，1916 年 2 月，第 9 页。

③ 守常（李大钊）：《随感录：万恶之原》，《每周评论》第 30 号，1919 年 7 月 13 日。

④ 李大钊：《由经济上解释中国近代思想变动的原因》，《新青年》第 7 卷第 2 号，1920 年 1 月，第 51 页。

⑤ 孟真（傅斯年）：《万恶之原（一）》，《新潮》第 1 卷第 1 号，1919 年 1 月，第 225 页。

⑥ 杨东莼：《评十九年来的妇女运动》，《妇女杂志》第 17 卷第 1 号，1931 年 1 月，第 12 页。

⑦ 庐隐：《今后妇女的出路》，钱虹编：《庐隐选集》上，福建人民出版社，1985 年，第 31 页。

⑧ 茅盾：《从〈娜拉〉说起——为〈珠江日报·妇女周刊〉作》，《茅盾全集》第 16 卷，人民文学出版社，1987 年，第 140 页。

⑨ 曾琦：《妇女问题的由来》，《妇女杂志》第 8 卷第 7 号，1922 年 7 月，第 8 页。

了‘妇女也是人’，妇女发现了‘我也是人’，由此而生的种种问题”。[①]

在发现了“妇女也是人”之后，时人开始讨论男女不平等的根源以及实现女性人格独立的途径。1919 年 7 月，《星期评论》以“女子解放应该从什么地方做起?”为主题进行了一场专题讨论，胡适、胡汉民、廖仲恺、蒨玉女士、刘大白、戴季陶、沈仲九、沈定一、朱执信、查光佛、李汉俊等人先后加入了辩论的行列，从女子教育、经济独立、家庭改革、男女同时解放、人格尊重等不同角度加以论述，其中以主张“女子教育”作为女子解放基础者占最多数。[②] 参与讨论的李汉俊后来将当时人们的见解分成两派：第三阶级（以资产阶级为主体）认为，“女子在政治上、法律上、教育上、职业上和男子不平等”，是女子受压迫的原因；而第四阶级（以无产阶级为主体）则认为，“女子在经济上失了独立”是女子受压迫的原因。[③] 显然，李汉俊已经自觉地运用唯物史观来分析问题，因为“照惟〔唯〕物史观，一切精神的变动，都是由于物质变动——由精神发动的种种现象，都是由于受了经济变动的影响”。[④] 陈独秀也曾阐发过经济对于个人独立的重要性，称“现代生活，以经济为之命脉，而个人独立主义，乃为经济学生产之大则，其影响遂及于伦理学”。[⑤] 李大钊也认为“经济的变动，是思想变动的重要原因”。[⑥]

事实上，将男女平等的关键归结于经济问题，在五四时期的思想界中是相当普遍的。1920 年有人总结称：“现在妇女解放的声浪已经传播全国，而谈解放问题的论文亦复不少。总括他们的言论可以得一个结果，就是中国妇女所以被社会束缚的最大原因，是由于经济不能独立。”[⑦] 茅盾也曾说过：“那时候有些‘新女子’开口一个‘经济问题是妇女问题的中心’，闭口一个

---

① 舒芜编录：《女性的发现——知堂妇女论类抄》，文化艺术出版社，1990 年，第 4 页。

② 李晓蓉：《五四前后女性知识分子的女性意识》，高雄师范大学博士学位论文，2001 年，第 147—148 页。

③ 李汉俊：《女子怎样才能得到经济独立》，《五四时期妇女问题文选》，生活 · 读书 · 新知三联书店，1981 年，第 301－302 页。原文载上海《民国日报》副刊《妇女评论》，1921 年 8 月 17 日。

④ 陈问涛：《提倡独立性的女子职业》，《妇女杂志》第 7 卷第 8 号，1921 年 8 月，第 7 页。

⑤ 陈独秀：《孔子之道与现代生活》，《新青年》第 2 卷第 4 号，1916 年 12 月，第 3 页。

⑥ 李大钊：《由经济上解释中国近代思想变动的原因》，《新青年》第 7 卷第 2 号，1920 年 1 月，第 47 页。

⑦ 郑容孟齐：《妇女经济独立问题》，《妇女杂志》第 6 卷第 4 号，1920 年 4 月，第 1 页。

‘妇女问题就是经济问题’。”[①] 他本人就认为经济不独立，便是妇女地位、人格低落的原因，“所以妇女运动的第一句 Motto（座右铭——笔者按）便是经济独立”。[②] 鲁迅在《娜拉走后怎样》中也推测娜拉离家出走、步入社会之后的出路只有两条：不是堕落，就是回来。原因很简单，“她除了觉醒的心以外，还带了什么去……她还须更富有，提包里有准备，直白的说，就是要有钱”。[③] 他还断言“一切女子，倘不得到和男子同等的经济权，我以为所有好名目，就都是空话”。[④] 由此可见，在当时“女人是人”、人格独立的舆论氛围中，女性应谋求经济独立已经成为一股思潮，为广大知识分子所认同和传播。

如何求经济独立？在时人看来，女人要想经济独立，自然就要从事职业。“所以妇女解放问题，无论从经济独立方面或普及教育方面讲，都要以先行解决职业问题为基础。”[⑤] 而且由于以往妇女没有经济独立，不得不依靠男子生活，这才导致妇女人格的低下。因为所谓人格，就是做人的资格，要想取得做人的资格，就需要“一个人不依靠他人，而营独立的生活”，[⑥] 所以妇女要想“争回已丧失的人格，不被人视为男子的寄生物，万不能不有职业”。[⑦] 简而言之，“妇女经济独立是使她脱离性奴隶生活而进入人的生活的大道，舍此没有别的办法了”。[⑧] 在这种舆论氛围之下，妇女职业也被很多人视为妇女解放的中心问题，有人说：“妇女职业问题，要算是妇女问题的中心问题。”[⑨] 或称“妇女职业问题，倒成为研究妇女问题的先决问题了”。[⑩] 可以说，在当时，主张妇女就业的观点是十分普遍的。[⑪]

---

① 茅盾：《〈娜拉〉的纠纷》，《茅盾全集》第 16 卷，人民文学出版社，1987 年，第 40 页。原文载《漫画生活》第 7 期，1935 年 3 月。

② Y. P.（茅盾）：《家庭服务与经济独立》，《妇女杂志》第 6 卷第 5 号，1920 年 5 月，第 1 页。

③ 鲁迅：《娜拉走后怎样》，《鲁迅全集》第 1 卷，人民文学出版社，1981 年，第 158－159 页。原文载 1924 年《北京女子高等师范文艺会刊》第 6 期，同年 8 月 1 日《妇女杂志》第 10 卷第 8 号转载。

④ 鲁迅：《关于妇女解放》，《鲁迅全集》第 4 卷，人民文学出版社，1981 年，第 598 页。

⑤ 邢知寒：《女性的职业》，《妇女杂志》第 16 卷第 2 号，1930 年 2 月，第 18—19 页。

⑥ 郑容孟齐：《妇女经济独立问题》，《妇女杂志》第 6 卷第 4 号，1920 年 4 月，第 2 页。

⑦ Y. D. ：《职业与妇女》，《妇女杂志》第 7 卷第 11 号，1921 年 11 月，第 9 页。

⑧ 克士（周建人）：《妇女职业和母性》，《妇女杂志》第 10 卷第 6 号，1924 年 6 月，第 868 页。

⑨ 陈问涛：《提倡独立性的女子职业》，《妇女杂志》第 7 卷第 8 号，1921 年 8 月，第 7 页。

⑩ 徐公仁：《妇女职业问题》，《妇女杂志》第 12 卷第 6 号，1926 年 6 月，第 20 页。

⑪ 健孟：《妇女职业的先决问题》，《妇女杂志》第 10 卷第 6 号，1924 年 6 月。

在强调职业对于经济独立、人格独立重要性的基础上，人们还将职业与独立直接联系起来。当时有人称，经济独立与职业并不一定具有连带关系，因为新式职业女性的工资恐怕大多数还是要归其家长或丈夫占有，甚至当时的民法草案中也明文规定丈夫对于妻子的财产有管理、使用以及收益的权利，“这便是妇女有了职业经济仍不能独立的证据”。[①] 为此，有人重新界定何为职业独立，认为只有“以相当的劳动，得相当的经济，且有全权处理所得的经济”，才算是独立性的职业。[②] 至此，要求妇女走出狭小的家庭空间，谋取独立性的职业以获得经济独立乃至人格独立的呼声已经相当高涨了。

二、民国时期的家事天职论

尽管五四以来妇女职业的呼声已经相当高涨，但放眼整个民国时期，料理家政仍然被很多人视为妇女的天职，有人还强调要对妇女进行专门的家事教育。可以说，在强调妇女独立与家事天职的双重要求下，时人认为妇女应同时承担职业与家事的双重负担，由此形成了职业与家事并立的观念。

1. “家事天职”论

五四以来，人们对妇女职业与经济独立的呼吁，并不意味着他们对“贤妻良母”的传统女性角色也一并否认。民国时期，处理家政仍被很多人视为女性的天职，有人说，“女子的唯一天职，是处置家政，如同烹饪啊、缝纫啊、教育子女啊、管理奴婢啊……都是在家政范围之内。要组织一完满的家庭，必须有善治家政的妻子”。[③] 还有人更详细地从心理和生理两个角度来阐明家事之于妇女比职业更为适宜。从心理上看，妇女大体上都是优柔、忍耐、谨细、娴雅的，善治琐碎细事而且富于感情，因此烹饪、缝纫、养育、调治、簿记等家事很适合妇女。从生理上讲，女子身材短小，力气不如男子，家事大抵都不太粗重，适宜女性来做，“此女子不适于职业而宜于家事

① 《卷首语·妇女经济的独立与职业》，《妇女杂志》第10卷第6期，1924年6月，第861页。
② 陈问涛：《提倡独立性的女子职业》，《妇女杂志》第7卷第8号，1921年8月，第7页。
③ 王宪煦：《婚姻的研究》，《妇女杂志》第14卷第7号，1928年7月，第130页。

的自然趋势”。[①]

但由于自晚清以来，人们对于男女两性的生理差异和心理差异已经进行了持续的批判，此时仍以此为论据，显然已经没有足够的说服力。于是很多人开始对传统“贤妻良母”的角色进行全新的阐释，将其与国家、社会的发展相联系，在一种新式的情境下强调妇女的“家事天职”，以此来强调女性应承担家庭事务。如有人认为：“家庭是社会和国家的成分。家庭的良否，和社会及国家有直接的关系。欲求社会及国家的健全，必先改良其家庭。欲改良其家庭，则现代的女子就非肩担她的家事不可了!”[②] 其论证逻辑是将家庭视作社会的组成单位，这样看来，妇女管理家庭的事务，就是管理社会上一部分的事务，她们的工作就不是为一家或一人而做的，乃是为全社会、全人类而做，其责任非常重大。[③] 甚至有人说，如果妇女“置相夫教子的天职于脑后，因此人种就要受了影响而致退化，甚或要被自然淘汰而消灭，结果不但会使中国沦亡，而且要使中华民族灭种”。[④]

针对一些新式妇女不愿料理家务的情况，有些人表达了强烈的不满。如一位署名孙公常的读者在《妇女杂志·通信栏》中质问道：“现在要请问：究竟一家里面的事务，负主妇责任的妇女，是不是可以放弃不管？她们自以为是新妇女，可以这样放弃根本责任，但她们放弃的根本责任是不是要男子去担负？如果这样，那么，解放了几个女子，反缚住了几个男子，这岂不很可笑吗？总括一句，真正的新妇女，是不是可以放弃家庭责任?!”[⑤] 另一位女士也希望年轻的女性不要将家事置之不顾，“要晓得照现在的社会情形，不能废除家庭，家庭里种种的事情，我们做女子的，不能不负一点责任”。[⑥]“妇女对家庭应该尽一点责任”，或者说“主妇不能对家庭事务放任不管”，这些言论听起来并不过分，但是，“一点责任”究竟是多少责任？其实，他们在讲“一点责任”的时候，往往是把全部的家庭事务都放到妇女的肩上，

① 江滂：《职业与家事那一种更适宜于女子（三）》，《妇女杂志》第10卷第9号，1924年9月，第1432页。
② 韩兴绂：《职业与家事那一种更适宜于女子（四）》，《妇女杂志》第10卷第9号，1924年9月，第1434页。
③ 宋孝璠：《妻的责任》，《妇女杂志》第15卷第10号，1929年10月，第28页。
④ 蔡慕晖：《职业与家务》，《东方杂志》第29卷第7号，1932年12月，第16页。
⑤ 孙公常、章锡琛：《新妇女家庭服务问题的讨论》，《妇女杂志》第8卷第5号，1922年5月，第120页。
⑥ 华觉我女士：《女学生的家事教育》，《妇女杂志》第8卷第1号，1922年1月，第27页。

这和传统社会的做法并无二致。因此《妇女杂志》主编章锡琛在回答孙公常的质问时指出，他将家事当作妇女的根本责任，似乎还不脱旧式的“男治外女治内”的见解。[①]

2.“家事教育”论

基于上述不满，有人进而对当时的女子教育也进行了指责，认为女子教育应该注重家事教育，把优生学、卫生学、家政学作为女子必修的学科；[②]甚至认为家政学是“女子最宜注重、最宜实习者”。[③] 1934年，身为杰出新女性代表之一的刘王立明（中华妇女节制会会长），著文详细阐发妇女的家事教育问题。在文中，她首先强调了家事教育的重要性，认为“良好国民的产生，理想社会的实现，以及女子经济的独立，将全部或一部，唯此是赖”。然后她对自近代以来的女子教育表示了强烈的不满，认为新式学校教育只是教授一些“不关平日生活”的a、b、c、d，几何学，月亮与潮水的关系，及H_2O是水等这类“新知识”，这使得妇女在结婚以后对日常家事的处理显得处处捉襟见肘。女子教育的这些缺失，导致了自清末以来国人的家庭生活比以前没有多少改进，社会的罪恶没有比以前减少，甚至于整个的国家，无日无时不在风雨飘摇之中。她甚至说：“这些悲哀的现象，虽有很多原因从中作祟，而女子教育制度的不良，不能不负起一大部分的责任。”因此要复兴民族，女子教育就必须经过一番改革，将大多数的女子高中改为职业专门学校，家政学校的设立更是刻不容缓。在家政学校里的课程至少须有家庭管理、家庭卫生、家庭美术、家庭经济、保婴学、家庭工艺、食物研究、家庭园艺、儿童训练、家庭问题十门。[④]

刘王立明将国家、社会和民族的各种不良现象都归罪于女子教育，尤其是女子的家事教育，其论述逻辑颇有些牵强。难怪“家事教育论”在当时就引起了人们的警惕，被大力批判：“我考虑这个问题——女子家事教育问题，最初的一个感觉，就是非常熟悉……仔细一回忆，才想起，原来这是一个陈

① 孙公常、章锡琛：《新妇女家庭服务问题的讨论》，《妇女杂志》第8卷第5号，1922年5月，第120页。
② 许地山：《现行婚制之错误与男女关系之将来》，《社会学界》第1卷，1927年6月。
③ 胡宗瑗：《敬告实施女子职业教育者》，《妇女杂志》第4卷第1号，1918年1月，第2页。
④ 刘王立明：《家事专门化的探讨》，《东方杂志》第31卷第17号，1934年9月，第6页。

旧的老调，远在抗战以前，纳粹魔寇希特勒就喊过这种主张的口号了。当‘妇女回家庭去’的声浪传播到中国来了以后，立刻就殃及妇女，‘机关里裁撤女职员’，‘提倡实施家事教育’，‘反对已婚妇女就职’等等五光十色的花样，都应声而起。”该作者认为家事教育作为一种为适应家庭的需要而实施的教育，其最大的目的在于造就家事人才，借贤妻良母的美名，鼓励女子做家庭的寄生虫、社会的废物，阻止女子经营自立生活。因此他得出结论：“（1）建设不需要家事教育；（2）家事教育有损于建国。”[①]

这两点结论不免有夸大其词之嫌，其实，在学校或家庭里学习一些处理日常事务的基本知识，还是必要的。问题的关键在于，难道只有妇女才应该学习这些知识吗？家事教育为什么只对女性开设？遗憾的是，我们看到民国时期人们对家事天职、家事教育的批判，都只是从妇女方面立论，论证家事是不是妇女天职，或者妇女应不应该接受家事教育，很少有人进一步论证男人是否同样有处理家务的天职，男人是否同样需要接受家事教育。其背后的思维逻辑即为家事只是和女性有关，与男性无关。因此迟至 1946 年还有人称：“治理家政的一件事，至今还是普遍被人承认着是女子唯一的责任。”[②]既然职业是解决妇女解放的中心问题和先决问题，而家事又是妇女的天职，那么妇女应该同时承担起职业与家事的双重责任自然也就水到渠成了。

3. 职业与家事并立观念的形成

在当时多数人的心中，妇女从事职业和治理家事是并不矛盾的。人们甚至为此设计了多种将职业与家事并立的方案：其一，有人主张女子应该先做好家事，再考虑出外就业，“女子最好先将家政料理完美，为社会建筑一个坚固美好的基础，然后再出其所学，从事其它服务社会的工作”；[③] 其二，有人主张女子在没结婚之前先去社会上承担职务，但结婚之后只要“在经济上不发生困难的，自应以家事为重”；[④] 其三，还有人主张妇女“日间到社会去

---

① 徐慧：《弹一曲女子教育上底旧调——关于家事教育问题》，《妇女月刊》（重庆）第 3 卷第 5 期，1944 年 4 月，第 13 页。

② 陈绍钲：《建国阶段中妇女应有的认识和动向》，《时代妇女》（季刊）第 3 期，1946 年 8 月，第 7 页。

③ 宋孝璠：《妻的责任》，《妇女杂志》第 15 卷第 10 号，1929 年 10 月，第 28 页。

④ 徐学文：《职业与家事那一种更适宜于女子（七）》，《妇女杂志》第 10 卷第 9 号，1924 年 9 月，第 1437 页。

工作，晚间回家整理家务”。[①]

这种让妇女家事、职业两不误的心态，在民国城市社会具有相当的普遍性。1923年，《妇女杂志》组织了一次“我之理想的配偶”的征文活动，在全部156篇征文中，男子（共129人）对妻子才能的要求是：要求能独立谋生者占37.98%；要求能操家政者占32.56%，两者相差无几，“可见多数男子仍主张以女子为家庭的主体”。大多数人的意见还认为“一般的女子，治家的才能，应该比男子略优（男子也不可不具备一点），同时也不可不具有必要时独立生活的能力”。[②] 周建人也称：“从前妇女‘无才便是德’的意见既打破了，女子的学识，遂被认为重要的条件；从前妇女只宜管理家务，不应出去担任职务的意见也改变，现在的男子，以为女子应当有自谋职业的必要了。把从前对于女子能固守礼教和惯于服从生活的要求，一变而为要求女子有才干学识和在社会上的服务能力，这当然是很好的现象罢。”[③]

统计材料也能证明这一点。在1928年对燕京大学202名男生的调查中，有132人尚未订婚，其中要求今后妻子服务社会的有44人，占总数的33.33%；要求专职理家的有36人，占27.27%；要求服务社会兼理家的35人，占26.51%。[④] 此外，燕京大学社会学系学生周叔昭也做了更为详细的“已婚妇除教养子女外应听其自由从事家外业务”调查，被调查的男性对其表示赞成的占86%，被调查的女性对其表示赞成的占95.55%。周叔昭认为“男生的答案也比较旧式男子解放许多。也许是他们渐知尊敬异性人格的表示。”[⑤]

值得注意的是，这种“服务社会兼理家”的态度不仅是男子的期许，也得到了许多新式女性甚至女界领袖的认同。例如张默君（神州女界共和协济会社长）认为所谓贤妻良母，“诚为古今中外社会中不可缺少之主张”。[⑥] 画

---

① 莫湮：《中国妇女到那里去》，《东方杂志》第33卷第17号，1936年9月，第268页。

② 瑟庐：《现代青年男女配偶选择的倾向》，《妇女杂志》第9卷第11号，1923年11月，第53页。

③ 周建人：《配偶选择的进化》，《妇女杂志》第9卷第11号，1923年11月，第19页。

④ 葛家栋：《燕大男生对于婚姻态度之调查》，《社会学界》第4卷，1930年，第233、234页。

⑤ 周叔昭：《家庭问题的调查——与潘光旦先生的调查比较》，《社会问题》第1卷第4期，1931年1月，第24—25页。

⑥ 《张默君女士论妇女问题》，黄寄萍：《新女性讲话》，联华出版社，1937年，第3页。

家唐冠玉（潘公展夫人）认为服务社会的女子，应“规定时间服务社会，但仍须规定时间整理家务，不可偏废”，并将“新贤妻良母”当作民族复兴运动中妇女们应有的道德标准。[①] 刘王立明也明确表示她“主张新贤妻良母，不能放弃家庭的责任，即使有余力为社会服务，在生产之后，必须重新分配时间，要是把家政委诸婢仆，那是绝大的损失”。[②] 她本人还曾被誉为新时代妇女的典型，“一方面热心于社会事业，一方面并不放弃家政的管理，对于女界的福利，对于丈夫和儿女的幸福，同时能够兼顾”。[③] 从中我们可见成功地扮演家庭主妇与职业女性的双重角色，已成为民国妇女的自我期许。当这种职业与家事并立的观念作用到现实中去的时候，这为民国妇女的生活带来了很大的挑战。

三、民国妇女的两难选择

职业与家事并立的观念，对于民国时期妇女的实际生活起到了重大的影响，她们不得不在两种选择中做出取舍：或者同时承担起职业女性与家庭主妇的双重角色，或者在职业与家庭中来回摆荡。

一些妇女试图兼顾职业和家庭，但是由于民国时期托儿所、幼稚园等公共育婴机构远未普及，这些女性大都在家庭与职业间疲于奔命。以当时较为普遍的女性职业——女教师为例。曾有人这样描述一个小学女教师的双重职责：“每周担任一千七八百分钟的教课，事先既要预备功课，上课时要大声讲解，课后的作文簿、日记簿、默写、大小习字本以及各种笔记簿，平均每天得改上百来本本子。如为级任，更要负管理责任。到晚上回家还要带小孩子，烧饭，洗衣，稍有空暇，还得缝补孩子的鞋袜，编织毛绳衣衫……”[④]

还有人曾关注另外一群重要的职业女性——女工，她们也过着与女教师相似的忙碌生活。“（她们）每晨顶迟四时就要起身，忙着将梳头、洗面、烧早饭、吃早饭、料理小孩等等的一类例事做完，到了五点钟，就要动身跑至

① 《唐冠玉女士论新贤妻良母》，黄寄萍：《新女性讲话》，联华出版社，1937 年，第 31—32 页。

② 《刘王立明访问记》，黄寄萍：《新女性讲话》，联华出版社，1937 年，第 27 页。

③ 俞洽成：《家庭访问记：刘王立明女士》，《申报》1934 年 6 月 21 日，第 5 张第 18 版。

④ 刘恒：《女子职业与职业女子》，《东方杂志》第 33 卷第 3 号，1936 年 2 月，第 109 页。

工厂门口去等候上工。（迟了厂门关起，便不得进去。）直到下午六时甚至九时才能放工。回到家里，婴孩在啼哭，甚至涂得满身的尿屎，忙着给婴孩洗涤、喂乳、烧晚饭、洗澡，吃过晚饭，又要洗衣服、做针线，像这一类的琐碎例事，每天总要忙到很晚，才得睡觉。睡下去身旁左右是孩子，你吵他闹，喂乳、拉尿，整夜难得安眠，翌晨三四点钟，又须起身，再来循着上述的无法避免的例事，一件一件地往下做去，绝无安闲希望。”①

当然，也有人能够将家庭与事业兼顾得很好，但是，这一般都是家境富裕的妇女在佣人的帮助下，方有可能。因此，有人说，提倡职业与家事并重主张的人，“往往只注意到上层阶级的妇女，而根本忽视了一般非富有的妇女的实际问题”。② 更多的妇女只能在职业与家庭中痛苦地选择：“家庭妇女们究竟是就业好？还是在家育儿好？这确是当前一个严重的社会问题。”③

其实，多数妇女尤其是知识女性，还是愿意在结婚以后继续从事社会工作的。但在事实上，有许多受过高等教育的妇女，在结了婚以后却只能困守家庭。在1928年对燕京大学42位已婚男生的调查中，妻子受过教育的有35人，占总数的83.33%；但是婚后妻子在外就业的只有4人，专职理家的却有34人，占总数的80.95%，受教育的人数与理家的人数几乎相等。④ 在1942年进行的一项100对夫妇的调查中，妻子受过各等教育的共94人，而婚后没有职业的却至少有40人（还有21人职业未详）。尽管从数据来看，此次调查显示可能有近60%的知识女性在婚后尚有职业，这个比例还是比较高的，但是调查者特意提醒读者：“事实上受过教育的已婚妇女有职业或家务外的活动者仍极少数，这次调查之结果，却有职业之已婚妇女人数较多，其原因是有职业或有家务外活动之妇女对社会调查之认识较深，较少拒绝填写这些调查表，所以收集得的结果不免是职业的已婚妇女人数较多。”⑤

至于造成这一现象的原因，当时有人说：“许多意志薄弱的娜拉在社会

① 陶寄天：《锡沪杭女工生活概况》，《妇女共鸣》第1卷第9期，1932年9月，第112页。

② 莫湮：《中国妇女到那里去》，《东方杂志》第33卷第17号，1936年9月，第268页。

③ 左玖瑜：《女子从业和托儿所——一个职业妇女的呼吁》，《妇女月刊》（重庆）第3卷第2期，1943年8月，第21页。

④ 葛家栋：《燕大男生对于婚姻态度之调查》，《社会学界》第4卷，1930年，第219—220页。

⑤ 邝文宝：《妇女婚姻生活调查》，西南联合大学学生毕业论文，1942年，第42页。

上混过一回之后，便即回到家庭中了；就是一般随波逐流的娜拉，也都以家庭为最后的寄生处，而把社会看为暂时过渡的娱乐场所的。”① 这一因素不免存在，但有人认为更重要的原因在于妇女的职业与育儿问题之间存在着很大的冲突，因此，“有许多已婚的妇女虽然深深地认识职业对于她们的重要，可是，为了要在家里抚育孩子，她们乃不得不牺牲自己的职业”。② 瑟庐曾著文指出，中国的妇女往往第一个小孩还没有断奶，第二个又已怀上了，这样继续着，直到生育的生理期结束。中间除了妊娠、分娩、保抱、提携、哺乳、衣食种种的麻烦以外，还有疾病的忧愁，夭殇的悲戚。“试问，像这样的毕生鞠躬尽瘁，专做那生育儿女的机器，还有受教育的机会，服务社会的余裕，经济独立的可能吗?”③

民国时期还有一些女性，迫于职业与家庭的对立，只能选择晚婚甚至独身的生活。萧乾曾回忆称：“早在三十年代我在燕京大学读书时，就注意到那里的女教授大都是独身的（冰心是仅有或不多见的一个例外）。原来妇女一结婚，立刻就丧失教书的资格。那时协和医院的护士学校有一项极不近人情的规定，学员不但在学习期间，甚至毕业后若干年内也不许结婚，否则立即取消护士资格。”④

1928 年，有人对当时著名的女子高等学府金陵女大进行了调查，结果显示，该校 1919—1927 年毕业生计 105 人，结婚成家者仅 17 人，占总数 16%。⑤ 尽管金陵女大的毕业生中肯定有一些是刚刚毕业或参加工作的，尚未迫切考虑结婚问题，但是近十年的女大学生只有 17 人结婚，这样的结婚率也有些过低了。另据 1949 年 3 月上海《妇女》杂志所做的调查，上海的市府女职员总共有 52 人。其中，教育程度为国外留学 4%，大学毕业 15%，大学肄业 12%，中学毕业 40%，中学肄业 20%，小学 9%；年龄统计为 20 岁以下 1.9%，20—30 岁 45.6%，30—40 岁 33.3%，41—50 岁 15%，51—

① 孟如：《中国的娜拉》，《东方杂志》第 31 卷第 15 号，1934 年 8 月，第 3 页。
② 姚贤慧：《妇女职业与儿童幸福》，《东方杂志》第 34 卷第 13 号，1937 年 7 月，第 312 页。
③ 瑟庐：《产儿制限与中国》，《妇女杂志》第 8 卷第 6 号，1922 年 6 月，第 14 页。
④ 萧乾：《从“娜拉出走以后怎么办”至今》，《中国青年》1982 年第 11 期。
⑤ 江文汉、鲁学瀛、徐先佑：《学生婚姻问题》，《妇女杂志》第 15 卷第 12 号，1929 年 12 月，第 8 页。

60岁4.2%。婚姻状况为已婚者仅占24.5%，未婚者多达75.5%。[①] 1930年颁布的《民法·亲属编》中规定的最低结婚年龄为男18岁、女16岁。当然这只是合法年龄，在实际生活中，乡村女子有十一二岁就出嫁的，城市的结婚年龄要稍晚一点。据当时的调查，女子结婚年龄，最大多数是在16岁至19岁之间，占总数的55.73%；在12岁至15岁出嫁者占15.28%；在20岁至32岁出嫁者占28.99%。而在17至19岁之间结婚的女子，占46.36%，社会学家孙本文认为："这大概可以代表近时普通社会结婚年龄的一般趋向，固不仅代表农村已也。"[②] 按照这一通常的结婚年龄来说，上海市府女职员中年龄20岁以上者占98.1%，30岁以上者占52.5%，而成婚者却只有24.5%，这一比例也不能谓为合理。由此可见，晚婚甚至是独身在当时已不仅是一个思潮，也是许多女性在实际生活中的无奈选择。

综上所述，妇女职业与家事并立的观念，使得职业与家事成为妇女的双重负担，她们要么两者兼顾，疲于奔命，从而削弱了妇女职业思潮中所强调的独立精神；要么只能选择一端，顾此失彼，从而导致观念中职业与家事的并立演变为生活中的两者对立。无论是哪种选择，这都使得民国时期的妇女不得不面对前所未有的生活困境。

四、民国职业妇女的社会困境

民国时期的妇女职业思潮，之所以与家事问题产生复杂的纠葛，从而使得身处其中的女性要么担负双重负担，要么只能做两难的选择，主要是由于以下几个方面的原因。

1. 男性理想人格的投射

台湾学者许慧琦指出："近代中国的新女性形象，只不过是男性企图解决自身或社会问题的理想人格投射，而非真正基于了解或符合女性需求所塑

① 《请看今日的妇女，究竟解放了没有？——生活展览会资料》，《妇女》（上海）第3卷第12号，1949年3月，第11页。

② 孙本文：《现代中国社会问题·家族问题》，商务印书馆，1946年，第125—127页。

造的典型。”[1] 这种说法有一定的道理。中国近代的女权运动是由男性倡导和推动起来的，尽管他们已经比较注意站在男女平等的立场上思考问题，注重维护妇女利益，但是男权意识还是被有意无意地融入到许多妇女解放的主张中，而女性则对这些主张表示了顺从。正如前文所说，在当时许多知识男性那里，家事从来都被认为是妻子应该做的事情，这一点不会因为支持妻子出外就业而改变。男性的这种理想人格深深地影响了当时的许多妇女。1940年，一位女子在其公开刊出的征婚启事中这样描述自己，“女，26，未婚，身清貌美，性温忱庄重，师范毕业，喜文艺通女红，具旧道德新思想”。[2] 一般来说，在征婚启事中对自身条件的描述，总是自己身上最好的优点，或者是最能打动异性的优点。该女士称自己师范毕业、喜文艺，这分明是标榜自己有独立谋生的能力；称自己性格温忱、通女红，这则是凸显自己有治家的才能。可以说，这一言行，正是男性理想人格投射于女性的绝好例证。因此，当时有人说，尽管有些妇女自认为是已经得到了解放，有了交际、结婚、离婚的自由，不再牢守闺阃，也不是良妻贤母的效法者，有了独立的职业，不再做社会的寄生分子，但她们仍然是丈夫的奴隶，因为她们在思想上信仰上完全是盲从或被动的，是“男子思想的奴隶”。[3] 当然，对上述说法，我们也需要进一步追问：并不是每一个女子都是心甘情愿被改造的，那么，究竟还有什么因素使得妇女虽然不情愿却又不得不接受男性的塑造呢？笔者认为这主要还是社会现实因素的制约。

2. 现实生活的逼迫

民国时期由于战乱不已，经济凋敝，很多女性不得不从事职业以养家糊口。“现在都市中妇女劳动者的增多，是由于内地农村的破产，把许多贫困化的妇女驱到工业上，以工厂劳动谋生活的自给，或维持家庭。这显示出目前大部分的职业妇女，是把她们的职业认为生活的必需根基的。”[4] 1930年，

---

① 许慧琦：《“娜拉”在中国：新女性形象的塑造及其演变（1900s—1930s）》，台湾“国立”政治大学博士学位论文，2000年，第224页。

② 李准鸥：《今日婚姻的严重问题》，《新光杂志》第1卷第7期，1940年10月，第8页。

③ 天裔：《妇女——旧式的奴隶与新式的奴隶》，《新女性》第2卷第10号，1927年10月，第22页。

④ 孟如：《从职业回到家庭吗?》，《东方杂志》第30卷第23号，1933年12月，第3页。

根据南京国民政府工商部所发表的劳工人数统计，在江苏、浙江、安徽、江西、湖北、山东、广东、广西、福建等9省的28个城市中，女工人数已达37.4万余人，占工人总数的46.4%。[①]

与此同时，由于当时日常生活的社会化程度很低，从生育、育婴到日常的衣食住行都不能由社会机构来代劳，而只能由家庭主妇来一力承担，因此当时人就已经看到"没有替代家庭厨室的相当设备"、"生育时期的困难问题"、"没有适宜的托儿所"等现实困难成为拖累妇女从事职业的难题。[②] 要想解决这个难题，只能把家事交给社会管理，以"家事的社会化"来解放职业妇女，为此有人提出了"联家自治"[③] 的主张，即将十几个或几十个小家庭联合起来，设立公共的教养所、食堂、养老院、洗衣房、成衣铺、卫生处等机构，"这样以集合的劳动来替代各个人的劳动，减轻或省却各家主妇对于家务之烦恼"。[④]

家事社会化的构想理论上的价值当然毋庸讳言，这也是我们今天解决家事问题的主要手段之一，但这一理论在当时却脱离了社会的现实，正如时人所说："工业建设的猛进发展，与妇女参与社会工作者的日渐增多，是促使'家事社会化'成为实现的二种主力。后者使这种新事业成为迫切的需要，前者则给与这种新事业以实现的可能。"[⑤] 显然，这"二种主力"在当时都未能具备，因此所谓的家事社会化也只能是个构想，没有实现的可能，民国妇女也只能在职业与家事中继续纠结和摆荡。

3. 政策导向的游移

妇女职业思潮和妇女的实际从业尽管从清末以来就已出现，但民国历届政府一直将"贤妻良母"作为女子教育的目标，妇女职业问题也要附丽于此。完成于1911年的《大清民律草案》第27、28条规定，妻子"不属于日常家事之行为，须经夫允许"；妻子得到丈夫的允许后，可以"独立为一种

① 孟如：《从职业回到家庭吗?》，《东方杂志》第30卷第23号，1933年12月，第18、19页。
② 蔡慕晖：《职业与家务》，《东方杂志》第29卷第7号，1932年12月。
③ 徐亚生：《联家自治的建议》，《妇女杂志》第15卷第2号，1929年2月。
④ 高达观编著：《中国家族社会之演变》，正中书局，1946年，第136页。
⑤ 孟如：《家事社会化》，《东方杂志》第29卷第5号，1932年3月。

或数种营业”，但丈夫有权将其撤销或限制。[①] 民国建立以后，女子教育也多偏重于家事方面，学校的国文读本，要加入家务事项；女子中学的课程，还特设家事、园艺、缝纫等科目；各省及中央所办的女子职业学校，大概总不外家事、烹调、缝纫、蚕桑、缫丝、编物、刺绣、摘棉、造花等课程。因此，时人称：“这种教育机关，简直可算是‘良妻贤母养成所’！所有的职业大半属于家庭的事业，所学的知识技能，大半是操持家政的知识技能。”[②]

但是随着社会上女权运动的高涨，政府又不得不重视妇女的职业问题，特别是1924年国民党一大宣言中明确宣布，“在政治上、经济上、教育上依男女平等的原则，助进女权之发展”，男女经济平等的原则被确立为国民党政纲，并通过宣言形式被全党所公认。此后，1926年，国民党二大妇女运动决议案将国民党一大宣言制定的男女平等原则进一步具体化、系统化，要求督促国民政府实施男女平等各项政策措施：法律方面根据同工同酬、保护母性及童工的原则，制定妇女劳动法；行政方面开放各行政机关，容纳女子充当职员，各职业机关对女子开放。国民党二大还提出了“男女职业平等”、“男女工资平等”等口号。[③]

在这种情况下，保障妇女的职业权就已不容回避了。因此，1929年10月，南京国民政府颁布了新的民法总则，不再把妇女定为限制行为能力的人；同年12月颁布新的《工厂法》，规定男女同工同酬，在法律上对妇女职业权予以确认。[④] 但南京国民政府也一再强调女子教育的目标为培养贤妻良母，如1931年11月国民党第四次全国代表大会重申：“男女教育机会平等，女子教育并须重陶冶健全之德性，保持母性之特质，并建设良好之家庭生活及社会生活。”[⑤] 民国政府在妇女职业与家事问题上的首鼠两端，自然对知识界及民众产生示范效应。

民国政府的这种矛盾态度，或许与当时整个社会对妇女的矛盾态度有

① 杨立新点校：《大清民律草案·民国民律草案》，吉林人民出版社，2002年，第5页。
② 舒新城：《近代中国女子教育思想变迁史》，《妇女杂志》第14卷第3号，1928年3月，第21页。
③ 《政治周报》第6、7期合刊，1926年4月。
④ 谢振民编著，张知本校订：《中华民国立法史》（下册），中国政法大学出版社，2000年，第756、1098页。
⑤ 《第二次中国教育年鉴》，商务印书馆，1948年，第2—3页。

关。一方面，时人期待女性走出家庭、寻求独立与解放，但另一方面，他们又害怕妇女如果纷纷走出家庭，又会导致家庭动荡、社会崩溃。鲁迅早在1923年就曾预言过："其实，在现在，一个娜拉的出走，或者也许不至于感到困难的，因为这人物很特别，举动也新鲜，能得到若干人们的同情，帮助着生活。生活在人们的同情之下，已经是不自由了，然而倘有一百个娜拉出走，便连同情也减少，有一千一万个出走，就得到厌恶了，断不如自己握着经济权之为可靠。"[①] 1934年，有人再次强调了这一点："社会固然需要一些奋勇的娜拉，作革命的先驱，来杀以警众，惟怕其太多，和我们的国耻国难殊途同归，弄得人们麻木不仁！"[②] 或许正是如此，政府一方面为妇女职业立法，另一方面又大肆提倡"贤妻良母主义"，甚至干脆运用行政手段将妇女赶回家庭。

"回家庭？到社会？是妇女运动中的基本论争，贯穿了中国妇女运动的整个历程。"[③] 这是民国时人准确的历史总结。近代以来的妇女职业思潮固然对推动妇女解放的历史进程起到了不可替代的作用，但贤妻良母主义思想也一直在根深蒂固地发挥着影响。这两者的激烈碰撞，不仅消弭了妇女职业思潮中所强调的独立精神，也使得妇女从此不得不面对职业与家事的双重负担或两难抉择，其窘境甚至一直延续下来。

第二节 战争下的阴影：日伪政权对北平家庭的影响

为保障侵略战争的进行，日本在占领北平后制定了详细的经济掠夺计划。日伪政权不仅破坏北平各类经济行业，掠夺其资源，而且其殖民统治还使得北平物价上涨、失业率增高。普通民众成为日伪政权掠夺性、破坏性殖民统治的受害者，他们面临着失业、贫困、物质匮乏、流离失所等一系列挑战。而这些问题对北平人口结构、婚配模式、家庭关系也产生了深刻的

① 鲁迅：《娜拉走后怎样》，《鲁迅全集》第1卷，人民文学出版社，1981年，第162页。
② 高磊：《关于娜拉出走》，《国闻周报》第11卷第18期，1934年5月7日，第2页。
③ 白霜：《回家庭？到社会?》，《解放日报》1944年3月8日，第4版。

影响。

一、日伪政权对北平的经济掠夺

北平沦陷后，日伪政府为控制北平——尤其是北平之经济，对城市中的金融业、商业和手工业进行了大规模的破坏，并大肆掠夺各类资源。如日伪政府实行“以战养战”政策，对手工业所需原料进行严格管制，这使得许多工厂或作坊因缺少原料而倒闭，大量工人失业，北平手工业呈现出全行业萧条的景象。例如北平沦陷后，大量毛巾工厂倒闭，据统计，1943 年北平毛巾厂或作坊仅剩五六十户，从业工人仅为几百人。[①] 而北平地毯业原本十分发达，从业人员曾达到 3900 多人，但随着太平洋战争爆发，海运被完全阻断，国外市场无法打开，同时国内缺少稳定的原料来源，北平地毯工厂大量倒闭，全行业几乎处于停业状态。[②]

日伪政府对北平实行的这些残酷的侵略政策，使得北平人民的生活陷入前所未有的困境之中。北平失业率始终处于高位，很多北平市民处于无业状态。据北平特别市警察局统计，“1937 年 6 月北平的失业人数为 4405 人，7 月便陡升至 26553 人，9 月更增至 28454 人之多”。[③] 北平市政府曾对沦陷时期北平人民就业情况进行过统计，具体情况如下表：

表 3.1　1937—1945 年北平市民职业（单位：人）

年别	总计	农业	矿业	工业	商业	交通运输业	公务	自由职业	人事服务	无业
1937	1504716	66645	441	75500	134271	25258	15484	23347	62450	1101320
1938	1604011	68717	485	105469	151060	23228	15968	25042	40353	1173689
1939	1704000	81522	412	122347	201917	33744	23295	27819	86260	1126684
1940	1745234	95380	821	153608	220271	40510	21379	35170	85686	1092409

① 北京市总工会工人运动史研究组编：《北京工运史料（3）》，工人出版社，1982 年，第 60 页。

② 章永俊：《北京手工业史》，人民出版社，2011 年，第 425—426 页。

③ 转引自周进：《北京人口与城市变迁（1853—1953）》，中国社会科学院研究生院博士学位论文，2011 年，第 66 页。

（续表）

年别	总计	农业	矿业	工业	商业	交通运输业	公务	自由职业	人事服务	无业
1941	1794449	146462	1471	180331	221390	30048	26502	37191	58981	1093363
1942	1792865	143654	1256	178243	205380	40569	23000	36102	58390	1106230
1943	1641751	157074	2315	158765	253542	42823	22479	63166	91501	849086
1944	1639098	164883	2525	165588	272788	41773	21718	68482	71878	831402
1945	1650695	168266	2309	158092	268640	34325	25462	67993	73026	852282

资料来源：北平市政府统计室编：《北平市政统计》第2期，1946年11—12月合刊，第25页。

北平物价呈现出全行业增长势头，且增长速度十分惊人，短短三年间，物价增长近两倍，而货币购买力则大幅度降低。特别是生活必需品，增长幅度更加惊人。例如1942年玉米面价格较1939年增长了11倍，1942年底每斤价格为1.05元，1943年4月则增长至2元；其他粮食价格均居高不下，小米每石285元，玉米每石195元，高粱每石234元，这些粮食虽价格昂贵，但常常供不应求，形成有行无市、有市无货的局面。[①]

表3.2　北平出售物价指数（1939年至1941年8月）

民国廿五年（1936）＝100

类别	米面杂粮	其他食物及嗜好品	布匹及其原料	金属	燃料	建筑材料	杂项	总指数	货币购买力
物品项目	35	16	17	6	9	8	6	97	
二十八年（1939）	215.48	200.39	244.71	457.45	189.48	226.25	255.15	232.89	42.94
二十九年（1940）	416.66	337.17	449.10	643.13	250.86	344.95	403.12	395.34	25.29
二十九年（1940）									

① 张泉编：《抗日战争时期沦陷区史料与研究》，百花洲文艺出版社，2007年，第130页。

（续表）

类别	米面杂粮	其他食物及嗜好品	布匹及其原料	金属	燃料	建筑材料	杂项	总指数	货币购买力
物品项目	35	16	17	6	9	8	6	97	
八月	423.42	346.85	452.56	663.83	269.00	350.08	402.35	403.22	24.80
九月	407.93	368.11	474.72	641.85	266.80	343.77	402.22	407.07	24.57
十月	420.70	378.18	459.75	629.50	267.12	349.05	400.77	410.10	24.38
十一月	409.99	382.66	466.53	585.25	262.73	346.87	389.87	404.70	24.71
十二月	409.06	391.78	489.64	584.26	261.13	343.48	392.30	409.98	24.39
三十年（1941）									
一月	420.43	399.68	510.45	610.21	264.00	342.79	392.48	420.62	23.77
二月	423.80	408.80	538.64	634.76	264.58	346.78	393.57	430.48	23.23
三月	424.52	397.95	521.57	634.76	264.68	356.99	404.81	427.23	23.41
四月	421.49	393.96	496.91	653.30	264.84	378.17	410.17	424.47	23.56
五月	437.55	386.03	492.30	673.43	261.55	372.18	403.93	427.19	23.41
六月	445.04	397.41	500.96	771.68	261.01	372.46	397.68	438.47	22.81
七月	439.31	396.81	535.33	806.06	261.01	372.46	398.43	444.80	22.48
八月	453.83	399.28	549.75	820.70	285.07	352.08	404.50	454.24	22.02

资料来源：《北平出售物价指数》，《上海物价月报》第1卷第5期，1941年5月，第9页。

物价上涨的同时，北平民众的工资水平却逐渐下降。日伪政权在沦陷区进行大规模物资统制和商品倾销，致使各行各业的正常生产受到严重影响。经济的不景气使大量民众失业，失去生活来源；即使暂时保有工作，民众的工资也出现了大幅度下滑，根本无力承担日渐高昂的物价。像教师这类公务人员工资也不足以负担日益增长的物价，1942年北平市立小学教师每月薪资为60至95元，私立小学教师为15至75元，市立幼儿园教师为20至75元，其一月工资尚不足以购买一石粮食。[①] 从事体力劳动的民众工资更低，根据日伪政府统计，1941年3月北平各类工人最高日工资仅

① 张泉编：《抗日战争时期沦陷区史料与研究》，百花洲文艺出版社，2007年，第133页。

为 2. 4 元，最低仅有 0. 2 元，根本不足以满足基本生活需要。物价上涨，工资下降，导致生活水平急速下降，北平民众常常在严寒中排队等待购买玉米面，部分市民到郊外挖野菜充饥，甚至部分民众因实在无法生活最终冻饿而死。民众生活的艰难甚至连日伪政府创办的刊物都不得不承认："虽然，物价之增高不过四倍，民间之生活则倍偿若痛；盖人民之收入，一般言之，较事变前增高约两倍余，尤以薪水阶级增加最少。以实际之所得，购买日常生活用品，只能购得事变前之半数，故不得不大事节减降低生活程度。收入之十九，皆以之购买食粮，其他享受皆为缩减。"①

日伪残酷的经济政策与疯狂的资源掠夺，还造成了北平城市物资短缺，给北平民众的正常生活带来了巨大影响，其中以粮食短缺情况最为严重。由于日伪对粮食采取严格的统制政策，垄断粮食来源，控制粮食销售渠道，北平曾数次发生粮荒，太平洋战争爆发后，随着军队对粮食的需求逐渐增加，加之华北地区出现天灾、劳动力不足等情况，粮食的来源更加匮乏。为进一步增加粮食来源，伪政府在全市范围内挨家挨户调查家中存粮，存粮多余的部分由政府进行收购，如果民众所报数字不实，一经查出即将家中存粮全部没收，日伪当局就用这种抢劫的方式维持北平粮食供应，北平民众的生活境况可见一斑。

二、日伪统治对人口结构、婚配模式和家庭居住之影响

战争对于人口流动和人口结构变化的影响非常明显。像当时大后方重庆在 1937 年的人口不过 47 万，但是，随着抗战深入，1945 年达到 124 万；成都 1936 年人口为 30. 9 万，1945 年上升到 71 万；昆明在抗战八年间人口也由十几万增加到 40 万。② 在这些流动人口中，又以男性青壮年为多，由此又持续影响城市的性别比例和婚姻家庭模式。这从当时各大城市居高不下的性别比尤其是适龄性别比奇高可见一斑。据国民政府统计，1940 年，中国平均性比例为 115. 9，南京和北平却分别为 150. 29 和 160. 18（这两个数字为

---

① 冯忠荫：《中国联合准备银行在华北金融统制上之重要性》，《中联银行月刊》第 6 卷第 5—6 期合刊，1943 年 6 月，第 13 页。

② 杨子慧：《中国历代人口统计资料研究》，改革出版社，1996 年，第 1404 页。

1936 年数字—引注)。[①] 1938 年内政部从各地户口统计中计算出各地的性别比，情况如下：

表 3.3 全国各省市性比例统计表（1938 年）

省市	性别比	省市	性别比	省市	性别比
江西	114.0	湖南	122.2	山西	130.0
浙江	123.5	四川	117·5	河南	114.1
安徽	121.4	西康	95.2	陕西	118.6
江西	121.3	河北	117.6	甘肃	119.6
湖北	116.5	山东	115.6	青海	106.7
福建	135.4	辽宁	124.4	绥远	152.7
广东	117.7	吉林	129.5	宁夏	126.3
广西	126.8	黑龙江	129.5	新疆	125.9
云南	107.0	热河	122.5	南京	150.3
贵州	107.8	察哈尔	136.4	上海	133.0
北平	160.2	天津	141.5	青岛	145.9
西京	223.9	威海卫	110.9	东省特区	165.8

资料来源：孙本文：《现代中国社会问题》第 2 册，商务印书馆，1943 年，第 100 页。

由此表可见，其中北平的性别高达 160.2，这与日本侵略者所采取的一系列措施有直接关系。一方面，战争环境导致本地人口逐渐减少。据北平特别市警察局统计，1937 年，北平全年出生人口 22929 人，出生率为 14.5‰，死亡人口 27085 人，死亡率为 17.7‰，自然增长率为 - 3.2‰。[②] 而在整个沦陷时期，北平新出生婴儿仅为 158018 人，而死亡人口为 254539 人，死亡人数远高于出生人数。[③] 有学者进行测算，七七事变之前北平人口年均增长

① 《国民政府年鉴》，行政院 1943 年编辑发行，附表二“全国户口”。

② 转引自周进：《北京人口与城市变迁（1853—1953）》，中国社会科学院研究生院博士学位论文，2011 年，第 64 页。

③ 参见《北平市婴孩出生与死产（民国二十六年至三十五年十月）》《北平市人口死亡（民国二十六年至三十四年）》，北平市政府统计室编：《北平市政统计》第 2 期，1946 年 11—12 月合刊，第 32—43、46—70 页。

率为17‰，据此增长率，至1945年，北平人口应为178万人，而实际人口仅约165万人，比理论上少增长约13万人。[①]

另一方面，大量外来人口因战争和自然灾荒等原因进入北平。七七事变后，北平人口有所变化。在6月份时，全市人口1539322人，到8月份就增至1550728人。[②] 同时，大量外省人口为避战逃荒，也流入北平。抗战时期，日军为剿灭抗日武装，在华北地区进行多次大规模“清乡”扫荡，杀害无辜群众，掠夺人民财产，很多华北人民为躲避战祸逃至局势相对平稳的北平。不仅如此，华北地区曾多次发生大规模自然灾害，例如1939年，海河流域发生大规模洪水，造成巨大人员伤亡和财产损失，其中以天津为重灾区，全市向外流动及自动离津者约13.3万人，将近全市总人口的十分之一，[③] 其中部分人口来到北平。

由于人口移动，婚配对象选择也呈现出地域多元化趋势，大量外省人与北平人相结合，婚姻对象的选择更加广泛。笔者曾对北京市档案馆所藏的411份离婚案件当事人的籍贯进行了初步统计，由此反向推测了北平的婚配模式。

表3.4 离婚当事人籍贯统计表

地点	数量	地点	数量	地点	数量
北平城	204	河北	51	山西	4
宛平	49	天津	14	河南	2
大兴	26	山东	12	浙江	2
通县	11	江苏	4	外籍	1
顺义	8	安徽	3	合计	411
良乡	5	奉天	4		
昌平	3	吉林	2		

① 周进：《北京人口与城市变迁（1853—1953）》，中国社会科学院研究生院博士学位论文，2011年，第74页。

② 高寿仙：《北京人口史》，中国人民大学出版社，2014年，第389—390页。

③ 夏明方：《抗战时期中国的灾荒与人口迁移》，《抗日战争研究》2000年第2期，第71页。

（续表）

地点	数量	地点	数量	地点	数量
房山	2	陕西	1		
怀柔	2	绥远	1		

资料来源：对北京市档案馆藏离婚诉讼档案的统计。

注：1. 部分档案没有记载夫妻籍贯或仅记载一方籍贯，特此说明。2. 表格中的河北，以今天河北省行政区划为统计标准，包括大名县、易县、完县（今顺平县）、望都县、保安县（今涿州市）、安国县、冀县（今冀州市）、新城县（今高碑店市）、三河县、武强县、深县（今深州市）、定兴县、固安县、安新县、永清县、肃宁县、青县、武邑县、安平县、新河县、巨鹿县、任丘县、玉田县、容城县等。3. 表格中的天津，以今天天津市行政区划为统计标准，包括天津市、丰润县、武清县等。

通过上表可知，北平为离婚当事人最主要的籍贯地，共有 204 人为平籍，约占总量的 49.64%，但同时存在大量非平籍人口，约占总数的 50.36%。这些外来人口来自河北、天津、山东等周边多个省市，可以说，沦陷时期北平民众的婚姻与外省市联系较为紧密。同时，外省市人口的大量涌入，导致北平地区人口的增长加快，这对本已疲敝的社会经济又增加了相当大的人口压力。大量外省市人口并未能够改善自身的生活境遇，即使在北平结婚落户，也缺乏维持家庭生活的稳定经济来源，其结果是这些外省市人口的婚姻关系并不稳定，离婚案件频发。

人口结构的改变，其最直接的后果便是住房的紧张，而这又会导致家庭内关系的紧张。北平由于人口众多，房屋供应本就紧张，沦陷以后，一方面是大量外地人口涌入北平，另一方面日本人也陆续迁入，这更加剧了北平房屋的短缺，许多民众只得以高昂的租金租房居住。为解决这一问题，日伪政府曾对房屋供应及租金价格进行过规定，① 但是，这并没有缓解房屋紧张的局面。加之许多日伪行政机构强占百姓房屋作为办公地点，进一步加剧了房荒，提高了房价。有人曾对此描述道："东西长安街、东西交民巷，一幢幢的大楼……或由巧取，或由豪夺，都被强塞进无数'东洋矮脚鬼'，挂起什么'株式会社'、什么'组合'、什么'出张所'等的招牌，不外是法西斯蒂

① 例如 1939 年 12 月，伪北京特别市政府公布《限制房租暂行办法》，规定"非有正当理由不得借故增加租金"，见王克敏：《行政委员会公函：秘字第一七八九号：附北京特别市补订租房办法》，《政府公报》（北平）第 119 期，1939 年 12 月 16 日，第 15—17 页。

帮凶的掠夺机关。”①

许多普通民众因无钱租房，只得租住亲戚家；新婚夫妇无法组建自己的小家庭，和父母住在一起；还有部分民众则挤住在旅店之内，忍受着不堪的居住环境，“内部毫无所谓设备，只是一铺大土炕而已，冬冷时节，来就的人，身无衣，腹无食……于是那聪明的店主东，便想出拿废物（鸡毛）利用一下子，有那冻不起的，便可叫掌柜的给他来二分钱的鸡毛，撒在身上，聊以取暖”。② 可想而知，这样的居住环境对于家庭生活造成了巨大的压力，从而引发了很多的家内矛盾。

以傅建中离婚案为例。1945 年，傅建中欲与妻子傅经氏离婚，主因是夫妇与老辈共同居住，而妻子则虐待公婆。其诉状写道：

> 窃原告娶被告为妻，兹阅数载，生有二女，长有四岁，次在襁褓之中。惟被告性情极端恶劣，对公婆不孝，对丈夫不顺，四邻亲友所见明知。原告因念夫妻关系，百般容忍，迭次劝诫，竟无醒悟，悍泼尤甚。上年六月归宁不返，逮至八月，明知原告家中无人，带领多人将所有妆奁及原告代其所置衣饰搬回娘门，复于十月间邀同其父经德印、其母经海氏、其祖母经王氏赶到原告家中，找向原告之母傅王氏寻衅，由经德印、经王氏把守屋门，经海氏同被告傅经氏将原告之母傅王氏右腕、左腿殴伤。诉经北京地方法院、检察署验明伤痕，科刑有案。被告仍不知后悔，寄居娘门，凶横如故，屡次来找寻殴，并逼迫原告与伊同居娘门，诉请调解庭调解，未能成立。查原告父母衰老，既无兄弟又无姐妹，全赖原告一人承欢，何能遂其私欲，违背伦理，若接被告回家同居，不惟父母畏之如虎，且原告个人恐将来有性命之虞，殊有不堪共同生活之苦。被告之恶行实合《民法·亲属编》第一千零五十二条第四款离婚之条件，为此具状恳乞鉴核，准予声请。

在庭审阶段，傅建中表示傅经氏与岳母共同殴打他的母亲，并且有伤，

---

① 于力：《人鬼杂居的北平市》，群众出版社，2008 年，第 30 页。

② 小五：《北京的旅店》，《吾友》第 1 卷第 8 期，1941 年 1 月 14 日，第 10—11 页。

刑事法庭已经判罪。而傅经氏并不同意离婚，同时对丈夫的指控坚决否认：

问（傅经氏）：你有什么话说？

答：都有小孩了，怎么离婚呢？

问：为什么打你婆母呢？

答：娶我的时候他们就存心不良，不给居住，百般虐待。去年六月间又打我，并把我骗到娘门，退回妆奁，不要我了。九月十四日那天我母亲他们把我送回去，并没打我婆母。

问：刑事判处你们罪了，拘役二十天。

答：我一进门，原告就打，我坐在地上就糊涂了。

法官在经过审理后做出了驳回原告请求的决定，判决书写道：

妻对夫之直系亲属为虐待，此不堪共同生活者，得向法院提出离婚。直系亲属应为直系血亲，旁系亲属既因殴打有微伤，并不能成为离婚之理由。本案原告为过继，其母并不能称之为直系亲属，且此事被告坚决否认。原告之母为养母身份，不能为直系亲属，故请求驳回。[①]

法院认为傅建中之母为养母，并不能称为“直系血亲”，而旁系亲属遭到殴打并不能成为离婚理由，最后驳回了原告请求。

三、日伪政权统治下的社会恶习与家庭矛盾

在日伪政权统治之下，整个北平不仅经济凋敝，而且诸如毒品、娼妓等社会问题也变得更为严重，这些问题在很大程度上导致了家庭矛盾的激化和夫妻关系的紧张。

在沦陷时期，日伪政权在北平地区大肆推行烟毒，有人曾指出：“只要日本势力所侵之地，随踵而至者，辄为私贩毒品之现象。”[②] 日伪政权还设立了所谓的“华北禁烟总局”，颁布所谓《华北禁烟暂行办法》，虽规定“凡属

---

① 《傅建中诉傅经氏离婚案》（1945 年 5 月 21 日），北京市档案馆，档案号：J065-021-01379。

② 王德溥：《日本在中国占领区内使用麻醉毒品戕害中国人民的罪行》，《民国档案》1994 年第 1 期，第 55 页。

鸦片不得吸食”，但“年龄在五十以上，已有鸦片瘾者；年龄在三十以上，因病吸食而为治疗上所必要者”不在此项限制之内，同时规定“鸦片之制造，由禁烟官署为之，但得暂由戒烟官署所指定者制造之”。[①] 这其实是公开将毒品交易披上合法化的外衣。同时，日伪政权还释放大量毒贩，使得毒品交易得以在北平广泛进行，整个北平毒品泛滥、烟馆遍地。据统计，1942年底，全市经“伪北京禁烟分局许可营业之鸦片零售所300家，白面及吗啡房200家，加上私设者在3000家以上。全市有烟民15万，白面、吗啡、海洛因吸者10万人，共计25万（占全市人口的七分之一）”。[②] 北平成为名副其实的“毒品城市”。在毒品遍地的情况下，部分男性因吸食鸦片、海洛因等，耗费家中财物，以致无法维持正常的家庭生活。白海润即为其中一例。

白海润染有吸毒嗜好，这不仅使得家中钱财浪费殆尽，而且白海润对妻子白陈氏的生活也是置之不理。为了获取毒资，白海润偷盗家中财物，被捕入狱，更是对家庭无所供养。白陈氏认为丈夫吸食毒品，屡教不改，对她不闻不问，已经构成恶意遗弃，并且现在娘家也拒绝养活她，生活陷入困难，所以请求法庭判准离婚。

白海润在庭审阶段承认自己吸食毒品，但是并不同意离婚。

问（白海润）：你的妻要与你离婚，你说怎么样呢？

答：我不能与他离婚。

问：给你诉状你看看。

答：请求庭长，我三个月戒好烟了还在一块过日子，如果三个月不能戒烟情愿离婚，不能害了她的前程。[③]

白海润在此似乎非常希望挽救这段婚姻，他表示不能害了妻子的“前程”，似乎完全站在了妻子的立场上。但是从白陈氏的角度看，丈夫的吸毒嗜好极大削弱了本就脆弱的家庭经济实力，遗弃行为则表明丈夫并没有任何

① 《华北禁烟暂行办法》，《天津特别市公署公报》第217期，1943年6月19日，第8—11页。

② 中国人民政治协商会议北京市委员会文史资料研究委员会编：《日伪统治下的北平》，北京出版社，1987年，第391页。

③ 《白陈氏诉白海润离婚案》（1942年4月16日），北京市档案馆，档案号：J065-018-02589。

对自己的责任感，而戒除毒瘾后多次复吸的行为则完全摧毁了白海润的人格，毫无信用可言。白陈氏经过与自己的父亲商议之后还是决定与丈夫离婚，而吸毒的白海润也只得同意结束婚姻。

还有在俞志和和俞穆氏的离婚案中，俞穆氏也以丈夫吸毒对自己造成了“不堪同居之痛苦”为理由提出离婚。法院审理之后认定“《民法》有明文，所谓不堪同居之虐待云者，亦非限于身体上感有不堪同居之痛苦，即使精神上受有不堪同居程度之痛苦，亦难谓非不堪同居之虐待”，而原告在丈夫频繁吸毒的情况下“精神上必受不堪与之同居之痛苦”，所以判决双方离婚。①

吸毒不仅让夫妻关系紧张乃至破裂，甚至整个大家庭都会受到影响。如王如泉与赵秀贞夫妇结婚九年，感情和睦。但岳母赵王氏常向王如泉借钱吸毒，如有不应，赵王氏即向女儿抱怨，挑拨夫妻关系。1942 年正月，赵秀贞趁王如泉出门之际逃跑，王如泉多次向其母家寻找，赵王氏皆推脱不见。三个月后，王如泉向法院提出离婚诉讼。在庭审阶段，王如泉坚称夫妻感情原本很好，妻子的失踪是岳母挑唆所致。

> 问（王如泉）：本院已传赵秀贞及赵王氏，但并无此人。
>
> 答：一定是他母亲赵王氏将他带走了，我们夫妻感情不错，就因为他母亲抽白面，背着我教唆她与我变心。

针对王如泉的表述，法庭传唤了两位证人，而他们都称赵王氏向王如泉借钱吸毒，夫妻关系由此破裂。法官由此认为“原告岳母嗜吸毒品，时向原告索钱，原告夫妇因之时相争吵，原告之妻确认于今年正月初十日私奔，至今未归等语，是与原告所称均属相符，自堪采信”。所以判准王如泉的离婚请求。②

除了吸毒这一社会问题，沦陷时期的北平娼业也对家庭关系造成一定的负面影响。其实，自近代以来，北平的娼业就颇为发达，有学者对民国时期北平地区的妓院数量和妓女人数进行统计，1912 年，北平共有合法妓院 253

---

① 《俞穆氏诉俞志和离婚案》（1942 年 6 月 10 日），北京市档案馆，档案号：J065-019-04242。

② 《离婚》（1942 年 1 月），北京市档案馆，档案号：J065-18-03874。

家，妓女 3096 人；而到了 1917 年，妓院数量则增加到 460 家，妓女人数增加到 3889 人。[①] 南京国民政府成立后，首都从北平迁到南京，北平地区的娼妓业有所衰落，但妓院数量与妓女从业人数依旧处于高位。北平沦陷后，由于政治局势动荡，经济境况恶劣，出现了妓院荒废、妓女人数下降的现象，但娼妓业规模依然较大，1938 年 3 月据“伪北平市卫生局妓女检治所统计，本市 3 月共有妓女 1906 人，分为四等”。[②] 除了拥有合法执照的公娼外，沦陷时期北平地区还存在大量暗娼。这些暗娼没有合法的执照，从业人员也没有向政府进行登记，故而缺少政府监管。

部分品性不良的男性为了能够维持生活或者满足自己的不良嗜好，情愿将自己的妻子贩卖为娼，以图获取钱财。如王金铎素有吸毒嗜好，常向妻子王高氏索要钱财，王高氏如有不给即遭打骂，致使家庭不和。1941 年，王金铎命令王高氏前往友人家中充任妓女，王高氏大吃一惊，坚决不允。1942 年 5 月，王高氏适逢月经，王金铎依然与其同房，并仍令她为妓挣钱，王高氏为保全性命，只能逃至母家。[③] 但有意思的是，当王高氏后来提出离婚诉讼时，尽管逼良为娼虽属于极不道德行为，但是这并不属于法律所明确的十条离婚理由，因此没有相应法律支撑，很难得到法官的判准。尽管法官针对王高氏所述事实传唤了当事人和相应证人，但是，王金铎对于虐待以及逼妻为娼的行为坚决否认，而吸毒一事则表明自己已戒除一年有余，证人亦不能提出王金铎强迫妻子充任妓女的证据，最后，法庭只能驳回了王高氏的请求。[④] 与之类似，1944 年，岳马氏向法庭请求与丈夫岳希平离婚时，也是控诉丈夫逼其为娼。岳马氏在离婚的诉状中说：“窃氏夫岳希平有不良嗜好，不务正业，以致无赡养能力，遂屡迫氏作贱业以供其用，氏系良家子女，殊难容忍，惟以其常此以往，促氏自谋衣食，自难同居。”[⑤] 丈夫逼良为娼，当然是岳马氏“殊难容忍”的。由此可见社会问题对于婚姻关系的恶劣影响。

---

① 单光鼐：《中国娼妓：过去和现在》，法律出版社，1995 年，第 113 页。

② 中国人民政治协商会议北京市委员会文史资料研究委员会编：《日伪统治下的北平》，北京出版社，1987 年，第 365 页。

③ 《王金铎诉王高氏离婚案》（1942 年 6 月 30 日），北京市档案馆，档案号：J065-018-03956。

④ 《离婚》（1944 年 3 月 24 日），北京市档案馆，档案号：J65—20—2888。

⑤ 《离婚》（1944 年 3 月 31 日），北京市档案馆，档案号：J65—20—1140。

第三节 一江春水向东流：抗战时期的家庭“伪组织”

1947年上映的中国电影《一江春水向东流》讲述了这样的故事：抗战爆发，张忠良因参加抗战救护队离开了上海，妻子李素芬在沦陷区照顾婆婆和儿子抗生。张忠良在重庆结识了王丽珍并与其同居。抗战胜利后，张忠良回到上海，并与王丽珍的表姐何文艳关系密切。因此张忠良分别有了“沦陷夫人”、“抗战夫人”和“胜利夫人”。[①] 李素芬因生活贫苦而在何文艳家里做女佣。在何文艳举行的一次宴会上，李素芬认出了丈夫张忠良，并得知了张忠良与王丽珍和何文艳的关系。李素芬将实情告诉了婆婆，婆婆带着李素芬和抗生找到张忠良问罪，但张忠良仍徘徊在王丽珍和何文艳之间，绝望中的李素芬跳入了滚滚江水中。该影片上映之后，连续放映时间长达3个月之久，观影人数达到了70万余，创下了1949年前国产电影的最高上座记录。[②]

讲述类似故事的还有现当代作家霍达的长篇小说《穆斯林的葬礼》。在这部小说中，回族琢玉匠人梁亦清将长女梁君璧嫁给了爱徒韩子奇。但在抗日战争爆发后，韩子奇担心玉器珍品被毁而随英商赴伦敦。梁冰玉因感情挫折而随姐夫共赴英国。在法西斯国家的疯狂进攻下，英国岌岌可危，在旦夕不保的伦敦，韩子奇与妻妹梁冰玉相爱，并生下了女儿韩新月。战后韩子奇、梁冰玉携女回国，为梁君璧所不容。梁冰玉留下女儿，孤身远赴他乡。[③]

电影《一江春水向东流》和小说《穆斯林的葬礼》虽内容大不相同，但有着非常相似的关键情节——在战争背景下出现的重婚或婚外同居。除此之外，抗战后涌现出一批有关抗战时期“沦陷夫人”和“抗战夫人”的文学作

① “抗战夫人”“沦陷夫人”“胜利夫人”是抗战时及战后人们对男子重婚或婚外同居的对象的戏谑称呼。“抗战夫人”指原有配偶的男子因在战时与妻子分离而另娶的妻子或婚外同居对象。“沦陷夫人”指抗战发生后未随丈夫奔赴抗战前线或后方而留在沦陷区内的妻子。“胜利夫人”指抗战胜利后，原有配偶的男子另娶的妻子或婚外同居对象。

② 经先静：《社会史视野下的〈一江春水向东流〉》，《电影文学》2011年第4期，第84页。

③ 霍达：《穆斯林的葬礼》，人民文学出版社，2009年。

品，中篇小说有张爱玲的《等》、秦瘦鸥的《劫收日记》等，刊登于报刊、杂志上的短篇小说更是不胜枚举。

大量相似主题的文艺作品的出现，反映出抗战引发的社会问题——战争使婚姻家庭关系面临着种种的考验，这些婚姻问题随之引发了战时和战后婚姻纠纷问题。

一、“沦陷夫人”与“抗战夫人”的挣扎

战争对婚姻状况的影响是非常深刻的。在抗战期间，一方面，人口迁移加剧，客观上促进了不同地域人口的交流，跨籍婚姻开始增多。“北平籍的男孩子与四川籍的女孩子结婚了，上海家庭里的女儿嫁给了广东人，这是很奇怪的姻缘。站在结束时，有一个可爱的广东女郎，丈夫是上海人，丈夫暂时留渝，她则由政府机关送到上海，她说：‘我丈夫给我一封给他母亲的介绍信。我听说她是旧式的人；我们彼此说话都不会懂的——我不会说他的方言’。”[①] 另一方面，婚姻关系中出现了“伪组织”。

这一所谓的伪组织，是说许多因故乡沦陷而逃亡的人们，本是结过了婚，但在家庭离散的时候，又有一方独自重行婚姻，或以婚外同居的形式，另成立一个家庭。实际上，这个问题应该有三种情形：第一，是男的方面另行娶妻，成立一个家庭；第二，是女的方面另行嫁人，成立一个家庭；第三，是男女双方都另有婚嫁，各成立一个家庭。不管这三种情形怎么样，总之，在前一次合法成婚的家庭，未经过合法离婚的手续，这几者的发生，都可以叫伪组织。[②]

抗战爆发后人口迁徙的洪流使得很多家庭支离破碎，妻离子散，而战时婚姻观念的转变也给家庭“伪组织”的出现提供了方便。首先，战时两性结合的手续日趋简便，甚至连形式也不注重，只须在报端刊登一则订婚、结婚或同居的启事，便算人事已尽，较诸集体婚礼，还要简便节约。其次，战时两性的离异非常自由。战时的舆论对于夫妻平等协议的离婚从不非难，甚至

---

① ［美］白修德、贾安娜：《中国的惊雷》，端纳译，新华出版社，1988年，第18页。

② 参见姜蕴刚：《结婚二重奏——家庭“伪组织”之检讨》，《女铎月刊》复刊后第2卷第10—11期合刊，1945年1月。

对于日趋简单化的离婚手续亦不予以苛责。再次，战时两性的再婚通行无阻。在战前，鳏夫续弦，司空见惯，毫无阻碍；但是寡妇再醮，困难重重，迥非易事，尤其有了子女，阻碍更多。抗战以还，此种片面的苛求，已逐渐失其存在，无论鳏寡，均可再婚，绝对自由，不复引人注意，而招致恶意的批评。①

在这种战时婚姻家庭道德观的影响下，家庭“伪组织”乃日见增多。男子因原有的妻室不在身边，因而在外另行娶妻者颇多，有的男子有了“沦陷夫人”，又娶“抗战夫人”，再娶“胜利夫人”。② 同时贫困阶层的已婚妇女，因为原有的丈夫生死未卜，或天各一方，因而在外另行婚嫁者也很多。③ 当时曾有人指出：“在目前，一切似乎都很自由，很随便，只要有钱有势，只要高兴，便可以东组织一个家，西组织一个家，可以随便捐弃这一个，宠纳那一个，不觉困难也无需顾虑，甚至置妻儿于不顾，视为陌路。舆论不予制裁，法律也往往因无人告发，无从执行；所以更随意所欲，横行无忌。弃妇弃儿，流离孤苦，家庭惨剧，莫此为甚!”④ 的确，在对方生死不明的情况下，丈夫另娶，妻子别嫁，成为抗战时期屡见不鲜的现象。战后陈白尘的剧作《胜利号》、张恨水的小说《大江东去》以及电影《一江春水向东流》，都对这时期的家庭“伪组织”问题进行了生动的描述。

这种“伪组织”有些是正式的婚姻，而更多的是男女双方在报上登载同居启事便宣告结合。其中，较为典型的便是许廷干、吴淑贤在《中央日报》上所刊登的同居启事，云：“廷干原有家室，于廿六年抗战失散陷区，阅今将近两载，音息全无，生死莫卜。奈家有年迈老母及幼稚儿童，一切家务急在需人料理。谨奉慈母之命续娶，于廿八年元月在平都，与旧亲吴女士订婚。原约在本年三月间结婚，值此抗战严重期间，征得双方同意，为免除俗

---

① 张少微：《战争与家庭改造》，《东方杂志》第43卷第13号，1947年7月，第53—54页。
② 左涌芬：《漫谈妇女和婚姻》，《妇女》第2卷第12期，1948年3月，第5页。
③ 陈盛清：《战后的婚姻问题》，《东方杂志》第37卷第7号，1940年4月，第19页。
④ 李曼瑰：《转移婚姻的道德观》，《中央日报》1944年5月7日，第5版。

礼，实行节约，在重庆同居。特此登报，敬告亲友。”① 这类同居启事在当时绝非个例。② 根据岑家梧对贵阳《中央日报》1942年10月至1944年3月间刊载婚姻广告的统计，这一时期的同居启事每天都有，最多一天是16条。“战时有了这种同居的关系，战后便发生了所谓‘抗战夫人’与‘沦陷夫人’的问题了”。③ 这还只是一地一时一家报纸的记录，由此推算，这种“伪组织”在整个大后方不在少数。

“伪组织”如此频繁的出现，以致于在战后如何处理这种伪组织一度引起热烈讨论，一些人主张承认这种事实婚姻，一些人则坚决反对，主张付诸法律解决。而那些身处“伪组织”的人也为解决这个难题想尽办法。面对“沦陷夫人”和“抗战夫人”，一夫多妻又不可能，于是只有离婚一途。据当时一位律师记载，当时这一类离婚案件占百分之八十以上。一般来讲，作为丈夫当然愿意与“沦陷夫人”离婚，于是某罗姓女士被丈夫用手枪逼着离婚，某杨姓女士被丈夫用经济手段困顿使其离婚，而一位王太太，更是被丈夫以虐待婆婆的罪名给告上法庭。④

随着战争的结束，战时的这种“露水夫妻”重返家园，家庭中就出现了亟待解决的婚姻问题。《一江春水向东流》和《穆斯林的葬礼》等文学作品就反映了“抗战夫人”、“沦陷夫人”与丈夫之间的婚姻纠葛。

战后最为著名的“抗战夫人”案件就是萨本驹重婚案。萨本驹，33岁，福州人，海军上将萨镇冰的族孙。电气专科毕业，战前从商，曾创办胜利商行。抗战开始后从事地下工作，曾任青浦县长，后在上海从事地下工作时被日本宪兵队逮捕。萨被释放后，于浙江任中美英同盟军东南情报部顾问。其妻陈季政与萨本驹育有一子一女，居于昆明。史璧人为萨本驹所在情报部的译电员。史办事勤奋，深受萨的赏识，二人逐渐由同事发展到同居关系，并

---

① 《许廷干、吴淑贤同居启事》，《中央日报》1939年4月11日，第1版。

② 尚可参见1939年10月15日及1945年3月7日，重庆《中央日报》载陈玉亭、李福英及毛瑞根、谭素梅的同居启事。

③ 岑家梧：《从婚姻广告观察中国战时婚姻问题》，《社会建设》第1卷第7期，1948年11月，第56页。

④ 濮舜卿：《战后离婚问题的面面观》，《妇女文化》第2卷第3期，1947年5月，第7—8页。关于婚姻伪组织问题，又见潘素：《现阶段的婚姻问题》，《妇女共鸣》第11卷第3期，1942年第5月，第3—5页。《抗战夫人问题座谈》，《女声》第3卷第24期，1945年12月。

育有一女。1946 年，萨本驹、史璧人被萨本驹原配夫人陈季政控告重婚罪。[①] 此案在社会上引起了有关“抗战夫人”和“沦陷夫人”的热议。1946 年 12 月，该案一审判决萨本驹和史璧人各处有期徒刑四个月，缓刑两年，如易科罚金，则以 500 元折算一日。二审撤销了易科罚金，维持两年缓刑。如果通奸行为再次发生，将直接执行一审判决中所判的四个月刑期。[②] 但萨本驹、“沦陷夫人”、“抗战夫人”三人之间的纠纷并没有结束，1947 年 8 月，陈季政以继续“通奸”为由，报警将萨、史二人抓捕。最终，于当年的 8 月 19 日，双方的代理律师正式对此事进行谈判，结果决定由萨氏给陈季政生活津贴三亿元，正式宣告离异婚。[③]

萨本驹重婚案是战争所带来的重婚问题中的一个典型。在沦陷的北平也存在类似的问题。在 1942 年的一件离婚案中，原告赵关淑兰与萨本驹案中的陈季政有着相似的遭遇：赵关淑兰于 1926 年与赵振华结婚，家境困苦。在赵关淑兰身怀次子的时候，丈夫赵振华不知所踪，赵关淑兰在娘家亲戚的照顾下平安生产，但所生婴儿没活过百天就夭折了。之后赵关淑兰赴天津寻夫，夫妻两人同在天津的宝成纱纺厂做工，但不久赵振华被裁员，赵关淑兰便独自供养家庭。不料不久后，丈夫再次不辞而别。之后赵关淑兰接到书信一封，说赵振华已经考入了南京炮兵学校，赵关淑兰“始而民心非常愤怨，既见此信，心亦稍安，遂安心在厂工作，冀耐忍数年，民夫毕业后必有出头之日”，但丈夫一去多年，“事变前尚有书信往来，事变后即音信杳然”。赵关淑兰经常去婆家探问消息，某次在抽屉里发现赵振华的家信一封，这才发现“夫已在广西落户，与沈姓之女结婚已三年之久，且已生子”。[④]

赵关淑兰等待多年，不料自己竟成了“沦陷夫人”。于是将丈夫诉至伪北京市地方法院，请求离婚。

---

① 静江：《萨本驹双订鸳鸯起裂痕——抗战夫人与沦陷夫人对簿公庭》，《社会画报》第 4—5 期，1946 年 10 月，第 20 页。

② 《“抗战夫人”高院定案》，《申报》1946 年 12 月 8 日，第 2 张第 6 版。

③ 《萨本驹慷慨解囊恩怨悲欢一笔勾》，《申报》1947 年 8 月 20 日，第 1 张第 4 版。

④ 《赵关淑兰请求离婚》（1942 年），北京市档案馆，档案号：J065-018-02681。

在萨本驹案中，经过双方的代理律师正式谈判，结果决定由萨氏给陈季政生活津贴三亿元，正式宣告离婚。但在赵关淑兰请求离婚案中，“沦陷夫人”得到的判决仅仅为“准原告与被告离婚。诉讼费用由被告负担”。

据当时报刊所载，在萨本驹案中，“沦陷夫人”陈季政“对于无线电一项，颇有研究”，是“一个标准的评剧迷”，由此可以推断出陈季政受到过新式教育。而在赵关淑兰案中，“沦陷夫人”赵关淑兰的教育状况未知，已知的是赵关淑兰曾在宝成纱纺厂做过女工。

以上两个案件的发生时间、地点和主要人物均不相同，将二者进行对比，不是为了对比两个“沦陷夫人”何者更惨，而是希望借此来突出沦陷时期北平中下层女性在婚姻生活中所面临的复杂状况。无论是从判决的结果来看，还是从职业发展的角度来看，“沦陷夫人”赵关淑兰的生活前景都不甚乐观。

二、“沦陷丈夫”的控告

抗战爆发后，在沦陷时期的北平，社会上不仅存在着“沦陷夫人”，还存在着“沦陷丈夫”。

1936 年牛光荣离家参军，其妻子牛胡氏于 1938 年向牛光荣的父亲提出，因生活困难，无法维持，所以她要跟牛光荣离婚。牛胡氏的这一要求遭到拒绝后，她离家逃跑，先外出佣工，后来改嫁他人。1946 年，牛光荣随部队返回北平后，控告牛胡氏背夫潜逃。在案件的诉讼过程中，牛胡氏提供了牛光荣在参军尚未回平之时，寄给妻子牛胡氏的信：

> 如实不能跟夫忍这样的苦，在家竟挨饿也无衣服穿，你可就要自己打主意嫁人，别跟夫受罪，将孩子送到养人家去，这是为夫的良心话……如妻在家竟饿着，无人管，可就自己随意嫁人……

从这封信可以看出，因自己离家参军而不能养家，牛光荣认为妻子跟着自己“忍这样的苦”，对不能赡养妻子而感到愧疚，甚至在信中为妻子寻找出路——“随意嫁人”。

而牛光荣在得知妻子已经逃离家庭后，写信给岳父母：

> 接家信内云令媛因受环境压迫于年前已携子逃往他处谋生活之路，究走往何处，是否平安，至今婿不得而知。回忆令媛秀英与婿结婚数载，只望白头到老，不料贫婿因命运不佳，将事由丢职，家贫如洗，每天连两顿粗饭稀粥都吃不到嘴里。小婿在家赋闲二年，身不能担担，手不能提篮，每天只有当卖与令媛糊口。又添生小孩子，一点生路未有，小婿无可奈何才出外谋生。将出谋事也一时不得好事，每月只可给那可怜的妻子捎去几元，维持他生活。近二年来，又赶上国家起了战争，遂有钱邮政不通，不能往家寄钱。来往通信均好几十天，所以才将我那恩爱夫妻两分离。家内无吃的，哪能等饿死呢。此一定逃走之理由。所以前几天接家书云秀英逃走消息，婿甚喜。喜的是他与孩子逃活命，不等贫婿给她饿死。喜后又是忧愁，愁得是我们恩爱夫妻两分离，现时已竟分离……①

可以看出，牛光荣对妻子的逃走，在无奈之余，也表示了理解，认为“家内无吃的，哪能等饿死呢”，甚至表示“婿甚喜”。

从这个案件中可以看出，牛胡氏逃走的原因是生活困难、无法维持，因此逃走另嫁；而牛光荣在信件中表示了充分理解，认为不能养活妻子是自己的过错。但牛光荣在战争结束返回北平后，却将牛胡氏告到了法院。战争的爆发不仅对社会产生了深刻的影响，对婚姻家庭关系也产生了很大的冲击。战争的结束时间尚且是一个未知数，自身的命运也难以预测，因此牛光荣对妻子的逃走表示理解；战争的结束也使得牛光荣的这种心理状态结束，因此又以另外的标准对待妻子的逃走另嫁。

在周王氏被诉妨害婚姻的案件中，周王氏同样因第一任丈夫左文通外出参军多年无音信而改嫁，以下为周王氏的询问笔录：

> 问：左文通既然是你丈夫，为什么你又与周玉明结婚呢？你将情形说一说。
>
> 答：我于十五岁与左文通结的婚，至我十九岁时，左文通染有白面

---

① 《牛胡氏妨害婚姻》（1947 年），北京市档案馆，档案号：J065-013-01907。

嗜好，将家业花净，不养活我。我给人家佣工。彼时左文通出外无音，等候了三年，因无养赡，我自己改嫁于叶福林，又过了三年，叶福林不能养活我，我们二人离了婚，立有字据。今又经于姓、陈姓二人介绍与周玉明结的婚。

问：左文通出外没有死亡的信你就能改嫁吗？

答：因为没有生活，所以改的嫁。

问：左文通在这几年之内又〈有〉信来过吗？

答：并没有来过信。①

周王氏原有丈夫左文通，但迫于战争所带来之困境，再加之丈夫音讯全无，只好再嫁两次。

1946年居住在宣外大街义丰茶店的李银将魏福明和妻子李刘氏告到了伪北京市地方法院，以下为李银诉状：

我乃河北安新县人，年卅三岁，在宣外大街义丰茶店居住。这刘氏是我发妻，于民国卅二年三月间，她在原籍向我称说，她要来平看望她娘家母亲，至多一个月她即返回，我给她拿得往返路费，并将她送至高阳县汽车站。她去后，我即赴□县营商，至卅三年四月间，我由□县回籍，见她并未返回，我向她胞弟探询，据说她的母亲均已去世，她已改嫁魏福明。她胞弟等应许将她找回，至今迄未看她回家。是以来平将她寻获。

从李银的诉状中看，李刘氏属于背夫潜逃后另嫁的情况。但在魏福明的口供中，情况却并不是这样：

魏福明供：我是河北献县人，年卅六岁，在福□□六条十号居住。这刘氏是我凭□氏媒娶的妻室。原议婚时□氏说他是孀妇，不料今日李银说这李刘氏是他逃妻。

而在当事人李刘氏的口供中，这一事件又有了另一番解释：

① 《周王氏妨害婚姻》（1943年），北京市档案馆，档案号：J065-025-00221。

> 刘氏供：我是河北安新县人，年廿七岁，在福□□六条十号居住。这李银是我本夫，于民国卅二年三月他因无力赡养，□□向我说劝，叫我改嫁。我向他要字据，他同我到八路军第四区□□，经该区□□给我们立得离婚字据一张。我于是月来平投奔我娘家母亲家，至是年四月廿一日，经院邻□姓为媒将我改嫁这魏福明为妻。①

但李刘氏并没有拿出这张关键的证据——八路军开具的“离婚字据”，因而本案的检察官认为李刘氏的证据不足，以妨害婚姻为由对其提出了公诉。

在该案中，三位当事人各执一词，事实的真相如何已无从查考，但李刘氏的口供颇具有代表性，它折射了当时的华北存在着的复杂的政治生态环境：日伪、中共的抗日根据地以及国民党统治等多种政治力量的交错存在。

不论李刘氏口供的真实性怎样，亦即不论李刘氏和其夫李银是否曾由根据地的相关机构办理了离婚，我们都可以看出，对于李刘氏来说，正是由于战争的存在，其婚姻关系和家庭生活都发生了巨大的变化。

本章小结

五四新文化运动之后的中国社会非常明显地体现出转型时期的过渡特征。一方面，传统观念虽遭大力批判，但很难在人民的头脑中旦夕去除，在生活与习俗领域更是表现出根深蒂固的一面。当然，这种根深蒂固，有时候并不以彻底地固守传统或回归传统为表现，而是以新旧并存的形式为表现。

知识界一方面提倡女性的独立，批判传统的“贤妻良母主义”，提倡女性谋取社会职业以取得经济独立并进而实现人格独立；但另一方面又从未放松对女性婚后家庭责任的要求，突出强调所谓的“妻职”和“母职”，或曰“家事天职”，这一思维惯性，使得女性不得不在独立与贤良之间陷入两难境地，导致二者不能兼顾，只能选择放弃职业或放弃家庭。不仅是社会，国家

① 《李刘氏妨害婚姻》(1946 年)，北京市档案馆，档案号：J065-011-01594。

权力也表现出类似的矛盾态度，一方面鼓励女性就业，但是另一方面也期待——甚至通过行政手段强力要求——女性要兼顾家庭。可以说，民国时期的女性就是在这样的两难局面中踯躅前行，在职业与家庭中，只能顾此失彼或者在两端疲于奔命。这一窘境似乎一直延续至今。

当然，知识界的提倡与底层民众生存需要之间还存在复杂的张力。尤其是在战争中，由于战乱不已、经济凋敝，许多中下层女性在婚后仍然面临着严峻的挑战。尤其是在北平沦陷区，日伪统治者出于其殖民之目的，对北平进行各种掠夺和剥削，这深刻地改变了北平的社会面貌、婚姻关系和家庭结构。在普遍贫困的背景下，社会上出现了大量女性被遗弃、虐待、被迫改嫁及重婚的现象。并且，受战争影响，沦陷区内因为夫妻离散而出现了“沦陷夫人”和“沦陷丈夫”等群体，更进一步打破了婚姻和家庭关系的平衡。

第四章　离婚：民国时期家庭、媒体与国家的交织

婚姻问题是人类社会的中心问题之一，离婚作为婚姻问题的一个方面，是婚姻研究中不可或缺的一部分。在中国古代的夫妻关系中，男性可根据“七出”来单方面解除婚姻关系。除此之外，如触犯某些法律，官府判决夫妻强制离婚，即义绝；如夫妻双方及家族同意，夫妻亦可协议离婚，称为和离，但数量较少。总体来说，丈夫据有绝对的离婚主动权，女性只能被动接受离婚。

近代以来，随着西方思想大量传入中国，婚姻自由、男女平权思想逐渐为民众所接受。不仅知识分子对离婚问题的讨论逐渐增多，而且普通民众也越来越能接受自由离婚之观念；再加之南京国民政府修订民法，将离婚自由以法律的方式固定下来，中国共产党在根据地也制定法律，大力推动离婚自由。可以说，这几股力量共同促进了自由离婚的大量出现，甚至形成了几次高涨的离婚热潮，如五四时期知识分子的离婚热、30 年代城市平民的离婚热、抗战时期和战后城乡的离婚热。[①] 其中，越来越多的女性开

① 参见王奇生：《民国时期离婚问题初探》，赵清主编：《社会问题的历史考察》，成都出版社，1992 年，第 167—181 页。

始在婚姻中占据主动权，主动向男性提出离婚，从而成为这一时期婚姻家庭变化、社会发展的重要特点。

与此同时，在日伪政权统治之下，生活在北平的普通民众的婚姻生活和家庭关系也受到日伪统治政策的深刻影响。尽管日伪政权在沦陷区内实行奴化政策，进行复古的女德宣传，批评离婚，以稳定现有的家庭结构和社会秩序，但是，北平离婚率仍然居高不下，普通民众走上法庭，以法律为武器，通过自我形象的塑造，寻求离婚利益最大化。

第一节 从观念到实践：知识分子群体对自由离婚的讨论和推崇

自五四新文化运动以来，随着西方男女平权思想的传入，民国知识界认为婚姻不再是将两性强制捆绑的枷锁，男女双方可以根据婚姻情况决定是否结束夫妻关系，寻求自身的解放，实现个人的幸福。由是，自由离婚的观念开始在人们头脑中扎根，主动离婚的现象在社会中越来越普遍。

一、自由离婚之普遍影响

瑞典著名女性主义理论家爱伦凯（1849—1926，或译为爱伦开、爱伦克、爱伦斡等）对民国时期自由离婚之观念影响甚大。“爱伦凯的名字，在 1920 年代初中期《妇女杂志》及其他新文化媒介有关妇女问题和恋爱婚姻讨论的场合频繁出现，出现频率能与之媲美的，大概只有易卜生。爱伦凯性别理论之于五四新文化的意义，恰如易卜生戏剧之于新文化的意义”；“可以说，爱伦凯启蒙了五四青年的恋爱自由思想，提供了破除包办婚姻的理论武器。”[①] 爱伦凯在《妇人道德》中的一句名言“恋爱是道德的，即使没有经过法律上的结婚；但是没有恋爱的结婚是不道德的”

① 杨联芬：《爱伦凯与五四新文化》，《中国现代文学研究丛刊》2012 年第 5 期，第 88—89、95 页。

(Love is moral even without legal marriage, but marriage is immoral without love)[①] 在五四时期几乎被新文化青年奉为金科玉律，成为流传最广的格言。在爱伦凯等人的理论启发之下，当时中国的知识界基本上都推崇恋爱自由、离婚自由、婚姻须以恋爱为原则等观念，有人甚至公开表示“这在今日已成为自明的真理，早没有讨论的必要了”，[②] “已经没有人敢说不是了”。[③]

爱伦凯是将爱情之有无作为判定婚姻和性关系是否道德的唯一标准。李三无称，爱伦凯“极力主张爱情的价值。同时又把性的道德的全部根源，摆在爱情的底下，照这样看来，虽把爱女士的思想，叫做一种‘爱情教’(Love Religion)，也没有甚么不行的”。[④] 由于爱伦凯将爱情视为婚姻的唯一基础，“无爱情的男女，不能结婚”，[⑤] 因此，离婚自由很自然地成为其思想的重要组成部分。“那向无爱情的强制结婚，或由父母做主，或因势力关系，一切男女无意识的结合，照理都应当许他自由分离”；[⑥] 因此，“在一男一女之间，爱情确实成立，他们的爱情就无论遇着什么阻力，都不能妨害它的那应有自由结合的权利”。[⑦]

在民国时期，以爱伦凯的思想为基础，恋爱自由、结婚自由、离婚自由等观念经过长期的、广泛的讨论和传播，已经为很多人所接受，尤其是知识女性群体。在一些调查统计中，绝大多数女学生都认为，只要夫妻双方同意即可离婚。例如在 1929 年对北平几所大学、中学 200 位女学生的调查中，有 91%的女生都对离婚持赞成态度。次年，在对燕京大学 60 位女生的调查中，这一比例高达 96.7%。

---

① Ellen Key, *The Morality of Woman and Other Essays*, translated from Swedish by Mamah Bouton Borthwick, Chicago: The Ralph Fletcher Seymour Co. 1911, p. 5. 该书没有中文译本，只在《妇女杂志》上发表过摘译。参见［瑞典］爱伦凯著，董香白译：《妇人道德》，《妇女杂志》第 8 卷第 7 期、第 8 期，1922 年 7 月、8 月。另外，值得一提的是，正文中的那句引文，近代国人对其译法不一，笔者至少见过四种，基本大同小异，由此亦可见这句名言的流传之广。

② 瀹如：《恋爱结婚的失败》，《妇女杂志》第 9 卷第 10 号，1923 年 10 月，第 46 页。

③ 周建人：《恋爱的意义与价值》，《妇女杂志》第 8 卷第 2 号，1922 年 2 月，第 4 页。

④ 李三无：《自由离婚论》，《妇女杂志》第 6 卷第 7 号，1920 年 7 月，第 2 页。

⑤ 李三无：《自由离婚论》，《妇女杂志》第 6 卷第 7 号，1920 年 7 月，第 1 页。

⑥ 李三无：《自由离婚论》，《妇女杂志》第 6 卷第 7 号，1920 年 7 月，第 3 页。

⑦ 琴如女士：《爱伦凯的思想及其晚年》，《妇女杂志》第 12 卷第 9 号，1926 年 9 月，第 37 页。

表 4.1 北平 200 女生对于离婚之态度

	赞成	反对	中立	总计
人数	182	15	3	200
百分比	91	7.5	1.5	100

资料来源：陈利兰：《中国女子对于婚姻的态度之研究》，《社会学界》第 3 卷，1929 年，第 156 页。据原文改制。

表 4.2 燕京大学 60 女生离婚意见表

意见	总数	无爱情即离婚	过度，应牺牲	一方不愿即可离婚	双方同意始可离婚
人数	60	20	2	10	28
百分比	100	33.3	3.3	16.7	46.7

资料来源：梁议生：《燕京大学六十女生之婚姻调查》，《社会问题》（北平燕京大学社会学会）第 1 卷第 2—3 期合刊，1930 年 10 月，第 27 页。据原文改制，百分比为笔者计算。

除了知识分子外，离婚的观念在这一时期也得到了城市平民女性的赞同。1935 年，《申报月刊》上曾专门记载了普通民妇对于离婚的态度，称“近来一般思想已大异于前，关于男女平等，礼教压迫等等富有时代色彩之新名词，时闻于大众之间”。[①] 在新观念的灌输下，以前那种以离婚、改嫁为羞耻的恶习，“现在则早已化成一股青烟跑到九霄云外去了”，[②] 当家庭中夫妻冲突到不可调和的时候，协议离婚已成为司空见惯的事。

在 1930 年代，“协议离婚”一词已经获得了完整的概念表达，如有人对此进行了明确的定义：“协议离婚者，基于夫妻双方自由意思之合致解除婚姻关系之谓也。……如夫妻之间真不和合，夫欲离，妻望别，自无以法律强合之必要。”[③] 或称：“两愿离婚，即夫妻间两相情愿，解除其婚姻关系，不问其原因如何，亦无须经法院判决之程序，在法律上即可生离婚之效力，亦称协议离婚。”[④] 除对概念的定义之外，当时一些报刊上也记录了各种具体的离婚原因。如 1933 年，一位读者写信给《东方杂志》求助，说他的口臭影

① 聶园：《湖南蓝山妇女概述》，《申报月刊》第 4 卷第 7 号，1935 年 7 月，第 216—217 页。
② 提撕：《河北巨鹿妇女在家庭中地位的变迁》，《申报月刊》第 4 卷第 7 号，1935 年 7 月，第194 页。
③ 彭年鹤：《我国现行离婚制度之得失》，《新时代半月刊》第 4 卷第 5 期，1933 年 5 月 16 日，第 1 页。
④ 魏翼征：《中国离婚制度之今昔》，《时代知识》第 1 卷第 2 期，1936 年 1 月，第 86 页。

响了妻子对他的感情，妻子甚至因此而提出离婚。[①] 因为无法忍受对方的口臭而提出离婚，这在以前或许只有男人借口妻子有“恶疾”才能享有的权利，对于妇女而言是难以奢望的。更令人不可思议的是，这位丈夫并不以此为怪，反而请求医生帮助医治口臭，这至少说明他认为妻子的这种离婚请求是正当的，并因此希望积极地消弭影响感情的因素。这封来信颇能体现当时人们对于自由离婚的接受程度。

以民国时期北平离婚率为例，我们亦可见离婚之实践日益普遍。吴至信曾对 1917 年至 1932 年北平离婚数量及离婚率进行过统计，具体情况如下表：

表 4.3　1917—1932 年北平离婚案件数量及讼离率

年份	件数	讼离率（每十万居民之讼离人数）
1917	28	4.48
1918	26	4.23
1919	22	3.51
1920	44	6.88
1921	38	5.87
1922	35	5.51
1923	48	7.52
1924	54	8.29
1925	51	8.06
1926	63	10.30
1927	62	9.35
1928	64	9.55
1929	98	14.5
1930	101	14.9
1931	170	24.2
1932	205	27.8

资料来源：吴至信：《最近十六年之北平离婚案》，《社会研究》第 1 卷第 1 期，1935 年 10 月，第 26 页。

① 程瀚章：《医事卫生顾问》，《东方杂志》第 30 卷第 15 号，1933 年 8 月，第 25 页。

我们发现，该时期北平离婚数量呈“S”型发展，民国九年（1920）、民国十八年（1929）离婚数量出现暴增现象，对此吴至信认为是五四运动、北伐战争以及迁都南京的影响所致，而民国二十年（1931）的暴增则是北平经济极度困难所致。吴至信对此认为：“五四影响下之暴增现象，续后则显低落，足证思潮革命，影响难以持久，而国都迁移之影响，则显日愈深刻，经济势力之操纵家庭生活，固昭昭明甚。”[①] 我们不能否认政治运动对于北平离婚数量的重大影响，但是应该注意到，民国十三年（1924）、民国十五年（1926）的讼离率也处于高位，证明此时段北平离婚现象依旧突出，且吴至信并未将采取私下调解、登报声明等方式的协议离婚案纳入统计，实际离婚数量应多于统计数量。

20世纪30年代以后，北平离婚数量继续增长。据吴至信统计，1930年至1932年，离婚数量均达到百件以上，1932年离婚数量比1917年多177件，讼离率则增长近7倍。北平市地方法院则对1929年10月至1930年9月所受理的离婚案数量进行统计，离婚案件共计974件，其中准许离婚案多达611件，判准率为62.73%。[②] 这些数字的增长一方面反映了当时社会调查工作的逐步完善，另一方面则反映了1930年代初期北平社会离婚现象大规模增加。

二、女性主动离婚之解读

与以前的离婚浪潮相比，此时的离婚运动呈现出一个新的特点，即妇女主动提出离婚的人数大大增多。吴至信在其统计中说道，“离婚主动方，在五四运动以前，男多于女，五四以后趋势逆转，近年以来而尤甚，盖已呈年增之趋势矣”。[③] 这一趋势不仅是在北平，而且在其他各大城市中也颇能得到验证。我们在一些对全国各大城市的离婚统计中看到，由妇女主动提出的最少也占总数的53.9%，高者甚至能达到85.7%的比例（见表4.4），这个比例已经远远超过了男子主动者的数字。

---

① 吴至信：《最近十六年之北平离婚案》，《社会研究》第1卷第1期，1935年10月，第26页。
② 《法界新闻：北平地方法院关于离婚案之统计》，《法律月刊》第4期，1930年4月，第64页。
③ 吴至信：《最近十六年之北平离婚案》，《社会研究》第1卷第1期，1935年10月，第31页。

表 4.4　全国各城市离婚主动方之性别

城市	年份	件数			百分比		
		夫	妻	双方	夫	妻	双方
北平[a]	1917—1918	24	30		44.4	55.5	
	1919—1920	27	39		40.9	56.1	
	1921—1922	25	46	2	34.2	63.0	2.8
北平[a]	1923—1924	39	55	8	38.2	53.9	7.9
	1925—1926	41	72	1	36.0	63.2	0.8
	1927—1928	42	84		33.3	66.7	
	1929—1930	49	150		24.0	76.0	
	1931—1932	58	304	13	15.5	81.0	3.5
北平[b]	1942	27	91		23	77	
上海[b]	1940—1941	17	48		26	74	
天津[c]	1929	4	24		14.3	85.7	
杭州[d]	1933	10	34		22.7	77.3	
全国 17 省[e]	1933—1934	104	344		23.2	76.8	

资料来源：[a] 吴至信：《最近十六年之北平离婚案》，《社会研究》第 1 卷第 1 期，1935 年 10 月，第 46 页。

[b] Bernhardt, Kathryn, "Women and the Law: Divorce in the Republican Period", in Bernhardt, Kathryn and Philip C. C. Huang (eds.), *Civil law in Qing and Republican China*, Stanford, Calif.: Stanford University Press, 1994, p. 195.

[c] 郭箴一：《中国妇女问题》，商务印书馆，1937 年，第 71 页。

[d]《二十二年度杭州离婚与自杀案》，《妇女共鸣》第 3 卷第 10 期，1934 年 10 月，第 4 页。

[e] 吴成编：《非常时期之妇女》，中华书局，1937 年，第 59 页。

这一时期妇女主动诉请离婚事件的增多，与 1930 年南京国民政府颁布新修民法也有密切的关系（详后）。虽然这部《民法·亲属编》在某些条文中还未实现完全的男女平等，① 但至少在离婚条件的规定上，体现出了男女平等的精神，赋予夫妻以平等的离婚权，而且还在某些方面对于妇女权益给予倾向性的保护。例如从损害赔偿上看，新民法认为婚姻具有契约的性质，

① 例如《民法·亲属编》第 987 条规定："女子自婚姻关系消灭后，非逾六个月不得再行结婚。但于六个月内已分娩者不在此限。"这个规定从维护男方血统的纯洁出发，明显地侵犯了妇女离婚后再婚的自由权。参见徐百齐编辑，吴鹏飞助编：《中华民国法规大全》第 1 册，商务印书馆，1936 年，第 79 页。

因此，如果存在过失方，则过失方必须承担赔偿责任。不仅如此，倘若婚姻破裂是由第三人引起的，还可以对第三者提出损害赔偿。另外，新民法还规定，如果无过失方的生活由于离婚而陷于困难，那么即使另一方无过失，只要有相应的经济能力，也应当给付赡养费。这些规定对于保护妇女权益具有十分重要的意义，损害赔偿和赡养费的规定对惩戒男子的过失行为、保障妇女今后的生活可以起到一定的作用。因此在进入1930年代以后，妇女主动诉请离婚的案件陡然增多，这绝不仅仅是时间上的巧合。

关于离婚的主动者问题，还有一点需要做出说明。笔者在查阅当时离婚主动者的统计时，常常会发现两组不同的数据，一是女子离婚主动者占明显的多数，一是“双方协议”占明显的多数。例如当代研究者经常引用的上海历年来的离婚数据中，双方协议离婚的要远远多于男子或女子的主动离婚。

表4.5　上海离婚主动者分析表

离婚主动者	男方		女方		双方协议		合计
	人数	%	人数	%	人数	%	
1928年（8—12月）	56	15.14	87	23.51	227	61.35	370
1929年	133	20.62	133	20.62	379	58.76	645
1930年	177	20.75	138	16.18	538	63.07	853
1931年	64	10.02	48	7.51	527	82.47	639
1932年	25	6.03	43	10.36	347[a]	83.61	415
1933年（1—6月）	5	1.85	21	7.78	244	90.37	270
1934年（1—8月）	1	0.4	31	12.55	215	87.05	247

资料来源：郭箴一：《中国妇女问题》，商务印书馆，1937年，第65页；另可见上海市政府秘书处编：《上海市政概要》第二章《社会》，沈云龙主编：《近代中国史料丛刊》（第3编第42辑），（台北）文海出版社有限公司，1990年，第66—73页。

注：[a] 此数字在郭箴一的原文中为349，当有误，今改正。

其实，之所以有两种相差甚远的统计数据，主要是由于统计材料来源的不同。一般说来，凡是双方协议离婚的，都不需要经过法院程序，双方私下签订离婚协议即可合法离婚。而离婚协议一般都是以书立合约或登报声明的方式呈现出来。在这些离婚协议中，双方一般都要写上“兹经双方同意断绝夫妻关系”或“兹经双方同意并征得双方家长之允许解除婚约”等字样。[①]有时，在登报声明的离婚启事中，还有明明不是双方同意，而故意伪造登载为双方同意之名义的。[②]甚至还有夫妇明明已经交恶，但在离婚协议上也只是以轻描淡写之“意见不合”而冠之。如1941年，妻子赵慧英以丈夫赵德禄“实施杀害”为由，将丈夫告上刑事法庭，并请求民事法庭判决离婚，最后丈夫同意与她协议离婚。在双方的离婚协议上竟然也赫然写道：“兹因双方意见不合，经诉法院有案，现经双方亲友出面调解，女方认可，彼此均无条件永远脱离婚姻关系。”[③]夫妇已经交恶到“实施杀害”的地步，最后的离婚协议上只是“意见不合”的饰词，可想而知协议离婚背后有太多不为人所知的内幕。[④]所以如果依据离婚宣言或离婚启事进行统计，一般双方主动离婚或者协议离婚的数据就会偏高。再加之男性作为家庭生活的主导者，他们摆脱原配婚姻生活的途径很多，除了离婚外，他们还可以分居、纳妾，甚至还不乏休妻的事例，这些方法都不需要履行法律手续，因而在法院也没有记载。所以凡是对法院的档案进行统计的，“双方协议”离婚的比例一定很少。

与男性相比，女性要想摆脱原来的婚姻生活，则除了离婚以外别无他途。而女性单方面提出的离婚，一般不易得到夫家的同意，因为当时在很多人的眼中，女性出嫁仍等于“归化夫家”，岂可轻易言去。所以如果是女方主动提出离婚，即使男方已经同意，为了防止男家将来的纠缠，女方也往往愿意到法院去备案，借重法庭的判决，以杜绝将来的隐患。[⑤]所以法院中显示女性主动提出离婚案件的增多，也就不足为怪了。由此可见，有时女子主动要求离婚的人数之多也与统计材料的来源有关。

---

① 《新华日报》1938年7月3日、16日。

② 例如在1937年3月19日的《新新新闻》中登载了一段启事云：“我们结合全由强迫所致，学识、情感均不相洽，现经家长允许，双方同意，自愿脱离‘挂名’关系，今后各任自主。曹淑贤、罗君定。”结果22日曹淑贤就在同样的地方登载启事道：“曹淑贤——倾阅报载曹淑贤、罗君定启事，纯系君定捏词惑众，并未得淑贤及家长同意，特声明无效。”萧鼎瑛：《成都离婚案之分析》，金陵女子文理学院社会学系编辑出版：《社会调查集刊》下集，1939年12月，第8页。

③ 《离婚》(1941年3月17日)，北京市档案馆，档案号：J65-18-967。

④ 民国时人对于“意见不合”的说辞就表现出极大的警惕性，他们认为夫妇间的“意见不合”似乎尚不至于要离婚，在“意见不合”的原因中，肯定含有不少假借的饰词，真正的原因恐怕不在于此。参见郭箴一：《中国妇女问题》，商务印书馆，1937年，第63页；沈登杰、陈文杰：《中国离婚问题之研究》，《东方杂志》第32卷第13号，1935年7月；王容川：《中国家庭问题的商榷》，《社会月刊》第2卷第5号，1930年11月。

⑤ 周建人：《中国旧家庭制度的变动》，《妇女杂志》第7卷第6号，1921年6月，第5页。

第二节 从传统到现代：国家权力对离婚之规范

民国时期离婚之频繁、离婚率之增高，除了知识界推崇、实践自由离婚外，还与南京国民政府进行现代司法改革、重新规范离婚有直接的关系。1930年12月26日，南京国民政府公布了《民法》第四编《亲属编》，并自1931年5月5日起施行。与此前法律相比，《民法·亲属编》在以下几点上有所进步。

一、规定“婚约应由男女当事人自行订定”（第972条），从法律上肯定了男女双方的婚姻自主权，婚姻应由当事人订立和解除，排除他人干涉，体现了婚姻自由的精神。

二、规定“男未满17岁女未满15岁不得订定婚约”（第973条），“男未满18岁女未满16岁不得结婚”（第980条），限定了结婚下限年龄，对早婚有一定的抑制作用，从法律上禁止指腹婚、娃娃亲、童养媳等婚姻陋俗。

三、规定“有配偶者不得重婚”（第985条），肯定了一夫一妻制，规定不得重婚，禁止纳妾。

四、规定“与左（下）列亲属不得结婚：（1）直系血亲及直系姻亲；(2) 旁系血亲及旁系姻亲之辈分不相同者但旁系血亲在八亲等之外旁系姻亲在五亲等之外者不在此限；（3）旁系血亲之辈分相同而在八亲等以内者但表兄弟姊妹不在此限”（第983条），禁止近亲结婚。

五、第976条对于婚约的解除有了更详致的规定。1. 婚约订定后，再与他人订定婚约或结婚者。2. 故违结婚期约者。3. 生死不明，已满一年者。4. 有重大不治之病者。5. 有花柳病或其他恶疾者。6. 婚姻订定后，成为残废者。7. 婚约订定后，与人通奸者。8. 婚约订定后，受徒刑之宣告者。9. 有其他重大事由者。

当然，《民法·亲属编》中也有很多矛盾之处。例如，在事实上承认强制、包办、买卖婚姻制度。《民法·亲属编》把父母等法定代理人的同意作为未成年人（20 岁以下）订婚、结婚的必要条件，否则婚姻无效。婚姻也可依有同意权人的请求而撤消。由于规定结婚年龄的下限为男 18 岁，女 16 岁，年龄规定上的这一段差距，不仅使 18 岁以下的男子和 16 岁以下的女子无结婚的自由，而且也使已经年满 18 岁的男子和 16 岁的女子但未满 20 岁者在法律上也没完全摆脱父母或其他法定代理人的控制，因为依据第 980 条，他们当然是可以结婚的，而依据第 981 条则必须要取得法定代理人的同意。那么有关条款的规定实际上确认了父母对未成年人婚姻包办的合法性，在一定程度上否认了婚姻自由的原则。

除了以上内容，《民法・亲属编》最重要的内容之一便是规范离婚，可以说，这部民法典是近代最重要的规范离婚的法律，“外应潮流，内合国情，对于法律之适应性及安定性，双方顾到，确不愧为世界进步之立法”。[①]

《民法・亲属编》中关于离婚的规定共有 10 条，涉及离婚方式、形式、理由、子女监护、赔偿、赡养等多个问题，是近代离婚法律中最为全面的一部。具体条文如下：

第 1049 条：夫妻两愿离婚者，得自行离婚。但未成年人应得法定代理人之同意。

第 1052 条：夫妻之一方，以他方有左列情形之一者为限，得向法院请求离婚。

1. 重婚者；

2. 与人通奸者；

3. 夫妻之一方受他方不堪同居之虐待者；

4. 妻对于夫之直系尊亲属为虐待，或受夫之直系尊亲属之虐待，致不堪为共同生活者；

5. 夫妻之一方以恶意遗弃他方在继续状态中者；

6. 夫妻之一方意图杀害他方者；

7. 有不治之恶疾者；

① 彭年鹤：《离婚制度之比较研究（续）》，《中华法学杂志》第 6 卷第 8 号，1935 年，第 26 页。

8. 有重大不治之精神病者；

9. 生死不明已逾三年者；

10. 被处三年以上之徒刑，或因犯不名誉之罪被处徒刑者。[①]

如果对比历任政府司法改革中对离婚的规定，我们就会发现，1930年南京国民政府颁布的《民法·亲属编》，既有其现代的一面，也有延续传统的一面。《民法·亲属编》中关于离婚问题的法文，是民国政府在现代西方司法理念指导下制定出来的，较为明显地体现出“婚姻自由”理念，给予民众较为充分的离婚自由权。此部离婚法律与之前的离婚法律相比，有以下特点：

一、离婚法律逐渐由家族本位过渡到个人本位，夫妻婚姻自主性更加突出。随着近代婚姻观念的逐步传播，民众逐渐认识到当事人应对婚姻具有决定权，而经济社会的快速变革导致传统的家庭结构受到巨大冲击。在此种背景之下，离婚法律逐渐强调个人权益，减少家族利益对婚姻的影响，更加关注个人在婚姻中的幸福感，个人对于婚姻的决策权利逐步扩大，例如在《大清民律草案》中规定离婚者“如男未及三十岁，或女未及二十五岁者，须经父母允许”。[②] 至《民法·亲属编》颁行时，家长在法律意义上对子女离婚的参与权基本上被消除，离婚事务完全由当事人处理。[③] 可见离婚当事人的权利逐步扩大，家族对子女婚姻的影响在法律上逐步减轻，婚姻的个人主义色彩更加突出。

二、由传统的男尊女卑逐渐转变为男女平等。近代离婚法律改革的重点内容就是贯彻现代性别观念，改变传统不平等的性别地位，从而保障女性权利。自《大清民律草案》起，立法者开始有意贯彻男女平等的性别观念，废除了传统“七出”“义绝”等以男性权力为主导的离婚方式，保障女性权利。至《民法·亲属编》颁布之后，离婚法律中基本剔除了男女不

① 徐百齐编辑，吴鹏飞助编：《中华民国法规大全》第1册，商务印书馆，1936年，第82页。

② 杨立新点校：《大清民律草案·民国民律草案》，吉林人民出版社，2002年，第174页。

③ 《民法·亲属编》第1409条规定：“夫妻两愿离婚者得自行离婚，但未成年人应得法定代理人之同意。”此项规定仅将家长影响的离婚群体限定于未成年人，主要是考虑未成年人不具备完全行为能力，家长需协助处理离婚事务，一旦当事人成年，离婚则完全由当事人决定，家长在法律意义上失去了对子女离婚的影响能力。

平等的各项因素，从而基本实现了法律条文上的性别平等，男女平等理念得到了较为彻底的贯彻。比如，《民国民律草案》中“妻与人通奸者”可申请离婚改为“通奸者”可申请离婚，摒弃了传统社会观念中对男女通奸的不公平态度，较为平等的对待男女双方。故有日本学者评论道：“中华民国亲属法及继承法草案，采用男女平等原则，极为彻底……此种勇往直前之气，令人震服。”①

三、公权力对民众离婚事务的参与度降低，政府几乎完全撤出离婚事务。传统的离婚制度主要为“七出”和“义绝”，所谓“义绝”即官方主导的强制离婚政策，在此种方式中，政府不承认离婚为民众的私人事务。有时，在当事人犯有某些罪行、对国家统治或公共秩序造成危害时，官方还会将离婚作为一种处罚方式。近代以来，随着西方婚姻自由观念逐渐传播，公权力对离婚的干涉逐渐减少，晚清至民国的离婚法律均规定离婚方式主要为“两愿离婚”和“判决离婚”，一旦夫妻双方达成和解或妥协，即可自行离婚，法庭应采取不干涉态度，只有当夫妻无法自行解决婚姻矛盾时，法庭才会进行判决。而且新法律完全取消了夫妇离婚需经户籍部门登记的规定，将离婚完全交给夫妻个人处理，这更进一步弱化了公权力对离婚的干涉，使民众离婚难度进一步降低。

四、更多考虑社会现实来制定一些规定。如《民法·亲属编》规定夫妻一方患有“不治之恶疾”，对方可以此提出离婚。在古代关于婚姻关系解除的条件中，并没有类似的规定。《大清律》曾规定“凡男女定婚之初，若有残病……务要两家明白通知，各从所愿，写立婚书，依礼聘嫁”，但如果双方在订立婚书之后反悔，则要承受“笞五十”的处罚。② 该条款证明一旦夫妻一方在婚前患有重大疾病而婚姻关系已缔结，或者在婚姻生活当中夫妻一方患有重病，另一方则无法解除婚姻关系。但是《民法》则给予夫妻中未患病的一方离婚的权利，同时该法对于“不治之恶疾”的适用范围进一步扩大，在身体疾病之外加入了“精神疾病”，对于夫妻一方患有无法治愈的精

---

① ［日］中岛玉吉著，惠予译：《读中华民国亲属法及继承法草案》，《东方杂志》第28卷第3期，1931年2月10日，第43页。

② （清）沈之奇注，怀效锋、李俊点校：《大清律辑注》（上册），法律出版社，2000年，第248页。

神病，另一方同样也可申请离婚。此种法条设计充分吸收了现代健康概念，极大地提升了夫妻的婚姻质量，同时也在一定程度上破除了传统社会女性对丈夫要无条件地“从一而终”的观念。

试举女性财产权为例来细看《民法·亲属编》与之前法律相比所呈现出的进步。在中国传统社会中，女性的财产权利受到很大限制。《礼记》有云：“子妇无私货，无私蓄，无私器，不敢私假，不敢私与。”① 女性除自己的妆奁外不得拥有任何财产，国家亦无对夫妻之间的财产关系进行系统规定。②

近代以来，女性在离婚时的财产权利逐步扩大，其主要体现在两个方面：一、女性离婚时可以带走自己的妆奁，丈夫不得阻扰。大理院上字第 208 号判例曾规定：“嫁女妆奁应归女有，其有因故离异，无论何种原因离去者，自应准其取去，夫家不得阻留。”③ 二、离婚原因如由丈夫造成，妻子可以索取赔偿，例如大理院判例规定：“夫妇于诉请离婚之后，其财产上之关系，据通常条理，若离婚之原因由夫构成，则夫应给妻以生计程度相当之赔偿，但纵令离婚之原因由妻造成，夫对于妻亦只得请求离婚而止，妻之财产仍应归妻。”④ 1930 年《民法·亲属编》中对于夫妻离婚后的财产及赔偿问题有了系统性规定：

第 1056 条：夫妻之一方因判决离婚而受有损害者，得向有过失之他方请求赔偿。前项情形虽非财产上之损害，受害人亦得请求赔偿相当之金额，但以受害人无过失者为限。前项请求权不得让与或继承，但已依契约承诺或已起诉者不在此限。

第 1057 条：夫妻无过失之一方，因判决离婚而陷于生活困难者，他方纵无过失，亦应给与相当之赡养费。

第 1058 条：夫妻离婚时，无论其原用何种夫妻财产制，各取回其固有财产，如有短少，由夫负担，但其短少系由非可归责于夫之事由而

① （汉）郑玄注，（唐）陆德明音义：《礼记》，《汉魏古注十三经》，中华书局，1998 年，第 99 页。
② 关于传统社会女性对于嫁妆的支配权，参见毛立平：《清代嫁妆研究》，中国人民大学出版社，2007 年。
③ 朱鸿达主编：《大理院判决例全集（民法）》，世界书局，1933 年，上字第 208 号判例，第 330 页。
④ 朱鸿达主编：《大理院判决例全集（民法）》，世界书局，1933 年，上字第 1407 号判例，第 339 页。

生者不在此限。[①]

《民法·亲属编》对于夫妇离婚的财产和赔偿规定较之前更加系统完善，从法律层面保证了女性的私有财产不受夫家侵犯，同时扩大了离婚赔偿范围，不仅限于离婚所造成的财产损失，也包括离婚造成的精神损失及生活困难。此规定的出台为女性在离婚中维护自身权利提供了坚实的法律保障。在法律的支持下，部分女性提出离婚时要求丈夫给予一定的经济补偿。

值得注意的是，《民法·亲属编》所规定的部分理由也继承了《大清律》的相关规定。在《大清律》中，"夫对妻族、妻对夫族的殴杀罪、奸非罪及妻对夫的谋害罪"规定夫妻双方"义绝"，[②] 而"虐待"、"通奸"、"意图杀害"等理由也同样纳入到了民国法律之中，但是具体内容有所变化。例如"虐待"在古代社会主要指的是身体虐待，清律中以夫妻或家属所受身体伤害是否达到"折伤"为标准进行量刑；《民法》中则对"虐待"的含义加以扩展，加入了"精神虐待"的概念，较为全面地囊括了夫妻在婚姻之中可能受到的虐待方式。

与此相类似的是，《大清律》中规定："其因夫逃亡在外，音信不通，不知去向生死，亦须待三年之外，明告官司，为之判理。"[③] 此条法令与《民法》中"生死不明已逾三年者可请求离婚"相类似，但是其法律内涵有所不同：其一，清律中的"逃亡"指"或因犯罪，或遭兵乱，或值凶荒等事"，但"如出外贸易、访亲之类，不得谓之逃亡。虽年远不归，不在此限"。[④] 而《民法》中的"生死不明"并未明确因何故失去联系，相较于清律内涵宽泛很多。其二，清律中仅对生死不明的情况表示"为之判理"，是否能够离婚取决于法庭裁决；而《民法》则明确此种情况可诉请离婚。

可以说，1930 年南京国民政府颁布的《民法·亲属编》，尽管仍带有一定的缺陷——如它将夫妻之间的离婚理由限制在十条规定之中，不属于规定

---

① 徐百齐编辑，吴鹏飞助编：《中华民国法规大全》第 1 册，商务印书馆，1936 年，第 82 页。
② 瞿同祖：《中国法律与中国社会》，中华书局，1981 年，第 128 页。
③ （清）沈之奇注，怀效锋、李俊点校：《大清律辑注》上册，法律出版社，1998 年，第 284 页。
④ （清）沈之奇注，怀效锋、李俊点校：《大清律辑注》上册，法律出版社，1998 年，第 287 页。

范围之内的离婚理由均不能得到法庭支持，对于某些理由缺少细化规定，导致法庭判决时缺乏客观评价标准；且将夫妻离婚后的子女监护权归属于男性，仍旧留有一些男女不平等的色彩，但是此部法律仍旧是中国近代最为完备的离婚法，顺应了当时的社会现实，体现了当时的时代潮流。

新法令的推行也促使民众的法律意识逐步提高。许多夫妇对离婚法律不甚熟悉，开始寻求社会帮助，所以当时很多报刊都开辟了法律咨询专栏，民众可来信询问以求法律解释，开办于沦陷区的报刊亦不例外。《三六九画报》中曾设置《三号信箱》栏目，专栏以“陈查理”的名义对读者所提出的婚姻问题进行解答，并提供法律咨询帮助。该栏目自1940年开始设置以来，收到了大量寻求解决离婚纠纷的来信，为离婚各方面问题提供法律咨询服务。例如某位女子因丈夫在外嫖妓，故以此理由希望离婚，“陈查理”对此种离婚诉讼理由进行法律解释：“他在外面交女朋友、嫖妓女在法律上是无法干涉的，假如他与另外女子通奸或有同居的事实，得到真实的证据，才能据为理由而实行离婚。”[①] 又如一位名叫“任毓英”的妇女询问丈夫强奸幼女、遗弃不养是否可以构成离婚条件，单方面登报声明离婚是否有效，“陈查理”对此问题进行了详细解答：“你丈夫既然有这种行为，足以构成离婚条件……仅仅登报离婚是没有用的，希望你小心从事，不要上了你丈夫的当。”[②] 除《三六九画报》外，《妇女杂志》《国民杂志》等多个刊物均开设了类似的法律咨询栏目，对民众提供离婚法律咨询服务。

国民政府时期离婚法律的逐步完善，为解决离婚问题提供了法律保障，日伪政府为维持社会稳定并未将这种法律保障消除，这使得离婚法条得以在司法实践中继续使用，从而在制度层面上保障普通民众的离婚权利，增强民众的法律意识。而法律条文的完善和意识的提高推动民众对法律咨询需求的增长，致使当时的报刊推出了大量法律咨询类栏目，这些栏目的出现既是对民众法律需求的满足，又在客观上进一步宣传了离婚法律，提高了民众的法

---

① 陈查理：《嫖妓交女友法律无法干涉，离婚须有正当理由》，《三六九画报》第16卷第13期，1942年8月13日，第28页。

② 任毓英、陈查理：《强奸幼女逼妻为娼可以请求离异》，《三六九画报》第13卷第15期，1942年2月18日，第28页。

律意识，从而推动了离婚现象的进一步增长。

第三节　在法理与情理之间：根据地时期关于自由离婚的政策和实践

离婚自由是根据地婚姻改革的重要组成部分。从苏区根据地开始，中国共产党便制定了相关的政策来提倡和推动离婚自由，而到了抗日根据地时期，相关政策更是进一步得到了强化，其结果是，很多饱受传统陋俗婚姻之苦的男女两性得以走出婚姻困境，尤其是女性，更是获得了前所未有的解放。但是，在一些情况下，这也引发了与传统、当地婚俗、与婚姻观念的矛盾，由此衍生出了一些问题。由是，中国共产党一方面一直坚持离婚自由，另一方面也根据各根据地具体的环境进行了实事求是的调整，以适应大局。

一、苏区根据地对离婚自由的政策和法律规定

当成规模的苏区建立之后，为巩固动员成果，苏维埃政府出台的婚姻法令也就比较简单且偏向激进。早在《中华苏维埃共和国婚姻条例》《中华苏维埃共和国婚姻法》以法律的形式确定离婚自由之前，“离婚结婚绝对自由”作为各地方政府处理婚姻问题的原则和政策，就已经开始在苏区根据地出现了。1930 年 3 月，赣西南根据地最早提出离婚结婚绝对自由，这是由共青团赣西南特委首先提出，并在赣西南苏维埃第一次代表大会上得到通过。同年 10 月，江西省苏维埃成立时颁发政纲，再次确立“离婚结婚有绝对自由”。[①]几乎与此同时，湘赣边区在 1930 年寻乌县第三区苏维埃大会上也提出离婚结婚绝对自由提案，并获得通过。“四军的人说了，有条件的离婚包含了封建思想”。[②] 鄂豫边苏维埃政府在 1930 年也颁布了“在不妨碍革命进展的条

---

① 《江西省工农兵苏维埃政府布告》(1930 年 10 月 7 日)，《中央革命根据地史料选编》下，江西人民出版社，1982 年，第 108 页。

② 毛泽东：《寻乌调查》(1930 年 5 月)，《毛泽东农村调查文集》，人民出版社，1982 年，第 180 页。

件下，离婚、结婚绝对自由”的法令。[①] 1931 年 1 月，江西广昌县在《广昌县工农兵代表大会决议案》中通过了结婚离婚绝对自由的提案，而兴国县在同年 1 月 13 日形成的《兴国县行委第一次代表大会决议》中也有同样的原则。[②] 由此可见，各大苏区根据地基本上都颁布过类似的政策。

农村群众尤其是广大妇女深受传统婚姻陋俗之苦，因此，一旦苏维埃政府颁布了离婚结婚绝对自由的政策，很多人便纷纷提出离婚。可以说，自由离婚一经发动，就如水之趋下，不可遏止。在寻乌县，“各处乡政府设立之初，所接离婚案子日必数起，多是女子提出来的。男子虽也有提出的，却是很少。十个离婚案子，女子提出来的占九个，男子提出来的不过一个”。[③] 在赣西南，“自革命以来对于婚姻问题到处闹得非常热烈……自赣西南一次工作代表会议提出离婚结婚绝对自由后，一般的男女亦是闹得很热烈，取得了多数人的同情，婚姻自由的口号在各地已经实现了”。[④]

这种婚姻大变动的风潮，引起了农村中男性的恐慌，一些人愤怒地说：“革命革命……我们底老婆，都要革掉了！”[⑤] 而蛮横者则威胁自己的妻子说：“我家是有进没出的，你要离婚就一驳壳打死你！”在寻乌的龙图与河角圩两乡，青年妇女追求恋爱自由，她们与对乡的男性青年的恋爱行为逐渐多起来，结果在山上公然成群地“自由”起来，致使捉奸的和反捉奸的几乎发生械斗。[⑥] 这些婚姻纠纷事件的不断增多以及女性们所谓“出格”现象的不断出现，其根本原因，便是离婚、结婚绝对自由的确立，女性得以从数千年封建礼教压迫中解放出来。可以说，离婚、结婚绝对自由，无疑为妇女婚姻解放起到了政策上的支持和舆论上推波助澜的作用。

但离婚、结婚绝对自由的政策也产生了一定的副作用。所谓绝对自由，

---

① 《鄂豫边特委综合报告（续）》（1930 年 11 月），湖北省档案馆、湖北省财政厅合编：《鄂豫皖革命根据地财经史资料选编》，湖北人民出版社，1989 年，第 227 页。

② 《中华苏维埃共和国婚姻条例》（1931 年 11 月 28 日），江西省妇女联合会、江西省档案馆选编：《江西苏区妇女运动史料选编（1927—1935）》，江西人民出版社，1982 年，第 23、25 页。

③ 毛泽东：《寻乌调查》（1930 年 5 月），《毛泽东农村调查文集》，人民出版社，1982 年，第 178 页。

④ 《赣西南妇女工作报告》（1930 年 12 月 30 日），江西省妇女联合会、江西省档案馆选编：《江西苏区妇女运动史料选编（1927—1935）》，江西人民出版社，1982 年，第 15 页。

⑤ 《一个伟大的印象》（1930 年 9 月），《柔石代表作》，黄河文艺出版社，1986 年，第 362 页。

⑥ 毛泽东：《寻乌调查》（1930 年 5 月），《毛泽东农村调查文集》，第 178、179 页。

更多地是一种理想主义，当在现实中真实行起来时，却容易表现出激进的倾向。一些女性信奉这种绝对自由，过于草率地与男性结合，致使有些婚姻关系趋于混乱。所谓“昨日讨他，今日讨主席，是自由”。[①] 青年男女变得过度浪漫，“专闹自由恋爱”，以致“发现婚姻混乱现象”，少数地方甚至出现残害私生子的行为。[②] 有些女性在原有婚姻关系未解除的情况下，便去自由恋爱，寻乌城郊一个乡就跑了十几个女性，她们的丈夫跑到乡苏维埃去哭诉。乡苏维埃在丈夫们的迫切要求之下出了一个告示，上面说道：“一般青年男女，误解自由，黑夜逃跑，纷纷找爱。原配未弃，新爱复来。似此养成，似驴非驴，似马非马，偷偷摸摸，不伦不类……”还有一乡便因此拒绝县政府派去的宣传员，他们说：“同志！你唔要讲了，再讲埃村子里的女人会跑光了！”[③] 男性的这种抵触情绪逐渐增多，有些地方甚至出现成年男子起而反抗的危险苗头。显然，这种情形的继续发展对苏区政权建设是不利的。

面对这种情形，有些地方政府的对策来了一个一百八十度的大转弯，在婚姻案件的实际处理中，对婚姻自由采取了禁止态度。赣西南苏维埃政府“对离婚案决定要条件，甚至看条件的政府还是不准离，如果有些女子强硬要离，政府甚至把他紧〔禁〕闭起来”。[④] 面对这些挑战，中央开始进行一些思考。如刘作抚巡视赣西南之后，在给中央的报告中提出，“还有‘离婚结婚绝对自由’，因有些地方自由恋爱引起了封建残余的农村社会中的农民反感，所以我也指出不作为宣传的标语。至于婚姻问题，我们也不要提倡绝对自由，也不要禁止，只要不妨害我们的工作”。[⑤] 而《中共闽西第一次代表大会决议案》也明确指出，就婚姻问题而言，党不应单纯站在某一方面，不要制止妇女离婚，使妇女失望，但是也不要鼓动妇女离婚，使农民恐慌。妇女或男子有提出离婚者，党及政权机关应根据下列两个原则判决：（1）妇女愿

---

① 毛泽东：《寻乌调查》（1930 年 5 月），《毛泽东农村调查文集》，人民出版社，1982 年，第 273 页。

② 《鄂豫皖中央分局妇委会给各县妇女部的指示信——关于各县妇女部过去工作的错误及今后工作》（1931 年 12 月 23 日），《鄂豫皖革命根据地》第 1 册，河南人民出版社，1989 年，第 522 页。

③ 毛泽东：《寻乌调查》（1930 年 5 月），《毛泽东农村调查文集》，人民出版社，1982 年，第 180 页。

④ 《朱昌谐关于赣西南妇运报告》（1930 年 10 月 23 日），江西省妇女联合会、江西省档案馆选编：《江西苏区妇女运动史料选编（1927—1935 年）》，江西人民出版社，1982 年，第 13 页。

⑤ 《赣西南刘作抚同志给中央的综合性报告》（1930 年 7 月 22 日），《江西革命历史文件汇集 一九三〇年（一）》，中央档案馆、江西省档案馆，内部资料，1988 年，第 258 页。

意，(2) 丈夫有强迫妇女事实者。而且，还着重提醒党员在男女交际上，不要有违反农民心理的行动，以免给群众不好的影响。[①] 这些内容显然是对离婚、结婚绝对自由的修正。可以说，当苏区根据地中的婚姻问题逐渐增多，并且影响牵涉逐渐扩大之时，简单的“离婚结婚绝对自由”在事实上不仅不利于妇女的解放，而且也影响社会的稳定及革命的大局。到底怎样实行婚姻自由的原则，为婚姻问题的解决制定怎样的婚姻条例乃至婚姻法，就成为苏区建设者一项亟待解决的重要课题。

1931年颁布的《中华苏维埃共和国婚姻条例》以及1934年出台的《中华苏维埃共和国婚姻法》，奠定了中国共产党在根据地推动婚姻改革的基础。其中，离婚自由是这些条例和法案的核心内容之一。

《中华苏维埃共和国婚姻条例》明确提出离婚自由，其内容极为简单，“确定男女婚姻，以自由为原则”，“确定离婚自由，凡男女双方同意离婚的，即行离婚，男女一方坚决要求离婚的，亦即行离婚”。而且，《条例》还规定了离婚后子女的抚养问题。离婚前所生子女首先归男子负责抚养，如男女双方都愿意抚养，则归女子抚养，但男方必须担负小孩必需生活费的三分之二，直到16岁为止。更为重要的规定，体现在对离婚后财产和债务关系的处理上。婚姻期间的财产，离婚后双方平分；而在婚姻期间所产生的债务则统归男方承担。而且《条例》还规定，离婚后，女方如果还没再行结婚，那么男方必须负责女方这段时期的生活费用，直到她再行结婚为止。这里的一系列规定显然是对女方有利，体现了“关于离婚问题，应偏于保护女子”的原则。[②]

《婚姻条例》颁布以后，基本上得到了各地政府的执行，如赣东北报告说，“（《婚姻条例》）在实际执行上很顺利，并无困难”，“提出离婚的比较女方的要占多数。离婚结婚都是依照婚姻法的，没有发生混乱状态，政府解决婚姻问题也是很正确的”。据统计，从1932年4月至6月，整个赣东北共

① 《中共闽西第一次代表大会决议案》(1929年7月)，《福建革命历史文件汇集（闽西特委文件）1928年—1936年》，中央档案馆、江西省档案馆，内部资料，1984年，第89页。

② 《中华苏维埃共和国婚姻条例》(1931年11月28日)，江西省妇女联合会、江西省档案馆选编：《江西苏区妇女运动史料选编（1927—1935年）》，江西人民出版社，1982年，第33—37页。

办理离婚809件，结婚656件。[①] 赣东北所辖不过数县，统计也不详尽，但仅从这些数字便可以发现，结婚与离婚都处于一个很高的基数，这说明该省在《婚姻条例》颁布以后，有一个婚姻变动的高峰；而离婚与结婚相差不大，且离婚数高于结婚数，而女方提出离婚的又占大多数，这说明政府在处理离婚问题上基本上依据了《婚姻条例》。

《婚姻条例》的出台，固然综合了以前各苏区自行制定的婚姻条文的特点，但"偏丁保护女子"原则显然是《婚姻条例》高于其他各苏区婚姻条文的地方，其精神与各地的婚姻条文制定的原则有较大的差别；而由于各根据地之间事实上处于分割状态，它们都有着相当大的独立性，因此，这种中央与地方在制定婚姻法规时指导原则上的差别，也为以后各地有关对《婚姻条例》的质疑埋下了伏笔。以离婚自由为例。如果我们将《婚姻条例》与同一时期的湘赣苏维埃政府颁布的《婚姻条例》做一比较，便会发现后者在规定离婚上，并没有完全体现保护女子的原则。

（三）离婚条例：

1. 双方同意提出离婚的。2. 男女有一方患有残疾、精神病或其他带传染性的花柳病的，以及有妨碍生育，不能做事，对方可以提出离婚，但红军官兵因带枪而残废者不在此限。3. 年龄相差在八岁以上的，无论男女均有提出离婚之条例。4. 男子出外二年没有音信回家的，女子可宣布与其出外之丈夫离婚，但当红军官兵者，须在四年以上没信回家者，才许宣布离婚。5. 男女因政治意见不合或阶级地位不同，无论男女可以提出离婚。6. 有妻妾者无论妻或妾都可以提出离婚，政府得随时批准之。7. 男女有一方要求离婚，而对方不愿离者，亦当地苏维埃政府应切实调查确有离婚之条件，始可准予离婚。8. 童养媳可无条件提出离婚，政府得随时批准之。9. 离婚须经区苏批准并登记其离婚条件。

（四）离婚后关于财产、债务、子女的处理：

---

① 《赣东北省委妇女部关于妇女工作问题给中央妇委的报告》（1932年10月5日），江西省妇女联合会、江西省档案馆选编：《江西苏区妇女运动史料选编（1927—1935年）》，江西人民出版社，1982年，第428页。

1. 离婚后其家内过去所负的债务及未成年子女可由男方负责，在哺乳的小孩子则由女子负责抚养，但男方亦应予以相当的帮助。2. 如果女子愿意带去子女时，可以带去，但子女应得的财产亦应带去。3. 男女双方私人的贮积及其私资的债务各自偿还与照管。4. 中农及中农以下的老婆，实行离婚之后，在未结婚之前，期间的生活，男子概不负责。5. 富农及富农以上的老婆实行离婚之后，在未结婚之前，期间的生活，应由男子负责。6. 中农及中农以下的老婆在离婚时，只能带得本人的土地及衣物。7. 富农及富农以上的老婆，在离婚时，其中的财产、杂物、牲畜有享受平均分配之权。①

通过两相比较，我们可以发现，首先，在离婚许可上，中央规定只要一方要求离婚就可以离婚；而在湘赣则规定，若只有一方要求离婚，而对方不愿离异的，则必须由当地苏维埃切实调查原因。其次，在对于离异后财产的分割与子女的抚养问题上，湘赣与中央有较大的区别。关于子女的抚养，规定婚内所生的子女由男子负责，但哺乳期的子女则由女方抚养，男子则给予帮助，至于哺乳期过后，孩子该由谁抚养，则没有规定，而如果女方愿意抚养婚姻期间所生的子女，则只规定“子女应带的财产亦应带去”，男方应承担的责任则完全没有规定。关于婚姻财产的分割，湘赣将离异的家庭分为中农与富农两个阶层来区别对待，对于中农及中农以下，女方离婚后只带得本人的土地及衣物，而只有富农以上才能平均分配财产；离婚以后，如果女方没有结婚，则只有从富农及富农以上的家庭离异的妻子，她们的生活才能由前夫负责，至于中农及中农以下，离异妻子的生活，前夫概不负责。

从理论上讲，中央在离婚自由方面偏于保护女性的原则无疑是正确的。在传统的封建婚姻制度下，受束缚最多的、受压迫最重的就是女性。在新型婚姻关系与婚姻制度确立初期，如果对离婚问题作出所谓“公平”细致的规定，那么，其结果反而是束缚住女性自我解放的手脚，她们本就身处弱势，

① 《湘赣苏区婚姻条例》（1932年2月），江西省妇女联合会、江西省档案馆选编：《江西苏区妇女运动史料选编（1927—1935年）》，江西人民出版社，1982年，第235—236页。

而一旦离异就会面临更大的生活与经济压力，这从根本上无助于新的婚姻关系的确立。但在现实之中，中央关于离婚及婚后财产处理的规定显然不如湘赣苏区的相关规定更易获得大家——特别是男性的——认同。因此，《婚姻条例》一颁布，就遭到质疑。比如永定县委的向荣就公开提出疑问。

在疑问中，他首先承认《婚姻条例》以婚姻自由为原则，废除一切封建包办、强迫和买卖的婚姻制度，“这里充分的表现出苏维埃的精神，克服了资产阶级及其走狗所谓共产即是公妻之谬论”。但同时他提出两点质疑，其一，男女一方只要愿意离婚，就可以离婚，那么怎样处理无正当理由离婚的现象，而朝秦暮楚的婚姻又怎样杜绝？而且这种现象在永定各地已经发生，究竟要如何解决？其二，离异后，男方要独负债务，而如果前妻没有再嫁，男子还要负担其生活，这样男方是否负担过重？同时，如果女子没有理由地坚决要求离婚，男子要维持女子的生活费直到女子再婚为止，可是男子本身就不愿意离婚，现在离婚后还要负担女子的生活费，不是雪上加霜吗？向荣要求中央同志在《红色中华》报上做公开答复。

对于这种带有代表性的质疑，项英于 1932 年 2 月 24 日作了公开的答复。他首先指出，婚姻法的主要精神不只是废除封建的婚姻制度，更重大的意义是彻底消灭封建社会束缚女子的旧礼教，消灭男子对于女子的压迫，“中央政府所颁布的《婚姻条例》，正是站在彻底解放妇女，消灭任何束缚女子的方面，来规定的一切条例，这是首先要了解的问题……所以我们要坚决地拥护离婚自由。至于无正当理由的说法，这就要了解现在是刚从封建束缚下解放出来的过程中，一切现存的婚姻关系，还是新制度占主要？抑是深陷在旧制度而未解脱出来？这是很明显的事实，不能拿当时的离婚来说，应该从现存的婚姻关系来认识”。而所谓男子负担过重的说法，项英继而解释说，之所以偏于女性，其目的在于“最主要的还是使女子不受经济上的束缚，而得真实的解放”，而加大男子的负担，“还同样是限制男子随便离婚结婚的办法，而在这种限制中，无形就可减少乱结乱离的现象”。①

① 《关于婚姻条例的质疑》(1932 年 2 月 24 日)，江西省妇女联合会、江西省档案馆选编：《江西苏区妇女运动史料选编（1927—1935 年）》，江西人民出版社，1982 年，第 50—52 页。

但是，向荣们的疑问客观上仍然在下层的一些干部与群众中存在着，比如在湘赣省，“各县对于中央政府颁布的《婚姻条例》的执行程度非常不够……对于《婚姻条例》偏于保护妇女权利有很大的怀疑”。[①] 在江西省，“《婚姻条例》颁布了这样久，各县不但没有切实执行，而且还做出不少违反《婚姻条例》的事情出来。如赣县男女双方同意离婚，政府不准，反而置之于监禁，又如山下区之某乡女子要求离婚，政府不准而把女子禁闭起来。公略关于婚姻事件只偏重于男子……（永丰）有妇女坚决要求离婚，政府不准许外，还要勒逼女子要离婚就要出洋几十元……兴国有一二区对《婚姻条例》第九条（第九条，即关于男女一方坚决要求离婚即可离婚的规定——引注）的犹豫，买卖婚姻仍有发现”。[②]

有鉴于此，1934 年出台的《中华苏维埃共和国婚姻法》，对《婚姻条例》做了相应的修正，其中很大一部分便涉及离婚自由问题。《中华苏维埃共和国婚姻法》再次确认男女单方有离婚要求就可离婚的同时，对于社会疑问最大的男子抚养没有再嫁之前妻生活的问题进行了修正，即只有未嫁之前妻处于缺乏劳动力或没有固定职业因而不能维持生活者，男子须帮助女子耕种土地，或维持其生活；但如果男子自己也缺乏劳动力，或者没有固定的职业，不能维持生活，那就无需抚养未嫁之前妻的生活。最后，对于离婚后子女的处理也进行了修订。为了避免离异后子女受到后母的虐待，《婚姻法》中子女抚养的优先权发生了变化，在《婚姻条例》中，离异后子女一律归男方抚养，如女方愿意抚养则归女方，但在实际操作中，男方往往以这一条例横生枝节，因此《婚姻法》颁布时，离异子女一律归女方抚养，如果女方不愿意抚养，则归男子抚养，显然女方的权利扩大了。另外，《婚姻法》也考虑到了子女的权利，按照规定，在判定抚养权的时候，如果有年长的小孩，在判定抚养权的时候，同时须尊重小孩的意见。《婚姻法》的这些变化，较《婚姻条例》更为细致，更符合实际的情况，这也是在实践过程中不断探索的结果。

---

① 《湘赣省委妇女部报告》（1933 年 1 月 7 日），江西省妇女联合会、江西省档案馆选编：《江西苏区妇女运动史料选编（1927—1935 年）》，江西人民出版社，1982 年，第 278 页。

② 《江西省苏报告（一）》（1932 年 11 月 21 日），江西省统计局、中共江西省委党史研究室、赣州市人民政府编：《红色统计：中央苏区调查统计史料汇编》上，江西人民出版社，2023 年，第 482—483 页。

二、抗日根据地对自由离婚的法制推进

在艰苦的抗战期间，中国共产党在根据地建设中，继续坚持以法律的形式推动离婚自由。如前所述，各边区政府均制定了关于婚姻的条例，其中，很大一部分是关于自由离婚的。其主要内容大致如下：

1. 充当汉奸或有危害抗战行为者。

2. 有重婚行为者。

3. 感情不和，无法维持同居者。

4. 与他人通奸者。

5. 图谋陷害他方者。

6. 有生理恶疾或不能人道者。

7. 虐待他方者。

8. 以恶意遗弃他方者。

9. 生死不明过数年者（这里的年限各地规定不一，陕甘宁规定为 1 年，在不能通信处为 2 年；晋察冀、晋冀鲁豫、山东规定为 3 年；晋绥、晋西北为两年。当然这里不包括抗战军人）。

10. 被罚处徒刑 2 年以上者（晋绥、晋西北为 3 年以上）。

以上十条大致包括了各地婚姻条例中离婚条件的主要部分。其中，很多根据地政府将“充当汉奸及有危害抗战行为者”作为离婚的首要条件，这也与当时具体的战争环境有直接关系。如 1941 年《晋察冀边区婚姻条例》对“充当汉奸者或有危害抗战行为者”离婚进行解释，“此款前半一方‘充当汉奸’他方得与离婚自无问题，后半段‘危害抗战行为’，则弹性很大。那么什么是‘危害抗战行为’呢？这要特别注意，‘行为’两字，凡是破坏军队、破坏政府、破坏革命党派团体之见于行动者以及在行动上帮助敌伪者，都是危害抗战的行为”。[①]

此外，各根据地婚姻条例还对离婚后的子女的抚养以及财产和债务的分割做了详细的规定。对于离异后子女的抚养，一般都规定一个法定年龄，在

---

① 《关于我们的婚姻条例》（1941 年 7 月 7 日指示信第 51 号），晋察冀边区行政委员会：《现行法令汇集》上册（1945 年 12 月 15 日），山西省档案馆，革命历史资料，档案号：C3—4，第 228 页。

规定年龄以前，子女一般归女方抚养，在规定年龄之后，从父还是从母则须尊重子女本人的意见。陕甘宁规定为5岁，后又改为7岁；晋察冀规定为5岁；晋冀鲁豫规定为4岁，4岁以后归男方抚养；晋绥则规定为13岁；山东规定为6岁。至于财产大致是平均分配，婚姻期间的共同债务归男方承担，当女方离婚后未结婚，并且无力维持生活时，男方须给以帮助，但以3年为限。这些规定各地多少有些差异，但大致而言，这些条例对于离婚财产和子女抚养问题仍然坚持了保护妇女的基本原则。

不仅如此，就像结婚要进行登记一样，大多数根据地政府也试图将离婚正式化、程序化，明确规定如果夫妻双方要离婚的话，必须要向政府提出申请，进行登记或者领得离婚证明书，方才算是正式离婚。如《晋察冀边区婚姻条例》规定："夫妻两愿离婚者，须向所在地县市司法机关请求登记，并有二人以上证人之签名。"[①] 这种将离婚正规化的方式是非常重要的，因为它在某种程度上限制了任意离婚的发生，有助于稳定社会秩序。"为了防止男女因一点小事即随意离婚的现象，以免影响家庭生活和社会秩序，关于两愿离婚的登记应做为离婚成立的必要条件，不登记的，其离婚不生效力，如两愿离婚后不经登记又与第三人结婚的，应按重婚治罪"。[②] 晋察冀边区政府还特意规范了离婚登记的方法，并附有《离婚登记表》。其具体内容包括："A. 离婚登记机关为所在地县之司法机关，在游击区县政府得授权区公所代为办理离婚登记；B. 离婚登记以男女亲自到场为原则，并应有住在村公所之介绍信和证明人之书面证明，村公所对两愿离婚的男女不得拒绝开介绍信。"对比此前结婚登记之方法，我们能看出，离婚要比结婚更加复杂。比如说结婚只要到村公所登记即可，亦不需要出示介绍信，而离婚则必须要有介绍信和书面证明，并要去县城司法机关去进行登记。将离婚程序复杂化，在某种程度上也是从程序上限制任意离婚。

---

① 《晋察冀边区婚姻条例》（1943年2月4日），晋察冀边区行政委员会：《现行法令汇集》上册（1945年12月15日），山西省档案馆，革命历史资料，档案号：C3－4，第221页。

② 《晋察冀边区行政委员会通知·关于婚姻登记问题的通知（民社字第3号）》（1943年5月27日），晋察冀边区行政委员会：《现行法令汇集》上册（1945年12月15日），山西省档案馆，革命历史资料，档案号：C3－4，第235页。

表 4.6　晋察冀边区离婚证明书（一）

县离婚证明书（甲）					
姓名				证明人	离婚原因
性别					
年龄					
籍贯					
职业				住址	离婚条件
家庭状况	人口				
	财产				
	债				
结婚日期					

年　月　日（司法机关）填发

字第　　　号

表 4.7　晋察冀边区离婚证明书（一）

县离婚证明书（乙）					
姓名				证明人	离婚原因
性别					
年龄					
籍贯					
职业				住址	离婚条件
家庭状况	人口				
	财产				
	债				
结婚日期					

年　月　日（司法机关）填发

字第　　　号

表 4.8 晋察冀边区离婚证明书存根

<table>
<tr><td colspan="6">县离婚证明书（存根）</td></tr>
<tr><td colspan="2">姓名</td><td></td><td></td><td>证明人</td><td>离婚原因</td></tr>
<tr><td colspan="2">性别</td><td></td><td></td><td></td><td></td></tr>
<tr><td colspan="2">年龄</td><td></td><td></td><td rowspan="2"></td><td rowspan="2"></td></tr>
<tr><td colspan="2">籍贯</td><td></td><td></td></tr>
<tr><td colspan="2">职业</td><td></td><td></td><td>住址</td><td>离婚条件</td></tr>
<tr><td rowspan="3">家庭状况</td><td>人口</td><td></td><td></td><td rowspan="4"></td><td rowspan="4"></td></tr>
<tr><td>财产</td><td></td><td></td></tr>
<tr><td>债</td><td></td><td></td></tr>
<tr><td colspan="2">结婚日期</td><td></td><td></td></tr>
</table>

年　月　日（司法机关）填发

字第　　号

资料来源：《晋察冀边区行政委员会通知·关于婚姻登记问题的通知（民社字第 3 号）》（1943 年 5 月 27 日），晋察冀边区行政委员会：《现行法令汇集》上册（1945 年 12 月 15 日），山西省档案馆，革命历史资料，档案号：C3—4，第 237 页。

1946 年，晋察冀边区针对在外工作人员的离婚程序又做了细化的规定。

在外工作人员声请离婚程序

第一条　本边区内之人员声请与原籍或住所地之对方离婚者，由原籍或住所地之初级司法机关受理。男女双方均在外工作，在同一地区者，由工作地之初级司法机关受理；在不同之地区者，由被告人工作地之初级司法机关受理。

第二条　其他解放区之人员在本边区工作声请与原籍或所在地之对方离婚者，由声请人所属之籍贯负责转声请人原籍或住所地之初级司法机关受理。男女双方同在本边区工作者，由被告人工作地之初级司法机关受理。

声请与其他解放区工作人员离婚者，由声请人所属之机关负责转被告人工作地之初级司法机关受理。

第三条　其他地区之人员在边区工作声请与原籍或住所地之对方离婚者，应由声请人所属之机关审核，负责转工作地之初级司法机关受理。

第四条　受理边区以外地区人员声请与原籍或住所地之对方离婚之初级司法机关，应切实审核，并得依职权为必要之调查。

对合于离婚条件之声请人，应命其交声请状副本送达于被告人，并将声请要旨登报，使声请人负担登报费与邮寄费。

在登报最后之日，与声请状副本交到邮局之日，比较最后之日起三个月后，始得为终局判决。

声请书不合离婚条件者，应以裁定驳回之。

不服本裁定，得于五日内提起抗告。

声请人迟误言词辩论日期逾三个月或逾两次者，视为撤回声请。

撤回声请者，不得再为申请。

司法机关为准许离婚之判决时，应将判决正本送达于被告，并将判决要旨登报，使原告人（声请人）负担登报费与邮寄费。

准许离婚判决确定期间为一年。

被告人接到离婚判决一年后始得结婚。

第五条　本程序规定之报纸为《晋察冀日报》。

第六条　本程序自令到之翌日起施行。①

这个文件不仅规范了大家如果身处不同地方，要去何处、何级政府和哪个机关申请离婚，甚至还要求离婚申请人要将离婚申请刊登在《晋察冀日报》上，而司法机关最终的判决，也要登报公示。也就是说，男女双方要离婚，已经不再是二人的私人事务，而必须是在整个社会中广而告之，由此，这不仅可以避免因隐瞒婚姻状况而发生情感纠纷的可能，而且也让离婚申请人更为谨慎严肃地对待离婚这件事情。

此外，由于战争的实际情况，各根据地条例还对军婚做了详细的规定。

---

① 《晋察冀边区行政委员会令（会法字第31号）》（1946年2月20日），晋察冀边区行政委员会：《现行法令汇集续编》（1946年7月30日），山西省档案馆，革命历史资料，档案号：C3－6，第275—277页。

其实，军婚一直是中共根据地婚姻家庭建设的重要内容。最初，苏区政府在《红军优待条例》中便有过一些关于军婚的规定，“凡红军在服务期间，其妻离婚，必先得本人同意，如未得同意，政府得禁止之”。① 但是在1931年颁布《中华苏维埃共和国婚姻条例》时，苏维埃中央政府对于军婚问题没有形成明确的意见。此后，在1934年4月8日公布的《中华苏维埃共和国婚姻法》中又明确规定，“红军战士之妻要求离婚，须得其夫同意，但在通信便利的地方，经过两年其夫无信回家者，其妻可向当地政府登记离婚，在通信困难的地方，经过四年其夫无信回家者，其妻可以向当地政府请求登记离婚”。②

抗战时期各地婚姻条例依然高度重视军婚。1941年，晋察冀边区在制定婚姻条例时，特意强调要照顾抗战军人利益。“当前我们继续进行着神圣的民族抗战；要‘一切为着抗战的胜利’。在婚姻问题上对以自己的血肉生命与敌搏斗的抗战军人，应予以适当的安慰，因此，无论任何人对抗战军人之妻子施以诱奸、和奸者，一律严予处罪。在离婚问题上亦予抗战军人以适当的保障，这是我们的条例贯彻了抗日高于一切的精神”。③ 因此，各根据地有关军婚的制定，多是以保护军人婚姻权益为重。如晋冀豫边区在1940年规定：“凡抗战军人之妻子，除确知其夫已经死亡者外，未经对方同意，一律不得离婚。如三年以上毫无音讯者，得许另行改嫁（如已订婚而未结婚，两年以上毫无音讯者，得许另行择配），如已有三年以上毫无音讯者，自本条例施行之日起算，再候一年仍无音讯得另行改嫁，或另行择配。”④ 晋绥政府则规定：“革命军人之配偶或未婚妻，非经男方本人同意，不得离婚或解除婚约。革命军人没有音讯未满三年者，女方不得提出请求解除婚约，非经政府

① 《中国工农红军优待条例》（1931年11月），中共中央文献研究室、中央档案馆编：《建党以来重要文献选编（1921—1949）》第8册，中央文献出版社，2011年，第726页。

② 艾绍润、高海深编：《陕甘宁边区法律法规汇编》，陕西人民出版社，2007年，第378页。

③ 《关于我们的婚姻条例》（1941年7月7日指示信第51号），晋察冀边区行政委员会：《现行法令汇集》上册（1945年12月15日），山西省档案馆，革命历史资料，档案号：C3－4，第224—225页。

④ 《晋冀豫区优待抗战军人家属条例》（1940年12月），晋冀鲁豫边区政府编印：《晋冀鲁豫边区法令汇编》（1943年7月），山西省档案馆，革命历史资料，档案号：C3－8，第26页。

（县）调查确无下落者不得离婚。”[①] 而在晋察冀边区，政府于1943年发布的婚姻条例里明确指出：“抗日军人之配偶，非于抗日军人生死不明逾四年后，不得为离婚之请求”。晋察冀政府甚至还特意说明，“对抗日军人的‘生死不明’一定要尽力查问……抗战已经四年，必然有许多抗战军人，因为离乡日久，音讯难通，乡里间对他发着‘生死不明’的问题，因此，在执行这一条文的时候，一定要很好的理解，今天处在战争环境，交通太困难，对抗战军人提出的离婚诉请，应再留出一年以下的时间，尽量设法探讯（请求离婚者及政府）以期能得到抗日军人本人的音讯，如经一年的查讯，仍无消息者，始可准予离婚，在查讯期间，对请求离婚的一方，多方解释，晓以大义。”[②]

随着抗战形势的发展，抗日根据地政府对军婚的规定也有日趋严格之趋势。1944年，陕甘宁边区颁布《修正陕甘宁边区婚姻暂行条例》，其中规定：“抗日军人之配偶，在抗战期间原则上不准离婚，至少亦须五年以上不得其夫音讯者，始能向当地政府提出离婚之请求。当地政府接到此项请求时，须调查所述情况确实，始得准其离婚。但抗属之丈夫如确已死亡、逃跑、投敌或另行结婚者，不受此限制。抗日军人与女方订立之婚约，如男方三年无音讯或虽有音讯而女方已超过结婚年龄五年仍不能结婚者，女方得申请当地政府解除婚约。”[③] 晋绥边区也规定，“关于我军抗属离婚问题，应慎重处理，一般的不准离婚”。而如果“干部与抗属结婚或从中作媒者，亦予以处罚或严格批评”。[④] 有了这些规定，一些地方政府为了避免麻烦，便对军属的离婚申请采取不批准的一刀切，不管多少年一概不许离，甚至订婚的也不允许离婚。

但整体而言，为了有利于抗战和婚姻关系的调整，相比苏区时期，抗日根据地时期对许多条例做了更为具体更灵活的规定，内容上比苏区时期也更

---

① 《晋绥边区婚姻条例》（1948年5月9日），《晋绥妇女婚姻问题材料》，山西省档案馆，山西革命历史档案，中共晋绥分局，档案号：A21—06—46，第4页。

② 《关于我们的婚姻条例》（1941年7月7日指示信第51号），晋察冀边区行政委员会：《现行法令汇集》上册（1945年12月15日），山西省档案馆，革命历史资料，档案号：C3—4，第221、232—233页。

③ 《修正陕甘宁边区婚姻暂行条例》（1944年3月20日），韩延龙、常兆儒：《中国新民主主义革命时期根据地法制文献选编》第4卷，中国社会科学出版社，1984年，第810页。

④ 《晋绥边区关于保障革命军人婚姻问题的命令》（1946年4月23日），韩延龙、常兆儒：《中国新民主主义革命时期根据地法制文献选编》第4卷，中国社会科学出版社，1984年，第881页。

为丰富。其结果是，在这些婚姻条例颁布后，各根据地掀起了离婚自由之高潮。

三、抗日根据地的离婚热潮及其治理

随着妇女运动的不断深入，离婚自由在各根据地大量出现。1942 年，晋冀豫边区妇救会指出，“自从婚姻条例颁布以后，到处发生大批的离婚案子，去年六月到今年五月，据不完全材料统计，经我们解决的离婚案有 1694 件”。[①] 1949 年，根据晋西北对 21 个县进行的不完全统计，该年有 2214 对夫妻提出离婚。这些申请离婚夫妇的性别、年龄如下表。

表 4.9　1949 年晋西北申请离婚夫妇性别、年龄统计

		兴县	朔县	静乐	方山	代县	宁武	岢岚	河曲	偏关	怀仁	山阴	左云	平鲁	合计
性别	男	55	21	32	21	16	21	18	8	26	2	36	13	47	316
	女	179	216	361	158	207	76	124	71	111	121	84	77	113	1898
	合计														
申请人年龄	20 岁以下	71	92	205	63	73	26	62	27	71	49	27	33	95	894
	20 至 30	104	114	131	78	119	48	59	42	62	55	64	49	54	979
	30 至 40	47	22	38	27	27	18	16	9	4	13	19	6	10	256
	40 至 50	8	8	17	6	2	5	3	1		5	9	1	1	66
	50 以上	4	1	2	5	2		2			1	1	1		19

在所列离婚原因中，最主要的原因是感情不好、虐待打骂、逃亡无音讯、年龄悬殊过大、早婚等。

① 晋冀豫区妇救总会：《关于反对买卖婚争取自主婚的初步总结》（1942 年 8 月 31 日），山西省档案馆，档案号：A1—7—4—15，第 1 页。

表 4.10　1949 年晋西北申请离婚原因统计

	代县	偏关	岢岚	河曲
包办早婚	5	18	9	26
感情不好	113	71	57	2
年龄悬殊	14	16	13	21
不务正业	8	3	13	3
一方狐臭		3	3	1
不能性交	1		4	4
痴聋哑瞎跛	8	1	7	1
虐待打骂	26	16	18	8
生活无着	12	2		6
逃亡无音讯	32	3		
疯症	2	4		2
重婚	1			
与别人通奸			6	
童养媳				5
遗弃	1		4	
重大恶疾			8	

晋西北还对申请离婚者的成分进行了统计，如下表。

表 4.11　1949 年晋西北离婚申请人成分统计

	兴县	岚县	静乐	代县	宁武	五寨	岢岚	河曲	偏关	朔县	怀仁	山阴	左云	平鲁	合计
贫农	93	107	207	149	34	75	69	31	67	106	80	69	40	78	1206
中农	120	114	155	69	48	95	62	41	65	99	12	46	25	51	1003
富农	9	17	15	2	9	11	3	4	4	14	2	1	2	16	107
地主	12	9	16	1	6	10	8	3		10	1	1	2	4	83
其他				2					1	8	28	3	21	11	74

由这个成分统计来看，其中贫农提出离婚者数量最多，但是兴县、宁

武、岚县、五寨、河曲等县中农则超过了贫农。由此，这“充分证明了今天的离婚多已不是如一些人所说的完全是妇女嫌贫爱富，而是她们的觉悟提高，敢于为自己的婚姻自由斗争了”。[①]

在晋冀豫区局部地方，自婚姻条例颁布后，该根据地离婚案统计如下。

表 4.12　1942 年晋冀豫区局部地方离婚情况统计

<table>
<tr><th>地名</th><th>解决者</th><th>案件</th><th>结果</th><th>多少时间内</th><th>备考</th></tr>
<tr><td>赞皇</td><td>妇救</td><td>87</td><td></td><td>去年 11 月到今年 1 月</td><td rowspan="10">要求离婚者妇女占四分之一</td></tr>
<tr><td>冀东</td><td>妇救</td><td>11</td><td></td><td>两个月内</td></tr>
<tr><td>临城</td><td>妇救</td><td>25</td><td></td><td>两个月内</td></tr>
<tr><td>内丘</td><td>妇救</td><td>11</td><td></td><td>三个月内</td></tr>
<tr><td>和西</td><td>妇救</td><td>28</td><td>离婚 7，解决 5</td><td></td></tr>
<tr><td>三分区</td><td>妇救</td><td>559</td><td>离婚 471 件</td><td>一年内</td></tr>
<tr><td>三分区</td><td>法院</td><td>223</td><td>离婚 88 件</td><td>一年内</td></tr>
<tr><td>四分区</td><td>政府、妇救</td><td>76</td><td></td><td>一年内</td></tr>
<tr><td>五分区</td><td>大半是司法机关</td><td>125</td><td></td><td>一年内</td></tr>
<tr><td>六分区</td><td>大半是司法机关</td><td>49</td><td></td><td>三个月内</td></tr>
</table>

资料来源：晋冀豫区妇总会：《一年来妇女工作总结报告》（1942 年 7 月 15 日），山西省档案馆，档案号：A1—7—4—13，第 36 页。

再来看山西省左权县。该县一区在 1943 年 1—6 月仅半年的时间里便有 19 对夫妇离婚。

表 4.13　山西省左权县 1943 年 1—6 月离婚统计

感情恶劣离婚数	15
无法维持生活而离婚	1
无条件而离婚	
自主婚又离婚数	3

① 《晋西北妇女婚姻问题材料》（1949 年 8 月 15 日），山西省档案馆，山西革命历史档案，中共晋绥分局，档案号：A21—06—46，第 6—8 页。

（续表）

合计		19
成分	地主	
	富农	2
	中农	12
	贫农	5
	工人	
	商人	
	其他	
年龄	青年	12
	中年	5
	老年	2
何方提出的	男方	2
	女方	3
	双方	14

资料来源：《左权一区半年来婚姻总结报告》（1943年6月7日），《左权县各区村妇女工作调查总结、报告》，山西省档案馆，档案号：A166－1－137－8，第2页。

在山西长治，司法科在1947年后半年的时间里便解决了85件离婚案件。具体离婚原因如下：

1. 男人为伪顽干部、军人，至解放后逃亡无音信者，25件，29.4%；
2. 男人在外经商（北京、山东），毫无音信，10件，11.7%；
3. 受虐待，6件，7%；
4. 夫妇感情不好，不想共同生活者，14件，16.4%；
5. 敌抓去，或灾荒年逃亡在外，无音信或娶媳妇的，8件，9%；
6. 重婚的，6件，7%；
7. 梅毒，2件，2.34%；
8. 不能人道男子，1件，1.17%；
9. 抗属问题，1件，1.17%；
10. 父母主婚，要求离婚者，7件，8.2%；

11. 男人被斗后逃亡，5 件，8.85%。①

由以上所列的各种数据来看，根据地离婚有以下几个特点。一是很多离婚都由女性提出。王斐然在晋察冀边区便观察到，“在妇女运动刚一开始，妇女刚刚抬头翻身的时候，提出离婚的往往多为女方，这正说明了以往不合理的婚姻，如〔加〕给妇女的痛苦更为深重，所以对于这种现象，用不着惊异，更不应该反对。但是对于这种问题的处理，要以极大的耐心和慎重去从事”。② 二是像晋冀豫区局部地方对离婚的统计所显示，当时政府解决离婚的方法和途径是多样的，由几个主要的组织或者机关部门来主导。

我们以晋冀豫为例进行更进一步的分析。1942 年，晋冀豫根据地总结了过去一年关于妇女解放的工作。总结报告记载了三种解决婚姻问题的方式方法：一、通过司法科来处理，“这种方式简单，如不做深入宣传，对组织妇女及领导启发群众觉悟作用最小，但在工作落后、封建势力占统治的地方，有时还是很需要采用的”；二、通过妇女干部尤其是妇救会来解决婚姻问题，“这种方式我们采取的比较多，也比较前一种作用大，但容易使妇女只认识干部，不认识组织，对群众的组织性较差，群众得的利益也不易巩固，在解决问题中，常引起政府与妇救间之不同意见，而发生纠纷”；三、通过群众动员方式来解决，“这种方式最好，但我们采用的很少”，一般只用于工作基础好、群众容易动员的地方。③

在这一总结中，通过群众运动的方式来解决婚姻问题，被视为最好的方式。而在各种群众运动的方式中，妇救会（妇女救国联合会）扮演了重要的角色。一方面，作为一个群众基层组织，妇救会能够灵活动员各方力量，达到帮助妇女离婚、维护妇女权益之结果。“自从妇救会建立以后，在司法机

---

① 《（太行三专）三分区婚姻问题汇集》（1948 年 8 月），太行第三专署：《太行三专、边区政府关于社会救济、婴儿保育、移民、婚姻、群众负担、土地、人口等问题的指示通知》，山西省档案馆，档案号：A67—2—34—15。

② 王斐然：《晋察冀边区婚姻条例中几个问题的阐述》（1946 年 7 月 22 日），山西省档案馆，革命历史资料，档案号：C5—58，第 4 页。

③ 晋冀豫区妇总会：《一年来妇女工作总结报告》（1942 年 7 月 15 日），山西省档案馆，档案号：A1—7—4—13，第 43—46 页。

关内，妇女案件逐渐增加”。[①] 如在赞皇三区，有一位女性因为丈夫当兵好几年不知音讯，家里婆婆等人对她多有虐待，村里人虽同情这位女性，但因为其公婆霸道没人敢惹，“妇救会便同村干部出来帮助，一面并在会员大会上热烈讨论，一致同意离婚，并由婆家供给赡养费，经村站盖章，一并送到区上转县府，正式解决后，村中七八十老婆都说：‘这可是真正受压迫，这可是解决的对’”。赞皇许亭村林满堂一脚踢死他的媳妇，村级干部及群众都说媳妇身体弱，平日夫妇感情就不错，打死也没有问题，妇救会非常不愤，便召开各村妇女代表会议，趁着许亭一个备战演习大会，把这事提出，开始他不承认，村干部也不管，妇救代表便提出各种证明，连许亭的村干部也一起斗争，终于使林满堂承认了错误，妇救代表便提出三大要求：一、给林满堂以刑事处分，二、给本村干部一个警告，三、切实执行保障人权法令，呈请政府办理，解决后得到全区妇女同情。在另一个个案中，山西临城石城村一位女性发现丈夫再娶后，便向妇救会提出离婚请求。妇救会先是和村干部进行讨论，然后又召开小组讨论，并搜集资料，在村里进行舆论宣传，最后妇救会又召集了全村的群众会，“到了三百多人，妇救会员占三分之二，会上讨论了便决定离婚，自己的东西也可以完全带走，并给些地，五十块钱，四斗谷，五石麦子，作为赡养费”。[②]

但是，在另一方面，恰恰由于妇救会过深地介入家庭和婚姻矛盾，因此也成为很多人不满的对象。如妇救会由于经常鼓励、帮助女性离婚，因此，被视为“离婚会”。[③] 妇救会甚至被人看成是“挑拨离婚的机关”，引起广大群众的不满，甚至脱离了基本群众；而有些地方，妇救会帮助离了婚，妇女却后悔，自动又回去了，结果对妇救会的威信有很大损害。还有些地方形成了为离婚而离婚，更严重的是，提出离婚的多半是贫农妻子，且多半因嫌家贫，想嫁得更好些，而离婚结果很多贫农受到极大的损失，于是他们更

---

① 王斐然：《晋察冀边区婚姻条例中几个问题的阐述》（1946年7月22日），山西省档案馆，革命历史资料，档案号：C5—58，第1页。

② 晋冀豫区妇总会：《一年来妇女工作总结报告》（1942年7月15日），山西省档案馆，档案号：A1—7—4—13，第44—46页。

③ 晋冀豫区妇救总会：《关于反对买卖婚争取自主婚的初步总结》（1942年8月31日），山西省档案馆，档案号：A1—7—4—15，第3页。

恨妇救会。例如，榆社梁山峪村马生元的妻子白圭女与贾润棠通奸，嫌丈夫贫穷，不愿同居，有一次通奸被马捉住，马因一时气愤将白圭女打伤，白即告到妇救会要求离婚，县府即判决离婚（妇救会也同意），马生元痛苦不愿，向各级机关与政府请愿说："我以后再不打她了，她要怎样就怎样……只要她是我的女人就算。"但终于被判离婚。甚至有时给妇女离婚却忘记照顾抗日利益，或者在工作落后区、封建势力占优势的地方，仍然单纯来离婚，不会配合基本群众，照顾他们的利益，结果造成群众被封建势力所利用，基本群众也不同情，使妇救会孤立起来。另外，还有些妇女想法威胁妇救会，如说：不给离婚就不做工作了，不解决只有上吊跳河了。还有的故意制造离婚条件（如和西某村一妇女说男人是汉奸，离婚后男人回来了，又只好再将她断回去），威胁离婚。①

在这股离婚自由的浪潮下，隐藏着很多的冲突和问题。而根据地政府一直秉持着因地制宜、因时制宜的灵活性，尽量在法理和情理之间寻求一种平衡。

首当其冲便是很多男性对离婚自由的不满，尤其是贫苦农民。"若允许离，则对贫苦农民是一大损失，一方面因是用很多钱娶来的，离婚后一无所得，再则也再娶不过老婆；不允许离，则对方不安心继续生活，一天打打闹闹，影响生产，也同时产生许多男女关系紊乱的现象"。② 一些男性甚至将对离婚的不满转向对政府的不满。如河北涉县耿家村有一位女性，因受到丈夫长期暴力虐待，便去区公所请求离婚，被批准。但是丈夫在听说此事后，"与村中民兵结成一起，大大反对说：'女的一来就离婚，男人还有保障吗?'便结队到区上请愿，并威胁区上说，不撤回离婚判决，哪怕告到边区呢，并且专门雇了二十多人住在县府上告。像这样落后的地方，在整个太行区说来，得占三分之一以上"。③

---

① 晋冀豫区妇总会：《一年来妇女工作总结报告》（1942年7月15日），山西省档案馆，档案号：A1－7－4－13，第48—49页。

② 《晋绥边区婚姻制度及解决婚姻问题所产生的效果、意见、办法》，《晋绥妇女婚姻问题材料》（1948年），山西省档案馆，山西革命历史档案，中共晋绥分局，档案号：A21－06－46，第8页。

③ 晋冀豫区妇总会：《一年来妇女工作总结报告》（1942年7月15日），山西省档案馆，档案号：A1－7－4－13，第40页。

还有一些矛盾是因为很多干部认为自由离婚太过宽松，因此采取消极压制的态度，人为地阻碍了自由离婚，导致很多冲突，很多女性甚至因此而死亡。像在晋西北地区，代县一个县政府科员见妇女干部在群众会上宣传新婚姻政策，他就当面批评“婚姻自由自主不能让群众知道”，怕知道了就要离婚；岢岚口子上村一对夫妇双方同意离婚，但几次到村政府，村干部不给写介绍信，怕这个口子一开要求离婚的就更多了。有一些干部以打压女性的方式来阻止其离婚，“神池苍儿窊村主席唐涧村中队长，以捆打、坐禁闭来压制要求离婚的妇女”。还有一些干部，其不作为间接导致了提出离婚女性的身死。“临县四区今年就因离婚不自由被打死了三个十五六岁的妇女；如第八垛村一个受虐待的妇女提出离婚未解决，被男人用斧子把头砍了几十块；岚县四区冷泉村田毛女因感情不好，向政府提出离婚，由区到县的途中被男人用石头打的不省人事，幸遇路人得救；五寨安子村一个被虐待无法生活下去的青年妇女，偷向村公所提出离婚，村干部不给写介绍信，硬叫回去，下次打了再解决，结果回去即被丈夫、婆婆打死了”。① 其他一些地方也存在类似的现象，像北岳区 1948 年发生的自杀案件共 50 件，其中对婚姻不满自杀的 22 件，“一般是婚姻不满，夫妇感情恶化，要求离婚，领导上不批准而自杀（包括两件姑娘不满父母包办自杀的）”。除自杀外，“灵寿二区封家湾李金花，买卖婚姻，整天挨打受气，到区要求离婚，不但不给解决，反把女方押起来。涞源一四区也有因为压制妇女离婚扣押的事情。灵丘六区天降沟女方提出离婚，村干部答复嫁给本村才准离婚”。②

有鉴于此，边区政府提出在解决自由离婚问题时，要注意方式方法。“仍要解决必要的离婚问题，这是无疑义的，离婚问题，是反对旧婚姻制度与争取自主婚姻中必然更多的发生，过去离婚问题多，并非我们故意制造的，只是在解决这一问题的方式上有不恰当的地方。故今后在处理这问题上

---

① 《晋西北妇女婚姻问题材料》（1949 年 8 月 15 日），《晋绥妇女婚姻问题材料》，山西省档案馆，山西革命历史档案，中共晋绥分局，档案号：A21－06－46，第 8—9 页。

② 《北岳区妇委会关于目前婚姻政策的检查与今后意见》（1948 年 12 月 16 日），《冀晋、北岳区党委、妇女联合会等关于妇女、青年、工运工作的指示、意见、通知、总结》，山西省档案馆，档案号：A42－7－1－16，第 2、5—6 页。

应更多分析”。[①] 也有的边区政府强调要切实加强对干部的培训，要让干部充分认识到婚姻政策的重要性和必要性。“搞通干部思想，是执行婚姻政策的关键，首先应认识婚姻政策，不单纯是妇女问题，而且是一个极复杂的社会问题，因之不光妇女干部，而应引起全体男女干部的重视，特别在土改后，由于农民经济政治之翻身，自由自主的婚姻，已成为男女群众的迫切要求，目前正确的贯彻婚姻政策，解决夫妇不和，家庭不和，提高群众发财致富的生产情绪，更是领导上急待解决的问题。为此，全体干部必须认真的研究与掌握婚姻政策……领导思想上要放手，大胆解决问题，但要慎重，对群众负责的态度，防止轻率、随便的偏向。”[②]

同时，多个根据地政府也反复强调，要认真探寻夫妻二人感情不和、想要离婚的原因。如晋察冀边区在对其婚姻条例中规定，“感情意志根本不合，无法继续同居者”进行解释时，说到“婚姻必须双方有浓厚的爱情，结合才能美满，感情根本不合对双方都会是很大的痛苦，不过这里所说的感情不合，只指‘无法继续同居者’而言。因此处理这条文时，就不能因为夫妇间一时的吵架，而准许离婚”。而且，在强调对离婚案进行判决时，晋察冀边区政府也提出，“司法部门一定根据充分的证据处理，不能单凭一方片面的理由，遽然决定。我们坚决反对挑唆、胁迫以及捏造事实，给对方扣大帽子，以造成离婚‘口实’（并不是条件）的卑劣行为，对于这些情形，要考查清楚，予以严厉的教育，对于某些为达目的不择手段，企图陷害对方者，更应基于刑法制裁”。[③] 晋冀豫边区政府也提出，在进行离婚判决时，一定要仔细考察，而不能草率行事。“要看其动机与条件是真的还是假的，要注意男女双方情况决定调解办法，在解决一个离婚问题后要注意女方的再被买卖，并适当的注意男方是否可以能再结婚。一定要注意到是为了反对买卖争

---

① 晋冀豫区党委妇委会：《关于婚姻问题研究的材料》（1942年8月14日），山西省档案馆，档案号：A001—07—00004—014，第6页。

② 《北岳区妇委会关于目前婚姻政策的检查与今后意见》（1948年12月16日），《冀晋、北岳区党委、妇女联合会等关于妇女、青年、工运工作的指示、意见、通知、总结》，山西省档案馆，档案号：A42—7—1—16，第7—8页。

③ 《关于我们的婚姻条例》（1941年7月7日指示信第51号），晋察冀边区行政委员会：《现行法令汇集》上册（1945年12月15日），山西省档案馆，革命历史资料，档案号：C3—4，第228、231—232页。

取自主，给妇女（也是给双方）解决痛苦。方式也要经过群众，纠正过去单纯司法政权路线，及既无调解又无斗争的缺点”。①

要而言之，中共在抗战时期基于其在苏区的经验，仍坚定地将自由离婚视为妇女解放和根据地建设的重要组成部分。其结果是妇女获得了极大的话语权，成为自由离婚的主动实践者。但是，这一过程中也存在着很多的挑战，如战争形势的变化，干部对于政策实施不到位，男性农民的不满和反对。如何在现实和理想之间形成一种动态的平衡，根据地各政府对此问题进行了深入的思考、尝试和调整。这为中国共产党日后的婚姻制度建设积累了更多的经验。

第四节　从舆论到法庭：日伪统治下的离婚论述和诉讼

北平沦陷后，日伪政府掌握宣传工具，把控舆论导向，控制新闻界，以配合日本的殖民侵略。由于日伪政府大力鼓吹“新民主义”侵略理论，提倡“严守贞操”、“三从四德”等复古道德观和家庭观，因此，日伪政府掌控下的报刊发表大量的文章，对离婚问题采取批判的态度，强化家庭之意义及其责任之重要，以期改变民众的婚姻观念，减少离婚现象的发生。但是，从事实来看，北平沦陷后，离婚率一直居高不下，而且离婚原因也十分多样，这从侧面也展现出当时社会的复杂面向。通过对男女双方在法庭上自我形象之呈现，我们可以看到他们如何利用道德、法律、国家权力，来完成自己的离婚诉求。

一、日伪宣传中的离婚论述

在日伪统治时期，北平各类报刊发表了大量关于探讨离婚的文章，在这些有关离婚问题的探讨中，充斥着大量批判离婚、预防离婚、反对离婚的

① 晋冀豫区党委妇委会：《关于婚姻问题研究的材料》（1942 年 8 月 14 日），山西省档案馆，档案号：A001－07－00004－014，第 6 页。

论述。

（一）批判离婚、预防离婚

这类离婚论述的文章首先关注为何离婚大量出现这一现象。一些作者认为此时离婚事件的增加与妇女解放和经济发展等原因密切相关。例如宗羽认为："为什么离婚忽然这样流行……第一因个人主义的勃兴；第二因妇女解放的运动；第三因生活和娱乐的标准之向上；第四因都市的集中。"[①] 也有人认为离婚事件大量出现主要是因为"妇女解放""宗教信仰的衰微""法律知识的普及""近代工商业的发达""生活程度的增高"以及"个人主义的发达"。[②] 这些原因造成了青年人对恋爱和婚姻的任意性，进而导致了一旦夫妻感情出现问题，"大家便索性离婚，这不是和结婚一般的正大么？不能合作不能共同生活，便各走各的路，是最痛快的事"。[③] 部分文章也关注夫妻感情对离婚的重要性，一位名叫"金环"的女士曾在报纸上详细讲述了自身的离婚故事，因她对丈夫喝酒强烈不满，要求丈夫必须听她的话，最终双方无法妥协而离婚。金环女士对自身提出离婚懊悔不已，认为造成大部分夫妻离婚的原因并不是某一方造成的，而是"三个魔鬼"造成，即"偏见""误会"和"无知"。[④]

面对日益增长的离婚率，如何解决这一问题，也成为这些文章关注的焦点。马家鼐在其《怎样避免离婚》一文中提出，"预防的方法——就是未婚者改善婚姻制度，已婚者只好在婚后相互谅解"。他认为旧式婚姻和新式婚姻均有其危险性，应将其相结合，即"在结婚以前，也由朋友的介绍，不过必须经男女双方和家长的允许，并且可以相互调查家庭状况，免受介绍人之骗……双方互相通信，互相认识，以便联络感情，至少要经过一年以上……再禀明双方家长，然后再订婚、结婚"。而已经结婚的人们应该"平心静气的想一想，不要因为自己的不满意，而在对方身上泄愤……站在彻底的谅解

① 宗羽：《离婚与中国家庭》，《妇女杂志》（北平）第1卷第3期，1940年3月，第12页。

② 紫炎：《由朱买臣想到近代离婚率的增加》，《三六九画报》第1卷第16期，1939年12月29日，第23页。

③ 蔡强武：《离婚》，《沙漠画报》第4卷第31期，1941年8月30日，第14页。

④ 金环：《离婚，一个社会严重问题》，《妇女杂志》（北平）第3卷第3期，1942年3月，第37页。

的立场上去导引她们的一切，这样才可以避免离婚的惨剧发生”。[①]

马家鼐对于婚姻制度改革的设想试图融合两种婚姻制度的优势，通过引入介绍人和家长来监督男女双方在恋爱阶段的态度，保证双方对于婚姻的态度是慎重的，从而解决男女双方婚姻的任意性。但是，此种设想将介绍人和家长的态度作为婚姻的重要参考，在一定程度上降低了男女双方对待婚姻的自主权。另外，他希望夫妻双方在婚姻中多加谅解的主张，虽然有其合理性，但其目的本质上则是希望通过男女双方的自我约束，保证其婚姻关系的存续。而且，我们应该注意到，尽管马家鼐的主张并不算新鲜，早在五四时期及其后的二三十年代，类似的主张在报刊中经常可以见到，但是进入到 30 年代后期，随着战争形势的日益紧迫，沦陷区以外的知识分子和民众更为关注抗战时局，对于恋爱、贞操、婚姻、离婚问题的关注度早已让位于抗战宣传。而此时沦陷区仍大量讨论妇女、离婚问题，并提出保证婚姻关系稳定的种种主张，这反而反映出日伪政府的真实意图和态度，即尽量减少离婚事件的发生，稳定现有的婚姻关系，从而维持家庭及社会的稳定。

（二）反对离婚、提倡婚姻

日伪政府虽极力压制离婚现象的增长，但是由于近代以来婚姻自由和男女平等的理念深入人心，直接反对离婚极易导致民意反弹，其理念很难被民众接受，所以日伪当局在宣传上采取了较为谨慎的态度和较为灵活的策略，以致关于离婚问题的文章呈现出以下特点：

1. 大肆宣传离婚的严重后果

由于近代以来婚姻自由观念的宣传，离婚已成婚姻自由的象征。许多人都认为婚姻如果出现矛盾双方就可离婚，“不自由不合意的婚姻，等于强奸”。[②] 但是也有许多文章在承认这一点后大谈离婚的严重危害。这种危害主要体现两方面，一是不利于子女今后的成长，二是造成妇女生活困难。上述提到的金环在讲述自身的离婚故事后表示，自己通过离婚得到了两条启示，“第一个启示就是：对子女而言，离婚总是有些不道德的；第二个启示就是：

---

① 马家鼐：《怎样避免离婚》，《妇女杂志》（北平）第 2 卷第 2 期，1941 年 2 月，第 21—22 页。

② 宗羽：《离婚与中国家庭》，《妇女杂志》（北平）第 1 卷第 3 期，1940 年 3 月，第 13 页。

在中国现在的社会情况下，离婚和再嫁这两个问题是不能调和的”。进而她分析了离婚对孩子和女性的影响，她认为：“做父母的有什么权力把父亲和儿子分开，或是把母亲和儿子分开呢？对于有了子女的夫妻而言，他们之间的离婚问题已经不是一个‘私’的问题了。”进而她分析道，子女的各方面发展离不开家庭，如果父母离婚了，属于子女的家庭就消失了，子女的生活会陷入极端困难中。而针对女性离婚后的生存问题，金环表示：“离婚后社会并不继续给她自由，使她容易得到再嫁的机会，解决离婚以后所不能避免的附带问题。”进而金环得出结论：“假如夫妻之间没有离婚的必要和充分条件，便不应该轻意离婚。”①

马家鼐亦在文章中强调：“因离婚而离开母亲的子女们，便失去了母爱母教而专靠不长于这事的父亲，或托于奶妈、仆役之手，试问这样会培养出良好的儿童吗？”同时，他表示离婚会给夫妻双方带来巨大的精神创伤，“感情从沸点而降至零度的时候，亦就是从极有希望的途境，而陷入失望的途境，双方因此受到的打击，是何等的痛心”。② 通过突出离婚的多重危害，这些文章企图使民众重视离婚对其生活所带来的严重后果，从而使其因忌惮危害而放弃离婚。

2. 强调婚姻对家庭的重要作用

在“齐家”理论的指导下，日伪控制下的报刊所刊登的大量文章论述家庭的地位，宣扬家庭对社会发展和国家稳定的重要作用，突出婚姻关系的稳定是维持家庭和谐的重要一环。一篇署名“威立”的文章对家庭的地位进行了论述，他认为，“家庭的地位，不管是在简陋的房屋中，或者是在低小的茅屋中都是没有关系，所重要的一点乃是有没有真实的精神和情爱”，夫妻之间相爱、同情如同新婚景象一般的“和谐欢乐之气”对于家庭稳定至关重要。进而他将家庭和谐与国家相联系，表示家庭的情感是靠友谊和情爱等伟大的精神所产生的，家庭中所产生这种和美的空气“并不只限于一家的院中室内，它会散布到全世界……在家庭如此，在家庭与国家也如此，由于幸福

① 金环：《离婚，一个社会严重问题》，《妇女杂志》（北平）第 3 卷第 3 期，1942 年 3 月，第 37—39 页。

② 马家鼐：《怎样避免离婚》，《妇女杂志》（北平）第 2 卷第 2 期，1941 年 2 月，第 21 页。

家庭可以造成很大磁石”。①

和谐的家庭会推动社会、国家的稳定，而离婚则会破坏家庭关系，对社会稳定造成威胁。张仲淑在其文章中将离婚与家庭直接联系，“家庭中发生了离婚，势必家庭的根基动摇，为离婚的影响而破家荡产、伤风败俗的，累累皆是”。他认为要探讨离婚必须了解家庭的作用，家庭具有生理、心灵、经济、伦理和社交五方面的作用，而“家庭成功的枢纽，当完全归功于婚姻”。他认为婚姻的出现是“因为人的天性中，有一种做父母的天性，有吸引异性的本能；其结果就是男女的结合，即是婚姻”。而家庭是承担婚姻关系的载体，“有了家庭，才可以实现人生一切的希望，并且能够替国家社会栽培强壮健全的人民”。进而他表明了对离婚的看法，“离婚的影响，破家庭，碍道德，是社会的一种危险，应当竭力的设法补救的”。②

3. 强调离婚中的两性责任

这一时期关于离婚问题的讨论文章并未像五四时期的文章那样具有鲜明的性别指向，突出女性在离婚中的弱势地位，而是更加强调离婚中男女两性的共同责任，从男女双方的责任入手，进而找到减少离婚现象的方法。

威立曾对离婚责任进行了专门探讨，他并未从单一性别入手，而是从两性角度对此问题进行讨论。他认为婚姻生活不幸福的首要原因在于夫妻双方的品性固执，在一些小事上强迫对方必须服从自己，但“丈夫和妻子原来是互相补足而成一体的，毁灭夫妇幸福，破坏家庭结合……常常因为一些极小的问题”。许多夫妇忽视了对对方的爱护和谅解，而这种情况的发生是夫妻双方的原因，并不能只归罪于男性。最终，他得出结论，“这种不幸事件的过错与责任是需要双方并负的”，而解决问题最好的办法就是“夫妇间对于彼此特点成见，应该相互谅解，双方相处，应继续保存成婚前相敬相爱的态度”。③

金环在诉说自己离婚的悲惨遭遇后并未将原因归结于男性的霸道或者女性的固执，而是将离婚的原因总结为误会或者偏见，“设若每一个人都能深刻的

① 威立：《妇女生活在如何领域!》，《新光》第3卷第5期，1942年8月，第15页。

② 张仲淑：《离婚与家庭及道德问题》，《妇女杂志》（北平）第4卷第7期，1943年7月，第3页。

③ 威立：《离婚是谁的过错？谁的责任?》《妇女杂志》（北平）第2卷第4—5期合刊，1941年5月，第4—5页。

了解到这一点，不但离婚的痛苦可以因而避免，而且社会上的许多口角纠纷都可以解除”。既然离婚是双方的共同责任，作者则对离婚问题提出了解决方法：“避免离婚的唯一方法只有一句话，就是‘设法去了解对方’。”①

不可否认，这一时期关于离婚责任的讨论具有一定的合理性，此种观点弱化了性别观念，而是将焦点集中于两性的婚姻互动，重点关注双方对待婚姻的态度和处理问题的方式，主张男女双方在婚姻中应该相互理解和包容，其对于离婚问题的思考角度和解决方式更偏于理性。但是这种观点在报刊上大量出现，背后蕴含的是日伪政府对于离婚问题解决方法的设想，即通过劝导男女两性在婚姻中相互理解，从而将婚姻矛盾的解决范围限定在家庭内部，尽量减少夫妻双方通过司法渠道解决问题，防止婚姻矛盾向社会外溢，影响社会秩序的稳定。可以说，日伪政府对于离婚问题主张的根本目的是希望控制人民的婚姻生活致使家庭关系和睦，社会稳定，从而为其侵略服务。但是近代以来，男女平等和婚姻自由的观念广泛传播，离婚已经成为婚姻自由的重要象征，至20世纪三四十年代，离婚观念已经不仅局限于知识分子，许多普通百姓也已接受了离婚并付诸实施，这从此时大量的离婚案例中便可见一斑。

第五节 法庭交锋：日伪统治下北平离婚的法律面向

尽管日伪政权在媒体报刊中极力反对离婚、提倡婚姻和家庭的稳定，但是北平沦陷后，离婚率居高不下，而且离婚原因也十分多样，这也从侧面展现出当时社会的复杂面向。同时，通过对男女双方在法庭上自我形象之呈现，我们也可以看到他们如何利用道德、法律、国家权力，来完成自己的离婚诉求。

一、档案中北平离婚的数量统计

由于资料限制，笔者并未找到沦陷时期北平离婚情况的官方统计数据或

① 金环：《离婚，一个社会严重问题》，《妇女杂志》（北平）第3卷第3期，1942年3月，第39页。

社会调查数据，但是通过对保存在北京市档案馆的沦陷时期离婚档案的归纳、整理和分析，我们仍可以看出沦陷时期离婚的数量及特点。

表 4.6　北京市档案馆现存离婚案卷数量统计表（1942—1945）

年份	数量
1942	227
1943	223
1944	212
1945	113
总计	775

同时，笔者也对北平光复后的离婚档案进行了数量统计，具体情况如下表。

表 4.7　北京市档案馆现存离婚案卷数量统计表（1946—1949）

年份	数量
1946	139
1947	156
1948	194
1949	27
总计	516

由于 1942 年之前的相关档案已经遗失，此数据并不能完全展示沦陷时期北平离婚案件的总体数量，但是在战争频发、日伪统治残酷、档案保管措施落后的情况下依旧能够留存如此大量的离婚案卷，甚至高于抗战胜利后的离婚档案数量，这恰恰说明了这一时期离婚现象的高发。如果加上尚未列入统计的协议离婚案，那么离婚数量则会更加庞大。

通过对档案资料的阅读，我们发现离婚案件的原因呈现出多样化的特点，甚至部分案件出现了一案多因的现象，并且两性提出的离婚原因也呈现出不同的特点。

1. 男性提出离婚的原因数量统计

笔者所搜集的案件中，约有100件为男性主动控告的离婚案，具体离婚原因统计如下表：

表4.8 男性主动离婚原因统计表

原因	数量	百分比
通奸	22	22%
虐待尊亲	15	15%
遗弃	13	13%
虐待本人	11	11%
背夫潜逃	11	11%
不行同居义务	7	7%
生死不明	5	5%
恶疾	5	5%
意见不合	5	5%
吸毒	5	5%
意图杀害	4	4%
犯罪	3	3%
诬告	3	3%
盗窃	2	2%
生活困难	2	2%
索要财物	2	2%
不守妇道	1	1%
重婚	1	1%
包办婚姻	1	1%
非处女	1	1%

注：部分离婚案原告所提离婚原因并不只是一个，而是提出多个理由同时提出控告，本统计表将案件中所涉及的离婚理由均纳入其中，故“原因”一栏总量超过100，百分比以案件数量为统计标准，女性主动离婚原因统计表与此表相同。

通过上表可知，在男性控告的离婚案中，以“通奸”作为离婚理由的最多，共出现了22次，占总量的22%；其次为“虐待尊亲”，共出现15件；“遗弃”“虐待”案件分别出现了13件和11件；“背夫潜逃”出现了11件；其余原因的离婚案发生数量均不足10件，出现概率较小。

2. 女性提出离婚的原因数量统计

女性主动提出离婚的数量远远高于男性主动提出离婚。在笔者所搜集的离婚案件中，女性为原告的离婚案共有310件，离婚原因统计如下表：

表4.9　女性主动离婚原因统计表

原因	数量	百分比
虐待	183	59.03%
遗弃	81	26.13%
吸毒	30	9.68%
恶疾	27	8.71%
通奸	21	6.77%
无力赡养	19	6.13%
重婚	14	4.52%
犯罪	14	4.52%
意图杀害	7	2.26%
意见不合	7	2.26%
生死不明	5	1.61%
索要赡养	3	0.97%
诬告	2	0.65%
未满结婚年龄	1	0.32%
索要子女	1	0.32%
鸡奸	1	0.32%
讹诈	1	0.32%
污损名誉	1	0.32%

依上表可知，女性主动提出的离婚案中，以“虐待”为理由的最多，共有183件，占总量的59.03%，成为提起离婚诉讼最为主要的理由；其次为“遗弃”，共81件，占总量的26.13%；以“吸毒”“恶疾”“通奸”

“无力赡养”为理由的离婚案比例均超过5%，有一定的发生概率；“重婚”“犯罪”“意图杀害”“意见不合”“生死不明”离婚案数量较少，发生概率不足5%，而“诬告”“鸡奸”等理由的案件均只有1—2件，发生概率较低。

笔者还对档案记载详细的311对夫妻的结婚年数进行统计，具体情况如下表：

表4.10 离婚夫妻结婚年数统计表

结婚年数	数量	百分比
1年以下	30	9.65%
1—3年	111	35.69%
4—6年	63	20.26%
7—9年	43	13.83%
10—12年	27	8.68%
13—15年	18	5.79%
15年以上	19	6.10%
合计	311	100%

注：某些档案没有注明双方结婚年数，或者只是模糊表述“双方结婚已有数载”“双方结婚数年”等，无法判断具体结婚年数，故合计数据与档案数量并不完全相同，特此说明。

通过上表我们可以看到，结婚年数与离婚数量呈现反比关系，结婚年数越短，离婚数量越多，反之离婚数量越少。具体来说，结婚年数为1到3年的夫妻提起离婚数量最多，共有111对，占总量的35.69%；其次为结婚年数4至6年，共有63对提起离婚，占总量的20.26%；6年以上的夫妻离婚数量呈现出下降的趋势。

何以出现结婚年数较短反而离婚率较高的现象呢？笔者认为主要有两个原因：

第一，夫妇采用传统的结婚方式，导致婚前对对方信息了解不充分。美国经济学家加里·斯坦利·贝克尔认为，“婚后不久就出现的婚姻破裂，主要是由于婚前市场信息的不完全性以及婚后信息的充分积累所造成的”。① 可以看到，离婚夫妻的结婚年数普遍较短，大部分夫妻结婚不足 3 年即出现裂痕。这些离婚夫妻结合方式往往不是自由恋爱，而是凭媒介绍，双方并不了解对方的品性、习惯、生活环境等各方面信息，只是单纯地通过亲属、媒人所传达的二手信息来了解对方，双方没有进行磨合、建立感情而仓促结婚，导致婚后双方在多方面的矛盾冲突。

第二，结婚年龄较小，且夫妻年龄差距不大，致使再婚成本较低。民国法律规定“男未满十八岁，女未满十六岁不得结婚”。② 虽然法律对男女的结婚年龄进行了规定，但是当时知识分子认为此种法定结婚年龄偏小，不利于青年男女的健康与婚姻关系的稳定。例如署名“明达”的作者认为“结婚适当的年龄，须在男女双方心身俱达于成熟期，判断力和品性已经十分发达的时候”，继而他建议男女结婚年龄应在两性青春期过后四五年或七八年之时，即“男子到二十三四岁至二十六七岁，女子二十岁到二十三四岁为正当的结婚年龄”。③ 虽然法律对婚龄有明确规定，报刊也对适当婚龄进行了宣传，但是部分民众依然受到传统婚龄观念影响，认为“男大当婚女大当嫁”，继而出现了部分低婚龄夫妇，所以沦陷时期北平夫妇的结婚年龄分布较为广泛，具体情况如下表：

表 4.11　离婚当事人年龄

当事人年龄	男性	女性	合计
20 岁以下	11	40	51
20—25 岁	65	135	200
26—30 岁	68	66	134
31—35 岁	48	40	88
36—40 岁	15	11	26
41—45 岁	15	7	22
46—50 岁	9	4	13

① ［美］加里·斯坦利·贝克尔著，王献生译：《家庭论》，商务印书馆，1998 年，第 347 页。
② 徐百齐编辑，吴鹏飞助编：《中华民国法规大全》第 1 册，商务印书馆，1936 年，第 79 页。
③ 明达：《结婚年龄的研究》，《健康知识》创刊号，1938 年 6 月，第 12 页。

（续表）

当事人年龄	男性	女性	合计
50 岁以上①	13	1	14
合计	244	304	548

注：在笔者所搜集的离婚档案中，有明确年龄记载的离婚当事人共有 548 人，其中男性为 244 人，女性为 304 人。某些诉讼档案没有注明原被告双方年龄，或只标注一方年龄，故合计数据与档案数量并不完全相同，特此说明。

通过上表可知，离婚当事人的年龄分布较为广泛，各个年龄段均有离婚案件的发生，离婚年龄总体偏小，30 岁以下的离婚当事人共有 385 人，约占总量的 70.2%，其中以 20—25 岁人数最多，共 200 人，约占总量的 36.5%，证明当时青年夫妻离婚发生概率最高。

同时，夫妻双方的年龄差距也在一定程度上能够反映夫妇的婚姻状态。离婚夫妻年龄差距情况如下：

表 4.12 离婚夫妻年龄差统计表

夫妻年龄状况	年龄差	数量
夫妻同龄	0 岁	17
夫大于妻	1—5 岁	77
	6—10 岁	49
	11—15 岁	15
	15 岁以上	16
妻大于夫	1—5 岁	31
	6—10 岁	2
合计		207

注：部分档案没有记载夫妻年龄或仅记载一方年龄，部分档案因保存问题字迹模糊，无法辨认年龄信息，故合计数目与实际档案数量并不相等，特此说明。

① 值得注意的是，沦陷时期的北平出现了一些较为年长的离婚者，据表格数据显示，50 岁以上的离婚当事人共有 14 人，证明当时离婚观念不仅仅局限于青年人中，被传统婚姻思想长期影响的中老年人也逐渐接受了通过离婚来解决婚姻纠纷这一观念。但是这些年长离婚者往往出生于清朝末年或民国初年，深受“从一而终”“男尊女卑”“好女不侍二夫”等思想的影响，面对婚姻矛盾往往以忍耐为主，即使经历了不幸婚姻，经过夫妻双方长时间的磨合也早已习惯这种婚姻状态。同时由于年龄、职业等问题，这些当事人离婚后的生活来源很难保证，所以年长离婚者较少。

通过上表可知，夫妻双方普遍存在年龄差，同龄夫妻只有 17 对。同时，丈夫年龄大于妻子年龄的夫妻共有 157 对，妻子年龄大于丈夫的较少，只有 33 对，且以年龄差在 1—5 岁为最多，说明在沦陷时期的北平，男女结婚仍以男大女小为理想的夫妻年龄状态，双方的年龄差距多在 5 岁以内。

这些夫妇年龄偏小，致使他们即使离婚也有较大概率能够再婚，加之沦陷时期北平社会的生活困境，如果夫妻双方并不能从婚姻中找到改善生活的方法，那么这些结婚时间并不长的夫妻很容易分道扬镳。而结婚年限为 4 至 9 年的夫妻由于结婚时间较长，对双方有较为充分的了解，对对方的缺点有了一定的忍耐程度，除非是有不可调和的矛盾才会选择离婚。结婚超过 10 年的夫妻，家庭规模和家庭结构已经相当复杂，离婚遇到的障碍也越多，加之年龄偏大，再婚可能性降低，离婚数量较少。

二、离婚原因中的性别差异

通过以上统计，我们发现两性在离婚理由上呈现出了一定的区别：男性以“通奸”为最主要理由，女性以“虐待”为最主要理由。同时两性在离婚原因上也存在一定共性：通奸、虐待、恶意遗弃的出现频率始终较高。而在相同的原因当中，两性也呈现出了不同的状态。

（一）性道德对于两性的差异——通奸

通奸一般指男女在婚内与别人发生性关系的行为，而婚外性行为意味着对夫妻感情的背叛，无疑会给婚姻关系带来极大冲击。

1. 妻子与人通奸

女性在婚内与人通奸是最不为男性所容忍的行为。在传统社会中，女性是否贞洁是评价其品行的重要标准之一，一旦女性出现通奸行为，那么她在社会上就会失去立足之地。

对于男性来说，女性通奸行为的出现不仅意味着家族血缘的纯净受到威胁、夫妻感情出现裂痕，更意味着男性在家庭中的主导地位受到质疑、丈夫人格受到侮辱，这是男性所绝对不能容忍的，所以一旦妻子出现通奸行为，丈夫会马上以此为由提出离婚。如刘稷勋与刘金氏的离婚案中，刘稷勋称妻子刘金氏“中年丧节，不安于室”，与车夫通奸有染，后来送警处理，法院判处刘金氏有期徒刑四个月。刘稷勋无法忍受妻子的“不知廉耻”，要求法院准许双方离婚，子女由原告抚养。双方最终达成协议，同意离婚，男方给予女方生活费 200 元，子女由原告抚养。[①] 刘金氏后来的生活境况我们不得而知，但是在这场官司中，她失去了丈夫和孩子，仅仅得了 200 元生活费，无疑是得不偿失的。

又如陆安良声称他与宋淑贞结婚 6 年，婚后即发现妻子并非处女，但是由于他害怕此事被外人耻笑，所以隐忍不发。但是宋淑贞与之前的恋人通奸有染，陆安良年内并未回家，她却怀孕并产下一女。陆安良回来后逼问此事，宋淑贞哭诉自己做错事，请求丈夫的原谅。陆安良一面安慰父母，禁止家人将此事传扬出去，一面向岳母说明此事。岂料岳母恼羞成怒，坚称其女儿为“好人”，绝不可能做此“不名誉之事”，并认为孩子不足月出生为陆家人逼迫打胎所致，双方争吵不止。岳母之侄宋希广在新民会诬告陆安良，并率人持械抓人，后被村长阻拦。陆安良认为宋淑贞从回娘家到产女正合十个月，“可见其与人通奸之事实”，所以向法院提起离婚诉讼。

在法庭审理阶段，宋淑贞对通奸一事并不否认，但不同意离婚。

> 问（宋淑贞）：现在声请人因你与人通奸请求离婚，打算怎么办？
>
> 答：我不愿意离婚，愿从此改过，再不回娘家，跟他一块过日子。我在娘家和他家已说好了要我，允我回家过活，谁想今天又告我了。

面对被告人不愿离婚的态度，法官尝试让陆安良放弃离婚请求，维持双方的婚姻关系，但是陆坚决要求离婚。

> 问（陆安良）：宋淑贞愿与你同居度日，再不回娘家，你家又已允其回家过活，依本院意思还是回家度日最好。
>
> 答：我家没有答允她回去，现在绝对要与她离婚。

面对丈夫坚决的态度，理亏的宋淑贞最终妥协了。

---

① 《刘稷勋诉刘金氏离婚案》（1943 年 1 月 25 日），北京市档案馆，档案号：J065-019-04246。

问（宋淑贞）：声请人坚决与你离婚，做何主张？

答：他说不要我了，离婚也可以。[①]

双方最终离婚，宋淑贞没有得到生活补偿费用。

在男性所起诉的通奸离婚案中，承认通奸的女性往往处于绝对的劣势，婚姻是否维持下去几乎完全取决于丈夫的态度，一旦丈夫决意离婚，这些女性则毫无办法，只能结束婚姻关系。即使女性不承认通奸，只要男性提出足够的证据，法官仍旧会根据相关法律规定判定双方离婚。同时通奸女性在离婚时往往很难拿到生活补偿费，是否给与补偿、补偿数额的多少完全取决于男性的态度和法官的判决，女性在此问题上没有发言权。

2. 丈夫与人通奸

《民法》赋予了男女双方相等的离婚权利，所以许多女性在提出离婚诉讼时，也会包括丈夫的通奸行为。如常于氏在 1944 年指控丈夫常柏林“淫乱成性，眠花宿柳”，在外与人姘度，致使感染花柳并传染给自己，而丈夫却不顾夫妻感情，拒绝为其进行治疗。常柏林在警局任职，收入丰厚，但是对妻女不管不顾，致使常于氏贫病交加。常柏林还对妻子进行殴打虐待，致使其头部受伤。常于氏“虽不读书，亦粗知礼仪，故过门之后，虽日坐针毡，勉为忍受”，但是丈夫所作所为已经超过她的忍耐限度，于是常于氏以“恶意遗弃”和“染有不治之症”为由请求离婚。后经亲友调解，双方表示继续同居，丈夫不会再对其进行虐待，常于氏最终撤回起诉。[②] 此外，杨张氏发现丈夫杨子青与妓女石氏在婚前即有染，婚后两人关系并未断绝，杨子青甚至将姘妇带回家中一同吸毒同宿，而作为原配妻子的杨张氏非但没有采取行动加以制止，反而“羞见彼二人之行动，辄自归屋先睡”。[③] 但后来忍无可忍，提出离婚。又如郭宗涛在外有数位女友，而妻子郭杨氏认为“嫁与被告为妻，且正明氏身份为正宗夫妇”，作为正妻的她无法制止丈夫的荒唐行为，只能“碍于情面，至未追究”，只是后来丈夫得寸进尺，对妻子更施以

① 《陆安良诉宋淑贞离婚案》（1943 年 10 月 12 日），北京市档案馆，档案号：J065-019-07334。

② 《常于氏诉常柏林离婚案》（1944 年 5 月 19 日），北京市档案馆，档案号：J065-020-03373。

③ 《杨张氏诉杨子青离婚案》（1942 年 3 月 20 日），北京市档案馆，档案号：J065-018-03119。

虐待，最后郭杨氏愤而提出离婚。[①]

从上述这些案件中，我们发现女性所提出的涉及通奸的离婚案呈现出以下两个特点：其一，通奸不是唯一的诉讼理由。不同于男性会以通奸为主要理由控告妻子，在女性提出控告后，通奸都不是她们提出离婚的唯一理由，甚至不是主要理由。通过对离婚档案的分析，笔者发现女性以通奸作为唯一诉讼理由的案件数量极少，大多数女性会以包括通奸在内的多个理由诉请离婚。其二，通奸主要是其他诉讼理由的诱因。与男性十分关注妻子对自己的忠贞程度不同，柳王氏和常于氏虽然控诉丈夫在外通奸，但其主要目的并不是指责男性对于婚姻的背叛，而是关注由通奸引发的不利于自身的后果，例如因通奸产生的虐待、遗弃或传染恶疾等。

从男女双方所提出的通奸离婚案中，我们能够发现性道德对于男女两性约束力度的不同。笔者此前曾对民国时期出现的双重性道德标准进行论述，“一方面人们对男子的性道德要求比较宽松，男子的重婚、嫖妓、纳妾等放荡性行为，往往能够得到不少人甚至是妻子的容忍和默许。妻子即使对丈夫的这些行为表示不满，也只是在道德范畴内进行谴责，或最多进行民事诉讼，而很少会追究丈夫的刑事责任。而另一方面，人们对女子的性道德要求则要严厉得多，女子一旦犯有这些罪行，一般都会受到严厉的斥责，并会被丈夫上诉到刑事法庭，追究她们的刑事责任”。[②] 这一结论完全可以适用于1940年代的离婚纠纷中。

（二）最为重要的离婚原因——虐待

1. 妻子实施虐待

由于传统男尊女卑的性别观念、男性在家庭中的主导地位以及身体优势，男性通常不会受到配偶的虐待，但是通过分析档案资料我们发现，部分男性仍会遭受妻子的辱骂殴打，最终不堪忍受诉请离婚。

1944年，李筱山以“不堪同居之虐待”为理由状告妻子李魏氏，请求法院判准离婚。李筱山声称双方自结婚之后感情不睦，时常发生口角。1940

---

① 《郭杨氏诉郭宗涛离婚案》（1942年2月9日），北京市档案馆，档案号：J065-018-02463。

② 余华林：《女性的“重塑”——民国城市妇女婚姻问题研究》，商务印书馆，2009年，第291—292页。

年，李魏氏为了陷害李筱山，故意自杀，且《新北京报》有相关报道。虽经救回，但李魏氏依旧扰乱家庭。8 月 14 日上午，李魏氏伙同其胞兄魏福和将家中房契、衣服、粮食等财物盗走，损失约两万元左右，李筱山忍无可忍，故提出离婚。为了进一步阐述事实，李筱山之后又向法院递交了补充诉状，声称自己常受被告殴打辱骂，前妻所生之女也被李魏氏逐出家门，李魏氏还屡次向股东制造谣言，致使自己被公司辞退。李筱山害怕再受其殴打，不敢回家，只得寄居友人家中。他认为“虐待之程度已不堪同居，忍无可忍”，请求法院判决离婚。

针对李筱山的虐待控诉，法官对李魏氏进行了询问，但是李魏氏坚决否认，并称双方感情不错，致使夫妻关系破裂的主要原因在于丈夫，她声称丈夫受人挑拨，嫌弃她丑陋，又在外边包养他人；自己当初跳河也是因为丈夫对其进行殴打，迫不得已才采取自杀之方式。面对丈夫的离婚请求，李魏氏表示不能接受。

法官通过询问当事人及相关证人，查看证物，认为李魏氏跳河自杀一事乃因李筱山脾气暴躁，对其进行殴打所致，此为报纸报道所证明，并无李魏氏诬告的确实证据；李筱山受被告虐待等事皆无确实证据，并不能认为是离婚理由；且原告诉被告携带财物、儿女离去一事，被告虽承认带走子女二人和自用东西，但并不承认故意将原告铺底契据等物带走，原告不能拿出证据以资证明，所以法官最终将李筱山的离婚请求驳回。①

像李筱山以“虐待”为离婚理由的案件不止一例。如刘玉山与妻子刘韩氏于 1940 年 8 月因家庭琐事发生争吵，妻子及其家人对刘玉山进行殴打。刘韩氏又在三年之内，以遗弃、妨害风化、别居、伤害等理由，六次状告刘玉山及其母亲，致使刘玉山受四个月徒刑并处 100 元罚金的处罚。夫妻屡次法庭相见，刘玉山不堪其扰，所以以“不堪同居之虐待”为由提出离婚诉讼。② 还有李建新欲与妻子李张氏脱离夫妻关系，于 1942 年 9 月向伪北京地方法院提起诉讼。李建新声称妻子“赋性刁悍，对家中人等时逞雌威”，9 月

① 《李筱山诉李魏氏离婚案》（1944 年 9 月 2 日），北京市档案馆，档案号：J065-020-04989。
② 《刘玉山诉刘韩氏离婚案》（1943 年 12 月 16 日），北京市档案馆，档案号：J065-019-08605。

12 日李张氏因家庭小事，用火筷子将李建新左臂殴伤，经法院检查处验明。李张氏还在报纸上刊发报道，诬告李建新之父李先渊不名誉之行为，致使李先渊名誉受损。所以李建新认为李张氏“侮辱尊亲属”“殴打本夫”“虚构事实控词诬告”，虐待程度已达不堪共同生活的程度，故此提出离婚。[①] 最终，法官分别以“实施虐待理由尚不充分”和“原告人原籍并非北平，本院无管辖权”为由驳回了两案原告的诉讼请求。

通过上述案例我们可以发现，男性所提出的“虐待”离婚案有以下特点：

第一，“虐待”的内容更突出“精神虐待”。夫妻之间的虐待行为通常指夫妻一方通过对配偶实施辱骂、威胁、恐吓、殴打、拘禁等，造成对方身体、精神等方面损伤的行为，且在通常情况下，配偶之间的身体冲突多作为虐待的主要内容。但是上述离婚案中，男性所遭受的身体损伤并不是诉讼重点，妻子所给予的精神虐待多被男性所提起。例如李筱山离婚案中，李筱山将诬告陷害、携走儿女、财物作为了“虐待”的主要内容，而遭受殴打辱骂仅作为补充内容呈交法庭；刘玉山在庭审中声称“他屡次告我与母亲，就实不堪同居了”，强调妻子屡次提出控告的事实，却并未突出遭受妻子辱骂、殴打的事实，证明男性在离婚案中更突出虐待中的“精神损伤”。

这种情况的出现主要是有两个原因：一是在传统社会中，男性在夫妻结构中处于主导地位，一定意义上来说，丈夫既是女性的配偶，也是妻子的主人，有权对妻子进行一定程度的处罚；正是因为这种两性权力结构的固化，加之男性在身体力量上的优势，导致社会大众对于夫妻关系中“女强男弱”的情况并不适应，出现女性对男性的虐待更是在心理上无法接受，而男性个体碍于社会舆论反应及个人自尊心，往往羞于承认女性对其实施的身体虐待。二是女性的身体素质相较于男性偏弱，即使实施身体虐待往往也不会造成男性身体上的巨大损伤，更难留下伤痕作为虐待证据，故而男性在“虐待”中更强调“精神损伤”。

第二，“虐待”的参与人员不局限夫妻二人。女性由于传统的两性地位

---

① 《李建新诉李张氏离婚案》（1942 年 9 月 21 日），北京市档案馆，档案号：J065-018-04903。

及身体素质，往往很难单独对男性实施虐待，而母家人成为女性实施虐待最可靠的协助群体。通过上述案例我们可以发现，女性的娘家人在男性的离婚诉状中频频出现，李魏氏的胞兄魏福和协助她将李筱山家中财物运走，而刘耿氏及其母亲则合伙对刘树敬进行了殴打。[①] 而虐待的承受者也不仅局限于丈夫本人，妻子往往会对丈夫的尊亲实施辱骂、诬告等虐待方式，致使丈夫全家对其感到惧怕和无奈。

2. 丈夫实施虐待

笔者对沦陷时期北平离婚案的统计显示，虐待占到沦陷时期北平女性离婚理由的 59.03%，超过了总量的一半以上。

男性对女性实施虐待的行为大量存在。大部分虐待离婚案中都会出现丈夫或公婆对妻子的辱骂殴打，故此种虐待方式数量最多。例如在田李氏状告田广亮虐待离婚案中，田李氏声称田广亮对其进行殴打虐待，致使原告“鼻口流血，遍体紫青”；在齐黄氏诉齐有田案中，齐黄氏的左眼被丈夫打成青肿，右胯、两腿及腰部被棒打成伤；郑程氏则声称被丈夫郑懋勋多次殴打，致使“全身脸面均有破伤，并将鼻子亦打破”。[②] 这些女性均被丈夫实施了残酷的殴打，身体遭受了重大伤害，迫不得已才提出了离婚诉讼。

由于沦陷时期经济困难，出现了丈夫无力或拒绝赡养妻子的情况，部分妻子将丈夫不养以致生活困难纳入到“虐待”的范畴中，以此提出离婚请求。例如牛汪氏与牛存礼离婚案中，牛存礼嗜赌成性，时常命令牛汪氏引诱他人来家赌博，牛汪氏当即拒绝。牛存礼对此怀恨在心，断绝了妻子的衣食供应，甚至将其赶回娘家。牛汪氏走投无路，以“不堪同居之虐待”为由提请离婚。[③] 但是由于缺少相关法律支持，以此作为“虐待”内容的离婚案请求往往很难获得法官的支持，通常会被驳回请求。

还有一些女性因无法接受丈夫的性需求而宣称遭受虐待。冯刘氏与冯学

---

① 《李筱山诉李魏氏离婚案》（1944 年 9 月 2 日），北京市档案馆，档案号：J065-020-04989；《刘树敬诉刘耿氏离婚案》（1942 年 2 月 4 日），北京市档案馆，档案号：J065-018-02418。

② 参见《田李氏诉田广亮离婚案》（1942 年 7 月 2 日），北京市档案馆，档案号：J065-018-03714；《齐黄氏诉齐有田离婚案》（1942 年 5 月 15 日），北京市档案馆，档案号：J065-018-02297；《郑程氏诉郑懋勋离婚案》（1942 年 5 月 20 日），北京市档案馆，档案号：J065-018-02967。

③ 《牛汪氏诉牛存礼离婚案》（1942 年 5 月 7 日），北京市档案馆，档案号：J065-018-03456。

仁于1942年6月结婚，婚后冯学仁“不顾昼夜宣淫”，并且对妻子实施鸡奸，致使冯刘氏“精神失常，疲弱不食”。冯刘氏认为，“男婚女嫁，礼之当然，夫妻之情，老少难去，惟倒行逆施，背乎天理，人所难堪。况氏体质素弱，昼夜宣淫，任人难以胜任”，故此提出离婚之诉。

法官对冯刘氏进行了询问。

> 问（冯刘氏）：你因为什么告刘〔冯〕学仁？
> 答：我受不了他的虐害。
> 问：你们是几时结的婚？
> 答：今年六月十二日。
> 问：他怎么样虐害你呢？
> 答：他不分昼夜，老与我行房，并且鸡奸我。

冯学仁则对此事坚决否认，并且指责妻子行为不检。

> 问（冯学仁）：她现在告你离婚，你有什么答辩？
> 答：她说的都是假话，在三年前她们家的事报上都知道。
> 问：你知道她不好为何要娶她？
> 答：娶后知道的。
> 问：她告你鸡奸是怎么回事？
> 答：实在没这事，如有我受罚。

针对冯刘氏指控冯学仁鸡奸一事，法庭对此进行了鉴定。鉴定报告最终确认冯刘氏并无鸡奸伤，法官由此认为原告所称冯学仁对她实施鸡奸“实属空言”，不能认定为受到“不堪同居之虐待”，故此驳回了冯刘氏的离婚请求。①

虐待何以成为女性离婚最主要的理由呢？

第一，女性的从属思想，致使大量虐待情况发生。民国以来，知识分子虽大力提倡男女平等观念，主张女性反抗男性的压迫，但是传统家庭环境的熏陶和缺少现代教育的境况，使得底层女性对这些概念只有一些模糊的认识，并不知其内涵，而男尊女卑、妻子服从于丈夫的思想在

① 《冯刘氏诉冯学仁离婚案》（1942年10月28日），北京市档案馆，档案号：J065-018-06860。

这些女性中依旧存在。部分女性并不认为丈夫对自己的打骂是一种虐待行为，反而认为其是夫妻生活中在所难免的现象。例如李淑萍曾在1943年状告丈夫王德海与她人姘度、虐待并遗弃自己后，不久就撤销诉讼，理由是自己“一时糊涂，听道途传言”，而打骂则是“系平日因小有口角，亦在所不免”。[①] 女性的容忍态度一定程度上助长了男性的虐待行为。

第二，女性的家庭经济地位劣势推动了虐待事件的发生。在家庭经济地位中，男性往往处于绝对优势，女性由于缺少经济独立能力，只得依靠男性维持生活，这使得丈夫在家庭中掌握控制权，从而可以通过对妻子进行殴打虐待来进一步控制家庭，显示自身权威。正如有学者指出：“家庭暴力的受虐方由于资源的匮乏和对配偶资源的依赖无法阻止暴力行为。”[②] 尤其在日伪统治时期，大部分家庭的经济处于困难之中，且男性成为维持家中经济运行的支柱（见表4.13），女性要么没有工作，要么从事的都是社会下层职业（见表4.14），收入微薄，所以女性更可能遭到虐待。

表4.13　离婚案中男性职业统计表

职业	数量	百分比
商人[③]	14	13.46%
手艺人[④]	13	12.50%
小买卖[⑤]	12	11.53%
拉车	11	10.57%
政府职员[⑥]	8	7.69%
务农	7	6.73%

① 《李淑萍诉王德海离婚案》（1943年3月19日），北京市档案馆，档案号：J065-019-04602。

② 肖洁、风笑天：《中国家庭的婚姻暴力及其影响因素——基于家庭系统的考察》，《社会科学》2014年第11期，第91页。

③ 包括开洗衣房、茶商、开油盐店、开成衣铺、古玩行等。部分当事人仅登记为“商人”或“经商”，无法判断其具体行业，特此说明。

④ 包括做皮鞋、修理旧鞋、修自行车、打鼓、做绢花、理发、木匠、电灯匠、魔术师等。

⑤ 包括卖水果、卖洋货、炸油饼、算卦、卖烧饼、开洗衣房、卖碎铜、卖菜、赶车等。

⑥ 包括银行职员、税局办事员、福高组现场联络员、财政局科员、印刷局职员等。

（续表）

职业	数量	百分比
教师	5	4.81%
小工	5	4.81%
政府官员①	5	4.81%
工人②	5	4.81%
唱戏	4	3.84%
店铺伙计	4	3.84%
学生	3	2.88%
警察	2	1.92%
公司职员	2	1.92%
汽车跟车	1	0.97%
士兵	1	0.97%
中医	1	0.97%
邮差	1	0.97%
合计	104	100%

表 4.14　离婚案中女性职业统计表

职业	数量	百分比
无业③	7	35.00%
小买卖	4	20.00%
佣工	2	10.00%
做单衣	1	5.00%
娼妓	1	5.00%
女招待	1	5.00%
务农	1	5.00%

① 包括保卫团长、警察队秘书长、神武门故宫守备队排长、治安军第三团副团长、中华通讯社总理部译电科主任等。

② 包括织布工人、铁路工人、粮栈工人、校工等。

③ 档案中明确登记为“无业”者。

（续表）

职业	数量	百分比
乳仆	1	5.00%
医院看护	1	5.00%
医生	1	5.00%
合计	20	100%

但是无论男性还是女性，大部分以“虐待”为由提出的离婚诉讼不会得到法官的支持。《民法》虽明确规定夫妻一方受到“不堪同居之虐待”可以向法院提出离婚请求，但是受虐成何种程度为“不堪同居”却难以证明，相关法律也并未对此进行明确规定。在1942年王董氏诉王维成离婚案中，主审法官曾对“不堪同居”一词进行了解释：“所谓不堪同居或不堪为共同生活，系指其虐待出于惯行，或已达不能忍受之程度。”[①] 但是这个标准仍然不易把握。通过档案分析我们发现，法官通常以虐待发生原因、虐待所受伤害程度、虐待发生频率这三点内容来判断受虐程度是否达到了“不堪同居”。而从实际判决来看，这三个判断标准呈现出了以下特点：

从虐待发生原因来看，如因“家庭细故”发生虐待，法院不准离婚。例如刘费氏控告丈夫刘宝山多次对她实施殴打，1941年7月又对她进行打骂，刘费氏认为丈夫对自己毫无夫妇之义，忍无可忍，遂向法庭请求离婚。而刘宝山则答辩称自己并未虐待刘费氏，伤痕乃系其自己伪造。法官经过询问，认为刘费氏所受虐待乃因“家庭细故”所致，并不能构成离婚条件，驳回了她的请求。刘费氏不服判决，向伪河北高等法院提出了上诉。刘费氏在上诉状中认为原审有失公允，“被上诉人殴打氏既事因细故尚且如此，若遇巨故自不问可知”。但是二审则依旧维持了原判：“惟查夫妻偶因细故失和殴打他方，纵令受有微伤，如非惯行殴打，即难指为受不堪同居虐待，不得据以请求离婚（参照最高法院二十四年上字第二五一九号判例）。本件被上诉人于去年七月间殴打上诉人，致成微伤，既系因家庭细故所致，依前开说明已不

① 《王董氏诉王维成离婚案》（1942年5月5日），北京市档案馆，档案号：J065-018-02695。

能认为受有不堪同居之虐待。”[①] 而究竟何种原因属于“细故”，何种原因属于“巨故”，法律上亦无相关规定，只能凭借法官自己判断。

从虐待受伤害程度来看，如受虐方所受伤害仅为“微伤”，法院不准离婚。徐王氏与徐小铁结婚一年，即遭徐父调戏，被拒绝之后，徐父唆使徐小铁对徐王氏进行虐待，造成伤痕。徐王氏愤而提出离婚申请。在法官询问徐王氏是否还有伤痕的时候，她表示被告所打之伤已经好了，法官随后做出了驳回请求的判决，理由是“夫妻间偶有微伤不能构成不堪同居之虐待”。[②] 在大多数女性控告的虐待离婚案中，丈夫对妻子的虐待殴打通常不会造成巨大的伤害，即使身体上有伤痕，女性通常不会及时进行司法认定，保留相关证据，所以在离婚案中，大部分女性不能提出自己受伤的有效证据，导致法官判定女性所受仅为“微伤”。

但原告如果有官方验伤报告，则能够对官司的胜利起到重要作用。董茂林曾因贩毒被法院判处两年徒刑。出狱后，妻子徐淑琴对其进行劝导，但是董茂林恼羞成怒，将徐淑琴左眼打伤，并且企图将其贩卖至张家口为妓，徐淑琴不从，又被丈夫毒打一顿，董茂林因伤害罪被判处三个月徒刑。徐淑琴以“不堪同居之虐待”为理由起诉离婚。在庭审中，徐淑琴拿出了伪北京地方法院检查处所提供的验伤报告，证明其左额、左脸各有伤一处，系被人殴打所致，法官以此认为“被告之素性暴戾已可见。原告主张时受被告殴打，难再同居，自堪证信”，同意其离婚诉求。[③] 但是徐淑琴的例子依旧是少数，大部分女性无法拿出受伤的相应证据，法官只得以“偶有微伤，不能构成不堪同居之虐待”为由拒绝她们的请求。

从虐待发生频率来看，受虐方如无法证明虐待为惯行，法院不准离婚。如果一方没有办法拿出遭受重大伤害的证明，只得以对方惯行虐待为切入点进行控告。与证明受伤程度相同，受虐方往往很难拿出直接证据证明对方虐待为经常性行为，法官通常只能询问邻居或者双方朋友进行佐证。但当时很

---

① 《刘费氏诉刘宝山离婚案》（1942 年 4 月 8 日），北京市档案馆，档案号：J065-018-01671。
② 《徐王氏诉徐小铁离婚案》（1943 年 12 月 1 日），北京市档案馆，档案号：J065-019-09104。
③ 《徐淑琴诉董茂林离婚案》（1944 年 6 月 15 日），北京市档案馆，档案号：J065-020-05849。

多证人的证词却往往不利于受伤害的妇女，因为在三四十年代一般民众的心目中，夫妻间经常争吵，丈夫打骂一下妻子，只要不是太过分（没有造成重大伤害），他们都认为属于正常范围，妇女若因此提出离婚，在他们看来反而是小题大做了。这一点在下面的案例中，得到了很好的体现。

妇女左王氏因丈夫左家正经常虐待自己向法院提出离婚。法院为此提讯了左王氏的邻居左金氏，下面是审讯笔录的记载：

> 问（证人左金氏）：你是住左家正哪一边？
>
> 答：我是他西邻。
>
> 问：他们夫妇和睦否？
>
> 答：自前年冬月成婚后很好。
>
> 问：左家正及其家长等常虐待左王氏？
>
> 答：都不虐待她的。
>
> 问：以你说话左家正家中老小全待她好，为何久住娘家不敢回来？
>
> 答：不知他们为什么，要说是过日子，没有盆碗不磕碰的。
>
> 问：是否为打架或者为别的事情，你要据实回明。
>
> 答：是否为吵架及其他的事情，我整天不在家，亦不常上他家去，实不知他们为什么闹意见。前年冬月廿五日，娶亲第二年八月间，左王氏即回住娘家，经我叔伯兄到她娘家去接应，当借台阶回来才对，没想到伊娘家母不给说合人面子，没法管了。[①]

为什么左金氏一面承认结婚当年和第二年，左王氏两次回住娘家，需要请中人说合（这明明是夫妇不合的表现），一面又说左家正夫妇自成婚后一直和睦呢？从左金氏言语中分析，她认为夫妻间过日子拌嘴打架是很正常的，“没有盆碗不磕碰的”，左王氏因此回到娘家，逼得左家正请中人出面请她回家，就已经赚足了面子，应该趁机回家才对。但左王氏不但不给中人面子，还提出离婚请求，在左金氏看来，这就是得寸进尺了。不难想像，这件案子最后被法院驳回的结局。可以说，类似的案子因受虐方除自我控诉外，

---

① 《离婚》（1942 年 11 月 7 日），北京市档案馆，档案号：J65-18-6434。

很难找到证据证明受虐，因此，法官多会因“证据不足”驳回离婚请求。这一点在白凯对北平 1942 年离婚案件的统计中也得到证实。在这一年，妇女因为虐待而提出离婚的共有 80 件，但获准离婚的只有 27 件，只占 33.8%。

表 4.15 北平 1942 年离婚案原因出现频次统计表

理由	妇女主动			男子主动		
	件数	百分比	得以离婚	件数	百分比	得以离婚
重婚	5	6	3	2	8	2
通奸	7	8	4	6	24	2
对方虐待	62	70	21	2	8	1
家属虐待	18	20	6	3	12	1
遗弃	45	51	17	13	52	5
意图杀害	5	6	1	1	4	0
身体疾病	6	7	2	1	4	0
精神疾病	1	1	0	0	0	0
生死不明	5	6	1	3	12	2
刑事定罪	9	10	3	1	4	1

资料来源：Bernhardt, Kathryn, “Women and the Law: Divorce in the Republican Period”, in Bernhardtand, Kathryn, Philip C. C. Huang (eds.), *Civil law in Qing and Republican China*, p. 196.

注：在这次统计中，妇女主动提出离婚的案件共 88 件，男子主动提出的离婚案件共 25 件。有关“件数”与“百分比”也与女性主动提出离婚居多这一结论相一致。

相较于男性受虐离婚案中，男性受虐偏重于“精神层面虐待”，女性所遭受的虐待则更加全面。我们可以将女性所受虐待方式分为身体虐待、精神虐待两个方面。身体虐待主要指男性及其亲属对女性进行殴打，但是部分男性还会对女性实施性虐待，致使女性身体遭受巨大伤害；精神虐待主要指丈夫对妻子进行辱骂，使其人格受损；部分丈夫会通过宣称妻子与人通奸、非处女的方式，损害妻子的名誉来对其进行精神虐待。而通过对档案资料的阅读，我们发现每一件虐待离婚案中，女性均不止遭受一种虐待，通常会同时遭受两种虐待方式，可以说，女性受虐待的广度和深度均超过了男性。

三、离婚诉讼双方的形象塑造

当无法自行解决婚姻矛盾时，关系破裂的夫妻双方会通过法官调解或司法判决来解决。矛盾丛生的夫妇一定会从自身的利益和思维出发，在庭审中唇枪舌剑，为自己的行为赋予合理性和合法性，从而为自身争夺最大利益。因此，通过观察离婚案中的当事人状况，以及在法庭审理之中两性之间的互动情况，有利于我们探知两性在离婚案件中的不同思维与最终目的。

诉讼双方通过诉状描述或者法庭辩论会对己方、对方的形象进行一定程度的塑造，最终目的是为审判者制造一种原被告的固态印象，从而影响判决结果。在 1942 年伪北京地方法院所审理的王董氏与王维成离婚案中，双方均通过各种形式对对方进行了形象塑造。原告王董氏首先通过诉状对王维成的恶行进行了描述：

> 因氏夫性情乖谬，不加思虑，后氏翁姑待氏时加凌虐……乃于上年十一月二十八日因家庭细故争吵，氏夫王维成及其母将氏暴打异常，经氏生父闻知前来，观氏受打之伤，不堪相劝，伤痕且重，将氏接回娘家，一面延医诊治之伤，据情依式具状将其母子诉经钧院检察处，蒙讯侦查，检验伤痕，提起伤害之诉，嗣蒙刑庭判处被告罪刑，各判拘役、徒刑。

王董氏的诉状对王维成的形象进行了刻画。在这张诉状的描述中，王维成品性暴虐，时常对妻子进行辱骂殴打，致使王董氏身受重伤，并且其婆母也是恶劣异常，同丈夫一起虐待原告，以致提出刑事控告，法院最终判处两人拘役、徒刑。而王董氏在叙述自己悲惨遭遇时也将自身形象潜移默化地灌输给了旁观者。在遭受丈夫虐待的过程中，王董氏委曲求全，“每逢归宁，对娘家未敢述说伊母子待氏之行为恶劣，唯恐氏生父生怒”。在此句叙述中，王董氏将自己的良好品行展现在旁人眼前：王董氏在家庭中受尽委屈，但是为了家庭安定隐忍不发，同时品性忠孝，不愿让老父为此事生怒。此言刻画了一个近乎完美的女性，而此种完美与王维成所做的不齿行为形成了鲜明对比，旁观者在阅读此张诉状时一定会对王董氏的遭遇感到同情，同时对王维成身为丈夫对妻子所做出的恶行感到愤怒。在诉状的结尾处，王董氏声明自己无法与丈夫继续生活下去，如果继续同居恐有生命危险，所以她向法官提出了离婚请求，从而“以救生命”。

王董氏的形象塑造不仅限于诉状之中。在庭审过程中，法官对王董氏的婚姻状况进行了法庭询问：

问（王董氏）：因何离婚？
答：虐待。
问：何时打你？
答：去年十一月二十八日。
问：何时结的婚？
答：前年九月三十日。①

从王董氏的叙述中，我们发现王董氏的婚姻仅维持了不到两年时间就宣告破裂。双方在新婚燕尔之时竟然闹上法庭，此种婚姻持续时间较短即出现关系裂痕，继而离婚的夫妇在沦陷时期的北平并不在少数，例如唐淑英和宗士宽结婚仅两年即诉请离婚；陈希爛结婚仅一年，就以“百般受其虐待”为由，请求与丈夫桂全离婚；而谭芸芝与宋湘庸的婚姻持续仅三个月就宣告破裂。②

在王董氏看来，自己的婚姻只持续了两年，其罪魁祸首就是自己的丈夫。在明确了双方婚姻持续时间较短之后，王董氏进一步对自己遭受丈夫虐待的原因进行了表述。

问：被告因何打你？
答：看不上我。③

王董氏利用“看不上”这个定义广泛且较为模糊的词语解释了丈夫对自己的虐待原因。而王董氏并未解释“看不上”的具体含义，只是通过法官之

---

① 《王董氏诉王维成离婚案》（1942年5月5日），北京市档案馆，档案号：J065-018-02695。

② 《唐淑英诉宗士宽离婚案》（1942年1月20日），北京市档案馆，档案号：J065-018-00494；《陈希爛诉桂全离婚案》（1942年4月27日），北京市档案馆，J065-018-02090；《谭芸芝诉宋湘庸离婚案》（1942年6月5日），北京市档案馆，档案号：J065-018-03499。

③ 《王董氏诉王维成离婚案》（1942年5月5日），北京市档案馆，档案号：J065-018-02695。

后的询问表示结婚时自己母家并未陪送嫁妆，这可能是丈夫“看不上”自己的一个原因。王董氏通过“看不上”一词进一步塑造了双方的形象：丈夫王维成只认钱财，因本身没有携带嫁妆导致自己饱受丈夫歧视，全然没有夫妻之情；自己长期处于此种不平等夫妻关系之中，饱受丈夫的无理由歧视，受尽苦楚。通过诉状及庭审回答，王董氏对夫妻双方的形象进行了塑造：丈夫王维成暴虐成性，见钱眼开，对妻子没有丝毫伉俪之情，肆意对其实施虐待，并且受过刑事处罚，犯有不名誉之罪；而自己作为妻子遵循传统道德，孝父顺夫，对于丈夫的虐待忍耐已久，提出离婚实属迫不得已。夫妻双方的形象差别甚大，丈夫承担施暴者的角色，而妻子则完全是一名无辜的受害者。

王董氏所塑造的两性形象在沦陷时期的北平离婚案件中具有共性。通过对离婚案卷进行阅读，笔者发现在这些离婚案件中，女性对男性所塑造的形象较为负面。在妻子口中，自己的丈夫脾气暴躁，品行不端，或寻花宿柳，或吸食毒品，对妻子儿女不管不顾，自己则饱受摧残，深受其害。例如金宝氏诉请与金禄离婚案中，她控诉丈夫“大变心肠，视氏如眼中之钉，成日非打即骂，虐待不堪”；焦淑琴则声称丈夫杨鸿钧偷窃自己嫁妆，品行恶劣，最终被派出所拘押。[①]

与男性不道德的形象不同，女性对自我的形象塑造则较为正面，甚至形成了一种形象范式：妻子贤良恭俭，孝顺父母，但在丈夫的绝对权威与暴力之下，自己作为一名弱女子并不能加以反抗，只得在不平等的婚姻中忍受下去，自己提出离婚也仅是因为丈夫的所作所为超出了自己忍受的极限，“迫不得已”提出离婚。如在王董氏案中，王董氏一方面能够采取离婚的手段追求自身境遇的改变，但同时她也极力宣扬自己顺从丈夫，孝顺父母，法官在询问她为什么不在丈夫时常殴打的情况下提早上告，王董氏的回答是“以先忍耐”，完全是一个深受传统妇女道德浸染的女性形象。此种女性形象并不是个例，金孟氏在控告丈夫时声称：“原告本一旧式女子，抱三从之意，辄

---

① 参见《金宝氏诉金禄离婚案》（1942 年 5 月 2 日），北京市档案馆，档案号：J065-018-02829；《焦淑琴诉杨鸿钧离婚案》（1942 年 7 月 6 日），北京市档案馆，档案号：J065-018-04799。

以忍不与较，被告以原告可欺，得寸进尺……原告处此境遇之下，日坐荆棘之中，而甘心忍受者，希望被告将来天良发现。”王高氏痛诉结婚之后才知丈夫王金铎是一“堕落青年”，但她“木已成舟，只好听天而已”，丈夫终日殴打，遗弃不管，王高氏也“只得忍耐，冀其自新”；而田李氏则更加极端，因丈夫殴打辱骂，实在难以忍受，竟决定跳海自杀，以免受其折磨。[①] 以上几名女性虽然运用离婚手段希望维护自身权益，但是她们的行为均符合传统妇道，金孟氏恪守三从之意，承认自己为旧式女子；王高氏即使发现了丈夫是堕落青年，也只得继续忍受；而田李氏则欲跳海自尽，大有传统贞洁烈女之意。此种形象塑造在北平离婚案卷中大量存在。除女性所进行的自我形象塑造外，女方的父母或街坊也会对其进行此种形象的强化。马钊在研究北平地区背夫潜逃问题时，发现案卷中女方父母几乎都采取了相同的诉讼策略，即将女儿描述为“深受男性剥削和压迫，天真而无辜的受害者”，其形象与北平离婚案件中的女性基本相同。[②]

值得注意的是，女性在离婚案件中进行的自我形象塑造存在一定的矛盾性。女性能够运用离婚来维护自身权益证明其已经部分接受了新思想，同时，在一些离婚诉状中，离婚女性还会用“维护女权”“以重人权”等话语，来为自己的行为和利益辩护，寻求法官的同情和法律的保护。例如朱李氏在要求与丈夫朱济冬离婚的诉状上即写道：

> 为被告重婚虐待，不堪同居，状请调解离异，给付养赡费用，以维女权而重人命事……似此杀伤遗弃，置伦常于不顾，视妇女如马牛，人间地狱，难再同居。况其最近又与其族侄女在大连结婚，氏更无与延续必要，为此请调解离异，并给养赡费三千五百元，及返还氏之上开衣物，以维女权，而重人命。[③]

---

① 参见《金孟氏诉金伯春离婚案》（1942年5月22日），北京市档案馆，档案号：J065-018-03360；《王高氏诉王金铎离婚案》（1942年6月30日），北京市档案馆，档案号：J065-018-03956；《田李氏诉田广亮离婚案》（1942年7月2日），北京市档案馆，档案号：J065-018-03714。

② Zhao Ma，*On the run：Women，City and the Law in Beijing，1937-1949*，Ph. D. dissertation，The Johns Hopkins University，2008，p. 146.

③ 《离婚》（1943年3月15日），北京市档案馆，档案号：J65-19-945。

在这份诉状中，再三出现了“女权”、“视妇女如马牛”的字样，似乎表现出女子主体性的意识。但是，真实的原因可能是她们的诉状未必均为本人书写。事实上也确实有不少的诉状，在后面都有代笔律师的签名或盖章。同时我们还可以发现，尽管有不少妇女在诉状中提到了“女权”、“人权”的字样，但是这样的字样大多只是出现在诉状的开头或结尾部分。以此推测，这些诉状的写作过程很可能是这样：先由要求离婚的妇女口述夫妻不合的事实，律师将之笔录下来作为诉状的正文部分，然后由律师在诉状的开头和结尾部分固定格式的套语中，加上一些法律的条文，用以说明申请离婚的正当性。所以这些“女权”话语，有可能只是律师们在总结离婚理由时，为博得法官的同情或为显示自己行为的合理性和合法性，而使用的一种技巧。

基于这样的设想，笔者仔细查阅了当时的许多诉状，果然有类似的发现。有很多妇女在诉状中一方面用“女权”、“人权”的字样为自己的离婚寻找冠冕堂皇的依据，同时也不忘极力塑造自己弱者、守旧者的形象，将新旧两种思想和伦理资源，杂糅到同一篇离婚申请中，冀望以此打动法官。如王会秀在申请与丈夫脱离关系的诉状中就称：

> 窃声请人王会秀于民国十四年嫁与对造人孟百川为室，当议婚时言为正室，不料过门三朝，对造人之大妇、二妇俱至彼百般哄骗，令与伊等同居一处。然时受伊等任意殴辱，其时声请人自知知识薄弱，遭遇不幸，然木已成舟，徒唤奈何，清夜思量，自叹命薄，又将谁咎。只求对造人善体曲意，以企将来若能扶正，平生怨气亦可冰解。岂期声请人念虽如此，适得其反。当大妇、二妇相继故后，对造人应将声请人扶正，实事理之常情，以符前言，亦即声请人惟一之希望。然屡与要求，总于延宕，置若罔闻。不忆〔意〕近悉在乡复娶，居心何在，实难度之，若据以质问，即行辱骂。彼意以女性为玩物，罔知怜悯之心，将来人老色衰，更何堪设想。[①]

虽然王会秀骂丈夫“以女性为玩物”，表面上看起来，颇具现代女性意

① 《脱离》(1942 年 3 月 14 日)，北京市档案馆，档案号：J65-18-3081。

识，但是她在供状中又极力宣扬自己守旧的一面。明知被骗婚，却屈从命运，一心只等丈夫把她扶正。直到丈夫另娶新妇，才想起脱离关系，而且申请的是与丈夫脱离关系，而不是离婚，这说明她是以“妾”自居的。这一切，让我们很难将其与一个具有新观念的妇女形象联系在一起。这样的事例还有很多，例如杜徐氏在诉状中称自己的公公和丈夫“不［负］履行赡养义意〔务〕，实有共同蹂躏女权”之罪。但在前一份诉状中杜徐氏说自己与丈夫杜宝瑞原来是街坊，后来被其奸污，导致怀孕，只好嫁给他。“后来即归到杜家与他父母、大婆子同居。他大妻杜叶氏时常唆使杜宝瑞打我，我婆母也打我，全家把我当作奴仆看待。本月初间，杜叶氏又与我打架，本月初四日，我娘家妈把我接回娘家，打算容他们消了气，再把我送回去。”[①] 遭人奸污却只能嫁给强奸者，明知他有原配妻子也只能与之同居，遭受大妻、婆婆打骂还想等他们消气后再与同居，这分明又是一个弱者、守旧者的形象。再如，唐淑琴要求法院判决与丈夫宗士宽离婚并返回妆奁，“以维人权而系身命”时说：“氏遵父母之命于民国廿八年五月初八日完婚，是年氏未满十五岁，尚未达结婚年龄，对于人情事〔世〕故诸多不明，而于婚姻不能自作主张，只有俯从父母之命而已。”[②] 这里又是将“维人权”与“俯从父母之命”这两个不同的行为原则，并列在一起。通过这样的描述，主动请求离婚的妇女（这种行为是恪守“三从之义”的“女流之辈”们万难想像的），极力地将自己塑造成一个一心屈从于丈夫和家庭的弱者形象以及遵守传统伦理道德规范的守旧者形象。本来圆凿方枘的新旧两种因素，在她们身上却得到了完整的体现。

当然，也许女性之所以要塑造这样的形象，只是想以此博得法官的同情。在有些案件的审理和判决过程中，法官们确实表现出了对传统观念和传统行为方式的某种程度的支持。由于在离婚案件的调解和审理过程中，法官一般是询问双方提出离婚诉请或不同意离婚的理由，要求他们提出证据证明自己的主张，所以在法院的讯问笔录中，一般只有法官的寥寥数语。而在最

① 《妨害婚姻》（1942年1月），北京市档案馆，档案号：J65-6-1068。

② 《离婚》（1943年2月26日），北京市档案馆，档案号：J65-18-494。

后的判决书中，一般的格式是先列出本案的原被告和判决的主要内容，然后再简要叙述案件的基本情况，主要是原被告各自的吁请和主张；最后运用法律条文作出判决，并解释所以如此判决的理由。故此判决书中，一般也没有太多能反映法官自身态度的东西。但是，经过仔细搜求，我们还是能从法官的只言片语中，找出能反映他们态度的一些蛛丝马迹。例如在冯刘氏请求与丈夫冯学仁的离婚案中，法官在讯问时与冯刘氏有如下之问答：

> 问：你为什么不跟着他了呢？
>
> 答：我受不了他的蹂躏，我回去也没有好。
>
> 问：你小小年纪，出一家入一家有什么好看。
>
> 答：实在是逼得我这样，我但有出路，也不愿离婚的，求庭长作主吧。我一定不跟着他了。[①]

虽然在离婚案的审理中，很多法官都抱着劝和不劝离的态度，但从这个案件中法官所谓“出一家入一家有什么好看”的劝解措辞中，我们非常明显地感受到了他头脑中一些根深蒂固的传统观念。最后这件离婚请求，因提出离婚的理由不合法律的规定而被驳回，所以我们无从知道法官在判决时的立场。但是从别的案件中，我们可以看到法官们对旧式观念的同情，有时在判决中也起到了很大的作用。例如一位法官在一件妇女因丈夫无力赡养而请求离婚的判决书中写道：“该原告夙知被告原非席丰履厚，乃不安贫守分，自食其力，徐图发展，辄以被告一时困乏，下堂求去，殊难谓有理由。”[②] 这里暂且不论其判决有无道理，是否与“出嫁从夫”的观念相类似，可是“下堂求去”确实是一个充满旧式色彩的词汇。可以说，面对着这样的法官，妇女们如果故意将自己塑造成弱者、守旧者，应该还是十分有效的。

自然，法庭中的形象塑造并不是女性单方面进行的，男性也会对女性所提出的不满进行反驳，并且在答辩状或法庭辩论中重新对双方的形象进行塑造。当王董氏拒绝找人说合，并表示要坚决离婚后，法官对王维成进行了

---

① 《离婚》（1942 年 10 月 19 日），北京市档案馆，档案号：J65-18-7101。

② 《离婚》（1942 年 12 月—1943 年 1 月），北京市档案馆，档案号：J65—19—957。

询问：

问（王维成）：你兄弟几人？

答：兄弟三人，我大哥已过继我大爷为嗣子。

问：何时结的婚？

答：二十九年九月三十日。

问：为什么打原告？

打：她嫌我穷，有人挑唆她，以口角争吵，我并没有打她。

问：刑事上诉第二审判你罚金二十元，你还不承认伤害吗？

答：没有这事。

……

问：你愿意撤婚吗？

答：我穷，无力再娶，当然不能撤婚。[①]

通过法庭询问，王维成将妻子叙述的事实进行了一定程度的修改。首先，他承认双方存在矛盾，并且发生了口角，但是口角并未演变成斗殴，自己绝对没有殴打过妻子，即使在有刑事判决书的情况下也拒绝承认此事；其次他表示自己生活贫困，如果离婚则无力再娶，所以不同意妻子的离婚请求。王维成对自己的形象定义与妻子所描述的出现了较大差异，自己并没有虐待妻子，没有王董氏所叙述的那样十恶不赦。同时，在他的叙述中，女性的形象出现了变化，王维成没有提及妻子的贤良，反而指责妻子嫌贫爱富，因他贫穷而不愿与他过日子，听信他人挑唆，故意与他争吵。

与女性的形象塑造不同，男性在法庭中通常不会对自己在婚姻中所受委屈进行描述，把自己打扮成弱者来博取同情，而是重点对妻子的不守妇德之处进行抨击，同时叙述自身生活的艰辛，从而为旁人塑造一种妻子不守妇道、丈夫艰难养家的印象。例如1942年，何刘氏状告丈夫何林殴打虐待，遗弃不管，请求法院判准离婚。在庭审阶段，何林默认了殴打妻子的指控，

① 《王董氏诉王维成离婚案》（1942年5月5日），北京市档案馆，档案号：J065-018-02695。

但声称此事事出有因：

问（何林）：你常虐待她吗？

答：我没虐待呀。

问：你没虐待她怎么告你伤害？

答：（何林不语）

问：因为什么你就打她？

答：她常住娘家，说她不听。

问：你何必同何家甘打她？

答：没有这事，实因她竟〔尽〕听辛永金与儿子辛宝忠的话。

在表示自己殴打妻子事出有因之后，何林向法庭提出辩诉状，指责何刘氏与辛宝忠通奸有染，并要求法庭驳回妻子的离婚请求，并勒令她履行同居义务。法官在确认何林曾殴打过何刘氏，且何刘氏长期归宁后，企图劝说何林离婚：

问（何林）：你们夫妇二人已然伤了感情，你还定要她与你同居，她是抱定不回来的，你想想有好结果吗？

答：我知无好结果，但是我娶她花钱过多，很不容易。①

从以上叙述中，我们能够看到何林在法庭中所进行的形象塑造：自身虽曾殴打过妻子，但实因妻子不行同居义务，伙同奸夫偷窃家中财物，自己娶妻花费甚多，生活艰难；而妻子长期归宁不返，且与他人通奸有染，属于不守妇道。除王维成与何林外，其他男性也在法庭上对妻子进行指责，如王佩城指责妻子爱好赌博以致携物私逃；郑祖定控告妻子与人通奸，不守妇道。②通过对男性所进行的形象塑造分析我们可以发现，在离婚案件中，男性通常会根据传统妇女道德对女性进行攻击，从而造成女性形象的恶化，而对自我形象塑造则基于传统的性别分工以及沦陷时期恶劣经济环境所造成的生计艰

① 《何刘氏诉何林离婚案》（1942年7月25日），北京市档案馆，档案号：J065-018-05306。

② 参见《王佩城诉王李氏离婚案》（1942年7月29日），北京市档案馆，档案号：J065-018-05543；《郑祖定诉郑罗氏离婚案》（1943年12月8日），北京市档案馆，档案号：J065-019-09093。

难，使旁人形成一种男女形象对比，从而在官司中能够占据有利地位，获取更多的同情。

无论是男性还是女性，他们进行形象塑造根本目的在于博取法官以及社会大众的同情，从而为赢得官司获取有利条件。那么何种因素造成了离婚案件之中两性对于形象塑造的区别呢？笔者认为其背后的深层次原因在于北平民众并未完全接纳与理解现代性别观念，社会大众对于传统婚姻之中的两性观念依旧根深蒂固，而两性对对方的形象塑造不同，其背后所蕴藏的是社会大众对于传统与现代婚姻观念与性别关系的取舍。

对女性而言，她们在离婚案件中突出男性在婚姻中对女性实施暴力压制，将男性形象定位为强势而霸道，顺应了现代性别观念中提高女性地位，防止男性压制女性的要求。自西方男女平等观念传入中国后，知识界对于中国传统男性在两性关系中的绝对主导地位进行了大量批判，主张女性应建立独立人格，将命运掌握在自己手中。清末就有知识分子指出："世上女人，虽与男人结婚，至于这做人的道理决不在男人的掌握中。然而我们中国总说是男高女低，男尊女卑，女人必要受制于男人的，这是真正不通的话。"①

至20世纪三四十年代，普通大众已在观念上逐步接受了男女应处于平等地位，女性不应受男性的暴力压制，一旦男性对女性实施暴力或者其他虐待行为，极易受到社会大众的指责，而女性则会受到普遍同情。但是由于中国传统性别地位差距较大，很难在短时间内改变，社会大众对于性别平等的关注仅仅在于对男性权力的压制，而对于如何从思想上鼓励女性自立，从实际上提高女性地位，达到真正的性别平等并未达成共识，造成了民国社会对于男女平等观念进行选择性接纳，即仅关注压制男性权力，而忽视从根本上改变女性思想。同时，由于沦陷时期北平社会经济凋敝，就业情况严峻，大量人口失业，致使女性缺乏供养自己的能力。在这种情况下，大众观念上接受了压制男性，而女性却思想守旧、经济弱势，这就为女性在法庭上进行形象塑造提供了内在逻辑，通过描述男性的强势霸道形象与女性的守旧弱势形象，二者形成鲜明对比，这样就可以获得法官和大众的

① 珮公：《男女平等的真理》，《中国新女界杂志》第1期，1907年1月，第2页。

更多同情。

而男性的形象塑造则体现了传统妇女道德在民众头脑中依旧大量存在。在宣传现代性别观念的过程中，知识分子对于传统妇德进行了大量批判，对于新妇女道德亦进行了讨论。署名为“琦玲”的作者曾对新妇女道德的含义进行论述：“新妇女道德信条第一项，就是确定艰苦卓绝之战斗的人生观……新妇女道德应该注意德、智、体、群四育之平衡的发展……应该作充分之独立生活的准备，同时应从多方面去获得职业的机会……宣传并组织中国的劳动妇女，使之从事于政治、经济、文化各方面的争斗。”① 至沦陷时期，日伪政府在新民主义的架构下鼓吹复古的女性道德。谭慎园曾对此进行论述：“一、……我辈妇女若热心爱国，则应在新政权领导之下，努力了解自己之园地，锻炼开发建设我国固有之富源能力……二、努力充实自己之学识，了解历史演变之程序……更采取我国固有之道德，训练自己成一完美之人材……三、养成自己完美之人格。不苟且，不偷安，不因循，不怠惰，不为他人所煽惑，造成完美独立之人格。”② 总之，民国时期社会并未对新妇女道德产生统一定义，同时由于普通女性缺乏系统教育，现代妇女道德观念未被底层女性所接受，所以社会大众依旧以“三从四德”“七出”等传统道德规范要求女性，一旦女性触犯这些妇德，就会遭受舆论的严厉谴责。所以离婚案中男性对女性违反妇德的行为进行抨击，符合社会大众的价值观，较容易获得法官的同情，从而更能获得胜利。

本章小结

近代以来，婚姻自由和男女平等观念在中国广泛传播，对中国传统观念造成了巨大冲击，社会上对于实现婚姻自由的要求愈发强烈，离婚逐渐成为人们追求婚姻自由的重要手段。知识分子对离婚问题进行了热烈的讨论，他

---

① 琦玲：《妇女道德研究》，《中华日报》新年特刊，1934 年 1 月 1 日，第 10 页。
② 谭慎园：《妇女之道德》，《妇女家庭》第 1 卷第 4 期，1939 年 4 月，第 4 页。

们将离婚赋予“自由”属性，视为实现婚姻自由和妇女解放的重要手段，广泛传播“离婚自由论”，并逐渐将离婚付诸实践，离婚现象逐渐增多。

1930 年代之后，社会上的离婚现象出现了新的特点，离婚的主体人群开始由知识分子向社会上一般阶层转移，底层民众离婚事件逐渐增多，值得注意的是女性主动提出的离婚案件数量攀升。离婚这一代表现代性别和婚姻观念的事物逐渐普及到普通民众之中。

在日伪统治下的北平，尽管日伪政府极力宣扬离婚对家庭、对子女之伤害，鼓吹婚姻、家庭稳定之于社会的重要性，但是，由于北平民众经济状况窘迫，家庭生活难以为继，加之在婚姻自由和性别平等为代表的现代思想的影响和司法制度相对完善的条件之下，离婚案件也是大量涌现。

通过对沦陷时期离婚档案进行分析，我们发现该时期底层民众的离婚现象呈现出传统观念与现代观念相互交织的特点：一方面，由于近代北平特殊的政治和文化地位，伴随着西方思想的传入和新文化运动的深远影响，底层民众开始了解并接受现代婚姻和性别观念，他们不惮以离婚的方式追求自身情感上或经济上的幸福感；再加之北平沦陷的现状使很多民众陷入到一种极端困难的生活环境，他们也必须结束破裂的婚姻关系以寻求自身的生计出路，因此，离婚成为他们的选择。但另一方面，传统婚姻观念与男尊女卑的性别固态在底层民众的头脑中根深蒂固，即使是在离婚诉讼中，夫妇双方仍然是按照传统性别观念和夫妻关系来塑造各自形象。可以说，传统观念与现代思想在离婚问题上产生了一定程度的矛盾，这造就了北平地区离婚问题呈现出了新旧观念杂糅的现象。

第五章　犯罪：日伪统治下北平对妨害婚姻及家庭的罪与罚

近代以来，社会的动荡不安深入到婚姻家庭内部。此时的婚姻家庭体系既保持着几千年来所延续的强大生命力，又受到西方新式婚姻家庭观念冲击。伴随着中国法律近代化的艰难进程，婚姻家庭问题在法律上的变迁经历了更加猛烈的矛盾与挑战。清末法律改革中，民法和刑法开始分开单列，除了在民法中涉及有关婚姻家庭问题以外，此时值得注意的一个立法改革是1918年《刑法第二次修正案》中出现了“妨害婚姻及家庭罪”这一前所未有的罪章。

本卷前四章已经就恋爱、结婚、婚后、离婚这条大致的程序线索对1927年以来的有关婚姻家庭的观念和实践进行了细致的梳理。有鉴于此，本章试图以“妨害婚姻及家庭罪”这一具体的罪章为主要研究对象，通过对沦陷时期北平所存诉讼档案中涉及重婚罪、通奸罪、诱拐罪的案例进行分析，从一个专门史的视角为我们理解近代婚姻和家庭这一议题提供更深刻的思考。这些案件让我们看到，国家立法与具体的司法实践之间存在着不可忽视的差异，法官在进行司法判决时不得不向民间逻辑倾斜；同时，女性在情欲、生活与刑罚的裹挟下面临着巨大的生存困境，而此种困境随着日伪前线战事逐渐吃紧、通货膨胀的加深而愈发明显。

第一节 妨害婚姻及家庭罪概述

婚姻家庭以两性结合与血缘关系为其自然条件，它是社会最基层的细胞，建立什么样的婚姻家庭制度，对于社会的安定、生产力的发展是一个重要因素，它直接关系到国家统治秩序的维护及其政权的稳定。[①] 在中国古代社会，婚姻家庭的正常运行更多地是依靠伦理观念、道德习俗加以约束。与此同时，统治阶级也会利用法律手段来建立和营造有利于其统治的婚姻家庭制度。那些想要破坏和谐稳定的婚姻家庭行为，就会被视为违法，情节较严重的则构成妨害婚姻及家庭罪。这一罪章最早出现在1918年《刑法第二次修正案》第十七章“妨害婚姻及家庭罪”，但是此修正案在完成后并未提交国会议决颁行，此条罪章正式开始施行则是在1928年《中华民国刑法》颁布之后。从具体的法条和司法档案来看，“妨害婚姻及家庭罪”这一罪章包含重婚罪、通奸罪、诱拐罪三项具体罪名。

一、古代社会与妨害婚姻及家庭罪有关的立法沿革

我国历代统治者对于婚姻家庭关系的调整，除利用礼教的手段加以约束外，还运用国家强制力保障婚姻家庭的稳定，而这种强制力就体现在历朝历代的法律条规中。中国古代的法律中并没有妨害婚姻及家庭罪这一名称，由于我们探讨的民国“妨害婚姻及家庭罪”这一罪章主要包括重婚罪、通奸罪、诱拐罪三种罪名，接下来我们梳理关于这三种罪行的立法沿革。

《法经》是中国历史上第一部比较系统的封建成文法典，其中有对重婚罪的记载：“夫有二妻则诛，妻有外夫则宫，曰淫禁。”[②] “后世因之，不啻开

① 苏长青、阴建峰：《侵犯公民民主权利和妨害婚姻家庭罪》，中国人民公安大学出版社，1999年，第287页。

② 陈晓枫、柳正权：《中国法制史》，武汉大学出版社，2012年，第218页。

现代《刑法》关于妨害风化罪及妨害婚姻罪规定之先河。”[①]《唐律疏议》中规定：“诸有妻更娶妻者，徒一年；女家减一等；若欺妄而娶者，徒一年半；女家不坐。各离之。”[②]《疏议》解释说，太阳升起于东方，月亮升起于西方，象征夫与妇，为妻的在家中的地位十分重要，所以有妻再娶，施行徒刑一年。《唐律》对重婚行为作出详细的惩处方案，并对处罚措施进行解释，对于受骗的女方给予保护。宋朝基本沿袭唐朝关于重婚的法律条文。《大元通制条格》载：“诸有妻妾复娶妻妾者，笞四十七，离之。”[③]

《大明律·户律三·妻妾失序》中规定：“若有妻更娶妻者，亦杖九十，离异。其民年四十以上无子者，方许娶妾。违者，笞四十。”[④]《大清律例》则照搬《大明律》关于有妻再娶的规定。整体来说，从唐宋到明清，对重婚行为的法律惩处力度在不断减弱，这或许是因为随着封建专制力量的不断强化，明清时期婚姻自由度渐趋狭窄。

《尚书》中有关于通奸罪的最早记载：“男女不以义交者，其刑宫。”[⑤]秦朝注重男女交往的关系：“防隔内外，禁止淫佚，男女挈成。”[⑥]自唐以后，历代法律对通奸行为都从严处刑，《唐律》中规定：“诸奸者，徒一年半；有夫者，徒二年。部曲、杂户、官户奸良人者，各加一等；即奸官私婢者，杖九十；奴奸婢亦同。奸他人部曲妻，杂户、官户妇女者，杖一百……诸和奸，本条无妇女罪名者，与男子同……其媒合奸通，减奸者罪一等。”[⑦]唐代法律对通奸的处罚态度十分细致与严格。

《元史·刑法志·刑法三·奸非》中规定：“诸和奸者，杖七十七；有夫者，八十七……其媒合及容止者，各减奸罪三等，止理见发之家，私和者减四等……和奸十岁以下女，虽和同强，减死，杖一百七，女不坐。”[⑧]元朝对于和奸者的惩处力度减弱，取消徒刑，只惩罚杖刑。

---

① 陈顾远：《中国婚姻史》，商务印书馆，2014 年，第 18 页。
② （唐）长孙无忌等撰，刘俊文点校：《唐律疏议》卷十三，中华书局，1983 年，第 255 页。
③ 郭成伟点校：《大元通制条格》，法律出版社，2000 年，第 403 页。
④ 怀效锋点校：《大明律》卷六，法律出版社，1999 年，第 60 页。
⑤ （汉）郑玄注，（清）王闿运补注：《尚书大传》，商务印书馆，1937 年，第 48 页。
⑥ 《史记》卷六《秦始皇本纪》，中华书局，1982 年，第 243 页。
⑦ （唐）长孙无忌等撰，刘俊文点校：《唐律疏议》卷二十六，中华书局，1983 年，第 493 页。
⑧ （明）宋濂等撰，阎崇东等点校：《元史》卷一百四，岳麓书社，1998 年，第 1518—1519 页。

《大明律·刑律八·犯奸》中规定：“凡和奸，杖八十；有夫，杖九十。刁奸，杖一百……其和奸、刁奸者，男女同罪……若媒合容止通奸者，各减犯人罪一等。私和奸事者，减二等。其非奸所捕获，及指奸者，勿论。若奸妇有孕，罪坐本妇。”[①] 与此同时，对纵容妻妾犯奸、亲属相奸、奴及雇工人奸家长妻、良奸相奸等均有明文规定。明朝对奸情的分类更加周到，可细分为和奸与刁奸，更对奸妇怀孕情况作出惩处。《大清律例》与《大明律》基本相同，增补“奸幼女十二岁以下者，虽和，同强论。其和奸、刁奸者，男女同罪。”[②] 贞节观念随着时代的发展越来越严密，到清朝达到高峰，虽然法律条文的惩处是越来越细致，但是对于相奸者的处罚力度却是趋向宽松的状态。

《汉律·盗篇》有卖人之条：“（曲逆嗣侯陈何）坐略人妻，弃市。”[③]《文献通考·刑考八》记载：“卖子，一岁刑；五服内亲属，在尊长者死；卖周亲及妾与子妇者流。”[④] 唐代伊始诱拐行为的分类与处罚措施渐趋形成严格的规定。《唐律》卷二十《贼盗》篇中规定：“诸略人、略卖人（不和为略。十岁以下，虽和亦同略法）为奴婢者，绞；为部曲者，流三千里；为妻、妾、子、孙者，徒三年。和诱者，各减一等；若和同相卖为奴婢者，皆流二千里；卖未售者，减一等（下条准此）；即略、和诱及和同相卖他人部曲者，各减良人一等。”[⑤] 诱拐罪出于“贼盗”篇中，处罚力度极其严格，并牵连妻妾子孙。

《元史·刑法志·刑法三·盗贼》中规定：“诸略卖良人为奴婢者，略卖一人，杖一百七、流远；二人以上，处死；为妻妾子孙者，一百七，徒三年……若略而未卖者，减一等；和诱者又各减一等，及和同相卖为奴婢者，各一百七……知情娶买及藏匿受钱者，各递减犯人罪一等……如能告获者，略人每人给赏三十贯，和诱每人二十贯，以至元钞为则……若同党能悔过自

---

① 怀效锋点校：《大明律》卷二十五，法律出版社，1999年，第197页。
② 田涛、郑秦点校：《大清律例》卷三十三，法律出版社，1999年，第521页。
③ 《汉书》卷十六，中华书局，1962年，第539页。
④ （元）马端临：《文献通考》（下册）卷一百六十九，中华书局，1986年，第1468页。
⑤ （唐）长孙无忌等撰，刘俊文点校：《唐律疏议》卷二十，中华书局，1983年，第369—370页。

首，擒获其徒党者，并原其罪，仍给赏之半……诸妇人诱卖良人，罪应徒者，免徒。”① 元代开始对于告获者给予奖励，悔过自新者减轻罪行。

《大明律·刑律一·贼盗》中规定：“凡设方略而诱取良人及略卖良人为奴婢者，皆杖一百，流三千里。为妻、妾、子、孙者，杖一百，徒三年。因而伤人者，绞。杀人者，斩。被略之人不坐，给亲完聚……若和同相诱，及相卖良人为奴婢者，杖一百，徒三年。为妻、妾、子、孙者，杖九十，徒二年半。被诱之人减一等。未卖者，各减一等。十岁以下，虽和，亦同略诱法。若略卖、和诱他人奴婢者，各减略卖、和诱良人罪一等。”② 清朝《大清律例》诱拐罪基本全部沿袭《大明律》所记载。古代对于诱拐罪的判罚是十分严格的，不光需要受杖刑与流刑，还会牵连妻、妾、子、孙。

从古代立法沿革我们可以看出，中国历朝历代的法律绝对不允许重婚，但这并不影响纳妾之风的盛行，因为纳妾并不属于重婚，而是将“妻妾失序”认为是妨害婚姻的因素；通奸罪对不同等级的人加以限制，保护人伦道德，一定程度遏制权色交易与钱色交易；诱拐罪处于“贼盗”篇中，保护个人、家庭财产，维护社会和谐稳定。

二、清朝末年与妨害婚姻及家庭罪相关的立法沿革

清末最后的十年，清政府在内忧外患的情况下进行了一系列的修律活动。光绪二十九年（1903），沈家本、伍廷芳先后任修律大臣，同年修订法律馆成立，先后修订出《大清新刑律》与《大清民律草案》，这也标志着中国完成法律近代化的初步探索。“我法之不善者当去之，当去而不去，是之为悖。彼法之善者当取之，当取而不取，是之为愚。”③《大清新刑律》历经从 1906 年的预备案到 1911 年的钦定第六案，法案之多在近代法典中可谓无出其右。但是从 1907 年刑律第一次草案起草完毕，就因为其体例与内容一定程度的西化，与传统旧律脱节，招致顽固守旧礼教派的强烈反对。之后，沈家本和修订法律馆对《刑律草案》进行修改，完成《修正刑律草案》，但

① （明）宋濂等撰，阎崇东等点校：《元史》卷一百四，岳麓书社，1998 年，第 1524 页。
② 怀效锋点校：《大明律》卷二十五，法律出版社，1999 年，第 144—145 页。
③ 沈家本：《历代刑法考》，中华书局，1985 年，第 2236—2237 页。

是此草案又引发了以江宁提学使劳乃宣为首的礼教派更为激烈的驳难。双方的争论主要集中在两个问题，其一为子孙对尊长能否适用正当防卫，其二为“无夫奸”应否定罪科刑。经过争论与表决，前者被否决，后者被多数人赞成通过。[①] 也正是因为《大清新刑律》引发激烈争论而迟迟无法上台，清政府作为过渡，对《大清律例》着手进行修改，从1908年开始编订《大清现行刑律》，至1910年4月公布施行。到10月宪政编查馆又上奏核定《大清新刑律》；11月，资政院开议《大清新刑律》；12月，三读通过，上谕裁可颁布，此即为最终第六案《大清新刑律》。所以我们可以了解到，《大清现行刑律》生效期不过八个月，而其实际使用则可能仅有三个月。《大清现行刑律》作为中国传统律典的殿军，其按照总目宜删除、刑名宜厘正、新章宜节取、例文宜简易四项原则进行修改，整体增删都属于局部枝节的小修小改。[②] 接下来对《大清现行刑律》与《大清新刑律》中有关“妨害婚姻及家庭罪”的条例进行梳理。

《大清现行刑律》卷七《妻妾失序》中规定：“若有妻更娶妻者，亦处九等罚，（后娶之妻）离异。”[③]《大清新刑律》第二十三章《奸非及重婚之罪》第279条规定：“凡成婚之人重为婚姻者，处四等以下有期徒刑。其知为成婚之人而与婚姻者，亦同。”[④] 关于重婚行为的判罚，《大清现行刑律》取消《大清律例》中杖90的处罚，改为银12两5钱的九等罚。《大清新刑律》不仅对重婚者进行处罚，而且对知为成婚之人而与婚姻者，处以相同的四等以下有期徒刑（四等有期徒刑：三年未满一年以上；五等有期徒刑：一年未满一月以上）。

《大清现行刑律》卷三十《犯奸》中规定：“凡和奸，处八等罚；有夫者，处九等罚；刁奸者，（无夫、有夫）处十等罚……其和奸、刁奸者，男

---

① 关于礼法之争与无夫奸的研究可参考：张晓敏：《论清末修律中的礼法之争》，山东大学硕士学位论文，2006年；王启军：《清末修律中无夫奸存废之争研究》，复旦大学硕士学位论文，2009年；王瑞、郭大松：《清末礼法之争探析》，《山东师范大学学报（人文社会科学版）》2003年第2期等。

② 故宫博物院明清档案部编：《修订法律大臣沈家本等奏请编订刑律以立推行新律基础折》，《清末筹备立宪档案史料》（下册），中华书局，1979年，第852—853页。

③ 陈颐点校：《钦定大清现行刑律（点校本）》，北京大学出版社，2017年，第90页。

④ 上海商务印书馆编译所编纂，李秀清、孟祥沛等点校：《大清新法令（1901—1911）点校本》，商务印书馆，2010年，第603页。

女同罪。奸生男女，责付奸夫抚养……若媒合、容止（人在家）通奸者，各减犯人（和、刁）罪一等。若奸妇有孕，罪坐本妇。”[1]《大清新刑律》第二十三章《奸非及重婚之罪》第278条规定：“凡和奸有妇之夫，处四等以下有期徒刑，其相奸者，亦同。”[2] 关于通奸行为的处罚，《大清新刑律》与《大清律例》法条基本一致，只是把杖刑改为八到十等罚（八等罚：银10两；十等罚：银15两）。沈家本认为奸非之罪“惟礼教与舆论足以防闲之，即无刑罚之制裁”，[3] 故《大清新刑律》把旧律复杂繁琐的通奸法条简化，对于通奸当事人全部判处四等以下有期徒刑。

《大清现行刑律》卷二十二《略人略卖人》中的规定与《大清律例》法条同样一致，在此不再赘述。只是把杖刑全部取消，保留徒刑与绞刑。《大清新刑律》第三十章《略诱及和诱之罪》中规定：

> 第三百三十二条　凡用暴行、胁迫或伪计，拐取未满二十岁男女者为略诱罪，处二等或三等有期徒刑。
>
> 若系和诱者，处三等以下有期徒刑。
>
> 和诱未满十六岁之男女者，仍以略诱论。
>
> 第三百三十三条　凡移送自己所略诱之未满二十岁男女于外国者，处无期徒刑或二等以上有期徒刑。
>
> 若系和诱者，处二等或三等以下有期徒刑。
>
> 第三百三十四条　凡以营利之宗旨，略诱未满二十岁男女者，处无期徒刑或二等以上有期徒刑。
>
> 若系和诱者，处二等或三等有期徒刑。
>
> 第三百三十五条　凡以营利之宗旨，移送自己所略取之未满二十岁男女于国外者，处无期徒刑或一等有期徒刑。
>
> 若系和诱者，处无期徒刑或二等以上有期徒刑。
>
> 第三百三十六条　凡预谋收受或藏匿被略诱、和诱之人者，照前四

① 陈颐点校：《钦定大清现行刑律（点校本）》，北京大学出版社，2017年，第270页。

② 上海商务印书馆编译所编纂，李秀清、孟祥沛等点校：《大清新法令（1901—1911）点校本》，商务印书馆，2010年，第603页。

③ 黄源盛纂辑：《晚清民国刑法史料辑注》（上），（台北）元照出版有限公司，2010年，第153页。

条之例处断。

若未预谋者，从下列分别处断：

一、收受或藏匿第三百三十二条、第三百三十三条第二项及第三百三十四条第二项之被略诱、和诱之人者，三等以下有期徒刑。

二、收受或藏匿第三百三十三条第一项、第三百三十四条第一项及前条之被略诱、和诱之人者，三等以上有期徒刑。

第三百三十七条　本章之未遂罪罚之。

第三百三十八条　第三百三十二条及第三百三十六条之罪，须待告诉始论其罪。犯人与被略诱人或被和诱人为婚姻者，在婚姻继续之间，其告诉为无效。[①]

《大清新刑律》将《大清现行刑律》“略人与略卖人”改为“关于略诱及和诱之罪”。对于未满20岁的男女给予保护，如以营利为目的进行诱拐行为惩处更为严重（无期徒刑或5到20年有期徒刑），移送出国者科以重刑。但是对于已满20岁的男女认为他们有自我意识，遂没有相关法条。

《大清现行刑律》与《大清新刑律》两部法典，前者是中国传统法律的殿军，后者是中国近代法律的先行者。前者昙花一现、命途多舛，后者不仅在体例上实现了近代化，而且在内容上也一定程度移植了近代资产阶级刑事立法的原则和具体制度。

三、民国时期妨害婚姻及家庭罪

1912年3月10日，袁世凯以中华民国临时大总统的身份在北京发布命令称：“现在民国法律未经议定颁布，所有从前施行之法律及新刑律，除与民国国体抵触各条应失去效力外，余均暂行援用，以资遵守。”[②] 随后，北洋政府法部着手对《大清新刑律》进行修改，把第二编第一章（侵犯皇室罪）中第238条、第387条等，悉数删除；把“帝国”“臣民”“覆奏”、“恩赦”

① 上海商务印书馆编译所编纂，李秀清、孟祥沛等点校：《大清新法令（1901—1911）点校本》（第1卷），商务印书馆，2010年，第624—628页。

② 《法部呈明删修新刑律与国体抵触各章条等并删除暂行章呈文》，《司法公报》第1期，1912年10月，第48页。

分别改为“中华民国”“人民”“覆准”“赦免”；并更名为《暂行新刑律》，于同年4月3日刊行在《临时公报》，并于4月30日正式公布施行。

1914年，法律编查馆成立后，认为刑法的完善最为重要，聘请曾参与编订《大清新刑律》的日本专家冈田朝太郎对刑法进行完善。次年，《刑法第一次修正案》起草完成。此《修正案》第二十三章“奸非及重婚之罪”与第三十章“略诱及和诱之罪”与《暂行新刑律》完全一致。1918年，成立修订法律馆，王宠惠与董康任总裁。鉴于《刑法第一次修正案》是袁世凯专制统治时代的产物，本身存在相当的缺陷，又《暂行新刑律》内容日显陈腐不堪，不同时期颁布的特别法众多，法令体系繁杂，故于1918年编订《刑法第二次修正案》。《刑法第二次修正案》将“奸非及重婚罪”与“略诱及和诱罪”融合又拆分为“妨害风化罪”与“妨害婚姻及家庭罪”。这也是“妨害婚姻及家庭罪”这一罪章首次出现在中国刑法史上，具体包括重婚罪、通奸罪与诱拐罪。妨害风化罪具体包括强奸罪、猥亵罪、亲属相奸罪、制作与散布色情图画书籍罪。

“妨害婚姻及家庭罪”完整罪章的出现，笔者认为有以下三点原因：其一，王宠惠与董康等在编订《刑法第二次修正案》时对各国刑法存在借鉴。中国法律近代化的艰难探索本身就是在与他国学习中完成的，笔者在翻阅《各国刑法汇编》过程中发现德国、奥地利、瑞士、意大利四国刑法典中均存在“妨害婚姻”或“妨害家庭”罪章；[①] 其二，国家重视婚姻关系、保障家庭安全。“暂行律奸非及重婚罪章，不能包举各种猥亵行为，而略诱及和诱罪章，又多系妨害婚姻及家庭之制，故本案将该两章所规定者，分别规定于妨害风化罪、妨害婚姻及家庭罪两章内。”[②] “本法将妨害婚姻及家庭罪，并定为一章，则以家庭为社会组织之基础，而婚姻又为家庭生活之基础，如对之有妨害行为者，即属破坏社会秩序与家庭幸福。故特设专章，以示重视婚姻关系保护家庭安全之旨。”[③] 其三，国家支持新型小家庭观念。清代的法律通过控制个人的行为，加强家庭结构的稳定来保证国家秩序。到了民国时

---

① 《各国刑法汇编》（上下册），（台北）司法通讯社，1980年，第781、957、1094、1617页。

② 谢振民编著，张知本校订：《中华民国立法史》（下册），中国政法大学出版社，2000年，第898页。

③ 赵琛：《刑法分则实用》（第二册），大东书局，1946年，第194页。

期，随着社会思潮的不断涌现，国家慢慢发现家长式和等级式的传统家庭体系既妨碍个人潜能的发挥又减缓国家的进步，遂逐步改变此种情况。

但是，《刑法第二次修正案》既未颁行，而《暂行新刑律》施行以来又颇多异议，尤以刑罚裁量等级过宽、法官自由裁定空间过大，造成了刑罚尺度畸形，加之很多法条不符合本国实情，与国际通例存在差异等问题，故南京政府司法部部长王宠惠奉命改定刑律，1928 年 3 月 10 日南京国民政府公布《中华民国刑法》（以下称之为旧刑法），同年 9 月 1 日施行。虽然旧刑法整体较为完备进步，但在具体的法律适用上，各地法院大量向司法当局或最高法院发函电请求解释，同时也没有采取短期自由刑易科罚金的制度，导致监狱轻犯人满为患。鉴于以上情况，1934 年 11 月立法院通过《中华民国刑法》（以下称之为新刑法），1935 年 1 月 1 日公布，同年 7 月 1 日施行。

接下来将《暂行新刑律》、旧刑法与新刑法三部刑法典中与“妨害婚姻及家庭罪”相关的法条进行对比分析，以期理清民国时期“妨害婚姻及家庭罪”的演变脉络。

1. 与重婚罪有关的法条：

《暂行新刑律》（1912）：

第二百九十一条　有配偶而重为婚姻者，处四等以下有期徒刑或拘役。其知有配偶之人而与为婚姻者，亦同。[①]（属于第二十三章——奸非及重婚罪）

《中华民国刑法》（1928）：

第二百五十四条　有配偶而重为婚姻，或同时与二人以上结婚者，处五年以下有期徒刑。其知情相婚者，亦同。[②]

《中华民国刑法》（1935）：

第二百三十七条　有配偶而重为婚姻，或同时与二人以上结婚者，

① 周东白：《暂行新刑律》，世界书局，1924 年，第 50—51 页。

② 徐百齐编辑，吴鹏飞助编：《中华民国法规大全》第 1 册，商务印书馆，1936 年，第 167 页。

处五年以下有期徒刑。其相婚者，亦同。[①]

重婚罪即破坏婚姻制度的罪名，有配偶而重新与他人结婚或者同时与两人以上结婚以及明知道是有配偶的人还与他结婚。重婚罪成立与否必须以婚姻是否成立为前提，而《刑法》解释的婚姻成立前提是必须举行相当礼式，例如迎亲入赘或者举办婚礼。[②] 如果只是有配偶的夫或者妇与他人缔结婚约而没有举行相当礼式，不能构成重婚罪。对于相婚者而言，必须确认婚姻的另一方为有妇之夫或有夫之妇之事实，如果是在不知情的情况下相婚，因为缺少犯罪意图，也不能构成本罪。

重婚罪一个最重要的构成要件即有公开的仪式。1913 年统字第 15 号解释："夫妇关系之成立，以举行相当礼式为要件。"[③] 同年统字第 16 号解释："重婚罪之成立，必已举行相当礼式为要件。"[④] 1917 年上字第 894 号判例："刑律第三百五十五条第二项之婚姻，因举行相当之礼式而成立。不能因有同居之事实，遂即认为成婚。"[⑤] 1933 年上字第 123 号判例："重婚罪之成立，必以正式婚姻为前提。若仅买卖为婚，并未具备结婚方式者，本不发生婚姻效力，自不成立重婚罪。"[⑥] 同年上字第 3785 号判例："已有正式配偶又与人举行结婚仪式，无论后娶者实际上是否受妾之待遇，均应成立重婚罪。"[⑦] 从大理院、司法院的判例和解释来看，公开仪式是判定重婚罪的要件。

但是，民国时人认为重婚行为在判处的过程中如此注重仪式，是有失公允的。欧阳谿认为："婚姻是否重复原系私人行为，为法律上究不妨予以放任。如谓其与社会秩序有关，不能不加以限制，则凡非一男一女之婚配均应一律科罚，方不背一夫一妻制原则。若仅以具备仪式与否为是否重婚之标准，则凡未举行仪式之结婚，无论一男数女或十数女均可自由择配，法律上绝无干涉之权。是明虽禁止重婚，实际上奖励纳妾，揆诸立法本旨，讵可谓

① 徐百齐编辑，吴鹏飞助编：《中华民国法规大全》第 1 册，商务印书馆，1936 年，第 149 页。
② 陈应性编著：《中华民国刑法解释图表及条文》，商务印书馆，1936 年，第 198 页。
③ 新陆书局编辑部编：《中华民国刑法判解释义全书》，新陆书局，1928 年，第 666 页。
④ 新陆书局编辑部编：《中华民国刑法判解释义全书》，新陆书局，1928 年，第 665 页
⑤ 新陆书局编辑部编：《中华民国刑法判解释义全书》，新陆书局，1928 年，第 667 页。
⑥ 新陆书局编辑部编：《中华民国刑法判解释义全书》，新陆书局，1928 年，第 671 页。
⑦ 新陆书局编辑部编：《中华民国刑法判解释义全书》，新陆书局，1928 年，第 672 页。

平？况仪式纯系外观，与婚姻实质毫无关系。法律上不禁止男女间实际上之结合，而仅注重仪式之有无，实未免舍本逐末。”[①] 如果像这样名义上禁止重婚而实际上任人纳妾，反而假托是否有仪式，则法律的威信遗失殆尽，人民的纠纷愈演愈烈，违背法律平等保护的原则。另外林凤春也认为：“对于有妻而娶妾者，并举行仪式者，应负重婚责任，此种未免稍偏护，不重于事实而重于形式。不如改订为，凡已婚之男子娶妾，不论举行结婚仪式或其他仪式者，一律应构成重婚罪。如似规定不只防止重婚，且可保障女权，且完全维护男女平等，免除许多之纷扰，而男女间之幸福，可以保持矣。”[②]林基春指出，由于重婚罪在刑法上的弊端，许多人为了逃避重婚罪罪责，免除婚礼、不顾名分实行同居作事实夫妇，这使得诸多妇女沦为妾或姘妇，这并不是为了禁止重婚，而是在奖励纳妾。面对以上事实婚姻，刑法丝毫无法加以制裁，即使是符合重婚要件的，刑法也不易对其进行惩罚。凡是触犯重婚罪者，对于结婚证据，无不加以极端防范，或设法匿藏，或付之湮灭，以期免刑，这使得法律丧失威信。[③] 这种对重婚行为过分注重公开仪式的规定，名义上禁止重婚，实际上对于纳妾之风并不能真正起到抑制作用，几乎形同虚设，反而为纳妾者提供了极大的便利。

2. 与通奸罪有关的法条：

《暂行新刑律》(1912)：

第二百八十九条　和奸有夫之妇者，处四等以下有期徒刑或刑拘。其相奸者，亦同。[④]

《中华民国刑法》(1928)：

第二百五十六条　有夫之妇与人通奸者，处二年以下有期徒刑。其相奸者，亦同。[⑤]

---

① 欧阳豁：《对于刑法妨害风化罪婚姻及家庭罪亟应改良各点之刍议》，《法令周刊》第107期，1932年7月，第3页。

② 林凤春：《对于刑法修正案的一个意见——关于刑法修正案初稿妨害风化与妨害婚姻及家庭两罪之探讨》，《现代社会》第3卷第3期，1934年5月，第28页。

③ 林基春：《刑法上重婚罪当否之商榷》，《法律评论》（北平）第11卷第28期，1934年5月，第2—3页。

④ 周东白：《暂行新刑律》，世界书局，1924年，第50页。

⑤ 徐百齐编辑，吴鹏飞助编：《中华民国法规大全》第1册，商务印书馆，1936年，第167页。

《中华民国刑法》(1935)：

第二百三十九条　有配偶而与人通奸者，处一年以下有期徒刑。其相奸者，亦同。[①]

《暂行新刑律》与旧刑法的通奸罪只以有夫之妇通奸为限，把贞操义务限制在女性，对男子蓄妾、嫖妓、通奸等行为只字未提，有悖于男女平等的思想与原则，引起了很多社会人士的不满，如有的人认为："妇女之无夫，与男子之无妇，其地位完全相同，现行刑法无夫之妇与人通奸，则不问相奸者有妇无妇均以法无明文，概不论罪（参照最高法院第七一八号解释），反之，无妇之夫与人通奸，则除相奸者为无夫之妇外，依《刑法》第二百五十六条之规定，应处以二年以下有期徒刑。此等规定，显背男女平等之原则，盖无夫之妇与人通奸既不处罚，则无妇之夫与人通奸，自应一律无罪。若谓其与有夫之妇通奸，足以妨害婚姻及家庭，不能不予以刑事上之制裁，然则无夫之妇与有妇之夫相奸，遽可谓其于婚姻及家庭毫无妨碍耶？乃一则逍遥法外，一则依法论科，此种立法精神，诚不知果何所据。"[②]

关于通奸罪是"有夫之妇"还是"有配偶"的表述之争，在当时是一场非常大的风波。[③] 对于此问题的争执主要分为三种声音：

其一，有夫之妇犯奸需受刑法制裁，有妇之夫犯奸不负刑事上的责任，即"维持派"。理由主要有：父系社会，夫为家庭之主，妻子犯奸会混乱血统；由于娼妓制度的存在，蓄妾制度盛行，夫犯奸若处刑，实际难以施行；生理学上不平等，男女性欲不均衡；夫妇间在经济上负担不平等，妻子犯奸在习俗上辱及丈夫，反之则否；历史与社会习惯重视妇女的贞操；法国、日本刑法也是如此规定等。

其二，夫妇犯奸不分男女均需受刑法制裁，即"赞成派"。理由有：符合男女平等的原则，也符合国民党党纲、世界潮流；维护家庭和平，矫正淫

---

① 徐百齐编辑，吴鹏飞助编：《中华民国法规大全》第1册，商务印书馆，1936年，第149页。

② 欧阳谿：《对于刑法妨害风化罪婚姻及家庭罪亟应改良各点之刍议》，《法令周刊》第107期，1932年7月，第2页。

③ 关于"有夫之妇"修改为"有配偶"具体修订过程，可参见余华林：《女性的"重塑"——民国城市妇女婚姻问题研究》，第391—396页；诸华军：《通奸罪与民国社会》，四川大学硕士学位论文，2007年，第26—37页等。

荡之风，互守贞操义务；女子经济未能独立，夫犯奸不处刑，妻若提离婚对女子不利；离婚后，夫续娶易，妻再嫁难；可以成为消减蓄妾制度及娼妓制度的重要政策，若认为施行困难，则可于施行法中明文规定不追既往；参考法国刑法等。

其三，主张夫妇犯奸，均不受刑法的制裁，即“取消派”。理由有：符合男女平等的原则；以爱情维持家庭，不应以法律维持家庭，以道德维持贞操，不应以法律维持贞操；配偶犯奸应视为民事问题，若不离婚而科以通奸罪，增加家庭间恶感与仇恨，若于离婚后方得告诉通奸罪，则为不必要之科刑，简直多此一举；妇女经济虽然未能独立，夫犯奸妻欲离婚，尽可引用《民法》第1056及1057条规定请给付赔偿及赡养费，于女子并无不利，不能引为夫犯奸亦需处刑的理由；欲消减蓄妾及娼妓制度，应从普及女子教育、提倡女子职业入手，使女子有独立之经济人格，非徒然刑法规定夫犯奸需科刑所能济事；参考英美法律，且通奸罪的取消是大势所趋等。[①]

立法院于1933年11月29日举行第三届第八十四次会议，讨论通过新刑法第239条：有配偶而与人通奸者，处一年以下有期徒刑。其相奸者，亦同。[②]

这一次修改可谓为女界伸数千年之冤，女性因与男性处于同一线上感到自豪。有的人认为是对男子蓄妾、嫖妓行为的沉重打击，“新刑法公布后，依照二三九条之规定，凡为男子之正式配偶，即有控告纳妾男子与人通奸之权利。是已经纳妾者，均犯刑法通奸罚责”。[③] 也有人称赞男立法委员“甘愿抛弃自己个人纳妾宿娼的‘既得权益’，诚不愧居于领导革命之地位”。[④] 但

① 关于“有夫之妇”修改为“有配偶”不同观点的理由，可参见简又文：《立法院修正“有配偶而与人通奸者”一条新刑法之经过》，《逸经》第9期，1936年7月；万茂松：《通奸罪之男女平等问题》，《法政半月刊》第1卷第2期，1934年11月；景元：《社会评坛：通奸罪的平等问题》，《社会半月刊》第1卷第6期，1934年11月25日；蔡枢衡：《修正新刑法通奸规定反复修改之社会的意义（续完）》，《法律评论》第12卷第23期，1935年7月；林凤春：《对于刑法修正案的一个意见——关于刑法修正案初稿妨害风化与妨害婚姻及家庭两罪之探讨》，《现代社会》第3卷第3期，1934年5月；唐守仁：《读刑法修正案初稿对于妨害婚姻及家庭罪条修改之意见》，《法律评论》第11卷第24期，1934年4月；《通奸罪处罚问题：王宠惠博士谈片》，《妇女共鸣》第3卷第11期，1934年11月；翁率平：《通奸罪之规定与立法当局》，《正论》（南京）第6期，1934年12月等。

② 徐百齐编辑，吴鹏飞助编：《中华民国法规大全》第1册，商务印书馆，1936年，第149页。

③ 周巍峙：《配偶通奸罚责已谋补救办法》，《妇女共鸣》第4卷第3期，1935年3月，第72页。

④ 蔡枢衡：《修正新刑法通奸规定反复修改之社会的意义（未完）》，《法律评论》第12卷第19期，1935年3月，第2页。

是，对此修改也存在很多反对的声音，反对的缘由基本属于“赞成派”的主张。对于通奸罪的修改，确是符合男女平等原则的，但从实际效果看，由于妇女在经济上对丈夫的依赖以及受传统势力的束缚，并不能很好地运用法律维护自己的合法利益。

3. 与诱拐罪有关的法条：

《暂行新刑律》(1912)：

第三百四十九条第一项　以强暴胁迫或诈术拐取妇女或未满二十岁之男子者，为略诱罪，处二等或三等有期徒刑。

第三百四十九条第二项　和诱者，处三等至五等有期徒刑。

第三百四十九条第三项　和诱未满十六岁之男女者，以略诱论。

第三百五十条　移送自己略诱之妇女或未满二十岁之男子于中华民国外者，处无期徒刑或二等以上有期徒刑。

系和诱者，处二等或三等有期徒刑。

第三百五十一条　意图营利略诱妇女或未满二十岁之男子者，处无期徒刑或二等以上有期徒刑。

第三百五十二条　意图营利移送自己略诱之妇女或未满二十岁之男子于中华民国外者，处死刑、无期徒刑或一等有期徒刑。

系和诱者，处无期徒刑或二等以上有期徒刑。

第三百五十四条　本章之未遂犯罪之。[①]

《中华民国刑法》(1928)：

第二百五十七条　和诱、略诱未满二十岁之男女脱离享有亲权之人、监护人或保佐人者，处六月以上五年以下有期徒刑。

意图营利，或意图使被诱人为猥亵之行为或奸淫而犯前项之罪者，处一年以上七年以下有期徒刑，得并科一千元以下罚金。

移送被诱人出民国领域外者，处七年以上有期徒刑。

本条之未遂罪罚之。[②]

---

① 周东白：《暂行新刑律》，世界书局，1924年，第59—60页。

② 徐百齐编辑，吴鹏飞助编：《中华民国法规大全》第1册，商务印书馆，1936年，第168页。

《中华民国刑法》(1935)：

第二百四十条 和诱未满二十岁之男女脱离家庭或其他有监督权之人者，处三年以下有期徒刑。

和诱有配偶之人脱离家庭者，亦同。

意图营利，或意图使被诱人为猥亵之行为或奸淫而犯前二项之罪者，处六月以上五年以下有期徒刑，得并科一千元以下罚金。

前三项之未遂犯罚之。

第二百四十一条 略诱未满二十岁之男女脱离家庭或其他有监督权之人者，处一年以上七年以下有期徒刑。

意图营利，或意图使被诱人为猥亵之行为或奸淫而犯前项之罪者，处三年以上十年以下有期徒刑，得并科一千元以下罚金。

和诱未满十六岁之男女以略诱论。

前三项之未遂犯罚之。

第二百四十二条 移送前二条之被诱人出中华民国领域外者，处无期徒刑，或七年以上有期徒刑。

前项之未遂犯罚之。[①]

和诱与略诱皆称为拐取，即移他人于自己的实力支配下，“和诱，对人用诡计或诱惑，以得实力之支配；略诱，对人用暴行或胁迫、诡计，以得实力之支配，而被拐取者承诺之有无，亦为和诱、略诱之标准，有承诺之意思则为和诱，无之者则为略诱”。[②] 即区分标准以是否出自被诱者的同意为根据。和诱罪成立要件“要有诱惑之行为，即谓受其言语或举动之影响，因而遵从其意旨，而为其行为也；要有令被诱人脱离享有亲权人、监护人、保佐人之意思”。[③] 1931 年上字第 1309 号解释：“略诱罪之成立，须以强暴、胁迫、诈术等不正当手段而拐取之者为要件。若被诱者有自主之意思，或并得其承诺，即属和诱范围，不能以略诱论。”[④]

---

① 徐百齐编辑，吴鹏飞助编：《中华民国法规大全》第 1 册，商务印书馆，1936 年，第 149 页。

② 陈应性编著：《中华民国刑法解释图表及条文》，商务印书馆，1936 年，第 202 页。

③ 郭南墉：《谈刑法第二五七条和诱罪成立之特别要件》，《法令周刊》第 107 期，1932 年 7 月 20 日，第 4 页。

④ 新陆书局编辑部编：《中华民国刑法判解释义全书》，新陆书局，1928 年，第 684 页。

《暂行新刑律》与旧刑法中认定20岁为男女成年的标志，未成年（20岁之前）由于身心发育尚未健全，缺乏明辨是非的能力，可以受犯罪嫌疑人的引诱使得和诱成为可能。但是成年后（20岁以上）的男女已经具备足够的是非判断力与自我控制力，如果他们在诱拐嫌疑人引诱下持同意态度，那么这种行为法律就认定是自我意识下的选择，诱拐人不负刑事责任，但是如果有营利或诈术转卖则依妨害自由罪处罚。在1928年解字第223号解释："和诱已满20岁之妇女，《刑法》上无处罚之规定。其于诱得后，意图营利以诈术转卖于人者，应依《刑法》第315条第二项论科。"①这里有一种特殊情况，即20岁之前的未成年男女如果已结婚，则法律认定已经具备自我行为能力，则不可能为妨害婚姻及家庭罪的受害者，只可能为妨害自由罪受害者。②

新刑法在妨害婚姻及家庭罪中新增"和诱有配偶之人脱离家庭者，处三年以下有期徒刑"。在这种情况下已婚妇女即使在自愿的情况下被诱拐离去，丈夫依然可以通过妨害婚姻及家庭罪起诉。所以对于男子而言，只有和诱已满20岁的未婚妇女才不会受到法律的惩处，如果出现卖淫、强奸等情形依然受到法律制裁。正如马钊总结的："所有暴力略诱行为都是犯罪；和诱未成年（未满二十岁）妇女属于侵害该妇女家长的监护权，是犯罪；和诱已婚妇女（无年龄限制）是侵害该妇女丈夫的权利，也是犯罪；同时这两项也损害了家庭完整。"③

诱拐案件的处罚中，帮助藏匿被诱拐者同样受到惩罚，惩处的力度通常

---

① 新陆书局编辑部编：《中华民国刑法判解释义全书》，新陆书局，1928年，第681页。

② 未成年男女如果已结婚只能被判处妨害自由罪，依据的判例与解释例有：被和诱略诱人虽未满二十岁，但既已结婚，已取得行为能力。诱拐之者，不构成《刑法》第二百五十七条第二项之罪（最高法院二十一年一月八日上字第六三号）；未满二十岁之女子，一经结婚即有行为能力，不得视夫为妻之保佐人。故和诱已结婚之未满二十岁妇女，除和诱时有通奸情事，须告诉乃论外，关于单纯和诱部分，应不为罪（最高法院二十一年一月十四日上字第一六九号）；和诱已结婚之未成年男女，不成立《刑法》第二百五十七条之罪。但如别有犯罪行为，既成别罪，应依相当之条文论科（司法院二十年一月二十二日院字第四一四号）；单纯和诱未满二十岁已结婚之妇女，应不为罪。但诱拐者如利用该妇女年龄幼稚、知识不足，设计诱惑，至该妇女被其欺诈者，即应成立妨害自由罪（司法院二十一年一月二十八日院字第六六五号）；和诱未满二十岁已结婚之妇女，如其诱拐当时，并无通奸，或意图营利引诱奸淫，且非略诱者，更无犯他罪之可言（最高法院二十一年一月二十八日上字第一九三号）。参见新陆书局编辑部编：《中华民国刑法判解释义全书》，新陆书局，1928年，第683—693页。

③ 马钊：《诱拐的命运：20世纪40年代北京的男女交际、传统礼教和法律原则》，杨念群主编：《新史学》第一卷《感觉·图像·叙事》，中华书局，2007年，第322页。

比主犯轻，其详细法条如下：

《暂行新刑律》（1912）：

第三百五十三条　预谋收受、藏匿被略诱、和诱人者，依前四条之例处断。未预谋者，依左例处断：

一、收受、藏匿第三百四十九条、第三百五十条第二项及第三百五十一条第二项之被略诱、和诱人者，三等至五等有期徒刑。

二、收受、藏匿第三百五十条第一项、第三百五十一条第一项及第三百五十二条之被略诱、和诱人者，一等至三等有期徒刑。

第三百五十四条　本章之未遂犯罪之。

第三百五十五条　第三百四十九条及第三百五十三条之罪，须告诉乃论。

被略诱、和诱人与犯人为婚姻者，非离婚后，其告诉为无效。

第三百五十六条　意图营利犯本章之罪者，褫夺公权。其余得褫夺之。①

《中华民国刑法》（1928）：

第二百五十八条　意图帮助犯前条之罪，而收受、藏匿被诱人或使之隐避者，处六月以上五年以下有期徒刑。

意图营利，或意图使被诱人为猥亵之行为或奸淫而收受、藏匿被诱人或使之隐避者，处一年以上七年以下有期徒刑，得并科五百元以下罚金。

本条之未遂罪罚之。

第二百五十九条　第二百五十五条及第二百五十六条之罪须告诉乃论。

第二百五十六条之罪，本夫纵容通奸者，不得告诉。

第二百六十条　犯本章之罪者，得依第五十七条及第五十八条之规定，褫夺公权。②

《中华民国刑法》（1935）：

① 周东白：《暂行新刑律》，世界书局，1924年，第60—61页。

② 徐百齐编辑，吴鹏飞助编：《中华民国法规大全》第1册，商务印书馆，1936年，第168页。

第二百四十三条 意图营利，或意图使第二百四十条或第二百四十一条之被诱人为猥亵之行为或奸淫而收受、藏匿被诱人或使之隐匿者，处六月以上五年以下有期徒刑，得并科五百元以下罚金。

前项之未遂犯罚之。

第二百四十四条 犯第二百四十条至二百四十三条之罪，于裁判宣告前送回被诱人或指明所在地因而寻获者，得减轻其刑。

第二百四十五条 第二百三十八条、第二百三十九条之罪，及第二百四十条第二项之罪，须告诉乃论。

第二百三十九条之罪配偶纵容或宥恕者，不得告诉。[①]

《暂行新刑律》中分为预谋与未预谋的处罚。预谋者，无可争议属于共犯，所以1928年旧刑法删掉未预谋者，直接分为意图帮助他人犯罪和意图自己营利两种行为。旧刑法第258条表述略显拖沓，新刑法予以简化。需要注意的是通奸与和诱有配偶之人脱离家庭，需要告诉乃论，即原告必须提出指控，法院才能受理。否则即使有犯罪行为，法院也无权过问。新刑法对于诱拐者将被诱拐者送回或指明地点寻获的行为，给予减刑。

通过以上的梳理，我们可以看到，历代统治者为了维护婚姻家庭的稳定，一方面运用礼教的力量规范民众的生活，另一方面则使用明文法规限制百姓的日常行为规范。唐朝开始对重婚行为制定较为详细的处罚措施，明清与唐宋相比较，重婚的惩处力度在不断减弱。历朝历代法律都不允许重婚，但这并不妨碍纳妾在各个时期的盛行，因为纳妾在法律上并不视为重婚。关于通奸行为的规定，从唐宋到明清时期逐渐细化，然而惩处力度呈不断宽松的状态。诱拐罪属于“贼盗篇”，自始至终处罚极其严格，既受杖刑与流刑，又牵连妻、妾、子、孙。民国时期，《暂行新刑律》（1912）、旧刑法（1928）、新刑法（1935）三部刑法典中与“妨害婚姻及家庭罪”相关的立法各有差异。重婚罪构成要件为有公开结婚仪式及二人及以上证人，重形式而轻事实。男

---

① 徐百齐编辑，吴鹏飞助编：《中华民国法规大全》第1册，商务印书馆，1936年，第149页。

子只要不采用正式的结婚仪式纳妾，无论其置多少妾，都不算作重婚。通奸罪遵守男女平等原则在新刑法（1935）中改“有夫之妇与人通奸”为“有配偶与人通奸”。诱拐罪对于男子而言，所有暴力略诱行为都是犯罪；和诱未成年（未满20岁）妇女，侵害该妇女家长的监护权为犯罪，和诱已婚妇女(无年龄限制)，侵害该妇女丈夫的权利也为犯罪，同时这两项也损害了家庭完整。

“妨害婚姻及家庭罪”完整罪章最早出现在1918年《刑法第二次修正案》第十七章，它的出现是国家重视婚姻关系、保障家庭安全、宣扬小家庭制的体现。“妨害婚姻及家庭罪”既与以维护良善风俗为目的“妨害风化罪”不同，又与保护个人自由的“妨害自由罪”迥异。该罪章整体量刑力度较轻，重婚罪与通奸罪多处以半年以下有期徒刑；以奸淫或营利为目的的略诱罪处罚最重，通常处以五年以下有期徒刑。

第二节 日伪统治时期北平重婚罪分析

沦陷时期北平所犯妨害婚姻及家庭罪的案件中，法院作出刑事判决的重婚案件共有35份，是“妨害婚姻及家庭”这一类罪中数量最少的。伪北京地方法院的判决记录表明，国民党政府在20世纪30年代初颁布的《民法》和《刑法》在沦陷时期仍然有效，如果有关案件不具有政治敏感性，日本人是不会干涉刑事调查和法庭听证会的。在这种情况下，司法官员能够像他们在国民党政权统治下一样地工作。

一、重婚案件概览

（一）告诉人性别分析

我们通过对重婚案件的告诉人（声请人、具状人、原告）的性别进行分析，可以窥察沦陷时期的北平社会，以重婚罪为罪名进行打官司的男女比例状况，继而研究沦陷时期北平男女双方哪一方重婚的概率更大。

表 5.1　重婚案件告诉人性别比例

告诉人	夫	妻	合计
人数	18	17	35

资料来源：J065-006-00217、00225、00565、00599、00901、01068、01593、01600、01698、01909、03431、04788、05323；J065-007-03070、03942、04287、04400、09258、11818、11981、12074、12303、12404、12120、12646；J065-008-02416、03026、03717、03895、04610、04981、05602、05994；J065-010-00772、00831。

通过重婚案件告诉人性别比例表，我们可以看出在沦陷时期北平的重婚案件中，丈夫控告妻子的有 18 人，约占 51%，妻子控告丈夫的有 17 人，约占 49%，共计 35 份案例。这一时期，单就重婚案件而言丈夫与妻子犯罪的概率大体是一致的，并且女子会主动状告丈夫重婚。如第四章所述，民国时期的男女关系存在着双重性道德标准，男子嫖妓、重婚、蓄妾通常会受到妻子的容忍与默许，妻子对丈夫的不满行为一般停留在道德的谴责，最多进行民事诉讼，很少追究丈夫的刑事责任。反之，女子受性道德约束则严厉很多，一旦犯类似案件，丈夫会上诉刑事法庭，追求妻子刑事责任。

（二）审判结果

由于笔者以沦陷时期北平的诉讼档案为研究对象，这类诉讼档案都是被检察官所受理起诉的，因而不存在处理不明或没有起诉的情况。接下来，我们对受到判决的 35 份重婚案件进行解读。

表 5.2　重婚案件判决结果

判决结果	所在不明	无罪	有期徒刑	有期徒刑并缓刑	不受理	合计
数量	3	1	10	19	2	35

通过对重婚案件判决结果进行分析，犯重婚罪后逃跑所在不明的有 3 件，1 件被判无罪，[①] 判处有期徒刑的有 10 件，判处有期徒刑并执行缓刑的有 19 件，法院不受理的 2 件。对于重婚罪的刑事判决并不严苛。35 件案例中最重的有期徒刑八个月并缓刑三年，最轻的仅判处两个月，缓刑三年。

① 《石秉章妨害婚姻》（1943 年），北京市档案馆，档案号：J065-007-09258。

（三）重婚行为发生月份

表 5.3 重婚行为发生的月份

春季			夏季			秋季			冬季		
3 月	4 月	5 月	6 月	7 月	8 月	9 月	10 月	11 月	12 月	1 月	2 月
1	2	3	2	1	3	3	4	2	6	2	1
6			6			9			9		

从重婚行为发生的季节来看，整体比较平均，秋冬稍多，以 10 月与 12 月最为显著。秋季虽是农忙时节，但是良辰吉日较多。冬季严寒，人们进入农闲时期，有大量的空闲时间。

二、案件当事人考察

（一）当事人重婚年龄

表 5.4 重婚当事人、相关人年龄表

重婚当事人	当事人年龄	当事人丈夫/妻子年龄	婚后多少年重婚	与当事人重婚者年龄
杨文氏	32	33	1	40
王景新	45	41	21	38
房邢氏	40	42	3	49
姜松泉	45	不详	15	29
张李氏	23	22	3	21
应王氏	39	37	1	31
杜宝瑞	24	22	6	21
赵王氏	36	不详	22	52
傅耀廷	39	47	16	26
白祥氏	33	33	4	42
郭邢氏	21	32	3	32
李朝堂	39	35	11	27
广雷氏	40	47	21	38
张庆五	45	50	26	19

（续表）

重婚当事人	当事人年龄	当事人丈夫/妻子年龄	婚后多少年重婚	与当事人重婚者年龄
巨马氏	26	40	12	28
刘李氏	39	52	13	32
韩树堂	60	53	30	23
尹玉崑	30	32	13	20
唐启忠	40	37	19	18
张殿春	49	42	12	24
武清仁	39	35	12	28
王寿山	43	39	23	24
张王氏	16	23	2	22
杨本华	43	不详	23	21
吴岳氏	20	26	1	22
孙垚臣	36	38	20	18
杨白氏	23	44	7	42
李致祥	41	39	20	18
张赵氏	23	26	4	32
裴增民	22	25	5	22

根据上表，我们整理出重婚当事人年龄比例、婚后N年重婚、重婚双方年龄差三个表格。

表5.5　重婚当事人年龄比例

年龄段	女子		男子	
16—20岁	2人	占14.28%		
21—25岁	4人	28.57%	2人	占12.5%
26—30岁	1人	7.14%	1人	6.25%
31—35岁	2人	14.28%		
36—40岁	5人	35.71%	5人	31.25%
41—45岁			6人	37.5%

（续表）

年龄段	女子		男子	
46—50岁			1人	6.25%
51—55岁				
56岁以上			1人	6.25%
合计人数	14人	100%	16人	100%

从上表我们可以看出，女性重婚年龄集中在40岁之前。其中21—25岁年龄段有4人，占28.57%，25岁以前的女性重婚者共有6人，占42.85%，这一年龄段的女子往往受包办婚姻影响，没有恋爱自主权，结婚几年内发现丈夫不合适进而选择重婚。31—40岁年龄段共有7人，占50%，这一时期女性最容易受到经济因素的影响，此时，她们已经生有子女且子女多处于青少年时期。男方养活不了整个家庭，女性会选择再找一个“主”过日子。与女性相比，男性重婚的年龄，会高出一到两个年龄段。36—45岁共有11人，占68.75%，这一年龄段的男性具有成熟男人应有的魅力，经济上基本定型，受传统观念光耀门楣、多子多福的影响，大多纳妾再娶，殊不知已触动构成重婚行为的重要条件。21—30岁的男性有3人，占18.75%，刚结婚没几年的男性与妻子感情不和，也会萌发再娶的想法。

表5.6　婚后N年重婚比例

婚后N年重婚	女子		男子	
1—5年	10人	71.43%	1人	6.25%
6—10年	1人	7.14%	1人	6.25%
11—15年	2人	14.29%	5人	31.25%
16—20年			4人	25%
21—25年	1人		3人	18.75%
26年以上		7.14%	2人	12.5%
合计人数	14人	100%	16人	100%

由婚后N年重婚比例表可知，女子婚后1—5年发生重婚行为的有10人，占71.43%，婚后五年内是女子出现重婚行为的高发期。男子由于发生

重婚行为的年龄本就比女子大一个年龄段，故男子发生重婚行为往往是婚后11—20年，占56.25%。此外，婚后21年以上重婚的，也有5人，占31.25%，所占比例也颇为可观。

表5.7　重婚双方年龄差

年龄差	女方年龄大于男方		男方年龄大于女方	
1—5岁	2人	50%	4人	15.38%
6—10岁	2人	50%	7人	26.93%
11—15岁			4人	15.38%
16—20岁			5人	19.23%
20岁以上			6人	23.08%
合计人数	4人	100%	26人	100%

据重婚双方年龄差表我们可以看出，发生重婚行为的当事人中女方年龄大于男方的只有4对，而男方年龄大于女方的却有26对，夫妻年龄一样的有一对。女方年龄大于男方的最大年龄差为8岁，最小年龄差为2岁。男方年龄大于女方的最大年龄差是37岁，最小年龄差为同岁。男方年龄大于女方，在各个年龄差中基本上平均分布。由此可知，婚姻市场上男方年龄大于女方是主要的趋势，年龄稍长、成熟稳重的男性易受到女性的青睐。

2. 重婚当事人籍贯、住所、职业

表5.8　重婚当事人籍贯、住所、职业表

重婚当事人	籍贯	住所	职业
杨文氏	河北顺义人	本市铃铛胡同甲十七号	无业
王景新	山东黄县人	本市和平门外阡儿胡同十三号	业商（玉器行）
房邢氏	山东人	达岁营九号	无业
姜松泉	北平人	大石桥十五号	药剂师
张李氏	北平人	东便门外鸭子胡同五十四号	无业
应王氏	四川人	声汉桥十六号	无业
杜宝瑞	河北宛平人	外五区南横街南堂子胡同八号	棚匠

（续表）

重婚当事人	籍贯	住所	职业
赵王氏	盐山县人	左安门外内厢四十六号	无业
傅耀廷	河北宛平人	宛平县狼垡村四十七号	业农
白祥氏	河北宛平人	北沟沿拣果厂二十九号	无业
郭邢氏	北平人	东外下四条三十八号	无业
李朝堂	天津人	朝内斜街五号	铁厂工人
广雷氏	河南开封人	外四区玉虚观甲十一号	织袜子
张庆五	昌平人	交道口南大街九十九号	医生
巨马氏	河北顺义人	本市枣林前街甲七号	无业
刘李氏	河北大兴人	本市左安门外十里河四十号	无业
韩树堂	通县人	小茶叶胡同二十号	租赁洋车
尹玉崑	河北顺义人	东四十条七十六号	华记成衣铺
唐启忠	河北大兴人	齐外大街三〇四号	酒商
张殿春	河北南宫人	本市西单北大街二〇一号	木桶铺
武清仁	天津人	煤市街久成店	茶商
王寿山	河北宛平人	崇外西后河沿三十一号	德国饭店司账
张王氏	河北宛平人	宛平县南义堂村	无业
杨本华	福建人	内一区东观音寺十二号	麦行
吴岳氏	北平人	内岗子李家坡甲一号	无业
孙垚臣	河北顺义人	小六部口二号	中医
杨白氏	河北永清县人	旧鼓楼大街三十九号	无业
李致祥	河北昌黎县人	石板房三条东华制药厂	大陆制药厂经理
张赵氏	河北三河县人	外四区南大道十一号	无业
裴增民	北平人	西皇城根七号	记者
陈恒智	河北宛平人	外二排子胡同十一号	满铁

以上共31个样本，[①] 从籍贯上来看，北平本地人有5人，河北省各县（包括天津）有21人，其他省共有5人。居住地方面，较远的有外四区、外

① 判决有期徒刑与有期徒刑并执行缓刑的有29个，以及一个所在不明，一个不受理。

五区与宛平县城，绝大多数住在内城区，如以当今北京行政区划进行比对可以说都住在北平城内。职业方面，犯重婚罪的女性大部分处于无业状态，而男性正好相反，从事玉器行、药剂师、医生、酒商、经理等体面且收入可观的职业。这类男性事业有成、家境优渥，他们以纳妾为初衷，或不懂得法律，又或是为了展示身份、地位，通常会与女子举行结婚仪式，而这恰好触碰重婚罪重要的构成要件。女子则多为受到日常生活的困苦与压力，被迫逃离原来的家庭。以下我们将对重婚案件发生的过程与原因进行详细分析。

三、重婚案件原因探析

沦陷时期北平的重婚行为是如何发生的？丈夫与妻子又是出于何种具体目的重婚的？这部分中，我们仍以 29 个具体案例为样本，对重婚行为进行考察。通过分析沦陷时期北平的诉讼档案，探讨沦陷时期北平重婚行为的基本概况以及发生重婚行为的原因。为详细理清重婚当事人犯罪的缘由，笔者分别从妻子与丈夫两个方面进行阐释。

（一）妻子重婚原因

1. 丈夫身体不好

“中国女子的生活，大部分依靠男子的供给，不像男子常在外面，与社会直接接触”，[①] 一旦家里的顶梁柱出现问题，整个家庭的经济情况会立即出现恶化。杨文氏在 26 岁那年，经人介绍嫁给 27 岁的段建石。但是婚后杨文氏很快就后悔了，她的丈夫段建石体弱多病，非但无法赚取足够的钱财补贴家用，还需要用家里几口薄田的收入购买大量草药稳定病情，而这几口薄田是全家唯一的收入来源。要不是婆家断断续续地接济，或许整个家早就已经垮掉。这种生活共持续两年的时间，杨文氏终于要作出行动来改变现有的局面。杨文氏在 1937 年 10 月间谎称段建石病故，嘱托平姓、安姓两位媒人以孀妇的名义改嫁到何连瀛家（28 岁，拉车）。就这样在何连瀛家安稳度过四年的生活，到 1941 年 5 月间杨文氏又以到天津作事为借口，从何连瀛家中出走，暗中托邻居毛自起与毛邢氏作媒人，再次把自己嫁给顺义县农民杨福

① 俞振基：《妇女犯罪问题》，《华年》第 6 卷第 10 期，1937 年 3 月，第 186 页。

春（31岁，务农）。此后杨文氏心恋两地，在1941年5月11日又由杨福春家走出返回何连瀛家，并骗何连瀛事已经做完，从天津回来。在同年5月17日，杨福春的弟媳杨李氏察觉不对，带警察将杨文氏逮捕。经过在警察局和法庭上的审讯，杨文氏对两次改嫁均自白不讳，并称于改嫁之时曾通知亲友、乘坐花轿汽车、参拜天地并举行过婚礼。何连瀛与杨福春也均承认。伪北京地方法院以“查被告有夫再嫁并举行公开仪式，且有二人以上媒妁以为证人，是对结婚之法定要件已经具备，从而被告之重婚罪责而应构成”，于1941年5月27日判处杨文氏有配偶而重为婚姻，处有期徒刑八月，缓刑三年。[①]

杨文氏妨害家庭一案中，杨文氏第一次重婚行为主要是由于丈夫体弱多病，既无法赚取足够的钱财补贴家用，自身还是家庭开销的重要组成部分。可惜的是，在笔者查阅杨文氏第二次重婚原因的过程中，未见档案史料记载。

2. 家庭暴力

婚后家庭生活中，夫妻双方发生摩擦与冲突是不可避免的，但是受传统社会父权思想的影响，丈夫通常会殴打妻子。在1941年田华状告巨马氏妨害婚姻案件中，当被问及为何已结过婚复又结婚，巨马氏始终坚称受到田华家人的虐待，不给吃饱。她在警察局的口供中说道：

> 巨马氏供：我系河北顺义县人，年二十六岁，住外四区枣林前街甲七号。这田华是我原配丈夫，我自二十四岁过门，他受他祖母唆使虐待我，不给我饱饭吃，不给我做衣服并时常打骂。于本年二月间，因在田地锄地慢，被他用木锨打我，实不能忍受，遂由顺义讨来北京，给人佣工，在东太平桥做活。主人在印刷局做事，有该局工友巨尚贤时常来宅，我二人互相爱慕，遂改嫁巨尚贤，已一年余，生有女孩一口。今我从石驸马大街走过，被前夫田华扭住殴打控告。

巨马氏把自己逃走重婚的原因归结于丈夫受其祖母教唆虐待自己，不给自己饱饭吃，甚至被丈夫拿木锨打。而田华在口供中却是另一番说辞。

① 《杨文氏妨害家庭》（1941年），北京市档案馆，档案号：J065-006-00225。

田华供：我系河北顺义县人，年四十岁，住内三区东太平街十号，作小生意。情因我妻田马氏于二十九年春季，我全家患病，我妻不愿伺候，赴她姥姥家住着。我将她接回，她即不满意。不料，在我接回次日，她潜逃，各处查找，讫无着落，她娘家并向我要人。最近我在北京作小买卖，于本日在石驸马大街与她相遇，她已另嫁巨姓，我叫她随我回家走，她不允从，以是控告。①

田华认为在全家患病的情况下，作为娶进门的妻子竟然不愿伺候公婆，这在传统社会中是坚决不被允许的。田华也多次去巨马氏（即田马氏）姥姥家将其接回，可谓给足其面子，但结果巨马氏还是不愿意回家，最终选择背夫潜逃。从警察局口供中我们并无法判断口供的真假。当法官在庭审中问及巨马氏你为何逃跑，巨马氏回答，他们全家虐待我，不给我饭吃，不给我衣服穿，我没办法。可是，距离巨马氏离开田华家已经一年有余，巨马氏根本无法拿出任何田华虐待她的证据。

令人奇怪的是，其一，整个案件中巨马氏的新任丈夫巨尚贤一直没有被传讯，如果田华状告巨尚贤和诱有配偶之人脱离家庭，根据《刑法》第 240 条后半段所述，巨尚贤可能要被执行六月以上五年以下有期徒刑；其二，据巨马氏口供，巨尚贤是田华的工友，既然二人为工友关系，巨尚贤肯定知道巨马氏为有夫之妇。或者根据《刑法》第 237 条后半段，也可判处巨尚贤明知他人有配偶而与人相婚，判处重婚罪。而以上两种情形法官都选择视而不见，关注的重点定格在巨马氏与巨尚贤是否有公开结婚仪式以及二个以上的证人。当这一点被证明无误，巨马氏在 1942 年 11 月 27 日被判处有配偶而重为婚姻，处有期徒刑两月。

3. 甘心作妾

“许多女子，常为虚荣心所蒙蔽，为了对方的地位和金钱，明知他已有妻室，也甘心居于非妻非妾的地位，美其名曰爱情的力量。”② 李张氏，三河县人，她 18 岁的女儿李二保于六个月前嫁给了 36 岁的中医孙垚臣。虽然二

① 《巨马氏妨害婚姻》（1941 年），北京市档案馆，档案号：J065-006-05323。
② 啥：《妇女与重婚》，《妇女青年》（《北平晨报》副刊）第 105 期，1934 年 10 月，第 1 页。

人年龄相差悬殊，但好歹中医是个体面职业，收入也不少，本以为夫妻俩可以安安稳稳地过日子。不料，李二保近来从婆家回来，告诉自己孙垚臣已有妻室，并生有两男一女。李张氏听后火速赶往女婿孙垚臣原籍顺义县一探究竟，果不其然，孙垚臣还有一位妻子名叫孙兰氏。怒火中烧的李张氏来到警察局外二分局状告他的女婿孙垚臣违反一夫一妻原则。李张氏在警察局的口供中说道，“定婚时本已声明为无妻子，彼竟蒙骗氏女幼小，诈欺成婚，显为妨害家庭，为此诉请”。在做笔录的过程中，李张氏供认：“在骡马市大街的宝宴春，两人（孙垚臣和李二保）举行了婚礼并且有婚书，坐过轿、拜过天地还留有相片，亲朋好友多人在场。以前不知道孙垚臣家里有媳妇，今年五月李二保去他老家（顺义）才发现的。”[①] 李张氏指认孙垚臣骗人说谎在先，与其女儿举行婚礼在后，两人拟定有婚书，坐过花轿、拜过天地并留有照片。这些都是能直接证明两人举行过婚礼的铁证。

孙垚臣的口供明显在为自己开脱，他说道，我们在宝宴春吃饭，宴请亲戚朋友来喝喜酒，但是没拜过天地，没有拟定婚书，也没有举行仪式。尽管最后承认举行过某种仪式，但他坚称，在场的每个人都知道他是在纳一名妾。李张氏与孙垚臣各执一词，法官急需传讯另一位当事人李二保。而李二保的口供将直接影响案情的走势。

在前两次的审讯过程中，李二保从未出现，审讯官多次问及李二保未到现场的缘由，李张氏向审讯官陈述是孙垚臣不让自己的女儿前来，女儿很听孙垚臣的话。直到 1944 年 8 月 12 日第三次庭审，千呼万唤的李二保终于出现在法庭上。

问（李二保）：你与孙垚臣是什么时候结的婚呢？

答：头年腊月十二日。

问：你们结婚时拜过天地吗？

答：拜过天地。

问：你在与孙垚臣结婚前知道他家还有妻室吗？

---

① 《孙垚臣、李二保妨害婚姻》（1944 年），北京市档案馆，档案号：J065-008-04981。

答：知道他家还有妻室。

问：孙垚臣家里妻子叫什么名字呢？

答：叫孙兰氏。

问：孙兰氏还活着在吗？

答：还活着在。

问：你既知道他家还有妻室为什么嫁给他呢？

答：我愿意嫁给他。

问：孙垚臣在与你李二保结婚前说明他有妻室吗？

答：他知道，事前和我说过，媒人也都知道。

问：他是说他家里还有妻室，他把这话说在头里顺？

答：把话说在头里顺。①

李二保的口供气得李张氏火冒三丈，甚至让旁听的许多人大跌眼镜，一头雾水。李二保承认事先知道孙垚臣已有妻室，并仍然愿意嫁给他，媒人都知道，只有其母亲从未知晓。如在民国初期，李二保的陈述会使孙垚臣和她自己均得到免罪。② 但是在《民法典》实施之后，"法院将妇女对其夫之婚姻状态的事前认知，视为她们协助男子实施重婚罪的共谋"。③ 司法院1931年院字第609号解释："娶妾若用正式结婚仪式，应构成重婚罪。"④ 1933年上字第3785号判例："已有正式配偶而又与人举行结婚仪式，无论后娶者实际上是否受妾之待遇，均应成立重婚罪。"⑤ 此时决定判决的核心是有无公开婚礼的证明，而非妇女对自己为人妾室的同意，由此李二保甘心嫁给孙垚臣作妾的意图显得无关紧要。在法院看来，孙垚臣与李二保完成了结婚仪式并且有二人及以上在场作证，即两人已是法律承认的夫妻。可是孙垚臣与孙兰氏仍然具有婚姻关系在身，李张氏也早早出具孙垚臣书写

---

① 《孙垚臣、李二保妨害婚姻》（1944年），北京市档案馆，档案号：J065-008-04981。

② 民国初年的判决中，法院会依据当事人事前同意知道的前提，将李二保认定为妾，使当事人免于刑罚。但1930年《民法典》颁布并于次年实施后，法院关注的唯一要点即为当事人双方有无举行过公开婚礼。

③ 陈美凤：《从妾到妻：国民党民法之婚礼要求的未预后果》，［美］黄宗智、尤陈俊：《从诉讼档案出发：中国的法律、社会与文化》，北京：法律出版社，2009年，第329页。

④ 新陆书局编辑部编：《中华民国刑法判解释义全书》，新陆书局，1928年，第682页。

⑤ 新陆书局编辑部编：《中华民国刑法判解释义全书》，新陆书局，1928年，第680页。

的婚礼礼单与拜天地的照片。法院最后认为，孙垚臣犯有重婚罪，李二保明知对方有配偶而与人结婚同样获罪。1944 年 8 月 31 日伪北京地方法院作出判决，孙垚臣有配偶而重为婚姻，处有期徒刑三月，缓刑两年；孙李氏与有配偶人相婚，处有期徒刑两月，缓刑两年。在这个案件中，李张氏或许是想让孙垚臣为他的重婚行为付出应有的代价，又或者是想以重婚罪为威胁获取其他利益，但她肯定怎么也没想到，上诉的结果是把自己的女儿也送进监狱。

4. 丈夫外出

通过对上一节女性重婚当事人职业进行分析，我们可以了解到，女性当事人无一例外处于无业状态，没有工作就没有收入来源，继而无法养活自己。理所应当，养活她们的责任就落在丈夫身上，但是如果此时丈夫的工作也无法保证家庭经济的正常运转，不可避免地这些妻子就要再换一个人养活她们，即她们开始"背夫重婚"。女性的生计依赖于作为她"主"的丈夫，一旦"主"无力养活，他就会失去作为"主"的地位与妻子陪伴生活的权利。①

白祥氏（33 岁，无业）在十几年前嫁与白福海为妻，后白福海外出谋生，音讯全无。在 1936 年 10 月间，白祥氏经媒人赵宏才介绍与武峰利（42 岁，鞋匠）在护国寺宝宴春饭庄举行结婚仪式，婚后二人幸福美满并育有一子一女。稳定的生活状态在 1940 年被一位不速之客打破，这一年白福海回到了北平。白祥氏得知后，开始将家里的家具等物品分批次搬到东果厂十九号白福海的落脚处，随后被武峰利发现，以重婚罪起诉白祥氏。

白祥氏在法庭上诉说了自己的过往。两年前自己在美丽鑫鞋铺门前做工，武峰利是这鞋铺的工人，俩人彼此相识。相处下来觉得孤身一人的武峰利为人善良，就邀请他来家居住，二人实行姘度。当法官问及为何要将你的家具搬走，白祥氏回答："上年四月间，他因无事不能赡养我，令我自己另

① 马钊：《司法理念和社会观念：民国北平地区妇女"背夫潜逃"现象研究》，《法律史学研究》（第 1 辑），中国法制出版社，2004 年，第 226 页。

找生活道路。他竟自走去。至上年十二月间我出于无法生活，始将家具拉进城内，托人介绍改嫁白姓以度生活，实无背夫改嫁情事。”① 白祥氏此时说了假话，她并没有坦白他与白祥氏早有夫妻关系，而是希冀可以蒙混过关。至此，法院应该传讯白福海来讯问口供，但是法院并没有这么做，反而是继续追问白祥氏。

问（白祥氏）：你与白福海是怎么认识的？

答：经媒人介绍。

问：媒人是谁？

答：（不语）。

白祥氏在法庭上开始沉默，双手不停摩擦着裤子，目光飘忽不定。法官似乎是看出了猫腻，继续问道：

问：你与白福海如何认识的，媒人是谁？

白祥氏紧张的状态在此刻仿佛被击穿，她回答道，我早年就已嫁与白福海为妻。法官大吃一惊。

问（白祥氏）：你什么时候嫁的白福海？

答：十几年前嫁的他。

问：你怎么又嫁给武峰利呢？

答：他出去好几年没有信，我没有饭吃才嫁给武峰利。②

案件原本是要审判白祥氏与白福海的重婚行为，让人始料不及的是，原来与武峰利的婚姻才是重婚。白祥氏最终被判定有配偶而重为婚姻，处有期徒刑六月，缓刑两年。法官在此采取简化处理的办法，对于案件的另一位当事人白福海始终未传讯。

丈夫外出，妇女失去生活来源，被迫选择“背夫重婚”的还有郭邢氏妨害婚姻案。1942 年 4 月 19 日清晨，人力车夫康瑞离开家出门，开始一天的工作，当天晚些时候他的妻子康邢氏也离开了家，独自一人赴崇文门外蟠桃

① 《白祥氏妨害婚姻》（1941 年），北京市档案馆，档案号：J065-006-01698。
② 《白祥氏妨害婚姻》（1941 年），北京市档案馆，档案号：J065-006-01698。

宫庙会游玩。当她沉浸在庙会愉快的氛围时，一名男子突然抓住她的手臂，康邢氏与男子爆发了激烈的争吵，争吵吸引来了巡逻的警察，随即二人被带回警察局，康瑞也被传讯到警察局。原来康邢氏其实是郭邢氏，在庙会上发生争吵的男子是她的上一任丈夫郭庆瑞。案件很快转移到伪北京地方法院，康邢氏被指控为重婚罪。

在法庭上，康邢氏将她的人生经历娓娓道来。她1920年出生，家原在京西大有庄。16岁时，继母将其许配给郭庆瑞（27岁，裁缝）为妻，过门后数日，郭庆瑞即赴天津英租界小白楼朱家胡同做西服谋生，长久未回家。家内还有婆母与郭庆瑞的弟兄等，因家境寒苦，婆母叫她去偷窃邻居家未收获的青庄稼。她不去，即开始遭受虐待，被婆母殴打。丈夫郭庆瑞也不回归，自己又别无他法，遂于1940年10月间逃跑，无处可归之下，赴草厂七条一号刘家佣工，后来经开店人刘刘氏找程姓、王姓妇人介绍嫁与康瑞为妻，康瑞出洋70元，包括给刘刘氏20元，程、王二人各5元。

康邢氏（即郭邢氏）的律师徐谷蓝在辩护意旨书中写道："告诉人（郭庆瑞）果常在家，则夫妇团聚，被告绝不重婚，即告诉人不在家而或家境不苦寒、婆母不虐待，则衣食无缺，婆媳相安，被告绝不重婚。被告人以丈夫娶后数日去津不归，家内又苦寒，兼被婆母殴打虐待，无法逃出，无处可归。佣工后始与他人结婚，是被告之犯罪实因环境所迫，其情状殊堪悯恕。被告青年又系初犯，应予以自新之路，希望作出缓刑。"[①] 但是法院没有同情康邢氏，并未执行缓刑，仍然判处有配偶而重为婚姻，执行有期徒刑三月。我们可以看到法官对于丈夫外出长久不归这个理由并不认可。据康瑞口供，帮康邢氏进行改嫁的两位媒人都坚称她们只知道郭邢氏是孀妇再嫁，所以才出面帮忙的。以孀妇再嫁为借口会使离婚妇女在相亲市场上更受欢迎，法庭接受了她们的自辩，没有以"帮助有配偶人重为婚姻"罪起诉她们。类似的丈夫长年不归引发的重婚案件，还有纪长增状告赵王氏重婚案[②]、刘景贤状告杨白氏重婚案[③]等。

---

① 《郭邢氏妨害婚姻》（1942年），北京市档案馆，档案号：J065-006-01909。
② 《赵王氏妨害婚姻》（1942年），北京市档案馆，档案号：J065-006-01593。
③ 《杨白氏妨害婚姻》（1943年），北京市档案馆，档案号：J065-008-05602。

5. 生活所迫

张王氏，16 岁，每日在街头乞讨为生，张春发是张王氏的丈夫，23 岁，因家庭贫寒无力赡养自己的妻子，遂怂恿张王氏改嫁。经张王氏父亲王广泽同意，找得媒人平三从中塔桥，改嫁给南义堂为妻，于 1943 年 8 月 18 日结婚。商得彩礼 300 元，先交 30 元，余后交齐，余款尚未交付。张春发事后反悔，在宛平县警察局控告王广泽勾结平三拐卖其妻。以下是张春发在警察局的口供：

问（张春发）：你告平三和王广泽卖你媳妇是怎么一回事呀？
答：王广泽是我岳父，他和平三两个人把我媳妇卖给南义堂啦。
问：他没和你商量吗？
答：没有。
问：你媳妇不是和你一块居住吗？
答：在初五那天平三去我家，把我媳妇叫来卖给南义堂啦。
问：你怎么知道呢？
答：我听隆兴庄双德告诉我，我才知道的。
问：你没有上你岳父家问问究竟？
答：我问他，他说我媳妇嫁给南义堂。
问：没说别的吗？
答：没说，我就来告他。
问：你媳妇娶几年啦？
答：二年多。
问：你媳妇和你感情好不好呢？
答：很好。

再来看王广泽的问讯笔录：

问：张春发是你的女婿吗？
答：是。
问：你的女儿呢？

答：又娉给南义堂。

问：因为什么你一女二聘？

答：因为女婿张春发养活不起他妻，他才和我说愿意把他媳妇另嫁一家，他得几个钱。

问：那么他怎么又告你呢？

答：因为没给他钱。

问：你女儿出嫁了吗？

答：在初六那天嫁给南义堂。

问：要彩礼了吗？

答：要三百元，给他二百，给我一百。

问：钱给了吗？

答：钱交给平三，还没给呢。

重婚当事人张王氏的说法则是：

问：张春发是你什么人？

答：是以前的男人。

问：因为什么又改嫁呢？

答：是张春发养活不起我，情愿竟叫我改嫁，他好得几个钱。

问：他愿意怎么又告你们呢？

答：因为张春发要把我卖给河西作小，能多得几个钱。后来因为我娘家多不愿意我作小，才把我嫁给南义堂。

问：张春发怎样养活不起你呢？

答：他（张春发）不给我预备柴米，我每天在街上讨要吃，是谁都知道的。

问：你愿意改嫁吗？

答：他实在不能养活我，我要饭吃也吃不饱，没有法子我才嫁人的。①

① 《张王氏、王广泽妨害婚姻》（1943年），北京市档案馆，档案号：J065-007-12646。

通过上面口供，每个人都在向自己有利的一面描述。虽然张春发巧舌如簧、能言善辩，但是不争的事实摆在眼前，张春发无法养活张王氏，让妻子每天在街上乞讨，张春发很早就想让妻子改嫁，自己多得些钱财，甚至为多得钱财不惜让妻子做别人小老婆，只不过事后反悔。整个案件中还有一个重要的媒人平三没有出现，平三拿了 30 元彩礼钱在逃。根据当事人口供，张王氏确与南义堂有结婚仪式以及宴请宾客，并且其父亲参与帮助，所以伪北京地方法院作出张王氏有配偶而重为婚姻，王广泽帮助有配偶而重为婚姻，各处有期徒刑两月。整个案件张春发虽事先同意事后反悔，但在改嫁过程中他并没有任何行为介入，所以张春发侥幸逃过一劫。法律的判罚使这个贫苦家庭的生活再次蒙上灰暗的阴影。上一节丈夫外出与这一节生活所迫有一定程度的因果联系，归根结底为妇女受生活的压力被迫选择改嫁。婚姻是男女双方不平等的契约关系，妻子认可丈夫的权威，但是相应地她的生活必须得到丈夫抚养的保证。

（二）丈夫重婚的原因

1. 妻子无法生育

在宗法制度的社会中，传宗接代是保证宗族血脉延续和发展的重要基础。因此，如果一个妻子婚后多年没有生育，这将是一件很羞耻的事情，会成为人们茶余饭后的笑料，甚至可能被丈夫休掉。婚后的目的既以家族嗣续为重，无子显然与婚姻最主要的神圣的目的相背，不能达到这种目的的婚姻，是须解除的。[①] 夫妻之间如有一方身体出现问题，导致生不出小孩，男方通常会把原因归结于女方，认为是女方身体出了问题。39 岁的铁厂工人李朝堂在法庭辩护中说道："缘民娶有文氏为妻，嗣因其生产艰难，经协和医院治疗时将子肠割断，以致不能再为生育，民仅一人，并无兄弟，是以民之父母均以绝嗣为念，乃嘱托友人刘顺成说妥原告人为次妻。并于结婚前已向原告人说明前情，得其同意矣。"[②] 同样以无子而重婚的还有 1942 年张李氏状告张剑秋案，张剑秋说道："民因嫡妻安氏所生之子不幸夭亡，安

① 瞿同祖：《中国法律与中国社会》，中华书局，1981 年，第 137 页。
② 《李朝堂妨害婚姻》（1940 年），北京市档案馆，档案号：J065-006-03431。

氏年近半百，再生无望，剑秋幼读四书，识孔子云，不孝有三无后为大，故民遵圣道始有纳妾之念，上禀家慈，下商嫡妻，均得全家之同意而后施行。”①

再看王景新妨害家庭案，45 岁的王景新在玉器行做生意，与其妻子王李氏结婚已有 20 余年，始终无法得子，试过很多治疗方法但都不见成效。于是王景新在 1941 年 9 月间凭媒与王马氏结婚，期望传宗接代，后被王马氏获悉王景新尚有妻室王李氏，赴内一区警察局报案，案件随后移送伪北京地方法院审理。王景新在警察局口供中诉说：“民与妻王李氏结婚已二十余年，膝下并无任何子嗣，民才于去年九月，经友人介绍娶得马王氏，娶马王氏为妻共花四百元整。”② 并在笔录中多次声称王李氏不会生养。鉴于此种情况，法院在王景新重婚案中作出缓刑判决：“被告有妻再娶，情节重大，自宜酌处适宜之刑，以示惩戒。姑念被告系属初犯，且王马氏亦不愿深究，以暂不执行为适当，并应谕知缓刑，用策后效。”③ 从李朝堂、张剑秋的辩护口供以及王景新缓刑判处中，我们可以得知如果当事人膝下无子，在求子心切的情况下触犯重婚罪的行为，这对于接受过新式教育与执行新式法律的法官来说是可以理解与原谅的。

2. 丈夫骗婚

丈夫通过骗婚的方式娶得未婚的女子，即女方并不知道男子已有妻室，“女子受爱若惊，让情感完全蒙蔽了理智”。④ 在 1939 年姜松泉妨害婚姻一案中，王淑华状告其丈夫骗婚。在法庭审讯中，王淑华描述了她是如何得知丈夫另有女人的。

> 问（王淑华）：你嫁姜松泉几年了？
>
> 答：我嫁他三年了。
>
> 问：当时怎么说的？
>
> 答：当时说媒时他说女人已经死了，是续弦。

---

① 《韩树堂妨害婚姻》（1942 年），北京市档案馆，档案号：J065-007-03942。
② 《王景新妨害家庭》（1941 年），北京市档案馆，档案号：J065-006-00901。
③ 《王景新妨害家庭》（1941 年），北京市档案馆，档案号：J065-006-00901。
④ 秋草：《诱奸和骗婚》，《妇女共鸣》第 5 卷第 11 期，1936 年 11 月，第 4 页。

问：当时你知道他有女人嘛？

答：我不知他有没有女人。

问：你和姜松泉结婚有婚书吗？

答：有婚书（交婚书两件）。

问：你什么时候知道他另有女人？

答：本月九号我才知道的。因为我给他缝毛衣，发现他一居住证，写大石桥十九号。我到他家调查才看见他家另有正妻，我去时姜松泉正在家办丧事。[①]

姜松泉方面坚称，他与王淑华属于自由恋爱进而结婚，王淑华早已知道他有正妻且甘愿嫁与他为次妻。他说道："王淑华是我次妻。现在她廿九岁，在她廿岁时我与她交朋友，她廿七岁时王淑华声言愿意给我为妻。我已声明我有妻室，她亦认可，遂共同托得媒人张云鹏并王淑华之舅父许汝舟与她父王廷裕说妥，迎娶过门。"[②] 面对此种重婚情况，两位当事人各执一词，法官没有耐心去询问与这件事相关的知情人，也不试图弄清两位当事人话语的真伪。最关心的要点为姜松泉与王淑华是否具有公开结婚仪式以及二个以上的证人。当两位当事人均在口供中亲承举行过结婚仪式且宴请宾客，案情很快盖棺定论，于 1939 年 2 月，判处姜松泉有配偶而重为婚姻，处有期徒刑三月，缓刑三年。

3. 丈夫被迫娶妻

在 1942 年杜徐氏状告丈夫杜宝瑞伤害一案中，杜徐氏（21 岁，无业）被其丈夫杜宝瑞（25 岁，棚匠）打得遍体鳞伤，胸心处有用拳所致红肿伤一块，两臂各有长二寸左右的红肿伤，右手腕有长三寸红赤皮破伤，指甲挫伤，左膝有长三寸四分红赤伤。杜徐氏拖着伤痕累累的身躯，无奈之下状告丈夫对其伤害一事。而在审讯的过程中，才牵扯出有重婚行为的发生，我们先看杜徐氏在警察局的口供。

杜徐氏供：年二十一岁，河北省深县人，现住本市外五区南堂子

① 《姜松泉妨害婚姻》（1939 年），北京市档案馆，档案号：J065-006-00217。
② 《姜松泉妨害婚姻》（1939 年），北京市档案馆，档案号：J065-006-00217。

胡同八号。从前我因作针线活计，经街坊介绍与这杜宝瑞相识，给他做过坎肩。旧历去年（民国三十年）六月初一日，杜宝瑞乘我屋中无人，于夜间溜入屋中，用他随身所带鱼刀和大针向我威吓，将我奸污，我因害怕未敢声张。六月初六日，我母亲下乡去，家中只有我和两弟弟在，杜宝瑞就来我家奸宿，已不记次数。阴历去年年底，我母亲发现我已怀孕，向我问明情由，遂与他家交涉。经双方请出柴姓、马姓为媒，将我许与杜宝瑞为妻。于阴历今年三月十一日迎娶过门，在小川淀居住，三月十五日生产一男，仍回娘家居住，后来即归到杜家与他父母、大婆子等同居。他大妻杜叶氏时常唆使杜宝瑞打我，婆母也打我，全家把我当做奴仆看待。本月初间，杜叶氏又与我打架。本月初四日我娘家妈把我接回娘家安顿，打算容他们消了气再把我送回去。今天有警察来查户口，要看居住证，我要到我四叔家去取，不料将出门即被杜宝瑞揪出，不容分说拳打足踢。现在右乳部及两条腿、左膀子全被打伤，内部十分疼痛，是以喊告蒙讯。这杜宝瑞强迫相从于先，如今又下此毒手，实无夫妻情谊，不愿再与同居，请求作主，所供是实。

在杜徐氏的口供中，杜徐氏指出杜宝瑞先是潜入其家中用鱼刀和大针威吓将其奸污，后来怀孕被迫嫁于杜宝瑞，嫁到杜家后全家人把她当成奴仆看待，受尽虐待，无奈之下逃回娘家，至被殴打。我们再看杜宝瑞所供。

杜宝瑞供：年二十五岁，河北省宛平县人，住本市外五区南堂子胡同八号，搭棚为生。我在旧历去年常到红土店二号杨姓家去打牌，与该院东屋所住徐王氏认识，徐王氏时常向我借贷，她女儿即这杜徐氏也曾托人向我说要跟我，我不要。阴历去年六月初间不记日期夜间，又在杨家打牌，徐王氏叫我去到她家屋中去睡觉，由徐王氏替我打牌。我便到她屋中，就与杜徐氏发生奸情，彼时杜徐氏在糖房包糖果时与男子往来，已非处女。我与她发生关系后，我便常在她家住宿吃饭，并由我供给她们花用，实行姘度，后来我家长禁止我再到她家去。她们因杜徐氏已有身孕，求出柴姓等将徐氏许给我，于旧历去年三月十一日迎娶过门。最近她与我大妻叶氏口角，由她娘家接回，十几天还没送回，我今天去接她，见她正在与三个男子打牌，并不与我为礼。我叫她回家她说非到法院不能回去，我一时情急将她殴打蒙讯。当初是她乐意，她妈也知道，到我家后并未受何虐待，今天是她太不守妇道，所以打她，供称是实。[①]

在杜宝瑞的口供中，他解释道，杜徐氏早已不是处女，他没有威吓将其奸污，而是杜徐氏的妈妈徐王氏有意引诱他与自己女儿发生关系。作为发生关系的交换条件，杜宝瑞需长期供给徐王氏一家，久而久之二人施行姘度。而伤害殴打杜徐氏的导火索为杜徐氏与三位男子一起打牌，没有给足杜宝瑞面子，杜宝瑞将这解释为“不守妇道”。在杜徐氏的口中，杜宝瑞是用暴力奸污她的卑鄙小人，而在杜宝瑞的口中，杜徐氏母子可谓绞尽脑汁用女儿的身体换取物质回馈。法官面对这种情况，伤害为既定事实，问题的关键就在于杜宝瑞还有一名妻子。在法庭上法官讯问杜徐氏：

问（杜徐氏）：杜宝瑞是你什么人？
答：我的丈夫。
问：你几时出嫁？
答：今年（民国三十年）阴历三月十号。
问：有媒人吗？
答：有。
问：媒人是谁？
答：马太太与柴姓。
问：用什么娶得？
答：娇子，娶在南横街小川店八号，后来才搬去他家。
问：拜天地没有？
答：拜了，马老太还烧了香。
问：动亲友没有？

① 《杜宝瑞妨害婚姻》（1941 年），北京市档案馆，档案号：J065-006-01068。

答：动了。

继续讯问杜宝瑞：

问（杜宝瑞）：你什么时候娶得杜徐氏？

答：有九个月了。

问：用什么娶得？

答：用娇子娶在小川店八号，住了一个月才搬回家去。

问：媒人是谁？

答：柴玉顺（住南横街蔡家楼六号）马老太（住南横街红土子店四号）二人作媒。

问：拜天地没有？

答：没有。

问：动人了没有？

答：没有。

问：预备吃的没有？

答：没有。

问：你有前妻没有？

答：有女人杜叶氏，娶了六年了。

问：也是大娶得吗？

答：是。

问：你有女人为何又娶女人呢？

答：我与杜徐氏早就姘度，因为她有了孕，她妈觉面子不好，托人让我娶下。我对她说我前有女人，怕犯重婚罪，她说不要紧。

问：你娶杜徐氏时到底有谁在场？

答：就是两个媒人与我己出，还有她妈。①

杜徐氏坚称两人婚姻动用媒人、已拜天地、宴请亲友，而杜宝瑞仅承认坐花轿与动用媒人，对于拜天地与宴请亲友均矢口否认。法院为了弄清楚到

① 《杜宝瑞妨害婚姻》（1941年），北京市档案馆，档案号：J065-006-01068。

底是否有公开仪式与宴请亲友，再次传讯媒人柴玉顺与马张氏。

问（柴玉顺）：杜徐氏与杜宝瑞是你作媒吗？

答：是女家找的我，托我说合让杜宝瑞娶。

问：由哪儿用什么娶至哪儿？

答：由女人娘家用轿娶至小川店八号。

问：拜天地没有？

答：不知道。

问：你知道杜宝瑞头前有女人嘛？

答：知道，女家他们自从没过门时，姑娘常去杜家吃饭。

问（马张氏）：杜徐氏与杜宝瑞结婚是你做媒吗？

答：因为杜徐氏有了孕，徐姓家内与杜宝瑞托我做媒，我没吃他一顿饭，没喝一口水。

问：用什么娶得？

答：用轿接的，我在门口站着看了点，杜徐氏上了轿，我就走了。

问：有鼓匠吗？

答：有。

问：娶至哪儿？

答：娶至小川店，我到门口追小孩，不让他们乱跑，没有进去，不知拜天地没有。

问：动亲友没有？

答：没有，好像他（杜宝瑞）姐姐在那。①

根据上述三方口供，杜宝瑞与杜徐氏的婚姻是否具有公开之仪式与二人以上之证明仍比较模糊。但是法院很快就结案了："杜宝瑞已有正式配偶杜叶氏，又娶告诉人杜徐氏。查证有柴玉顺与马张氏作媒，立有婚书，用轿子迎娶，婚礼现场有杜宝瑞之姐姐及大奶奶。且杜徐氏胸心处有用拳所致红肿伤一块，两臂各有长二寸左右的红肿伤，右手腕有长三寸红赤皮破伤，指甲

① 《杜宝瑞妨害婚姻》（1941 年），北京市档案馆，档案号：J065-006-01068。

挫伤，左膝有长三寸四分红赤伤。”[①] 法官认定做媒、立婚书、娇子迎娶与婚礼现场符合公开之结婚仪式，杜宝瑞姐姐与大奶奶为证人。鉴于以上证据，伪北京地方法院在1942年1月16日，判处杜宝瑞有配偶而重为婚姻，处有期徒刑三月，伤害人之身体处拘役20日并执行之。10天之后，杜宝瑞不服伪北京地方法院一审判决，提起诉讼。这一次杜宝瑞与杜徐氏完成了庭外和解，和解的条件为杜宝瑞答应杜徐氏与杜叶氏分开居住。

答（杜宝瑞）：我们说好了，现在两处住。

问（杜徐氏）：现在你们和好了吗？

答：是，正说和好了。

问：你现在还告他不？

答：现在我不告了。

问：你现在还与那个女人一块住吗？

答：现在我们搬开住了。

问：你现在不愿告他了？

答：我不告他了。[②]

杜徐氏与杜宝瑞达成庭外和解，妥协的理由为杜宝瑞答应让杜徐氏与杜叶氏分开居住。反观整个案件，柔弱的杜徐氏让人心生怜悯。她以杜宝瑞婚前强迫，婚后殴打，不愿再与其同居为理由上诉。由于缺乏知识水平的缘故，杜徐氏既未提离婚，也没想过控告杜宝瑞重婚，判处杜宝瑞重婚行为完全是阴差阳错。如果二人没有举行结婚仪式，杜徐氏就会被认定为妾的身份，一审判决只会判处杜宝瑞伤害他人罪。假如杜徐氏坚持状告下去，法院可能会根据杜徐氏的受伤情况判决二人离婚，但是杜徐氏没有这么做，两人采用庭外和解的方式结束了这场闹剧。民国社会中有许多丈夫都存在重婚、骗婚等罪责，但是由于妻子们遵守旧式的道德规范，对丈夫类似的行为通常采取宽容的态度，并不会控告丈夫，只有丈夫们对她们有虐待、遗弃等行

① 《杜宝瑞妨害婚姻》（1941年），北京市档案馆，档案号：J065-006-01068。
② 《杜宝瑞妨害婚姻》（1941年），北京市档案馆，档案号：J065-006-01068。

为，她们才将丈夫不道德的性行为与这些问题一起上告，在得到丈夫对自己有利的承诺后，就会撤回诉讼。

通过对沦陷时期北平重婚案件的整理，我们可以看到，法官在判决此类案件时，有简单化处理的倾向，对于很多重要的涉案知情人并不传讯调查，只关注两位重婚当事人，并围绕两个问题展开讯问：其一，重婚当事人婚礼举行了什么仪式？其二，谁参加了婚礼？这项调查策略适用于所有重婚审判。根据的法条为《民法》第 982 条规定："结婚应有公开之仪式，及二人以上之证人。"[①] 构成婚姻的要件就是公开仪式以及二人及以上的证人，只要符合这两个要件，重婚罪即成立。法官在简化处理案情的过程中，基本上按照法条处理案件，立法与具体司法实践存在一定差异。婚礼公开仪式并没有明确的规定，民间的部分婚俗法院同样承认，具体的司法实践向民间逻辑倾斜。

第三节　日伪统治时期北平通奸罪分析

通奸，在传统社会中被称为"和奸"，表示男女双方无夫妻关系，却在一方或双方有配偶的情况下自愿与之发生性行为，即双方相互平等的自主的内涵，"通奸认为双方具有同等积极的自主，它并且只适用于已婚者"。[②] 史尚宽认为，"有配偶而与异性之他人性交，必须符合三个条件：一须有有效之婚姻，二须有性的结合，三须有故意或恶意"。[③] 夫妻双方之间彼此互相忠诚不仅仅是道德需求，同样是法律义务。假如夫妻双方的某一方背弃这项义务，那么就有可能面临牢狱之灾。

一、通奸案件概览

沦陷时期北平的诉讼档案共存 71 件通奸案件。接下来我们就先着手研究 71 件通奸案件本身，再对通奸当事人的具体情况进行分析。

---

① 徐百齐编辑，吴鹏飞助编：《中华民国法规大全》第 1 册，商务印书馆，1936 年，第 42 页。

② ［美］黄宗智：《法典、习俗与司法实践：清代与民国的比较》，法律出版社，2009 年，第 149 页。

③ 史尚宽：《亲属法论》，中国政法大学出版社，2000 年，第 241 页。

（一）告诉人性别之统计

表 5.9 通奸案件告诉人性别比例

告诉人	男	女	合计
人数	51	20	71
百分比	71.8%	28.2%	100%

资料来源：J065-001-00130；J065-004-01548；J065-006-00577、00728、00967、01122、01622、01747、02408、02566、04212、04422、04425、04688、04788、05606；J065-007-00701、00883、02034、02047、02898、02969、03242、03434、03632、03831、03983、04084、04087、04249、04286、04389、04445、09547、10254、10385、10542、10634、11318、11450、11454、12300、12680；J065-008-01751、02302、02312、02919、02975、03043、03466、03519、03574、03609、04407、04977、05270、05387、05392、05842、06081、06115、06292、06314、06650；J065-010-00058、00214、00280、00342、00396、00552、00703。

在 71 件通奸案件中，有 51 件是由男性提起诉讼，其中有 2 件是由男方父亲提起的，其余都是女性通奸者的丈夫提起诉讼。20 件是由女性提起诉讼，控告自己的丈夫与他人通奸。在上表中，沦陷时期北平女性与他人发生通奸行为的概率要多于男性二倍有余。这里需要留意，这一结论与第四章女性主动提出离婚者居多结论是一致的。

（二）判决结果及原因之统计

表 5.10 通奸案件判决结果

判决结果	所在不明	无罪	有期徒刑	有期徒刑并缓刑	不受理	合计
数量	4	1	39	5	22	71

1. 所在不明与无罪

法院已经起诉，犯罪嫌疑人在逃所在不明，无法判刑的有 4 件。通奸罪中有一则是由于证据不足被判为无罪。[①]

2. 有期徒刑与有期徒刑缓刑

通奸案件判为有期徒刑的有 39 件，有期徒刑并执行缓刑的有 5 件。最长的有期徒刑为六个月，最短的为两个月，缓刑一般执行两到三年。缓刑的原因通常是当事人年幼无知、知识浅薄，例如李艾氏妨害家庭案中，“惟念

① 《郭连祥妨害家庭》（1945 年），北京市档案馆，档案号：J065-010-00552。

被告李艾氏年幼愚昧无知致触刑章，兹审核其情状，酌处相当之刑，用示儆戒。又被告前未曾受有期徒刑以上刑之宣告，且自称已知后悔，应认为以暂不执行为适当，爰并谕知缓刑，策其自新”。① 又如郝继贤、赵李氏妨害家庭案，“查被告等知识浅薄，应予从轻量刑。又其系属初犯，合于缓刑条件，应谕知缓刑，以策后效”。② 其中需要注意的是，由于通奸属于量刑较轻的罪刑，所以在判处有期徒刑的 28 份通奸案件中，法院同时作出上交罚金来折算日期的规定。罚金乃是法院在刑事法律规定的情形下和范围内所判处的金钱处罚，③ 如苏国通、徐金氏妨害家庭案中，27 岁的苏国通在近水楼旅馆内充当仆役，于 1943 年 5 月 14 日与徐国祥的妻子 17 岁的徐金氏在银光电影院结识，两人从 5 月 15 日开始到 6 月通奸共六次。法院“惟念被告愚昧无知，偶处〔触〕法禁，兹从轻科处，用示薄惩”。④ 判决苏国通连续与有配偶之人相奸，处有期徒刑二月，如易科罚金，以一元折算一日。徐金氏有配偶，连续与人通奸，处有期徒刑二月，如易科罚金，以一元折算一日。

3. 不受理

通奸案件中作出不受理判决的有 22 件，高达 30.9%。究其原因，主要包括三种情况。其一，在检察官起诉后，未进行一审，终结前撤回诉讼请求的有 19 件。如王国梁妨害家庭案中，王国梁（24 岁，无业）是王国华（28 岁，木匠）的堂弟，1942 年 4 月间王国华由于生活困难携其妻王张氏（25 岁，佣工）迁到宛平县武家汉居住，王国梁趁探望堂兄堂嫂的机会，于堂兄外出之际与王张氏勾引成奸，后一年的时间内恋奸情热，多次发生关系。王国华在 1943 年 5 月 18 日这天提早完工回家，没想到等待他的却是堂弟与妻子在一张床上休息，王国华泣不成声。在随后伪北京地方法院审理的过程中，王国华与妻子、堂弟达成和解。家丑不可外扬，王国梁向自己的堂兄道歉，王张氏承认是一时错误，发誓以后绝不再犯，王国华于 1943 年 11 月 7 日撤回告诉。随后法院作出如下判决：

---

① 《李艾氏妨害家庭》（1942 年），北京市档案馆，档案号：J065-007-03831。

② 《郝继贤、赵李氏妨害家庭》（1942 年），北京市档案馆，档案号：J065-007-00883。

③ 林山田：《刑法通论（增订十版）》（下册），北京大学出版社，2012 年，第 373—376 页。

④ 《苏国通、徐金氏妨害家庭》（1943 年），北京市档案馆，档案号：J065-007-03632。

北京地方法院刑事判决（三十二年商字第二一二九号）

公诉人：本院检察官

被告：王国梁，男，年二十四岁，无业，住内务部街三号；王张氏，女，年二十五岁，佣工，住东四头条七十九号。

主文：本件不受理。

理由：查告诉乃论之罪，告诉人于第一审辩论终结前得撤回其告诉者，依《刑事诉讼法》第二百一十七条第一项前段所明定。本件被告等因妨害家庭罪，本院检察官以《刑法》第二百三十九条之罪起诉。查核该条之罪，依同法第二百四十五条第一项须告诉乃论，既据告诉人王国华于本院审理中对被告撤回告诉，自应谕知不受理，依《刑事诉讼法》第二百九十五条第三款判决如主文。

中华民国三十二年十月三十日①

其二为必须符合告诉乃论的要求。有两件是由公公起诉儿媳妇与他人通奸，法院根据规定，作出案件不受理的判决。依据为《刑事诉讼法》第213条第二款规定：“《刑法》第二百三十九条之妨害婚姻及家庭罪，非配偶不得告诉。”② 李锡林控告其儿媳妇李赵氏与李广祺相奸，但是依据非配偶不得告诉的原则，李赵氏之翁自不得告诉，伪北京地方法院作出本件不受理的判决。③ 其三为被告在监狱关押或传讯过程中出现死亡，法院也作出不受理的判决。④

（三）婚后N年通奸之统计

表5.11 婚后N年发生通奸行为

婚后N年发生通奸行为	1—5年	6—10年	11—15年	16—20年	21—25年	26—30年	30年以上	合计
数量	15	23	12	10	4	1	1	66
百分比	22.73%	34.86%	18.18%	15.15%	6.06%	1.51%	1.51%	100%

① 《王国梁、王张氏妨害家庭》（1943年），北京市档案馆，档案号：J065-007-10634。

② 徐百齐编辑，吴鹏飞助编：《中华民国法规大全》第1册，商务印书馆，1936年，第243页。

③ 《李广祺妨害家庭》（1945年），北京市档案馆，档案号：J065-010-00703。

④ 在监狱关押或传讯过程中出现死亡，法院作出不受理判决的情况如：《李贵妨害家庭》（1942年），北京市档案馆，档案号：J065-007-00466；《陈玉山妨害家庭》（1944年），北京市档案馆，档案号：J065-008-02976；《李树春妨害家庭》（1944年），北京市档案馆，档案号：J065-008-04132。

根据婚后N年发生通奸行为表，我们可以看出婚后前10年是发生通奸行为的多发期，66件案例中有38件通奸案是在这一时期发生的，占57.59%。婚后6—10年进行通奸的，有23件，占34.86%，婚后11—20年发生通奸行为的也有22件，占33.33%，约占整体数量的三分之一，也是不容小觑的。此后发生通奸行为的数量屈指可数，只有极少数个案发生。

二、通奸案当事人考察

在77件通奸案件中，除去所在不明与判决无罪的情况，剩下共有66件。在这66件通奸案件中，我们可以梳理出通奸当事人的基本信息，进而对通奸案的当事人进行整体上的把握。

（一）通奸案件当事人年龄

表5.12　通奸案件当事人年龄比例

年龄段	女子		男子	
16—20岁	13	19.70%	3	4.55%
21—25岁	21	31.82%	17	25.76%
26—30岁	16	24.24%	18	27.27%
31—35岁	7	10.60%	11	16.67%
36—40岁	6	9.10%	9	13.64%
41—45岁	2	3.02%	6	9.07%
46—50岁			1	1.52%
51—55岁	1	1.52%	1	1.52%
合计人数	66	100%	66	100%

由上表可以看到，女性通奸年龄大多集中在16—30岁，共有50位女性在这个年龄段进行通奸，占全部女性通奸比例的75.76%，其中21—25岁通奸的有21人，占31.82%。36岁以上的女性通奸行为逐渐减少，其中年龄最大的是一位55岁的女性，与她通奸的男性年龄为41岁。男性通奸年龄明显滞后女性一个年龄段，主要聚集在21—30岁，占全部男性通奸人数的53.03%，在31—45岁年龄段中呈现缓慢减少趋势，但是与同年龄段女性相比，也占39.38%。最年长的男性通奸者50岁，与他通奸的女性17岁，正好是所有女性通奸者中年龄最小的。

"男子对异性渴求的萌发期比女子稍晚，后续期却比女子要长得多。"① 在一些贫苦百姓家中，男子 40 岁还没娶到妻子是很常见的，又或独自一人在外工作，对异性的渴求驱使他们发生通奸行为。

表 5.13 奸夫与奸妇年龄差

年龄差	女方年龄大于男方		男方年龄大于女方	
1—5 岁	9 人	60%	30 人	58.82%
6—10 岁	3 人	20%	12 人	23.54%
11—15 岁	3 人	20%	6 人	11.76%
16—20 岁			1 人	1.96%
20 岁以上			2 人	3.92%
合计人数	15 人	100%	51 人	100%

据奸夫与奸妇年龄差表观察可得，有 15 对是女方年龄大于男方，有 51 对是男方年龄大于女方。女方年龄大于男方最大年龄差为 11 岁，男方年龄大于女方最大年龄差为 33 岁。女方年龄大于男方并无相差 16 岁以上的，男方年龄大于女方，年龄相差超过 16 岁的有 3 人。通奸行为的发生，对于年龄的考虑不会像婚聘时那么多，男女双方的年龄差基本是在 5 岁以内。年龄相仿、情投意合易摩擦出爱情的火花，也可谓人之常情。

（二）通奸者职业、通奸地点

表 5.14 通奸案件奸夫职业

奸夫职业	人数	所占比例
务农	8	12.12%
拉车	6	9.09%
赶车	1	1.52%
拉排子	1	1.52%
工人②	9	13.64%

① 郭松义：《清代 403 宗民刑案例中的私通行为考察》，《历史研究》2000 年第 3 期，第 53 页。
② 工人包括煤炭公司工人、被服厂工人、自来水厂工人、油漆匠、木匠、棚匠、佣工等。

（续表）

奸夫职业	人数	所占比例
小贩①	8	12.12%
警士	4	6.06%
贩运货物	1	1.52%
杂役	4	6.06%
厨役	3	4.55%
卖白土子	1	1.52%
司机	2	3.03%
艺人②	2	3.03%
翻译	1	1.52%
商人③	5	7.58%
画匠	1	1.52%
书记	1	1.52%
无业	9	13.64%
合计	66	100%

由上表奸夫职业来看，社会上各式各样的职业都有，其中务农、拉车、工人、小贩职业数量最多，有 31 人，占所有男性通奸人数的 46.97%，已趋近一半。这也是民国时期男性主要养家糊口的方式，由于基数众多，这类职业的人通奸数量较大。比较令人惊讶的是，有 4 位警士也犯通奸案。商人、书记、翻译等职业家庭条件较为优越，女子容易被其吸引与之发生关系。

表 5.15：通奸案件奸妇职业

奸妇职业	人数	所占比例
务农	3	4.55%
女招待	1	1.52%

① 小贩包括卖鱼、卖萝卜、卖饼子、卖纸、卖菜、卖糖葫芦、卖衣服等。

② 艺人包括梨园艺人、拉胡琴等。

③ 商人包括开设洋服店、天津福利商行、茶叶店、马行、钟表铺等。

（续表）

奸妇职业	人数	所占比例
小贩	3	4.55%
伶人	1	1.52%
娼妓	2	3.03%
奶妈	2	3.03%
捡烂纸	1	1.52%
佣工①	14	21.21%
无业	39	59.09%
合计	66	100%

由奸妇的职业可看出，无业的女性有39位，占通奸女性人数59.09%，有工作的女性也多从事小贩、娼妓、奶妈等社会下层职业。我们把通奸行为男女双方职业一同考察，发生通奸行为的当事人绝大部分是困苦民众，除去有几位男性充当经理、书记、商人，生活条件较优，其余各行各业的男女知识水平、社会地位、经济能力都属于同一个层面。“这与他们或她们的婚姻、家庭经济状况等密不可分，同时亦与其所受传统伦理环境较宽松，不若上层家庭管束严紧有相当的关系。”②

表5.16 通奸发生地点

通奸发生地点	数量	所占比例
女方家	27	40.91%
男方家	23	34.85%
男方的另一处房子	2	3.03%
饭店、旅馆③	11	16.65%
火车上	1	1.52%
野外空场地	1	1.52%

① 佣工包括针线活、洗衣服、扫地和去工厂打零工。

② 郭松义：《清代403宗民刑案例中的私通行为考察》，《历史研究》2000年第3期，第55页。

③ 饭店包括东方饭店、华洋旅馆、金城旅舍、大森里东河饭店等。

（续表）

通奸发生地点	数量	所占比例
玉米地	1	1.52%
合计	66	100%

根据上表可知，通奸双方第一次发生通奸行为的地点，一般是在女方或男方家里，共有50对奸夫与奸妇是在家中发生的关系，占75.76%。趁家里没人之际，二人发生关系。另通过各种方式勾引成奸的会选择在饭店或者旅馆，占16.65%。此种选择，无形中增加一定的费用，一般穷苦人家不愿选择以此作为地点，这也可以解释，为何在家中发生大量通奸行为。有2对是在男方的另一处房屋内发生通奸行为，这两位男性一位是茶叶店老板，另一位是钟表铺老板。有3对是在野外进行的，分别是火车上、空场地与玉米地。

（三）通奸者关系

表5.17　通奸当事人关系

通奸当事人关系	数量	所占比例
同院居住	6	9.09%
街坊邻居	15	22.73%
朋友（素识人）	9	13.64%
同事	7	10.61%
搭讪（外遇）	21	31.82%
买卖东西	3	4.55%
嫖娼	1	1.52%
师傅与女徒弟	1	1.52%
与义父的儿媳	1	1.52%
侄子与婶婶	1	1.52%
公媳	1	1.52%
合计	66	100%

通奸双方当事人关系中，同院居住与街坊邻居共有21对，生活中低头不见抬头见，年龄相仿的异性容易互相吸引，占31.82%。朋友、同事之间发生关系的有16对，他们彼此认识，互相熟悉，占24.25%。大街上搭讪或者发生外遇的有21对，男女双方相互勾引成奸，或者一方诱惑勾引另一方发生关系，这与当事人的行为作风有一定的关系，占31.82%。以上是非亲属关系的通奸。

引人注目的是有3例为亲属之间的相奸，男方与义父的儿媳属于干亲，经常往来，互为了解。侄子与婶婶，公公与儿媳，这种亲属相奸在伦理上是绝对禁止的，在清及清朝之前，亲属相奸判罪要比普通通奸罪严重得多，一般情况罪加一等。民国时期刑法属告诉乃论，亲属通奸没有法条明确规定，但亲属相奸会受到社会舆论与乡里乡亲的严重谴责，尤其是小辈与长辈发生关系，一旦为他人所知将被视为禽兽行径，在生活中根本无法抬头做人。总体来说，亲属通奸比例相对较少，占总体数量的4.55%。

三、通奸案件原因探析

在这一部分中，我们继续以66份通奸案件为考察对象，探寻沦陷时期北平发生通奸行为的原因。郭松义对清代403宗私通行为进行考察，总结的通奸原因，“一是感情原因；二是经济原因；三是某些人利用地位和权利，威逼利诱妇女就范，多少含有逼奸之意”。[①] 王跃生对清代中期婚外越轨行为进行考察，总结出女方由于感情而出现通奸行为是主流，单纯因为物质原因而与他人私通者占小部分。在男方而言，敢于进行通奸的大多是社会中下层出身，他们或没有能力迎娶妻子，或生理与情感上得不到正常满足，故只能选择与女性私通来满足自己的需求。[②] 通奸行为的发生属于性犯罪的范畴，这不仅受当事人所处环境与家庭的影响，还与当事人的心理、生理状态有关。故每一件通奸行为发生的原因究其根本是一个复杂的混合体，是多种原因共同作用的结果。由于笔者能力所限，只能以档案史料为基础，理清最主

① 郭松义：《清代403宗民刑案例中的私通行为考察》，《历史研究》2000年第3期，第58页。

② 王跃生：《清代中期婚姻冲突透析》，社会科学文献出版社，2003年，第175页。

要的原因，抓主要矛盾。

（一）女方通奸原因

1. 丈夫外出不在家

“丈夫长期外出没能力照顾家里的日用，妻子在家无钱度日的情况下，最后只能利用色诱换取生活物资。”[①] 丈夫外出不在家分为两种情况，一种情况为丈夫外出常年不回家，妻子无人照顾独守空房，这会大大提高妻子出轨的可能性。陈大竹（40 岁）与王富贵（42 岁）于 1937 年结婚，由于夫妇俩均不识字，遂约陈英（45 岁）到家中帮忙记账。王富贵于婚后第二年外出经商，陈大竹与陈英发生暧昧关系，两人搬到一起进行姘度，在 1942 年 11 月间，被王富贵发现报案，以通奸罪起诉。一审过程中，陈大竹与陈英对通奸一事均供认不讳，伪北京地方法院以“陈大竹与陈英发生暧昧关系，嗣后即毫无忌惮，常相奸宿”为由，[②] 于 1943 年 3 月 29 日判处陈大竹有配偶而与人连续通奸，陈英与有配偶之人连续相奸，各处有期徒刑六月。

陈英、陈大竹不服一审判决，继续上诉。审讯官问陈英，她有丈夫你为什么与她通奸？陈英回答，“王富贵出去五年没回来，陈大竹没有生活来源，跟我借点，也没办法，我不知道她有丈夫，她（陈大竹）说她丈夫死了，没有生活，他因生活实在没办法才与我一块过得”。[③] 法官看出了陈英在两次庭审中话语的矛盾，陈英第一次庭审中说去陈大竹家里记账时见过王富贵，当时王富贵还没有外出经商，第二次庭审时却说自己不知道陈大竹有丈夫。法官认定陈英在空言狡辩，继续问陈大竹。

问（陈大竹）：王富贵多大岁数娶的你呀？

答：王富贵二十二岁娶的我，娶我没一年多他就走了，我就与我娘家父亲一块过。

问：他是什么时候走的？

答：他是二十七年走的，我跟我娘家父亲一块过。

---

① 赖惠敏、朱庆薇：《妇女、家庭与社会：雍乾时期拐逃案的分析》，（台北）《近代中国妇女史研究》第 8 期，2000 年 6 月，第 35 页。

② 《陈英、陈大竹妨害婚姻》（1942 年），北京市档案馆，档案号：J065-007-03983。

③ 《陈英、陈大竹妨害婚姻》（1942 年），北京市档案馆，档案号：J065-007-03983。

问：你与你娘家父亲在一块过，为何又出来？

答：我娘家父亲死了，我兄弟陈宝才不让我在家，把我赶出来了。

问：你是什么时候出来的？

答：是三十年出来的。

问：现在是谁养活你呀？

答：现在还是陈英供给我。

问：王富贵现在已经回来了，你为何不和他一块过呀？

答：他养活不了我。

问：你先前说王富贵死了，现在怎么又回来了？

答：我有个娘家兄弟陈宝才，因为分财产与我打官司，他把王富贵找回来告我的。

问：你娘家都有什么产业？

答：有五个骆驼、十亩地与十几间房子。

问：陈宝才是由什么地方把王富贵找回来的？

答：我也不知道由何地方找回来的，他出外没有音信，我没有生活，也没有什么知识。[①]

陈大竹与陈英的辩护策略在于，塑造陈大竹无依无靠的形象。王富贵外出五年毫无音信，陈大竹后来被娘家兄弟赶出，没有生活来源，陈英也是看陈大竹太过可怜，两人才在一起姘度的。整个案件有一个核心问题，即陈大竹与陈英是何时开始通奸的，两人是在五年前王富贵刚离开家就开始的，还是陈大竹被娘家人赶出后开始的，两人均承认后者，真伪我们不得而知。伪河北高等法院随后作出刑事判决，上诉驳回，陈英、陈大竹如易科罚金，以二元折算一日，均缓刑二年。而作出上述驳回的理由为："陈宝才因分产轻松找回王富贵，可见王富贵并非毫无音信，且纵令无音信属实，而其夫妻关系既未消减，则上诉人相互奸通亦不能免除刑事罪责。"[②] 法院认为王富贵并不是一直毫无音信，如果是不见踪迹，为何分家产的陈宝才可以轻松将其找

① 《陈英、陈大竹妨害婚姻》（1942年），北京市档案馆，档案号：J065-007-03983。

② 《陈英、陈大竹妨害婚姻》（1942年），北京市档案馆，档案号：J065-007-03983。

到；就算真的是毫无音信，他与陈大竹的夫妻关系也存在，这断不是陈大竹与他人施行姘度的理由，与此同时，实行罚金制度与缓刑，说明法官们理解、同情女性在情欲与生活包夹下被逼无奈的选择。

另一种情况为，趁丈夫外出的间隙妻子与他人发生通奸行为。赵李氏（28 岁）为赵天保（50 岁，玉生永杂货铺伙计）的妻子。郝继贤（34 岁，麦行）与赵天保是要好的朋友，经常到赵天保家中做客。1942 年 5 月 4 日，郝继贤到赵天保家串门，乘赵天保外出之际与其妻子赵李氏发生关系，此后遇到合适的时间即发生奸情，不计次数。1943 年 3 月 22 日赵天保回家发现两人搂抱在一起，鸣警报案。赵天保在警察局的口供中说道："我妻赵李氏今年二十八岁，我们结婚已五年之久，自去年九月开始听闻街坊说自己的妻子与郝继贤存在奸情，我因未曾看见，不敢深信。今天晚上我从外回家，见我妻与郝继贤他们互相搂抱而坐，现在他们供认确有奸情，希望法院依法判处。"

郝继贤供认："我与赵天保是朋友，经常去他家串门，与他的妻子赵李氏感情很好，那天赵天保没在家，我们俩人便发生关系，此后时有幽会之事。今晚我到赵天保家串门，赵天保外出不在家，我就进屋与赵李氏说闲话，忽然赵天保进来对我扭打。"赵李氏供认："赵天保平时对我很不好，冷漠至极。去年开始我与赵天保的朋友赵继贤发生奸情，时常幽会。今晚我丈夫外出，郝继贤又到我家串门，我们什么都没做就在屋中说话，忽然我丈夫走来，对我与赵天保进行扭打。"我们再看一下庭审笔录。

问（赵天保）：你们和睦吗？

答：一直很好，自从去年听说跟郝继贤有染，就坏了。

问：郝继贤你是怎么认识的？

答：他去买麦，彼此认识的朋友。

问：你们经常来往吗？

答：他常上我家去，我耳闻赵李氏与他有染。因未曾看见，不敢深信，但不准他上我家去，至本月十二日晚回去，将他堵在家屋。

问：你回家时，他们在那干什么？

答：在炕边坐着吃零嘴。

问：他们穿着衣服没有？

答：穿着衣服，手搭着肩在一块坐着。

问（郝继贤）：你跟赵天保之妻通过奸吗？

答：家没有人，通过奸。

问：他不准你登门，你怎么还上他家去？

答：基本没怎么去。

问：三月二十二日晚，你上他家去干什么？

答：赵李氏托我给他买烧饼，在家门口买了烧饼想给她家送去，发现她男人没回来，就进屋了。[①]

通过三位当事人的口供与庭审问答，赵李氏与郝继贤对于通奸行为已供认不讳。1943 年 5 月 18 日，伪北京地方法院判处赵李氏有配偶而连续与人相奸，郝继贤连续与有配偶之人相奸，各处有期徒刑二月，如易科罚金，均以二元折算一日，各缓刑二年。郝继贤就是在赵李氏丈夫外出之际，趁机到赵天保家与赵李氏发生的关系。

2. 物质交易

38 岁的周英是一位人力车夫，祖籍大兴，家住卧佛寺二条十号。由于妻子周张氏久不生养，在 1934 年经周张氏的同意迎娶了一位次房——28 岁的周殷氏。婚后大妻周张氏住卧佛寺二条十号，次妻周殷氏住旅家胡同四号，而周英就在这两家轮流住宿。1943 年 10 月 31 日，周英拉夜车下班，准备去次妻周殷氏家休息，不料刚到周殷氏家门外，惊闻有男子的呼噜声此起彼伏从屋内传出，遂破门而入，在床底下揪出一未着衣物的男子。周英鸣警，警察当场捕获周殷氏与未着衣物的男子，案情由外三区警察分局转送伪北京地方法院。该男子名为邢文华，23 岁，是一名药店伙计。后警察经过口供，发现这邢文华与周殷氏早在 1939 年就已发生关系，周殷氏已出轨四年有余。而维系这四年来肉体关系的基础是邢文华每月送来少许的钱财，从 1939 年

① 《郝继贤、赵李氏妨害家庭》（1942 年），北京市档案馆，档案号：J065-007-00883。

的每月3元到现在的每月20元。根据北平历年面粉价格表，1939年的3元，可以让周殷氏购买15斤以上的机制面粉或20斤左右的伏地面，占成年女性每月消费量33%—40%，需要注意的是这还只是情夫每月送来的。可是随着1939年12月伪北京市政府开始实施食品配给制度，食品价格从1939年到1940年翻了一番，1942年底太平洋战争爆发，北平的大米和小麦面粉供应出现中断。“近日小米面已售到一元一二一斤，小米一元二一斤，杂合面还没有；米零售数斤，一元六七一斤，多无有，整石亦有，非有人方能买到，且暗盘到三百元左右一石；面是配给才能吃到，平常早已买不到了。”[①] 到了1943年，每月20元只能购买不到10斤的机制面粉或13斤左右的伏地面了。

在庭审中，周殷氏的口供指认丈夫周英养活不了一妻一妾，周英早知她与邢文华通奸。周英则坚称他始终不知周殷氏与他人通奸。在这种各执一词的情况下，法官又讯问了两名邻居，毕竟邢文华与周殷氏已经通奸四年，邻居不可能一点情况不知。可能是由于保密工作做得天衣无缝，两名邻居都表示不认识邢文华。

问（周殷氏）：你与邢文华通奸有几年啦？

答：有四五年啦，由今年起他就不管我。他向我表示说，两家养不了，许我自由，他不干预。

问：最初周英知道否（通奸之事）？

答：知道。

问：方才你说的周英不管你由今年起，现在你怎么又说周英最初知道呢？

答：是知道。

问：你与周英说过没有？

答：说过。

问：在何时？

答：前年十月，他每个月给我三十元是不够的，他这回是借词抓的

① 董毅著，王金昌整理：《北平日记（1939年—1943年）》（五），人民出版社，2015，第1500页。

我们。①

伪北京地方法院以“被告对于通奸行为自白不讳，周殷氏在侦查笔录中称因年头不好，我男人将邢文华拉到我家与我介绍的，在本院又称由今年起我男人不管我，向我表示许我自由他不干预等语，前后已嫌矛盾。若告诉人有纵容情事，亦决无抓获之理”② 为由，判处刑文华连续与有配偶之人相奸，处有期徒刑四月，周殷氏有配偶而连续与人通奸，亦判有期徒刑四月。在周殷氏妨害家庭案中，周殷氏仅仅依靠丈夫每月给予的钱财是解决不了温饱问题的，她一人无法面对货币贬值与物价飞涨带来的冲击，此时情夫邢文华的钱对于周殷氏的生活来说显得至关重要。

3. 女子主动选择

有的女性主动选择通奸。李艾氏（19 岁）是李福顺（43 岁，义顺兴毛毯铺老板）的妻子，在 1942 年 3 月间，李艾氏与邻居张清选（22 岁，广安菜庄学徒）发生关系，后又因恋奸情热，于同年 11 月两人密谋在土地庙会合，一起私奔潜逃。李艾氏回家偷拿丈夫 430 元，赶到土地庙等待与张清选碰头，但是命运似乎与李艾氏开了一个玩笑，又或许张清选对于李艾氏从未动过真正的感情，李艾氏苦苦等待，张清选自始至终没有出现。李艾氏不敢回家，伤心无奈之下只能选择到前门乘车回娘家，在母亲身边继续生活。大约半年后，有一同乡回家将李艾氏的所作所为告诉李母，李母得知后羞愧万分，一气之下将李艾氏赶出家门，李艾氏于 5 月 20 日返回北平自首。随后警察局马上传讯李福顺到案，李福顺匆忙从他开设的义顺兴毛毯铺赶来。李福顺在警察局说道：

> 本人四十三岁，河北省枣强县人，住外四区广安大街四十二号，义顺兴毛毯铺老板。我妻艾氏与我结婚两年多，她年纪很小，平时我对她照顾有加。我们院邻住有广安菜庄学徒张清选，因我不常在家，我妻李艾氏被张清选诱惑成奸。于去年十一月初六日，我妻与张清选私奔，并

① 《邢文华、周殷氏妨害家庭》（1943 年），北京市档案馆，档案号：J065-007-10542。
② 《邢文华、周殷氏妨害家庭》（1943 年），北京市档案馆，档案号：J065-007-10542。

拐走我钞洋四百三十元。我于去年十一月初八日将张清选告诉地方法院，可惜张清选所在不明，我妻子也不见踪迹。

我们可以看到李福顺是相信自己的妻子是被他人引诱成奸的。我们再来看一下李艾氏在法庭上是如何诉说她与张清选发生关系的。李艾氏说道，“去年二月间我丈夫外出送货，我因无事在街门道闲坐，张清选经过门道，用手揪我脸颊，我即骂他一句。又过一个多月的晚上，我丈夫没在家，不知道张清选从哪里进入我屋中，用言调戏后，将我裤带解开强行无理〔礼〕。我因害怕院邻听见，我不敢声张，以后与张清选通奸有五六次”。[①] 既然李艾氏是被强迫的，为何之后又与张清选通奸多次？所以法官追问道：

问（李艾氏）：你乐意被他奸吗？

答：他强迫和我奸的。

问：在哪里奸的？

答：在我屋内。

问：后来又还有奸吗？

答：有五六次。

问：你男人知道吗？

答：不知道。

问：你先不乐意，为什么又奸五六次呢？

答：我不乐意。[②]

从李艾氏的口供中得知，李艾氏从头至尾都是拒绝的，但这只是李艾氏的一面之词，她可以任意解释。法官认定，李艾氏与张清选发生过至少五次通奸行为。如果在土地庙张清选按时出现并带走李艾氏，两人成功私奔，整个案情就会变成一起和诱案件。伪北京地方法院鉴于李艾氏年幼无知且具有自首的情节，判处李艾氏有配偶而连续与人通奸，处有期徒刑三月，窃盗处有期徒刑二月，执行有期徒刑四月，缓刑两年。李艾氏从法庭出来后被丈夫

① 《李艾氏妨害家庭》（1942 年），北京市档案馆，档案号：J065-007-03831。

② 《李艾氏妨害家庭》（1942 年），北京市档案馆，档案号：J065-007-03831。

带回了家中，似乎李福顺已经原谅了她。一般的男性虽然不容妻子与人通奸，但发生事端后，他们仍不嫌弃地将妻子领回。[①]

（二）男方通奸的原因

1. 与人姘度

与人姘度这种情况与重婚案件有很大的联系，如果男女双方举行过公开的结婚仪式并有二人及以上作为证人则为重婚，反之如果没有达成以上条件只是单纯姘度，则判为通奸。李聚三（38岁）于1935年11月11日在三河县原籍续娶李吴氏（33岁）为继室，结婚后不久就到北平经商。自称因一人长期在外经商，难免有诸多不便，急需一位贤内助料理家务，遂于1940年4月在帐垂营十四号与李姚氏（26岁）以夫妇为名租房姘度，之后又搬到梁家园五号。1942年11月28日被李吴氏所知，李吴氏以重婚罪、遗弃罪对李聚三提起诉讼。李聚三是笔者在整理档案过程中发现的为数不多可以自己援引法律解释罪名的，笔者猜测由于其经商，文化程度较高。接下来我们看一下李聚三为自己开罪的书面说明：

> 李聚三声称：民娶妻赵氏，三河县亮甲台人，生一子一女，子名旺、女小凤。赵氏于民国二十三年病故，复经媒人说合娶得同县吴结君之妹吴氏为继室，迄未生育，夫妻尚称和睦。民在京营商，家中由吴氏管理，每年田地收入甚丰，经济尚称充裕。而民每次返里，吴氏（即告诉人）屡云家中需人料理，汝在京实不能随往，汝另物色一女跟随汝在京帮同料理私务，实为两全，民思其意，似觉有理。遂于民国三十年四月间结识姚氏，同居于北京梁家园五号。吴氏（即告诉人）时相来京，与姚氏初尚和睦，继而意见分歧，时相争吵，近更受奸人之教唆，妄诉重婚弃养，借讹民财。
>
> 本案之理由：
>
> 1. 重婚者，有配偶者重为婚姻之谓也。今民与姚氏仅同居关系，并未举行公开仪式，亦未有媒证与婚书，何得谓为重婚。至与姚氏同居，

① 赖惠敏：《情欲与刑罚：清前期犯奸案件的历史解读（1644—1795）》，中南财经政法大学法律文化研究院编：《中西法律传统》（第六卷），北京大学出版社，2008年，第423页。

告诉人事前赞同，决无反对之意，民始办理，吴氏屡次来京，均与姚氏会晤。更于三一年三月间吴氏在京曾与民及姚氏等同居于梁家园五号多日，始行返里，有邻人王荣成、张与华可证，若非同意，岂能于彼时不为告诉。再退一步言，告诉乃论之罪，自得为告诉之人知悉犯人之时起六个月内为之，今仅以告诉人与姚氏同居之时起算，迄今已逾六个月告诉期，如今其告诉更于法不合，请驳回，其理由一也。

2. 民在京经商，家有耕田九亩，吴氏自愿在家料理。每年收入食粮约十五石余，而吴氏一人全年食粮仅三石口粮，卖价决足零用，尚属有余，且有家兄、族人等代为照料。吴氏更于家中无事之际时常来京，有时住于旅店，所有食宿均由民支给，此均可资调查，民毫无遗弃之意。查遗弃罪之成立，以对于无自救力人之遗弃或不为生存必要之抚养为构成要件。今吴氏系年力健全，不为无自救力，且有相当资力，生活更未濒于绝境，自不足构成遗弃（参阅廿五年院字第一五〇八号解释、廿三年上字五一五七号判例），请驳回，其理由二也。

综上事实、理由，告诉人近受奸人教唆，妄诉弃养，借此讹民财，伏乞钧处明镜高悬，谕知不起诉处分，以儆刁顽，实为德便。谨呈。

北京地方法院监察处公鉴。①

李聚三将李吴氏上诉的理由归结于受奸人教唆与挑拨。他首先指出他与李姚氏并未举行公开结婚仪式，也没有媒人与婚书。其次，李吴氏更时常从三河县来京，早知有李姚氏的存在，两人和平相处。所以根据告诉乃论，李吴氏与李姚氏同居之日算起超过六个月，李吴氏将会自动失去告诉乃论的资格。最后，家里有耕田九亩，每年收获卖价扣除零用尚有富裕，更有族兄帮忙照顾，所以李吴氏并不是无人抚养，自然不存在遗弃一说。

李聚三逻辑严谨、思路清晰，更正确引用法条解释、判例为自己辩护。现在整个案件的核心问题在于李吴氏是否知悉自己的丈夫与李姚氏同居这件事。如果超过六个月，李吴氏失去告诉乃论的资格，李聚三判处无罪，整个

① 《李聚三、李姚氏妨害婚姻》（1943 年），北京市档案馆，档案号：J065-007-04084。

上诉功亏一篑。反之，李聚三犯有配偶与人相奸之罪。为了弄清李吴氏对李姚氏的存在是否知悉，法院找来李聚三梁家园五号的院邻尹璧臣、王荣成、张瑞成与沈尹氏。院邻们一致供称，只见到李聚三与李姚氏携一小孩居住，此前从未见过李吴氏。至此，对于被告李聚三所称“民国三十一年三月间，告诉人李吴氏曾在梁家园五号与之同居二十余日，是已知伊等姘度奸宿。近日始行告诉，其告诉权显已因六月期间之经过而丧失，其告诉权不合法”，法院认定这是李聚三在畏罪粉饰，企图侥幸逃脱，于是于 1943 年 3 月 5 日判定李聚三有配偶而连续与人通奸，处有期徒刑四月，如易科罚金，以一元折算一日。李姚氏连续与有配偶之人相奸，处有期徒刑四月，如易科罚金，以一元折算一日。

李聚三与李姚氏，不服一审判决，继续上诉至伪河北高等法院。在刑事第一法庭的庭审中，他是这么解释院邻的供词的：

问（李聚三）：你与李姚氏怎么认识的？

答：我们在三河县就认识，他丈夫就很穷，所以才与我姘度。

问：梁家园的街坊是谁？

答：是张瑞成与尹璧臣。

问：尹璧臣到案说没见李吴氏去呀，张瑞成说你有两个女人他不知道？

答：街坊都不敢惹李吴氏，所以说不知道。

问（李姚氏）：你嫁他（李聚三）是谁的意思？

答：我自己愿意。①

1943 年 5 月 10 日，河北高等法院作出驳回李聚三上诉的判决。法院认定李聚三已有原配妻子李吴氏，仍然与上诉人李姚氏长期姘度，李姚氏也明知李聚三家有妻室而愿与其姘度，再通过查探梁家园五号户口抄表，并没有李吴氏的户口，而院邻王荣成、尹璧臣、张瑞成、沈尹氏更一致作证只有上诉人二人与一个小孩在该院居住，未见李吴氏来找，认定李聚三是空言狡

① 《李聚三、李姚氏妨害婚姻》（1943 年），北京市档案馆，档案号：J065-007-04084。

辩、畏罪粉饰，最终驳回上诉。李聚三实则纳李姚氏为妾，李姚氏又甘愿为妾。这种情况下，没有公开结婚仪式及二人以上证人不能判处重婚罪，可判处为通奸罪，前提必须是配偶提出告诉。

原配妻子对于自己的丈夫娶另外一个女人回来，作出激烈反抗的还有1942年马祥文妨害婚姻案。马马氏（33岁）在德外糖房胡同一号居住，丈夫马祥文（34岁）在马行工作，日子也还能过得下去。这一天马马氏在家做针线，丈夫回家并领来另一位马马氏（25岁）准备来家过度，二人是立有字据的正式婚姻。大马马氏当然不从，当即向马祥文理论，双方爆发激烈的争吵。马祥文的爸爸做主将大马马氏赶出家门，并声言不要大马马氏。被赶出家门的大马马氏心情低落，以泪掩面，回想起自己自入马家18年来一直安分守己、任劳任怨，并无过错，生有二女二男，现在被他们扫地出门，真是法所不容。一不做二不休，大马马氏来到内二区警察局诉说前情。原来另一位马马氏因前几个月丈夫马盛言没有能力再养赡，经丈夫许可，立有退婚字据，准许另嫁人家。马祥文与这小马马氏（25岁）旧日有交情，这小马马氏愿意嫁给马祥文为妻，马祥文也愿意要她。于是马祥文就把小马马氏送到他嫂子家暂居，并求得素识人赵俊峰立有婚约。

伪北京地方法院很快结案，马祥文与小马马氏虽然立有婚约，但并没有举行结婚仪式，也没有宴请宾客，所以不满足重婚行为要件，但是在配偶的告诉下，法院判处马祥文有配偶而连续与人通奸，处有期徒刑三月，如易科罚金，以一元折算一日，小马马氏连续与有配偶之人相奸，处有期徒刑二月，如易科罚金，以一元折算一日。

马祥文不服判决，以家里有八口人，全家就靠他一人挣钱养活，若他被判处执行羁押，则全家生计受到影响为由进行上诉，伪河北高等法院作出判决，上诉驳回，以马祥文缓刑两年告终。在第二次庭审时，马祥文希望与大马马氏达成庭外和解，但是大马马氏坚决不从。所以在第二次庭审上就出现这样一幕：

> 问（马祥文）：你下去说合了吗？
>
> 答：说合了，但是她非告不可。

问（马马氏）：你还告他们不告？

答：非告不可。

问：你为什么这么坚决呢？

答：没人爱也没人说合，我为他家生了两男两女，勤勤恳恳，到头来将我赶了出来。①

法官秉承家庭和睦的理念，一般都会对原告进行说和，但是像大马马氏这种拒绝庭外和解的还是少数，大多数当事人会在一审判决前撤回上诉。正如笔者在本章开篇统计的一样，通奸案件不受理的有22件，其中19件是在一审判决前进行庭外和解撤回告诉的。

2. 你情我愿

男女发生关系有许多是情欲因素，既有两情相悦、你侬我侬的爱恋，也有仅单纯追求生理快感的满足。王茂林（23岁）是警察教练所第二十八期毕业生，时任外三分局警士，于1943年6月与李淑仙（19岁）相识。两个单身男女情投意攸，很快坠入爱河，开始约会、吃饭、看电影，自然而然就在大耳胡同华洋旅馆内发生了关系。8月23日，王茂林像正常一样下班与早在警局门口等候的李淑仙相见，此时天色已晚，两人先到莲春园吃了一顿热气腾腾的饭菜，又经李淑仙约得闫李氏（19岁）一同观看电影，三人看完电影后，王茂林带二人共宿于华洋旅馆。这19岁的闫李氏是李淑仙的闺蜜，半个月前托王茂林买混合面彼此认识的。王茂林在宾馆内与闫李氏、李淑仙分别发生关系，第二天李淑仙送闫李氏回家，在闫李氏丈夫闫永清的吓问之下，闫李氏说出了实情。

在警察局的口供中，闫李氏详细诉说了其悲惨的家庭生活，在其15岁时，闫李氏与闫永清结婚，至今已有四年，四年间丈夫不务正业，时常在外嫖妓，连夜不归。近来丈夫与贼人为伍，早晨在小市偷东西，下午到前门车站偷包，在外面吃喝，从不顾家，更是劝自己作娼赚钱补贴家用。面对如此不堪的丈夫，我们不禁对闫李氏有些许的同情。但是法官在庭审上只是简短

① 《马祥文、马马氏妨害婚姻》（1943年），北京市档案馆，档案号：J065-007-04445。

地问询了闫永清的工作。

问（闫永清）：年籍、住址、职业。

答：二十三岁，北京法华寺东街十一号，商。

问：你女人说你不务正业？

答：我没不务正业。

问：你怎么知道他们通奸呢？

答：他们自己供认。

问：你平日作活够生活吗？

答：卖估衣够用度。

问（闫李氏）：结婚几年了？

答：四年了。

问：你与王茂林同去看电影吗？

答：我与李淑仙买面遇见王茂林的，看完电影就去了华洋旅馆。

问：在哪遇见呢？

答：在花市遇见。

问：谁叫的你？

答：李淑仙叫得我。

问：你们在旅馆三人一屋吗，王茂林与你通奸没有？

答：三人住一屋，王先与李淑仙通奸，后又与我通奸。

问：你为何不避走了呢？

答：他不让我走，李淑仙也不给我开门。

问：你几时回了家？

答：第二日李淑仙送我回去的。①

在闫李氏的口供中，她说是王茂林不让她走，但如果她真无此意，为何要跟另两人一同去旅馆呢，三更半夜会发生什么呢？

问（李淑仙）：你出嫁没有？

① 《王茂林妨害家庭》（1943 年），北京市档案馆，档案号：J065-007-09547。

答：没有。

问：你与王茂林几时认识？

答：认识四个月。

问：他与你通奸几次？

答：早有奸三回。

问：闫李氏与你认识吗？

答：他在我家住了十几天认识的。

问：同看电影后又到哪去住呢？

答：华洋旅馆。

问：三人一屋吗，他对于你二人全通奸吗？

答：三人一屋，王茂林把我二人都奸了。

问：你叫闫李氏去的吗？

答：不，王茂林叫他去的，闫李氏也愿意。

问：你与王茂林有奸你父知道吗？

答：我父不知道。

问：你未出嫁女子为何不学好？

答：下次不敢了。

问（王茂林）：你每次领她（李淑仙）去看电影吗？

答：不，每次休息她便找我同去看电影。

问：你与李淑仙通奸有几次？

答：我与李淑仙通奸有两三月了。

问：为何在旅馆闫李氏要走你不让走呢？

答：没有不让他走。

问：闫李氏也是你领至旅馆里吗？

答：她跟着一路去的。

问：是你强迫的奸吗？

答：没强迫她，她愿意。[①]

① 《王茂林妨害家庭》（1943年），北京市档案馆，档案号：J065-007-09547。

法院在判决过程中，分别解释了三人不同的情况，李淑仙属于 16 岁以上女子（未婚）与他人通奸，无处罚明文，判处无罪。通奸罪属于告诉乃论，闫永清并未状告妻子闫李氏，闫李氏无罪。王茂林与李淑仙两人在旅馆幽会，事后各自回家，既没有使李淑仙脱离家庭，也没有使李淑仙脱离监护人监督。王茂林纵情淫乱，恶性显属重大，1943 年 10 月 7 日，伪北京地方法院作出判决，王茂林与有配偶人相奸，处有期徒刑八月。

另一起“你情我愿”的通奸案例为 1942 年史进五、刘王氏妨害家庭案。刘焕起（30 岁）在伪满洲国奉天市下町六番地开设泰山居饭馆，在泰山居旁边有另一家饭馆，叫同庆昌饭馆。这同庆昌饭馆近来被一位叫史进五（25 岁）的年轻人接手，换老板后的同庆昌推出一系列优惠措施，使得泰山居的生意一直不景气，刘焕起也正打算推出一些优惠措施来招揽顾客。不过这还不是最令刘焕起发愁的事，还有另外一件事他一直被蒙在鼓里，而这件事应该会让他更加地忧愁。刘焕起的妻子刘王氏（32 岁）曾在 1939 年间就与史进五不时来往，勾引成奸，距今已经三年了，而这一切刘焕起都不知晓。直到 1942 年 3 月间，刘焕起因事被羁押，刘王氏独居家中，乘机到同庆昌饭馆找寻史进五，商议潜逃私奔，史进五当即允诺，希望刘王氏先行出发到北平寻找住所，以便同居。刘王氏随后在 3 月 19 日由家中收拾好衣物，搭车赴北平暂住。史进五也在 5 月 28 日由奉天到平，与刘王氏在北平市西河沿天春饭店安顿住下。但是不巧的是，这二人在天春饭店被刘焕起的朋友翟峻峰撞遇，翟峻峰通知刘焕起来平报警，案件很快由警察局转送伪北京地方法院。

在庭审中，刘王氏说道：“我有三个男孩，长子十岁、次子六岁、三子四岁，因我男人刘焕起有疝气之病，不能应付房事，我遂即向史进五挑逗成奸多次。”[①] 在做笔录的过程中，史进五与刘王氏对通奸多次的行为供认不讳，但是史进五坚决不承认对于刘王氏有和诱的行为。并且提到他 5 月 28 日到北平来是应刘王氏的约定劝说她返回奉天，并没有和诱姘度的意思。法院根据当事人刘王氏在警察局和庭审中的口供，反复提到她与史进五是出来

① 《史进五、刘王氏妨害家庭》（1942 年），北京市档案馆，档案号：J065-006-04292。

姘度的，另天春饭店司账孙鸿翔和店伙王庭动也一致称史进五与刘王氏在本年5月28日同来宿店，并声称系属夫妇。再翟峻峰描述撞见二人时，刘王氏挽着史进五的臂膀。经过以上的三方互证，法院认定史进五确有和诱事实，于是在1942年7月22日作出判决，史进五意图奸淫和诱有配偶之人脱离家庭，处有期徒刑一年六月，刘王氏有配偶而连续与人通奸，处有期徒刑七月，窃盗部分不受理。

史进五、刘王氏不服伪北京地方法院一审判决，随后提起上诉。史进五上诉的理由为他并没有和诱刘王氏，他是来劝说刘王氏回去的，姘度只是刘王氏自己的意思。刘王氏也在二审过程中改口称只有自己打算姘度，史进五并没有这种想法。按照大多数和诱案件的审判处理方法，此种上诉理由断然会被驳回的。令人费解的是，伪河北高等法院以“惟查其来京与刘王氏姘度系刘王氏意思，该上诉人并无诱拐情事，当然无和诱之可言”[①] 为理由，认为没有直接证据证明史进五有和诱的想法，在1942年9月10日作出改判，原判决关于史进五部分撤销，史进五连续与有配偶之人相奸，处有期徒刑十月，刘王氏缓刑二年。关于史进五、刘王氏妨害家庭一案，笔者猜测可能有某些庭外行为影响了判决。

综上所述，北京市档案馆所收藏的沦陷时期北平“妨害婚姻及家庭罪”中，通奸案件共有71件。从统计结果来看，通奸案件告诉人男性倍于女性，这与第四章所提及的男性尤其不能容忍女性通奸之结论相一致。所在不明的有4件，无罪的有1件，有期徒刑39件，有期徒刑并缓刑的有5件，22件不受理。39件判决有期徒刑的案件中有28件法院作出可以通过上交罚金来折算刑期的处罚。通奸案件中不受理判决有22件，比例高达30.9%，究其原因在于两点：其一，通奸行为受害人一方很容易采取庭外和解的方式撤回诉讼；其二，通奸罪非配偶不得告诉。通奸行为总体原因有经济因素与情欲因素两种，具体细分，丈夫外出不在家、物质交易、女子道德问题是女性通奸者通奸的主要原因，与人姘度、你情我愿是男性通奸者通奸的主要缘由。

在妾的问题上，重婚罪与通奸罪具有极强的联系性，男女双方施行姘

① 《史进五、刘王氏妨害家庭》（1942年），北京市档案馆，档案号：J065-006-04292。

居，有公开仪式及二人以上证人即为重婚，没有的话则为通奸行为，通奸罪必须需要配偶告诉才可。丈夫外出不在家，受经济压力影响的女性为求生计不得不寻找另一位可以养活他的男人，女性在情欲、生活的包夹下被迫触动刑罚，单纯从诉讼档案中我们很难看出日伪统治的影响，但是通过沦陷时期物价的变动不难看出，日伪前线战事吃紧与通货膨胀的加重就好似助推器，这使底层社会女性更加难以养活自身，因此她们也更有可能触动刑章。

第四节　日伪统治时期北平诱拐罪分析

诱拐罪主要指非法的人口拐卖，常常有极其复杂的案情，不像重婚罪、通奸罪那么明显。在政权交替和社会动荡时期这种犯罪尤为突出，它不仅危害个人的自由，也破坏婚姻、家庭关系，还会极大地影响社会秩序的稳定。诱拐案件，分为和诱与略诱。“拐取云者，移他人于自己之实力支配下之谓也”。[①] “和”意指同意，和诱，即同意被引诱。略诱，“多是为了金钱而用强迫或欺骗手段将青年妇女拐走骗卖”。[②] 刑法上的和诱，系指被诱人知诱拐之目的而予同意；如实行诈术等不正当手段，反乎被诱人之意思，而将其置于自己支配之下，则为略诱。

一、诱拐案件概览

北京市档案馆所存沦陷时期诱拐案件共 183 件，其中和诱 131 件，略诱 52 件。接下来我们对诱拐案件的判决结果、作案人性别、诱拐目的进行剖析。

（一）判决结果

由于诱拐案件内容比较复杂，往往一个案件参与者有三到四人，有人为主犯、有人为协助者，有人被判有期徒刑、有人被判无罪，所以笔者无法精

---

① 陈应性编著：《中华民国刑法解释图表及条文》，商务印书馆，1936 年，第 202 页。

② 王奇生：《民国初年的女性犯罪（1914—1936）》，（台北）《近代中国妇女史研究》第 1 期，1993 年 6 月，第11 页。

确统计诱拐案件判决结果，只能粗略地整理。在183件诱拐案件中，约有6件犯人所在不明，等抓捕归案再做判决。约11件法院作出不受理判决。所在不明的情况，如1942年范顾氏、马吉铃、田元材妨害家庭案：

北京地方法院刑事裁定

被告：范顾氏，女，所在不明；马吉铃，男，所在不明；田元材，男，所在不明。

被告等因妨害家庭案件已经检察官提起公诉，范顾氏、马吉铃由吴县诱惑年甫十六岁之幼女余四官，于本年六月二十四抵京。嗣于二十九日将其卖于田元材，得钱一千元，田元材纵令为娼，遂于本月四日乘间逃出。惟被告等均所在不明，审判无从开始，应俟缉案后再行审判。特此裁定。

中华民国三十一年八月二十日①

不受理的如1943年赵王氏、赵祥妨害家庭案，被告人赵祥因病去世，对于赵祥作出不受理的判罚。

北京地方法院刑事判决（民国三十二年度诉字第七七七号）

公诉人：本院检察官。

被告：赵王氏，女，年五十九岁，无事，住五座坟一号；赵祥，男，年七十五岁，无事，同右，已死亡。

主文：赵王氏共同和诱有配偶之人脱离家庭，处有期徒刑二月，如易科罚金，以一元折算一日。

赵祥部分不受理。

事实：已故赵祥于生前与其妻赵王氏，均以其生女，即逸犯李赵氏与李纯婚后情感不睦，并迭遭受其翁姑虐待，遂起意令其改嫁。迨本年旧历二月二日将该李赵氏迎接归来，并商得其同意，即改嫁于通县葛村不知情人袁姓为妻。嗣经李纯发觉，将一干人犯先后抓获，鸣警送由本院检察官侦查起诉。

理由：本件被告赵王氏如何因其女李赵氏于结婚后与其夫李纯情感不

① 《范顾氏、马吉铃、田元材妨害家庭》（1942年），北京市档案馆，档案号：J065-006-02309。

佳，并迭受其翁姑虐待，虽于上开时间依原定计划将该李赵氏迎之归来，即商得其同意改嫁于通县葛村不知情之袁姓人为妻等情，已迭据自白不讳。核与被害人李纯指控之情形亦悉相符合，是其共同和诱有配偶之人脱离家庭之事实自极确凿。姑念其知识低浅，爰处以低度之刑，并谕知易科之标准。至被告赵祥，于本年五月十一日，行抵本市朝阳门外田家坟地因病死亡，并经本院检察官依法莅□饬员填具之验断书在卷可查，自应谕知不受理之判决。据上论结，依《刑事诉讼法》第二百九十一条前段、第二百九十五条第五款、《刑法》第二十八条、第二百四十条第二项、第二百四十五条第一项、第五十七条、第四十一条判决如主文。

中华民国三十二年五月三十一日①

26 件作出无罪的判决。剩下 98 件和诱案件以及 47 件略诱案件，合计 145 件。

（二）诱拐案件作案人性别

表 5.18　诱拐案件作案人性别

	和诱	略诱	合计
男	75	21	96
女	23	26	49
合计	98	47	145

资料来源：J065-004-01518、01519；J065-006-00441、00570、00662、00948、01673、01796、01809、01883、02114、02145、02177、02590、02731、02735、02876、02885、03152、03262、03279、03569、03615、04008、04196、04241、04292、04581、04585、04586、04587、04645、04815、04840、04959、05204、05311、05457、05458、05504、05543、05571、05585、05643、05790、05841；J065-007-00357、00466、01004、01063、01845、01848、02044、02124、02695、02899、02903、02922、03123、03243、03389、03611、03801、03802、04037、04057、04140、04142、04172、04357、04432、04439、04460、04659、04660、04844、09513、09536、09630、10201、10240、10331、11287、11322、11354、11356、11586、11816、11829、11831、11841、11948、11973、12121、12301、12412、12460、12467、12558、12658、12720；J065-008-01035、01437、02306、02411、02439、02549、02577、02741、02976、03298、03307、03324、03465、03527、04132、04834、04984、05151、05157、05164、05200、05220、05372、05380、05636、05638、05983、05999、06022、06088、06102、06103、06182、06347、06375、06443、06642、06675、06767、06811；J065-009-00861；J065-010-00078、00107、00273、00536、00560、00562、00217、01253。

① 《赵祥、赵王氏妨害家庭》（1943 年），北京市档案馆，档案号：J065-007-04172。

由上表可知，男性犯和诱罪75件，女性犯和诱罪23件，男性犯略诱罪21件，女性犯略诱罪26件。男性犯和诱罪的数量三倍多于女性犯和诱罪的数量，犯略诱罪的男性与女性数量大体相当。经过笔者统计，男性和诱者无一例外地作案对象都为女性。和诱罪即在当事人同意的情况下，被和诱者离开监督人控制或者离开家庭。实施诱拐行为的人一般会出于两个目的进行诱拐，诱拐者与被拐者发生通奸行为或者诱拐者利用被拐者谋取利益。

（三）诱拐目的

表5.19 和诱、略诱目的表

	和诱	略诱	合计
奸淫	61	5	66
营利	29	38	67
其他	8	4	12
合计	98	47	145

通过和诱、略诱目的表，我们得出和诱中发生通奸行为的有61件，略诱中发生通奸行为的有5件。以营利为目的进行和诱行为的有29件，以营利为目的进行略诱行为的有38件。“和诱罪之成立，大都以奸淫为目的者居其多数，以营利为目的者次之。”[①] 我们把上面两个表结合起来观察，会发现男性75件和诱案件中有61件与被和诱者有通奸行为，和诱者与被和诱者通奸之后，恋奸情热，为永保恋情继而出现私奔姘度的情况。和诱中以营利为目的的，和诱者多为女性。和诱出于其他目的的，其中有单纯喜欢孩子将孩子带走，或母亲觉得女儿在婆家受到欺负，把女儿藏匿等。进行略诱犯罪的，男性与女性作案数量大体相当，以营利为目的进行略诱的有38件，通过暴力、诈术、欺骗进行略诱行为的，究其根本往往是为经济困难所迫，被略诱的青年妇女大多被卖至妓院。

① 陈堃元：《法学专论：论刑法上和诱未满二十岁男女之犯罪要件》，《晨风》（上海）第1卷第7期，1939年，第5页。

二、诱拐当事人考察

（一）诱拐者年龄

表 5.20　和诱者年龄表

年龄段	女性		男性	
15—20 岁	4	7.84%	1	1.16%
21—25 岁	8	15.69%	20	23.26%
26—30 岁	7	13.73%	22	25.58%
31—35 岁	6	11.76%	29	33.73%
36—40 岁			5	5.81%
41—45 岁	6	11.77%	2	2.32%
46—50 岁	13	25.49%	3	3.49%
51—55 岁	2	3.92%		
56 岁以上	5	9.80%	4	4.65%
合计人数	51	100%	86	100%

据和诱者年龄表可以看出，男性和诱人数 86 人，女性和诱人数 51 人，男性和诱者远远高于女性。女性和诱者年龄基本散见于各个年龄段，46—50 岁的女性和诱者有 13 人，占 25.49%，甚至 56 岁以上有 5 人，占 9.80%，46 岁以上的女性和诱者有 20 人，占全部女性和诱者的 39.21%。其中女性和诱者年龄最大的为 69 岁，最小的为 18 岁。与女性和诱者相比，男性和诱者年龄呈现低龄化趋势，主要集中在 35 岁以前，共有 72 人，占 83.73%。男性和诱者年龄最大为 74 岁，最小为 19 岁。

表 5.21　略诱者年龄表

年龄段	女性		男性	
15—20 岁	1	3.70%	3	11.53%
21—25 岁	2	7.40%	5	19.23%
26—30 岁	1	3.70%	8	30.78%

（续表）

年龄段	女性		男性	
31—35岁	5	18.53%	3	11.53%
36—40岁	2	7.40%		
41—45岁			4	15.38%
46—50岁	6	22.22%	1	3.85%
51—55岁	3	11.11%		
56岁以上	7	25.94%	2	7.70%
合计人数	27	100%	26	100%

女性略诱者共有27人，男性略诱者有26人，略诱方面，男女人数基本持平。与和诱呈现的女性高龄而男性低龄化趋势相似，略诱行为也展露出这个趋向。46岁以上的女性略诱者有16人，占全部女性略诱者的59.27%。"妇女之犯罪，大抵以二十前后为多，自二十以后四十岁左右殊属寥寥，惟至四十以后容华渐衰，子女之费用日巨，于是对物质之欲渐次增加，而犯罪之数亦相应以至矣。"① 女性略诱者年龄最大的72岁，最小的19岁。男性略诱者小于35岁的有19人，占全部男性略诱者的73.07%，男性略诱者最大年龄56岁，最小年龄20岁。

（二）被诱拐者年龄与性别

表5.22 被诱拐者年龄表

	和诱	略诱	合计
未满16岁	4	5	9
未满20岁	19	31	50
有夫之妇	73	10	83
有妇之夫	2	1	3
合计	98	47	145

① 周叔昭：《北平一百名女犯的研究》，《社会学界》第6期，1932年6月，第51页。

被和诱者未满 16 岁的有 4 人，被略诱者未满 16 岁的有 5 人；被和诱者未满 20 岁的有 19 人，占所有被和诱者的 19.3%，被略诱者未满 20 岁的 31 人，占所有被略诱者 65%；被和诱者是有夫之妇的 73 人，占所有被和诱者的 74.4%，被略诱者是有夫之妇的 10 人，占所有被略诱者的 21.2%，和诱、略诱有妇之夫一共才 3 人。由此我们可以得出，和诱主要对象是有夫之妇，往往和诱者与有夫之妇先发生通奸行为，希望永保奸情故而出现私奔诱拐；略诱对象集中在 16—20 岁这个年龄段，该年龄段女性知识水平较低，易被他人蛊惑。整体而言，“被诱者若系幼女儿童，其易于堕入犯人术中，即成年妇女，多数则缺乏教育知识，遇事不待深思，率而轻信，尤以时受家庭及社会种种不良环境之刺激，故受人欺骗愚弄”。[①]

表 5.23　被诱拐者性别

	男	女	合计
和诱	4	94	98
略诱	3	44	47
合计	7	138	145

由被诱拐者性别表可知，拐骗对象多为女性，男性只占很小的一部分。和诱中男性为拐骗对象的有 4 位，未满 16 岁的两位，有妇之夫两位，略诱中男性为拐骗对象的有 3 位，两位未满 10 岁，一位是有妇之夫。

（三）诱拐者职业

表 5.24　男性诱拐者职业

男性诱拐者职业	和诱人数	所占比例	略诱人数	所占比例
务农	2	2.33%		
拉车[②]	7	8.14%	2	7.69%
警察[③]	2	2.33%		

① 李汉民：《营利略诱及和诱罪盛行之原因及其消弭之方策》，《法律月刊》第 3 期，1930 年 2 月，第 45—46 页。

② 拉车包括拉土车和拉洋车。

③ 警察包括探警和警士。

（续表）

男性诱拐者职业	和诱人数	所占比例	略诱人数	所占比例
匠人①	11	12.79%	1	3.85%
工人②	17	19.76%	7	26.92%
小贩③	9	10.46%	5	19.23%
厨役	2	2.33%	1	3.85%
倒卖粮食	1	1.16%		
杂役④	4	4.65%	2	7.69%
园丁	1	1.16%		
学生	1	1.16%		
汽车司机	1	1.16%		
艺人⑤	4	4.65%		
抄纸	1	1.16%		
商人⑥	8	9.30%	1	3.85%
算命	1	1.16%		
助教	1	1.16%		
监察	1	1.16%		
无业	10	11.65%	6	23.07%
不详	2	2.33	1	3.85%
合计	86	100%	26	100%

通过上表，我们可以看出，男性和诱者中有10人处于无业状态，占11.65%，这个比例不容小觑。务农的人数较少，大部分人从事拉车、匠人、工人、小贩等职业，共44人，占51.16%。一方面，这些人从事低薪资、低

① 匠人包括铁匠、瓦匠、木匠、打井工等。
② 工人包括饮料社汽水工人、盛昌印刷厂工人、挖煤工、补鞋工、佣工等。
③ 小贩包括卖菜、卖鱼、卖肉、卖纸、卖布、卖饼、卖土、卖水果等。
④ 杂役包括饭馆伙计、菜庄伙计、布店学徒、油盐铺伙计和信泰药房学徒等。
⑤ 艺人包括梨园艺人、小生、唱大鼓艺人和乐工等。
⑥ 商人包括开印染店、摆酒摊、卖炭等。

技术的职业，不需要很精湛的技术；另一方面，铁匠、瓦匠、木匠等匠人流动性很强，只需携带少量的工具便可走街串巷寻找工作；再者，这部分人年龄处于 20—35 岁，年轻力壮，很容易吸引女性与其发生通奸行为，进而“恋奸情热、私奔姘度”。男性和诱者有 11 人处于未婚状态，上年纪的未婚男性是出现诱拐行为的高危人群，他们希冀女性朋友的出现与陪伴。男性略诱者有 6 人无业，占 23.07%，接近四分之一。男性略诱者的工人很多是佣工，有时工作有时处于无业状态，会为金钱铤而走险。

表 5.25　女性诱拐者职业

女性诱拐者职业	和诱人数	所占比例	略诱人数	所占比例
务农	1	1.96%		
佣工	4	7.84%		
娼妓	2	3.92%	1	3.70%
卖水果	1	1.96%		
学生	1	1.96%		
工人①	4	7.84%		
不详	2	3.92%		
捡烂纸			3	11.11%
要饭			3	11.11%
无业	36	70.61%	20	74.08%
合计	51	100%	27	100%

经表可得，沦陷时期北平的妇女大部分是没有工作的，女性和诱者中无业 36 人，占女性和诱总人数 70.61%，即使佣工的状态也是洗衣、做饭、针线活等收入甚微的工作。女性略诱者中无业 20 人，另有要饭、捡烂纸 6 人，占全部女性略诱者 96.29%。整个女性诱拐者大多文化水平低下，又无收入

① 工人包括武谢商场钟表行做事、天顺楼女招待、成衣行、烟草公司作工等。

来源，生活在水深火热之中。“复因智识的缺乏，女子常不知略诱是明显犯法的事，有一次有一个犯诱拐的女犯同我谈话，她以为贩卖人口与贩卖物〈品〉没有什么不同。”[①] 由于缺乏就业机会，女性别无选择，只能寄希望于她们心目中的“主”。

三、诱拐案件原因探析

我们细致梳理沦陷时期北平诱拐案件的司法实践过程，以此来分析诱拐案件发生的原因。每个具体的司法判决都应该是一个抽象的法律前提向一个具体的“事实情形的适用”，并且，借助于法律的逻辑体系，任何具体的司法判决都必定可以从抽象的法律前提推导出来。[②] 上一节通过分析诱拐案件的目的得知，奸淫与营利是诱拐的两个主要缘由。接下来我们从和诱与略诱两个层面细致展开探析。

（一）和诱的原因

1. 两情相悦

男子和诱女子的75份案件中以奸淫为目的的有61份，占81.3%，和诱者与被和诱者通常是先发生通奸行为，继而为了永续奸好，才会出现和诱现象。林文芳（21岁）与槐秀文（20岁）小时候一起在红庙小文楼读书，后情窦初开，私订终身。在林文芳18岁，槐秀文17岁那年，两人发生关系。1942年，林文芳在父亲做主下娶了一位詹姓女为妻，面对这种情况槐秀文仍然愿意嫁给林文芳作次妻。1943年9月14日，林文芳邀请槐秀文共游万寿山，槐秀文欣然同意，从山上下来时天色已晚，两人遂到万寿山南湖饭店住宿两日。槐秀文怕回家被家长责骂，提议在外面多住几日。于是两人又到荣宝客栈住宿十余日，在槐秀文的提议下林文芳到东市拐五巷六号租房准备开始姘居，但是由于房租价格昂贵，就将槐秀文安置在表叔家寄居，这样两人终于开始过上向往已久的二人世界。可是好景不长，10月3日，两人去西花亭探望邻居，被槐秀文的亲弟弟槐常玉碰见，激烈的争吵吸引来了警察，警

① 周叔昭：《北平一百名女犯的研究》，《社会学界》第6期，1932年6月，第48页。

② Weber Max, *Economy and Society: An Outline of Interpretive Sociology*, vol. 2, Berkeley: University of California Press, 1978, p. 659.

察将二人捕送警察局，之后转送伪北京地方法院。

我们来看一下两位当事人的家庭背景：林文芳与父亲林有祥，住在老宅洞前街门牌七号，做着青菜行的生意。有一次林文芳偷拿父亲 710 元，被他父亲得知后将其驱逐出家门。在 1943 年 8 月间，林文芳与父亲登报脱离父子关系，之后带着他的妻子詹氏离开老宅洞前街门牌七号。詹氏的母亲看到自己的女儿可能要过苦日子，就把詹氏接回娘家，留林文芳一人在天桥东市场五巷六号居住。而槐秀文的身世比较可怜，三岁时父母与祖父母先后故去，她与弟弟槐常玉跟着表叔沈秀岩相依为命。好在槐秀文的父母生前开设饭铺，在表叔的悉心打理下，两个孩子顺利地成长，表叔自然而然成为两位孩子的监护人。

林文芳被带到警局后说道："在我娶到詹氏为妻，槐秀文就立志要做我次妻，我们在万寿山南湖饭店住宿二日，于回归时，槐秀文说她离家二日，必被他弟及其表叔责罚。与我商量上别处躲避，我二人即赴荣宝客栈居住，后去东市拐五巷租房姘度。"① 林文芳的供词将责任全部推到槐秀文身上，一切的行为都是槐秀文的主意，他并没有不让槐秀文回家。我们再看一下槐秀文在警察局的口供，值得注意的是，虽然二人并没有结婚，但是槐秀文在口供中始终称自己为林槐氏，可见在内心中早就将自己许配给林文芳了："我十余岁时在红庙小文楼读书，与男生林文芳感情甚好，不时在一起玩耍，林文芳无事常来我家。后来我二人渐长知识，即有白首之谈。正在上年五月间，林文芳娶得詹姓女为妻，我二人感情仍然不变，我情愿为他次妻。上年八月间我二人在我家中发生肉体关系，今年九月十四日我与林文芳同到万寿山游逛并在南湖饭店住宿二日，因我出门家中不知，不敢回归，恐受责备，与林文芳商得另觅处所躲避。"② 槐秀文对林文芳情真意切，在口供中她承认所有行为都是她的主意。我们再来看槐秀文弟弟的口供，他看来并不喜欢这未来姐夫："林文芳亦常去我家饭铺流连，对我姐秀文有觊觎之心。我姐志向薄弱，堕其术中，去年旧历九月间，我姐秀文未归，我已想到被林文芳拐

① 《林文芳妨害家庭》(1943 年)，北京市档案馆，档案号：J065-007-02044。
② 《林文芳妨害家庭》(1943 年)，北京市档案馆，档案号：J065-007-02044。

走，与表叔商量，碍于面子才不敢声张。”

法庭上，法官问秀文：

> 问（槐秀文）：他有女人你还与他奸？
>
> 答：我愿意。
>
> 问：去年阴历十月十四日你们去万寿山玩，为什么不回来？
>
> 答：我不能回家，弟弟、叔叔不知道我有奸。①

林文芳妨害家庭案中，对于槐秀文的和诱，完全属于两情相悦，一审判处林文芳奸淫和诱未满 20 岁的女子脱离家庭，处有期徒刑六月，二审鉴于槐秀文完全出于自愿，判处林文芳缓刑三年。我们或许会对林文芳的处境略感同情。根据苏成捷、黄宗智的研究，《大清律例》将妇女置于父系社会结构的附属地位，妇女在法律中始终是被害者与被保护者，男方主动实施奸淫、诱拐、买卖等行为。② 民国立法者本应该摒除这种观点，宣扬男女平等，但是到了 20 世纪 40 年代的具体司法实践过程中，诸如槐秀文之类的妇女作为弱者、被动的受害者需要国家、社会、家庭的保护这种思维模式仍然存在，并作出部分不公平的判决。

另一起和诱案件也是由两情相悦引起的。贺庆峰是一名木匠，家在奉天。1937 年 4 月 16 日他花 80 元彩礼钱娶得一名妻子——18 岁的贺张氏。为了这个家以后可以过上更好的生活，贺庆峰带着贺张氏到北平北小拴马庄七号住下，寄居在刘于氏（43 岁）的院内。北平这边木匠的就业机会更多一些，贺庆峰可以填补家用。但是贺庆峰对自己的妻子或许是太过严厉，每天不让贺张氏出门，并时常对其殴打、虐待。房东刘于氏见此情形，在 1938 年 8 月的某一天将贺张氏送到大耳胡同一号住宿一夜。后来，刘于氏希望贺张氏在伪北京地方法院向贺庆峰提起离婚诉求，但是法院作出不予审理的决定。贺庆峰将贺张氏从法院领回后得知前情，于 1938 年 9 月 23 日举家迁往

① 《林文芳妨害家庭》（1943 年），北京市档案馆，档案号：J065-007-02044。

② 参见 Matthew H. Sommer, *Sex, Law, and Society in Late Imperial China*, Stanford University Press, 2002, pp. 66-144；［美］黄宗智：《法典、习俗与司法实践：清代与民国的比较》，法律出版社，2014 年，第 137—141 页。

康家胡同，以避开刘于氏。当晚贺张氏逃走不见踪迹，贺庆峰认为刘于氏有诱拐嫌疑，将刘于氏状告到伪北京地方法院，以和诱罪起诉。

贺庆峰在状告刘于氏妨害家庭一案中有三点理由，其一为邻居单唐氏、张清山可证明贺张氏常与刘于氏一起出门；其二为自己家除工友外只有刘于氏经常来串门；其三为据贺张氏所说刘于氏教唆其与贺庆峰离婚。面对这三点理由，法院作出回应："贺庆峰于听其妻诉说以后，并未找与被告质对，是否该氏之设词支吾已成疑问。再单唐氏等只述贺张氏在被告家居住之时常与被告一起出门，故是否被告引诱贺张氏离家，则均未为积极之证明。又贺庆峰家平时无人来往，与被告曾否施诱根本上不生直接关系，不能依此揣测，而认被告犯罪尤无意义。此外既无其他之积极证据，自应认被告之犯罪事实不能证明。"① 显然贺庆峰的三点理由没有一点可以站得住脚，随后伪北京地方法院于 1938 年 11 月 16 日作出刘于氏无罪的判决。

贺庆峰无法拿出直接证据证明刘于氏对其妻子有诱拐行为，刘于氏又被判处无罪，贺张氏也杳无踪迹，心情落寞的贺庆峰独自踏上回家的路。此时的贺庆峰可能在思索如果平时对贺张氏好一些，让她多出门走走，或许现在贺张氏还陪伴在自己身边，也不会落到如此之境地。

转眼间八个多月过去了。1939 年 7 月 31 日，张傅氏（33 岁）在东岳庙里给东岳大帝上香，祈求平安幸福，上完香后，恰巧遇到了她的街坊尹张氏(即贺张氏)。② 张傅氏住在东四四条四十九号，贺张氏住在东四四条五十五号，两人平时互相认识，但不过点头之交罢了。张傅氏等贺张氏上完香后，两人结伴而回。不料，行至朝阳门外，突然冲出一位男子，扯住贺张氏的衣服，嘴里还不时质问你这八个多月都去哪里了，为什么要逃跑。激烈的争吵，引来了巡警。随后，张傅氏与贺张氏还有这名男子一起被带到警察局。面对这突如其来的惊吓，张傅氏尚处在惊魂未定的状态。原来这名男子就是贺庆峰，这天他在朝阳门外作工，偶然间看见自己逃跑的妻子，贺张氏（即尹张氏)。此时的贺张氏早已另嫁他人，现任丈夫名叫尹士明（26 岁)，在满

---

① 《刘于氏妨害家庭》(1938 年)，北京市档案馆，档案号：J065-004-01519。

② 为方便行文，后文尹张氏也用贺张氏代替。

铁工作，此外他还有另一层身份，在去满铁工作前与贺庆峰是工友。在警察局的口供环节中，我们得以抽丝剥茧，了解到 1938 年 9 月 23 日晚贺张氏逃跑后，到底发生了什么。

前情中，贺庆峰将贺张氏从法院领回后，得知来龙去脉，于 1938 年 9 月 23 日举家迁往康家胡同来避开刘于氏。而刘于氏早与贺张氏约定好在大院胡同沈月山家相见，以此来逃离贺庆峰的控制，贺张氏到沈月山家后，在沈月山的安排下住下。这时由于贺庆峰已起诉刘于氏，刘于氏在监狱里关押。而沈月山害怕贺张氏常住其家惹祸上身，希望贺张氏可以回到贺庆峰身边，但贺张氏坚决不肯，沈月山遂将贺张氏送到裕泰旅馆，两人划清界限。贺张氏在裕泰旅馆住了半个月的时间，在这期间遇到贺庆峰的工友尹士明，之后两人发生关系。尹士明认为久住旅馆不是长久之计，可能会被贺庆峰发现，找来朋友崔兴阁（21 岁），转托张傅氏租赁一处房屋，两人隐匿住下。直到 1938 年 11 月底，贺张氏与张傅氏从东岳庙回家，被贺庆峰撞见。贺庆峰一口气将刘于氏（44 岁，顺义县人，住在北小拴马庄七号）、贺张氏（20 岁，保定人，住东四四条五十五号）、张傅氏（32 岁，深县人，住东四四条四十九号）、崔兴阁（21 岁，深县人，东茶食胡同四十五号）、尹士明（所在不明）五人全部起诉。

伪北京地方法院随后作出刑事判决，贺张氏、刘于氏、张傅氏、崔兴阁均无罪。作出以上判决的核心理由为：一方面，贺张氏极力否认与贺庆峰为正式夫妇，而贺庆峰又拿不出正式结婚的证据。在审讯中多次问及贺庆峰如何结婚，贺庆峰则拒绝陈述；另一方面，法院找来贺张氏与贺庆峰结婚时的证人贾文林，贾文林回答："该氏娘家在黑龙江，跟拉洋车的跑到奉天。这拉洋车的养不住，才托人跟贺庆峰说媒，贺庆峰花了八十元钱，立有字据。他们二人都按了手印了。"[①] 这也只是说明贺张氏与贺庆峰同居来源，是否举行结婚仪式及宴请宾客并不知晓。伪北京地方法院在 1939 年 11 月 21 日以"贺张氏所为既均系自由行动，张傅氏、崔兴阁代伊租房又系受尹士明之托，贺张氏对崔兴阁等复称系由奉天至京，足以使之置信，是该被告等非仅并无

① 《崔兴阁、贺张氏、刘于氏、张傅氏妨害家庭》（1939 年），北京市档案馆，档案号：J065-004-01518。

犯罪故意，即以贺张氏非被诱人论，彼等之行为亦不应予以处罚，除尹士明所在不明，须等其到案另行审判"[①] 为理由，判决贺张氏、刘于氏、张傅氏、崔兴阁均无罪。这起妨害家庭案虽然牵扯周期过长、涉案人员众多、案情复杂多变，但贺张氏与贺庆峰并不是法律承认的婚姻关系，或者说贺张氏属于完全自由之身，与何人姘度、姘度多久都系个人行为。贺张氏与尹士明两情相悦，自愿生活在一起。

2. 经济困难

在韩宝庆状告范贵权妨害家庭一案中，35 岁的韩宝庆拉车为生，临近年关，他需要赚取更多的钱补贴家用。韩宝庆在 1942 年 12 月 24 日外出拉车，因生意惨淡，直至 28 日才返回家中。回到家后发现妻子张氏（37 岁）及一子（7 岁）一女（5 岁）不知去向。韩宝庆起初以为是妻子带着孩子回宛平县娘家寻求接济，以度过年关。可是，一转眼半个月过去了，妻子及孩子还没有回来，就在这心急如焚之时，妻子张氏两眼汪汪地跑回家中。原来妻子半月前因无饭吃被邻居范贵权（44 岁，拉洋车）诱拐到花园闸嫁与张荣为妻，自感名誉受损，遂偷跑回家。韩宝庆鸣警抓捕范贵权与张荣，案件随后转送到伪北京地方法院。

范贵权在警察局说道："我因看院邻韩宝庆拉车好几天没有回来，他的妻子韩张氏和两个孩子都没有饭吃，我遂给予他们窝头、玉米面。韩张氏托我妻给其找主，经我妻找得素识人陈义介绍给花园闸张荣为妻，张荣出彩礼八十元并给我介绍费十元。本月十六日，韩张氏跑回告诉其丈夫事情经过。我并未与韩张氏通奸。"范贵权在口供中将自己塑造成一位乐于助人的善人，极力撇清利害关系，是韩张氏主动委托他的妻子帮忙找主，自己并没有与韩张氏发生通奸行为。

而韩张氏则给我们诉说了另一番情景："本月初二我丈夫韩宝庆外出拉车并未回家，因家中并无任何可吃的食物，两个孩子饿着肚子。邻居范贵权愿意给我窝头、玉米面，但是有一个条件，需要我用身体来做补偿。我看我两个孩子哭的可怜，在我屋内我二人发生关系。第二天他声言给我介绍佣工

① 《崔兴阁、贺张氏、刘于氏、张傅氏妨害家庭》（1939 年），北京市档案馆，档案号：J065-004-01518。

事，带我及幼子、幼女到花园闸张荣家内。至此我明白其将我诱拐卖给张荣为妻，于本月十日我乘间跑回向我丈夫告知前情。”

这个案件有两个疑点：其一，显然范贵权与韩张氏两人必有一人是在空言狡辩，甚至两人都有歪曲事实的可能，法院找来陈怡（40岁，卖杂货）与张荣，二人都说对于整件事概不知情，只知韩张氏为孀妇再嫁。至此，整个案件再无证人对证。其二，范贵权的妻子范刘氏作为本案的重要知情人，审讯过程中也并未被传讯。法院鉴于诱拐的事实清晰明了，随即判处范贵权营利和诱有配偶之人脱离家庭，处有期徒刑六月。①

随着货币的贬值与物价的飞涨，从1939年12月开始，伪北京市政府开始实施食品配给制度，以应对迫在眉睫的粮食短缺问题。1943年8月19日，张永义（23岁，店员）的妻子张张氏（19岁）离家出走，这是摆脱困扰她多年的经济窘迫的唯一出路。清晨，张张氏对她的婆婆谎称要去永宜的粮店购买混合面，② 一家人老小都指望着混合面勉强果腹。随后，张张氏离开了她一岁的孩子。

在张张氏以购买混合面为借口离开家后，正如她和她的两个邻居高德氏与高郑氏计划的那样，张张氏在该市最大的铁路枢纽前门东站与带她去山东另嫁的姜三（25岁，无业）碰头。然而一个意外事件扰乱了整个部署周密的逃跑计划，在登上火车的例行检查过程中张张氏被日本警察拦住，由于张张氏没有携带居住证，姜三只能一人乘火车离开。在这剩下的一天时间里，张张氏漫无目的地游走在城市中，她不想再回到那个生计困窘的家庭，她想逃

---

① 《范贵权妨害家庭》（1943年），北京市档案馆，档案号：J065-006-05585。

② 1943年，北平城内出现严重的粮食危机。1943年7月24日，伪北京市政府开始出售混合面，8月中旬每人一日一斤配给。据1943年7月26日《时言报》记载：“社会局续拨各粮店混合面五百万斤，共混合五十四种食粮，计有‘大米、小米、玉米、白玉米、高粱米、白高粱米、黄米、江米、白面、小米面、玉米面、豆面、高粱面、混面、荞麦面、小麦、谷子、高粱、白高粱、荞麦、黄豆、绿豆、黑豆、江豆、芸豆、蚕豆、青豆、小豆、皮青豆、吉豆、红小豆、豌豆、扒豆、豆饼、花生饼、瓜干、白薯干、玉米渣、高粱渣、豆渣、挂面头、麸子、玉米皮、豆皮、土粮、杂粮、大麦、枚子、豆饼面、黍子、小黄豆、杂豆、麦渣。’”老舍先生在《四世同堂》中有这么一段对混合面的描述：“老人立着，看了会儿，摇了摇头。哈着腰，用手摸了摸，摇了摇头。他蹲下去，连摸带看，又摇了摇头。活了七十多岁，他没看见过这样的粮食。盆中是各种颜色合成的一种又像茶叶末子，又像受了潮湿的药面子的东西，不是米糠，因为它比糠粗糙的多，也不是麸子，因为它比麸子稍细一点……老人不愿再细看。够了，有豆饼渣滓这一项就够了，人已变成了猪！他闻了闻，这黑绿的东西不单连谷糠的香味也没有，而且又酸又霉，又涩又臭，像由老鼠洞挖出来的！”参见老舍：《四世同堂》，北京十月文艺出版社，2012年，第463—464页。

离。可是无处可去的她，在午夜时分还是回到了家里，张张氏的丈夫张永义和婆婆正在焦急地寻找她，她回来后，他们开始寻问到底发生了什么，很快寻问变成了质问，她坦白了。高德氏（30 岁，捡煤核）与高郑氏（28 岁，捡煤核）两人属于妯娌关系，与张永义一家挨着居住，两人在东城根捡煤核之际，常与张张氏见面。每次见到张张氏衣着褴褛，两人内心泛起怜悯之心，遂提议给张张氏找一位经济上有一定能力的丈夫，让她的日子过得好一点。两人看这位年轻而悲惨的家庭主妇没有彻底地拒绝，高德氏继续说道，她知道这样一个男人，在山东德州老家经营一家猪肉店，家里还拥有几亩田地。正好这几天有一位远方亲戚姜三要回山东老家，不如由姜三带张张氏回山东另嫁。张张氏心动了，想像着能过上丰衣足食的生活。一场逃离计划，应运而生。

姜三已经逃离，法院很快找到高德氏与高郑氏，虽然二人出于好心，希望帮助邻居过上更好的生活，但是却触犯刑章。法院也对被告表示同情，"姑念被告等均系妇女无知，且皆属初犯，爰分别处以较低度之刑，并认为以暂不执行为适当，是以又如〔给〕予缓刑三年以期自断"，最终作出高德氏与高郑氏共同和诱有配偶之人脱离家庭，处有期徒刑一年六月，均缓刑三年的判罚。[①]

3. 家庭纠纷

夏德祥（20 岁）没有自己的房屋，寄居在榆树村十三号李桂春家中。1938 年 10 月间，夏德祥凭媒迎娶药王庙前街刘王氏之女为妻。夫妻很是和美，已生有一女。1942 年 6 月 1 日，妻子跟他说，岳母被他姐夫张宝田给气的吞鸦片烟自杀，她要回娘家看看自己的母亲。夏德祥没有允许夏刘氏回家探望自己的母亲，具体不允许的理由我们无法从档案中得知。当天晌午，夏刘氏私自回家，次日，夏德祥就到榆树村岳母刘王氏（53 岁）家将夏刘氏找到。刘王氏因嫌弃夏德祥贫穷，打算叫她女儿与其离婚。夏德祥见岳母如此强硬，遂返回北平市内，于 6 月 29 日再次来到岳母家中接夏刘氏回家，刘王氏这次则声称不知女儿去向。夏德祥伤心无奈之下报警，以妨害家庭罪起

① 《高德氏、高郑氏妨害家庭》（1943），北京市档案馆，档案号：J065-007-03389。

诉刘王氏。刘王氏在警察局中说道：因我女婿向来不务正业，没有工作，害怕他将我女儿带走价卖。我希望他在北平找到一处房子，和我女儿好好过日子，但是现在我也不知道女儿去哪里了。

问（刘王氏）：他都做了什么了，你说他素行不端？

答：他没有工作，我怕他把我女儿卖了，也没有自己的屋子，我女儿跟着他受苦。

问：你女儿现在在哪？

答：不清楚。

由此供词，我们可以清楚地了解到，刘王氏之所以嫌弃夏德祥，主要是其生活困苦，没有自己的固定住所，怕自己的女儿跟着他吃亏。可怜天下父母心，刘王氏出发点是好的。但是，在夏德祥两次要求接回夏刘氏的过程中，刘王氏第一次拒绝夏德祥将其女儿接回，第二次又称女儿在何处自己也不知晓，这显然有点此地无银三百两的感觉。如果刘王氏将其女儿藏匿在其他住处还好，令人啼笑皆非的是，警察就在刘王氏家中找到了夏刘氏。法院以“被告辩称不知其女逃往何处，然无论空口翻供，不足采信，且夏刘氏既在其家内居住，安有不知其往何处之理”为由，判处刘王氏和诱有配偶之人脱离家庭，判处有期徒刑三月，缓刑三年。①

同样由母亲从中作梗将女儿藏匿的还有葛金生状告刘辛氏妨害家庭一案。刘辛氏（50岁）的女儿葛刘氏（22岁）嫁与葛金生（26岁，警士）为妻，因葛金生与葛刘氏不和，从1941年12月6日开始刘辛氏便不让葛刘氏回家。葛金生在1942年4月5日到岳母家要人，岳母说其不知道葛刘氏所在，葛金生被逼无奈选择报警。在庭审中葛金生诉说着这半年来的心酸。

本人葛金生，二十六岁，住外四区法源寺前街九号，是一名警士。去年经滑郑氏与民为媒，娶刘辛氏女为妻，过门不久，伊母刘辛氏数次逼民脱离民母子关系，试问世界岂有娶妻不要母亲之理乎，如此忤逆不孝之事，民当然不能允许。该刘辛氏又向民声言，若不依她办法，必将

① 《刘王氏妨害家庭》（1942年），北京市档案馆，档案号：J065-006-02876。

民家闹得七零八落，民尚未注意。殊刘辛氏从去年阴历十二月初间起，无日不到民家教唆刘氏，并将民妻首饰等物私行偷取典押，民母子均不得而知。又因本年正月初，民身染重病，倒床半月之久，医药将钱花尽，再治无资，病势仍然卧床。民母甚为着急，商之民妻刘氏，将银镯典钱治病，不料刘氏早已将首饰等物私自给伊母去了。民母疼爱儿媳太过，并不深问，殊刘氏已受她母刁唆，故意放泼，反骂老母，民正值病重之际，见此不孝之妇甚为发急，铺上有帚子一把，民身染重病，力量软弱，在刘氏身上打了几下，刘氏则跑出家门，再无归来。待民身体恢复，已是四月之后。①

在葛金生的口供中，一位凶狠泼辣、蛇蝎心肠的妇人形象跃然纸上，她教唆自己的女儿破坏家庭和睦，甚至让女婿与亲家脱离母子关系。四个月以来葛刘氏一次也没有回家，这同样是受刘辛氏的教唆，刘辛氏还给自己的女儿物色新的丈夫。反观刘辛氏的口供，“我女儿在他家挨打受气，不敢回去”，② 二人谁是谁非，一时令人难以分辨。令笔者奇怪的是，在案件处理中，法官并未让葛刘氏到案讯问。很快刘辛氏就被以和诱有配偶之人脱离家庭的罪名判处有期徒刑两月。

4. 个人原因

赵张氏命途多舛，丈夫早年参军再无音信，两个女儿又相继夭折，54 岁的她孤身一人靠着做针线活度日。1942 年 8 月间，赵张氏在北新桥遇到赵赵氏十岁的养子赵小秃，非常喜欢，遂给予食物、金钱，并得到赵小秃的同意，将他带回家中。居住 20 余日后，这天赵小秃出外捡粪，正好被他养母赵赵氏寻获，赵赵氏报警，以和诱罪起诉赵张氏。在正常判决赵张氏妨害家庭一案中，援引的法条应该为《刑法》第 241 条第三款“和诱未满十六岁之男女以略诱论”，③ 但是法官从案情实际出发，一方面，赵张氏仅给予赵小秃金钱和食物将他带回家中，并没有用强暴、胁迫、敲诈等方法使赵小秃失

---

① 《刘辛氏妨害家庭》（1942 年），北京市档案馆，档案号：J065-006-02114。

② 《刘辛氏妨害家庭》（1942 年），北京市档案馆，档案号：J065-006-02114。

③ 徐百齐编辑，吴鹏飞助编：《中华民国法规大全》第 1 册，商务印书馆，1936 年，第 149 页。

去自主意思；另一方面，赵小秃也并未自行返回养母赵赵氏家内，且安心生活20余日，可见赵小秃已同意在赵张氏家中居住。“查因爱惜赵小秃，将其诱至家中居住，致触刑章，情节尚可悯恕，酌减刑二分之一。再查被告系妇女，智识程度不高，犯罪之动机非过恶，酌予从轻科刑。”① 1942年12月25日，伪北京地方法院作出判决，赵张氏和诱未满16岁之男子脱离家庭，处有期徒刑六月。这种情况属于少数，纯因个人喜爱将被诱者带回家中，并无其他目的。

（二）略诱的原因

1. 奸淫为目的

26岁的张永年在1942年6月间，以带他的远房表妹、17岁的胡伶儿去北平城内听戏为由，将其拐至北平。俩人在安伯胡同空房居住，期间数次发生关系。二人都没有工作，经张永年提议，将胡伶儿所带首饰、衣服等（包括夹袄三件、金镯子一副、戒指四个、钳子二个、裤褂二身、大褂一件、钞洋数元）典押干净。至典当之钱消耗殆尽，张永年又将胡伶儿送往大牌坊胡同四十一号张永年的岳母刘刘氏（36岁）家居住，而张永年则去黑龙滩警备队补充队准备办理入伍。刘刘氏认为胡伶儿不能在她家白吃白喝，开始不给她饭吃，之后刘刘氏找到朋友拉车人杨拉子，谎称给胡伶儿找一日本佣工，遂由杨拉子拉胡伶儿到东长安街树林内，没有想到刘刘氏的本意竟是让胡伶儿向日本人卖奸。事已至此，胡伶儿别无选择只能答应，将所挣之钱如数交到刘刘氏手中。对于胡伶儿而言，一时贪玩轻信他人，这种暗无天日的日子，不知要过到何时。好在胡伶儿的父亲胡兆良（57岁，烧饼铺）经过调查追问得知女儿寄居在刘刘氏家中，于1943年9月1日到平，经刘刘氏带路在东长安街树林内见到离家两个月的胡伶儿。

在警察局，刘刘氏交代：“因我女婿张永年于本年五月间，由昌平县拐来这胡伶儿在我家寄居。后因无收入，我遂与张永年商议，不给胡伶儿吃食，诱惑他充当游娼挣钱花用。”② 刘刘氏对于她让胡伶儿充当游妓之事供认

---

① 《赵张氏妨害家庭》（1942年），北京市档案馆，档案号：J065-006-05504。

② 《张永年、刘刘氏妨害家庭》（1943年），北京市档案馆，档案号：J065-007-11815。

不讳，但是她坚称是与张永年共同商议情况下做出的决定。张永年则咬定这些都是他岳母所为，他并不知情。

问（张永年）：你们素有什么关系？

答：我是她远门表哥。

问：你怎么叫她卖淫呢？

答：那是我岳母让她干的，我回家去了，不知道。

问：你回家干什么呢？

答：保家卫国。

可怜又可恨的胡伶儿因为贪玩轻信张永年的话语，最后落得如此下场。

问（胡伶儿）：你和张永年怎么认识的？

答：一村。

问：他怎么拐走你的？

答：他说跟他来北京看戏。

问：你和张永年通奸几次？

答：通奸五六次。

问：你愿意跟他来吗？

答：他骗的我，我不知道怎么回家。①

伪北京地方法院判处刘刘氏意图营利而收受被诱人，处有期徒刑一年，缓刑三年。张永年意图奸淫略诱未满 20 岁之女子脱离家庭，处有期徒刑一年六月。案件虽然结案，但是还有两个疑点：其一，张永年与胡伶儿通奸，后胡伶儿寄居在张永年岳母家，那么张永年的妻子在何处，我们并不知晓；其二，将胡伶儿拉到树林里向日本人卖淫的杨拉子为何没有受到应有的惩罚，逃过一劫。这些在法院的审讯过程中都只字未提，显然这个案件的处理过于草率。以奸淫为目的的略诱案件只有五件，数量很少。

2. 生活困难

62 岁的李杨氏与 72 岁的苏杨氏都以捡烂纸为生，1942 年 5 月 1 日，

---

① 《张永年、刘刘氏妨害家庭》（1943 年），北京市档案馆，档案号：J065-007-11816。

俩人一起在天桥四面钟捡取烂纸，恰好遇到马文涌七岁的幼女马丫头迷路。二人商议将马丫头拐往他处变卖营利。李杨氏回家叫她的儿子李庆林（22岁）用洋车将苏杨氏及马丫头送到广安门外小店先藏起来，第二天夜间，警察查房破获了这起略诱孩童案。整个案件案情简单，法院很快作出判决。法官查证“苏杨氏在1938年8月20日谎称自己为李张氏，曾犯诈欺及诬告两罪，判处有期徒刑五月，执行完毕。有案不知悔悟，五年以内复犯本罪，加重其刑二分之一。法院体谅苏杨氏与李杨氏作出此等行为均系贫所迫，尚可悯恕，再各予酌减其刑二分之一，以示体恤”，[①] 最后判决苏杨氏共同意图营利和诱未满16岁之女子，处有期徒刑二年六月，李杨氏、李庆林共同意图营利和诱未满16岁之女子，各处有期徒刑二年。对于以营利为目的的诱拐罪，判处的刑罚是很严重的，一般都为两年以上有期徒刑。

但是，苏杨氏与李杨氏不服伪北京地方法院一审判决，提起上诉。伪河北高等法院认为“惟马丫头年未满七岁，尚无意识能力。上诉人等既系令李庆林以人力车拉走，显未得其同意，且无同意之能力，其应成立略诱未满二十岁之女子脱离家庭罪，显然原审判认为和诱未满十六岁之女子已有未洽”，[②] 作出改判，将原判决关于苏杨氏、李杨氏部分撤销，判处苏杨氏累犯共同意图营利略诱未满20岁之女子脱离家庭，处有期徒刑二年六月，李杨氏共同意图营利略诱未满20岁之女子脱离家庭，处有期徒刑二年。这一判决结果表明，法官很同情这些连温饱都无法解决的困苦女性，她们知识水平低下并且年事已高，面对通货膨胀、物价飞涨的生存压力，她们别无选择。

因贫所困，相似的还有许高氏、蔚振起妨害家庭一案。许高氏（35岁）与其表兄蔚振起（35岁）均因生活困难以要饭为生，这一天遇到熟人赵张氏带一幼女到家中，声言欲将幼女高价卖到张家口营利，这两兄妹非常羡慕，心中也萌发诱拐幼女图利的想法。1943年11月13日，许高氏在北平天桥向

① 《苏杨氏、李杨氏、李庆林妨害家庭》（1942年），北京市档案馆，档案号：J065-006-04008。
② 《苏杨氏、李杨氏、李庆林妨害家庭》（1942年），北京市档案馆，档案号：J065-006-04008。

她要饭的伙伴——16 岁的唐小龙，谎称去张家口贩米可以维持生活，补贴家用。当即告诉唐小龙，去她家询问她父母是否同意。许高氏在周边转了一圈回来，谎称已向其母唐金氏说妥，唐小龙信以为真，于同日下午由许高氏、蔚振起带同唐小龙与赵张氏及幼女结伴至西直门车站，经蔚振起代购车票。许高氏带唐小龙到宣化永成店，经人介绍以 450 元卖于启顺下处为娼。450 元在当时可是一笔不菲的收入，据沦陷时期北平市民生活必需品物价变动表，大约可以购买 800 多斤的机制面粉或 100 多斤的花生米，就连茶叶也可以买 12 斤。[①] 如此大的利润，足够让以讨饭为生的蔚振起、许高氏两兄妹铤而走险。恰逢当地查店甚严，许高氏拿到钱财，害怕被发现，连夜乘车返回北平。幸好唐小龙古灵精怪，听闻自己已经被卖给别人为娼，乘间隙奔逃出店，搭车回平报警。徐高氏、蔚振起被判处略诱未满 20 岁之女子脱离家庭，处有期徒刑五年。[②] 对于生活困苦的民众而言，略诱高额的利益驱使他们孤注一掷。

综上所述，沦陷时期北平“妨害婚姻及家庭罪”中诱拐案件共 183 件，其中和诱案件有 131 件，略诱案件有 52 件。诱拐案件的数量是“妨害婚姻及家庭罪”中数量最多的，并且内容纷繁杂乱，涉及人数众多，案情曲折复杂。男性犯和诱罪的数量远远超过女性，犯略诱罪的数量男性与女性大体相当。和诱案件由于男性众多，随之以奸淫为目的的和诱案件数量也最为庞大。有夫之妇在被诱拐人群中位于首当其冲的位置。男性略诱者基本处于无业的状态，女性诱拐者也是如此，文化水平低。和诱案件发生的原因有两情相悦、经济困难、家庭纠纷、个人原因等。略诱案件发生的原因有以奸淫为目的、生活困难等。和诱案件中有很大一部分是当事人双方先发生关系，后因恋奸情热，为永保奸情，女方与诱拐者一起私奔潜逃。

国民党在制定新的《民法》与《刑法》过程中，将妇女视为有独立行为能力的自然人，承认妇女在社会、经济与两性生活中的主动性，可是在具体的司法实践中，妇女作为弱者、被动的受害者需要国家、社会、家庭的保护

---

① 《社会局统计室关于六必居、五洲大药房等商店的副产品、日用品、药材、价格调查表》（1945 年），北京市档案馆，档案号：J002-007-00197。

② 《蔚振起、许高氏妨害家庭》（1943 年），北京市档案馆，档案号：J065-007-11586。

这种思维模式仍然存在。法官在处理诱拐未满 16 岁的孩童时，尽管法条明确规定“和诱未满十六岁之男女以略诱论”，[①] 但是法官在判案时会根据诱拐当事人作案动机、知识水平、年龄等因素从轻处罚。以上，体现出立法与具体的司法实践存在差异，不得不向民间逻辑倾斜。随着日伪前线战事逐渐吃紧、通货膨胀的加深，普通民众本来不富裕的生活被彻底击垮，愈来愈多的民众为生存选择诱拐图利。

本章小结

近代中国在政治、经济、文化、法律、伦理观念等方面都发生了翻天覆地的变化，社会越来越动荡不安，各种社会问题层出不穷。这种动荡不安也深入到婚姻家庭内部，因此近代婚姻家庭最重要的特征之一就是“变化”。传承数千年的中华法制文明，在这一时期被迫作出转变。由于中国传统封建社会以宗法制为核心，这使得婚姻家庭问题在法律上的变迁经历了更加猛烈的矛盾与挑战。

“妨害婚姻及家庭罪”完整罪名最早出现在 1918 年《刑法第二次修正案》中，这一罪章包括三个具体的罪名，分别是重婚罪、通奸罪与诱拐罪。这三类罪都会对婚姻与家庭起到破坏性作用，故归到“妨害婚姻及家庭”罪章中。“婚姻与家庭均为人类社会组织之基础，重视婚姻关系，保障家庭安全，即所以维持人类之幸福与秩序，则对之而有妨害行为者，法律上自应有以制裁之，此妨害婚姻及家庭罪之所由规定也。”[②]

本章以沦陷时期北平的社会为背景，梳理民国时期的妨害婚姻及家庭罪。根据对诉讼档案中涉及重婚罪、通奸罪、诱拐罪的当事人进行性别、年龄、职业、犯罪原因等统计，笔者认为国家立法与具体的司法实践中存在着巨大的张力，尽管法律有明文规定，但是在具体实践中，法官会综合考量包

① 徐百齐编辑，吴鹏飞助编：《中华民国法规大全》第 1 册，商务印书馆，1936 年，第 149 页。
② 江海帆编著：《新刑法各论》，商务印书馆，1936 年，第 190 页。

括案情、举证等因素在内的内容，有时会根据社会具体情况反而向民间逻辑倾斜，作出相应调整性的改变。而在一个个案件展开的过程中，我们也能够看到在日伪政权占领的北平社会中，普通民众在战争、通货膨胀、流离失所几重压力之下过着怎样的生活。

结 语

1927—1950年间，中国的婚姻就像一个场域，不同的历史群体、历史角色和历史力量在其中互动与博弈，最终，这一时期的婚姻呈现出一种杂糅纷繁的特点。本卷由恋爱论起，经由结婚、婚后、离婚等阶段，以问题导向而非全面铺开的方式呈现出各个阶段的特点。在结语部分，笔者试图跳出这种阶段性论述，从一些更为宏观的维度出发——性别、阶层、战争、政治，对这一时期的婚姻观念和实践进行更进一步的整体总结和思考。

或许最先也最容易浮现出来的是性别视角。婚姻无疑与男女两性有着最为密切的关系。尤其是本卷所集中论述的这一历史时期，更是呈现出婚姻私人化之倾向，即在一定程度上，婚姻只是与男女个体的选择有关，而与父母、家族逐渐划清界限。于是，我们能够看到民国时期的婚姻是一个高度性别化的产物，其中男女双方关于两性观念、恋爱、婚俗、仪式、婚后相处、婚姻破裂等各个环节都有着各自的认知、思考和实践，在这其中，既有对传统的延续，也有对现代的渴求。对男性而言，他们一方面支持、赞誉、宣传自五四新文化运动以来有关自由恋爱、自由结婚、自由离婚、男女平等之观念，他们甚至成为这些现代观念之代表性的象征。但是，在这样趋新、摩登的表面之下，又隐约潜伏着一些暗流。他们对“贤妻良母主义”的论述和坚持、对女性贞操隐晦或彰显的介怀、对女性通奸和重婚的绝不容忍，总能让人感觉到一种对自我宽松、对女性苛求的道德双标化一直挥之不去。女性则挣扎在这样的道德困顿中。一方面，她们推崇自由和平等，勇敢实践非婚同居，反对包办婚姻，主动提出离婚；另一方面，对于贞操的介意，愿意为了爱情甘心为妾，对家庭的自我奉献，完全依赖丈夫之物质供养等等，又让这些女性与传统有着千丝万缕的联系。

其次，阶层也是我们理解民国婚姻的一个重要角度。纵观这一时期有关婚姻的观念和实践，我们能观察到一个有意思的点，即有些现象形同而质异。比如说，知识女性和普通女性在这一历史时期似乎都呈现出一种共性，她们勇于追求情欲，为爱不顾一切，甚至不顾道德压力，主动提出离婚。但其实“女性”并非是一个铁板一块的范畴，这其中基于阶层的差异使得她们在共性行为的背后有着根本上之区别。知识女性更多地受到五四新文化运动以来自由婚恋、男女平等之新思潮的驱动，对她们而言，不管是积极追求所爱还是主动结束婚姻，其实践都是一种有意识的现代身份的自我表现。与之形成对照，本卷所论及的普通女性，她们或许也受到一些新思潮的余波影响，但更多决定她们主体实践行为的则是她们所面临的现实：她们绝大多数收入低微，甚至很多没有职业；她们不仅在物质上依赖丈夫的供养，更重要的是在其思维深处，她们认为丈夫供养妻子是一种天经地义。于是，如果丈夫因失业或者贫困而无法提供这样的保障，那么她们逃离婚姻就是一种很自然的选择。可以说，这种被迫下的主动行为反而是传统婚姻观念在发挥着至关重要的作用。即使是诸如战争这样的非常态状况中，这种传统观念依然有其韧性，潜移默化地隐藏在这些女性的深层逻辑之中。

由此，我们将视角转向战争。纵观整个 20 世纪，可以说，本卷集中撰写的 1928—1949 年这一历史时期与其他阶段最重要的一个区别便是战争，尤其是抗日战争给整个社会所带来的广泛而深远的影响。在本卷中，战争既包括实际战场的厮杀与战局的变动，也包括日伪政权为支持其侵略战争而在北平这样的沦陷区所进行的掠夺和统治。而这两点毫无疑问都对人们的婚姻观念和实践产生了深刻的影响。就前者而言，战争导致了人口的流动、迁移和死亡，很多男性在战争中失去踪迹，苦等的妻子无以为继，只能选择再嫁或者离婚；有人因战火被迫离开家乡，迁移到北平，从而只能就地婚配；还有一些特殊的婚姻形式和家庭模式出现——如“沦陷夫人”“抗战夫人”等等。就后者而言，日伪政权在沦陷区一直努力建构起一种保守、复古的女性道德、婚姻价值和家庭关系来维系其侵略战争和殖民统治，于是，日伪政权控制下的媒体宣传一些“三从四德”、“男主外、女主内”、反对离婚的保守观念。但充满悖论的是，恰恰也是为了要维系其侵略战争和殖民统治，日伪政权又以杀鸡取卵的方法，源源不断地从沦陷区掠夺劳力、物质和经济资源，而这又制造了诸如失业、贫困、毒品和卖淫等社会问题。很多时候，人们连最基本的生存都无力维持，婚姻于是尤其变得脆弱，虐待、遗弃、重婚、通奸、诱拐频繁发生。甚至在一些情况下，婚姻会成为女性的生存策略：当贫困和死亡迫在眉睫时，如果再嫁或重婚可以让人存活下去，那么她们只能无奈地做出这样的决定。

最后，政治成为我们思考这一历史时期的一个重要视角。1928 年，南京国民政府成立。自此开始，南京国民政府努力塑造其现代政府治理的形象，其中，婚姻是其治理的重要对象之一。如果说五四新文化运动思潮促成了将婚姻从家族转向个体的私人化进程，那么南京国民政府则是反向行之，它利用国家权力、法律改革、行政手段再次将婚姻纳入国家议题，使之成为公共议题、民族议题和国家议题。不管是对婚礼仪式的简化、对婚礼注册的规范，还是将“妨害婚姻及家庭罪”首次纳入 1918 年的《刑法第二次修正案》中，抑或在 1930 年推出《民法 · 亲属编》明确规范离婚之要义，可以说，这些政策和法规都是以一种更具现代的风格来规范其治下之婚姻关系，体现国家权力在婚姻领域中的主导权。但另一方面，南京国民政府却也体现出向传统妥协、向民间逻辑倾斜的一面。如它试图推行新式婚礼，但在面临婚姻纠纷的判定时，却又要依赖民众仍然普遍实践的传统婚礼仪式来确认婚姻关系之确立；它试图推行体制性的男女平等——比如说开放各行政机关，推动女性职业发展，但是却又公开宣称女性仍要保持母性，莫忘建设良好家庭生活。所有这一切都表明现代和传统之间的相互交织比我们想象的更为复杂和深刻。

与此同时，中国共产党作为一个现代政党，也以农村为根据地，展开了广泛的婚姻变革。相对而言，农村女性所面临的婚姻困境要远远大于城市。其原因不仅有农村整体经济的困顿、男女性别比例的失衡等现实因素的影响，而且，传统婚俗乃至传统陋俗在农村都有着更为广泛而深刻的遗存。有鉴于此，中共通过在根据地推行各种婚姻条例和婚姻法，积极针对买卖婚姻、童养媳和早婚等陋俗进行改革，并试图在程序上确立现代结婚、离婚的登记制度，由此推动新型婚姻观念和形式的确立。可以说，中共将婚姻改革视为其根据地建设的重要组成部分，在有限的条件下于法理和情理之间寻求一种动态的平衡，从而推动妇女权益的保障、妇女地位的提高和农村社会的改革。这一改革方向和改革实践也为后来中华人民共和国时期的婚姻治理提供了经验借鉴和教训总结。

总而言之，民国时期的婚姻问题与性别、阶层、战争、政治等维度紧密交织在一起。在经济快速发展、思想观念日益开放的今天，我们对于婚姻问题的讨论仍未停止。民众的婚姻观念随着社会经济的发展逐步变化，结婚率走低，离婚率攀升，使得我们更加关注婚姻的生活质量及其给社会稳定带来的影响。或许，关于婚姻问题的讨论很难得到一个确定的答案，我们只能在社会不断发展当中对这个问题进行持续的关注和不断的深入思考。

附录　北京市档案馆现存部分离婚档案基本情况

1. 男告女离婚案（1942年）

序号	档号	原告	被告	原因	结果
1	J065-018-00108	李洪	李白氏	索要赔偿	调解
2	J065-018-00136	张国梁	张杨氏	吸毒、通奸	撤回
3	J065-018-00550	张景贤	赵桂英	意见不合	备案
4	J065-018-00482	曹景涛	曹王曼庆	生死不明	判决
5	J065-018-00883	黄笑安	黄伊氏	通奸	调解
6	J065-018-01735	高文明	高刘氏	包办婚姻	调解
7	J065-018-02418	刘树敬	刘耿氏	虐待、侮辱尊亲	调解
8	J065-018-02498	张芳启	李玉贞	不行同居义务	调解
9	J065-018-02521	傅耀廷	傅李氏	虐待	判决
10	J065-018-02651	孙燕民	李淑钧	生死不明	撤回
11	J065-018-02654	白小泉	白王氏	生死不明	判决
12	J065-018-02670	张崇瑜	李文友	生死不明	判决（二审）

（续表）

序号	档号	原告	被告	原因	结果
13	J065-018-02784	卜孝怀	张文贞	背夫潜逃	判决
14	J065-018-02834	周振文	周关氏	不行同居义务	调解
15	J065-018-02839	范君田	范雷氏	意见不合	调解
16	J065-018-03001	何成增	谢连璧	恶疾	调解
17	J065-018-03075	王维成	王董氏	虐待	移送审理
18	J065-018-03206	郭广瑞	郭邢氏	背夫潜逃、重婚	调解
19	J065-018-03310	李贺卿	李宋氏	通奸、遗弃	判决
20	J065-018-03470	李世华	李刘氏	侮辱尊亲、意图杀害	撤回
21	J065-018-03722 J065-018-05543	王佩城	王李氏	恶意遗弃	判决
22	J065-018-03874	王如泉	赵秀贞	遗弃	判决
23	J065-018-03925	富锡耀	富赵志枢	通奸、恶疾	判决
24	J065-018-04355	王璧鉴	王庞氏	通奸、盗窃	调解
25	J065-018-04868	王敏	王孙氏	不行同居义务	撤回
26	J065-018-04903 J065-019-00004	李建新	李张氏	虐待、侮辱尊亲	判决
27	J065-018-06036	陈振茂	于藏果	遗弃	判决（二审）
28	J065-018-06422	王永祥	王张氏	背夫潜逃	撤回
29	J065-018-06673	李世琦	乔丽英	侮辱尊亲	调解
30	J065-018-06989	郝永昌	郝朱蕴卿	生死不明	撤回
31	J065-018-07396	秦文祥	秦张氏	通奸、意图杀害	撤回
32	J065-018-07530	赵春海	赵李氏	遗弃	判决
33	J065-018-07555	潘积生	王恩荷	遗弃	撤回
34	J065-018-08048	王德山	佟淑兰	背夫潜逃	撤回

2. 男告女离婚案（1943 年）

序号	档号	原告	被告	原因	结果
1	J065-019-00117	燕书田	燕陈氏	虐待、侮辱尊亲	撤回

（续表）

序号	档号	原告	被告	原因	结果
2	J065-019-00630	何世清	何杨氏	不守妇道	调解
3	J065-019-02614	张富	张孟叔贞	遗弃	调解
4	J065-019-02621	彭福官	彭曹氏	通奸	撤回
5	J065-019-03149	陶良五	敖庚锦	通奸	调解
6	J065-019-03294	田玉茂	孙淑贞	讹诈	撤回
7	J065-019-03454	周恩寿	金淑琴	交还财物	调解
8	J065-019-03534	牛金玉	牛潘氏	虐待	判决
9	J065-019-04246	刘稷勋	刘金氏	通奸	调解
10	J065-019-04319	高恒	高张氏	吸毒	调解
11	J065-019-03657	吕融	吕牛氏	精神病（恶疾）	判决
12	J065-019-04525	韩彩庵	谢之凤	虐待、意图杀害	判决
13	J065-019-04661	王均	石文贞	侮辱尊亲	判决
14	J065-019-04725	常文凤	常杨氏	通奸	判决
15	J065-019-04949	王燕承	王薛氏	侮辱尊亲、诬告、通奸	判决
16	J065-019-05035	郭永珍	郭李氏	犯罪	撤回
17	J065-019-05078	赵文全	赵董氏	意见不合	调解
18	J065-019-05322	阎守正	阎贺氏	意见不合	调解
19	J065-019-05510	周子孟	周任氏	诬告、背夫潜逃	撤回
20	J065-019-06621	刘深	刘马氏	通奸	调解
21	J065-019-06652	张继尊	张雪森	意见不合	调解
22	J065-019-06785	王贵	王富氏	不行同居义务	调解
23	J065-019-06874	王斌	王李氏	生活困难	调解
24	J065-019-07204	李养山	李陈氏	虐待	撤回
25	J065-019-07334	陆安良	宋淑珍	通奸	调解
26	J065-019-07790	郭宝玉	郭于氏	侮辱尊亲、遗弃	判决
27	J065-019-07888	金德山	金孙氏	非处女、虐待	撤回
28	J065-019-08118	陈明义	陈郝氏	通奸	调解
29	J065-019-08512	王廷贵	王尹氏	通奸	判决

（续表）

序号	档号	原告	被告	原因	结果
30	J065-019-08605	刘玉山	刘韩氏	虐待、诬告	判决
31	J065-019-09093	郑祖定	郑罗氏	通奸	撤回

3. 男告女离婚案（1944 年）

序号	档号	原告	被告	原因	结果
1	J065-020-00097	王秉权	王唐氏	通奸	调解
2	J065-020-00358	乔结实	乔马氏	侮辱尊亲	调解
3	J065-020-00434	赵俊明	赵刘氏	生活困难	调解
4	J065-020-00438	何胜杰	何马静如	盗窃	调解
5	J065-020-00746	吕德瑞	吕金氏	侮辱尊亲、犯罪	撤回
6	J065-020-00820	王荣	王王氏	遗弃	调解
7	J065-020-01481	樊文元	樊王氏	通奸	离婚备案
8	J065-020-01725	苏绍曾	贾学勤	侮辱尊亲、意图杀害	调解
9	J065-020-01970	刘阔亭	刘叶氏	虐待	撤回
10	J065-020-02120	张力真	刘云阁	遗弃	判决
11	J065-020-03551	戴庚辰	戴董氏	吸毒	撤回
12	J065-020-03587	陈德山	陈康氏	遗弃	调解
13	J065-020-03821	张忠信	张赵氏	不行同居义务	调解
14	J065-020-04723	张忠信	张赵氏	请求执行	撤回
15	J065-020-05200	陈尚志	陈程氏	吸毒	撤回
16	J065-020-04989	李筱山	李魏氏	虐待	判决
17	J065-020-06726	韩宝珍	韩刘氏	意图杀害	判决
18	J065-020-06982	高子良	田蕙臻	背夫潜逃	判决
19	J065-020-07195	田锡鸿	常玉如	遗弃	撤回
20	J065-020-07541	艾景云	艾金氏	遗弃	撤回
21	J065-020-07887	高秀峰	高张氏	侮辱尊亲	判决
22	J065-020-08193	范文华	范刘氏	通奸	调解

4. 男告女离婚案（1945 年）

序号	档号	原告	被告	原因	结果
1	J065-021-00437	周延年	周马氏	遗弃	判决
2	J065-021-00633	齐树元	文秀元	侮辱尊亲	调解
3	J065-021-00690	李禄	李傅氏	不行同居义务	判决
4	J065-021-01232	贺玉麟	贺池氏	恶疾	撤回
5	J065-021-01076	张新然	张李氏	恶疾	判决
6	J065-021-01379	傅建中	傅经氏	侮辱尊亲	判决
7	J065-021-03182	张德山	张殷氏	侮辱尊亲	撤回
8	J065-021-03222	杨贵	王淑桂	背夫潜逃	判决
9	J065-021-03336	张文卿	张费氏	背夫潜逃	撤回
10	J065-021-03427	蒋志清	蒋刘氏	通奸	判决
11	J065-021-03451	张范五	张侯氏	背夫潜逃	撤回
12	J065-021-03502	王文斌	王高氏	吸毒、犯罪	撤回
13	J065-021-03869	舒增元	舒曹泽霖	通奸、背夫潜逃	缺失
14	J065-021-03950	张国福	张白氏	不行同居义务	调解
15	J065-021-03980	张树枝	韩秀兰	通奸	判决

5. 女告男离婚案（1942 年）

序号	档号	原告	被告	原因	结果
1	J065-018-00031	吴淑媛	金云圃	索要赡养	调解
2	J065-018-00124 J065-018-00494	唐英琴	宗世宽	虐待	判决（二审）
3	J065-018-00393	席卢氏	席振亭	索要子女	撤诉
4	J065-018-00405	阎氏	王佩亭	虐待	判决
5	J065-018-00410	任卢氏	任增禄	虐待	判决
6	J065-018-00501	奚刘氏	奚德禄	遗弃	判决（二审）
7	J065-018-00525	柳王氏	柳金榜	虐待、通奸、 恶疾、吸毒	调解
8	J065-018-00665	李张氏	李文焕	虐待、不养	调解

（续表）

序号	档号	原告	被告	原因	结果
9	J065-018-00682	董李氏	董新民	恶疾、遗弃	调解
10	J065-018-00704	李王氏	李燕谋	通奸	判决
11	J065-018-00716 J065-018-00871	刘萧氏	刘槐庭	虐待	判决
12	J065-018-00967	赵慧英	赵德禄	虐待、意图杀害	调解
13	J065-018-01068	沙穆氏	沙兆瑞	虐待、意图杀害	调解
14	J065-018-01155	付关淑贞	付文斌	重婚	判决
15	J065-018-01225	冯氏	李润华	讹诈	撤回
16	J065-018-001294	何王氏	何凌	虐待、遗弃、 精神病（恶疾）	判决
17	J065-018-01393	魏李氏	魏福中	重婚	调解
18	J065-018-01398	曹赵秀芬	曹振瀛	生死不明	判决
19	J065-018-01450	王文氏	王焕	虐待	调解
20	J065-018-01455	杨穆氏	杨振亚	虐待、吸毒	调解
21	J065-018-01627	张赵氏	张庭忠	虐待	调解
22	J065-018-01671	刘费氏	刘宝山	虐待	判决
23	J065-018-01744	齐凤云	刘文盛	遗弃（生活困难）	调解
24	J065-018-01821	张淑兰	陈永禄	索要赡养	调解
25	J065-018-02061	梁刘氏	梁汝兴	遗弃	撤回
26	J065-018-02087 J065-018-07401	李吴佩蓉	李文耀	虐待、吸毒	判决
27	J065-018-02090	陈希嫺	桂全	重婚、虐待	调解
28	J065-018-02283	李老姑娘	张玉	不养	缺失
29	J065-018-02297	齐黄氏	齐有田	虐待	调解
30	J065-018-02315	刘常氏	刘学曾	虐待	调解
31	J065-018-02422	刘耿氏	刘树敬	索要赡养	缺失
32	J065-018-02426	史盛氏	史金华	虐待	调解
33	J065-018-02463	郭杨氏	郭宗涛	虐待、犯罪	调解

（续表）

序号	档号	原告	被告	原因	结果
34	J065-018-02482 J065-018-03298	毛刘玉珍	毛毓民	虐待、遗弃	判决
35	J065-018-02486	马马氏	马元	虐待	调解
36	J065-018-02552	何焦氏	何宗元	遗弃	调解
37	J065-018-02576	葛秀珍	孙锦华	虐待、遗弃	调解
38	J065-018-02589	白陈氏	白海润	吸毒、遗弃	调解
39	J065-018-02681	赵关淑兰	赵振华	重婚、遗弃	判决
40	J065-018-02719	丁刘氏	丁宝启	诬告、逼迫为娼	撤回
41	J065-018-02721	刘刘氏	刘少梦	吸毒	撤回
42	J065-018-02695	王董氏	王维成	虐待	判决（二审）
43	J065-018-02804 J065-018-02967	郑程氏	郑懋勋	虐待	判决（二审）
44	J065-018-02829	金宝氏	金禄	虐待	撤回
45	J065-018-02833	董张氏	董世源	遗弃	调解
46	J065-018-03077	刘王氏	刘凤成	虐待	撤回
47	J065-018-03119	杨张氏	杨子青	虐待、通奸	调解
48	J065-018-03293	周关氏	周振文	虐待	判决
49	J065-018-03360	金孟氏	金伯春	虐待	撤回
50	J065-018-03361	张刘氏	张启祥	虐待	调解
51	J065-018-03373	张赵氏	张有山	虐待	调解
52	J065-018-03379	王高氏	王金辉	吸毒、通奸	调解
53	J065-018-03382	田李氏	田广亮	虐待	调解
54	J065-018-03389	朱崔氏	朱焕起	生活困难、无力赡养	调解
55	J065-018-03446	孙陈氏	孙九州	虐待、犯罪	调解
56	J065-018-03450 J065-019-00396	傅陶氏	傅云生	吸毒、重婚、犯罪	调解
57	J065-018-03456	牛汪氏	牛存礼	虐待	调解
58	J065-018-03499	谭芸芝	宋湘庸	意见不合	调解

（续表）

序号	档号	原告	被告	原因	结果
59	J065-018-03676	马魏贵荣	马松泉	吸毒、遗弃	撤回
60	J065-018-03682	李淑琴	李凤林	遗弃	撤回
61	J065-018-03714	田李氏	田广亮	虐待	判决
62	J065-018-03842	张赵氏	张成	遗弃	调解
63	J065-018-03956	王高氏	王金铎	虐待、吸毒	判决
64	J065-018-04059	韩曹氏	韩庆芳	遗弃	判决
65	J065-018-04156	葛刘氏	葛金生	虐待	调解
66	J065-018-04161	崔张氏	崔文富	虐待	判决
67	J065-018-04242	俞穆氏	俞志和	恶疾、吸毒、无力赡养	判决
68	J065-018-04488	李张氏	李如民	遗弃	调解
69	J065-018-04633	侯淑明	曹林	虐待	调解
70	J065-018-04784 J065-018-04898	张崔氏	张文富	虐待	判决（二审）
71	J065-018-04799	焦淑琴	杨鸿钧	遗弃（感情不和）	撤回
72	J065-018-04833	牛张氏	牛则龙	虐待、恶疾、吸毒	判决
73	J065-018-04998 J065-018-06434	左王氏	左家正	吸毒	判决
74	J065-018-05149	何孙氏	何聪林	遗弃、犯罪	撤回
75	J065-018-05191 J065-018-07469	谢午英	鲍光筹	虐待	调解
76	J065-018-05198	储张氏	储二柱	虐待	撤回
77	J065-018-05206	孙李氏	孙华	虐待	调解
78	J065-018-05208 J065-018-06417	关淑兰	王印学	虐待、吸毒	调解
79	J065-018-05306	何刘氏	何林	虐待	判决后调解（二审）
80	J065-018-05340	赵王氏	赵连贵	虐待	判决
81	J065-018-05486	何孙氏	何聪林	犯罪、重婚	调解

（续表）

序号	档号	原告	被告	原因	结果
82	J065-018-05592	毛杨氏	毛亭桂	遗弃	撤回
83	J065-018-05670	李张氏	李如民	遗弃、虐待	撤回
84	J065-018-05968	戴张氏	戴补仲	虐待	判决
85	J065-018-06370	常陈氏	常富仁	吸毒	调解
86	J065-018-06731	任富氏	任育德	虐待	调解
87	J065-018-06757	高淑贤	杨德芳	虐待、无力赡养	撤回
88	J065-018-06893	张刘氏	张树	虐待	缺失
89	J065-018-06940	刘陈氏	刘万臣	虐待、遗弃（外出失踪）	判决
90	J065-018-06860 J065-018-07101	冯刘氏	冯学仁	鸡奸	判决
91	J065-018-06958	钱李华贞	钱有麟	遗弃、吸毒	判决
92	J065-018-07100	许郝庆芝	许靖藩	遗弃（为娼）	调解
93	J065-018-07107	邵李氏	邵良魁	遗弃	撤回
94	J065-018-07167	杨秀英	张崇海	遗弃、虐待	调解
95	J065-018-07254	吴康氏	吴颖钦	虐待	调解
96	J065-018-07280 J065-018-07543	宋赵氏	宋德顺	虐待	判决
97	J065-018-07294	刘高氏	刘祥	吸毒、虐待	调解
98	J065-018-07398	马秀云	夏德禄	遗弃、虐待	调解
99	J065-018-07469	王于氏	王洪亮	虐待	调解
100	J065-018-07528	傅淑珍	张振垲	遗弃（为娼）	判决
101	J065-018-07538	魏淑英	商延奎	吸毒、虐待	判决
102	J065-018-07543	宋赵氏	宋德顺	虐待、遗弃	判决
103	J065-018-07653 J065-019-00339	朱吴慧民	朱世杰	虐待	撤回
104	J065-018-07869	金淑琴	周恩寿	意见不合	调解
105	J065-018-07900	张冯氏	张永富	无力赡养	调解

（续表）

序号	档号	原告	被告	原因	结果
106	J065-018-07950	胡张氏	胡宝林	虐待	调解
107	J065-018-07978	高汪氏	高永泉	遗弃	调解
108	J065-018-08000	吴李氏	吴起亮	吸毒	调解
109	J065-018-08023	关雅琴	刘国英	虐待	撤回
110	J065-018-08213	张王氏	孙老九	虐待	判决
111	J065-018-08224	苏玉兰	周毓芝	遗弃	判决

6. 女告男离婚案（1943 年）

序号	档号	原告	被告	原因	结果
1	J065-019-00235	吉淑伶	蔡世忠	恶疾	撤回
2	J065-019-00527	王爱荣	王福有	虐待、意图杀害	调解
3	J065-019-00643	马希孟	白亚农	重婚、遗弃	调解
4	J065-019-00646	王张氏	王文升	虐待、通奸	判决
5	J065-019-00725	张何氏	张文锡	虐待	调解
6	J065-019-00749	王秀英	汪景光	无力赡养	撤回
7	J065-019-00794	高吴氏	高绍才	虐待、遗弃	调解
8	J065-019-00943	蒋刘象贞	蒋国梁	诬告	判决
9	J065-019-00945	朱李氏	朱济东	遗弃、虐待	判决
10	J065-019-00946	武李玉书	武济仁	遗弃	判决
11	J065-019-00957	关淑琴	夏尚孝	无力赡养	判决
12	J065-019-01090	赵王氏	赵小骆驼	无力赡养	调解
13	J065-019-01273	陆桂英	王世光	意图杀害、虐待	撤回
14	J065-019-01927	马王氏	马玉旺	无力赡养	调解
15	J065-019-01961	温自芳	于文质	虐待	调解
16	J065-019-02287	周赵氏	周泽澄	重婚、意图杀害	调解
17	J065-019-02289	刘于氏	刘文彬	无力赡养、虐待	调解
18	J065-019-02436 J065-019-03668	刘姑娘	梁庆云	无力赡养	判决

（续表）

序号	档号	原告	被告	原因	结果
19	J065-019-02469	王曲氏	王功修	遗弃、虐待	撤回
20	J065-019-02474	王钟琴	李鹤年	通奸、虐待、恶疾	撤回
21	J065-019-02496	房丽华	闫德全	虐待、未满结婚年龄	调解
22	J065-019-02576 J065-019-03602	高董氏	高永升	遗弃	调解后判决
23	J065-019-02628	李秀英	保德禄	遗弃、虐待	撤回
24	J065-019-02712	王裴氏	王全	虐待、遗弃（吸毒）	调解
25	J065-019-02972	赵徐氏	赵忠	恶疾、虐待	撤回
26	J065-019-02991 J065-019-04588	曹张氏	曹林寿	恶疾	调解
27	J065-019-03040	燕陈氏	燕书田	遗弃、虐待	调解
28	J065-019-03603	田孙氏	田玉茂	意见不合	撤回
29	J065-019-03667	张徐氏	张宝才	虐待、遗弃	判决
30	J065-019-03668	刘姑娘	梁庆云	虐待、遗弃	判决
31	J065-019-03684	张宝珍	李祥	无力赡养	判决
32	J065-019-04099	谢刘氏	谢庆怀	虐待、吸毒	调解
33	J065-019-04206	恩志箴	周香谷	生死不明	撤回
34	J065-019-04214	朱汪克强	朱长海	虐待	判决
35	J065-019-04261	谢张氏	江淇沣	虐待、不行同居义务	撤回
36	J065-019-04293	金王氏	金伯盈	遗弃	调解
37	J065-019-04483	王凤英	徐双林	纳妾	调解
38	J065-019-04486	韩陈氏	韩万福	遗弃	调解
39	J065-019-04602	李淑萍	王德海	遗弃、虐待	撤回
40	J065-019-04793	李素琛	韦振海	虐待、重婚、通奸	缺失
41	J065-019-04978	吴佩琴	甘连增	恶疾、虐待	调解
42	J065-019-05011	董刘氏	董玉明	遗弃	判决
43	J065-019-05119	那郭氏	那斌陛	无力赡养	调解
44	J065-019-05318	马袁氏	马玉清	虐待	调解

（续表）

序号	档号	原告	被告	原因	结果
45	J065-019-05444	陈秀珍	张启明	虐待	判决
46	J065-019-05499	黄赵氏	黄少英	虐待	调解
47	J065-019-05535	刘徐氏	刘仁寿	遗弃	撤回
48	J065-019-05615	刘周淑惠	刘景桐	虐待	判决
49	J065-019-05869	徐美丽	张振禄	吸毒、遗弃	判决
50	J065-019-06059	罗赵氏	罗兴亚	无力赡养	调解
51	J065-019-06073	董魏氏	董月亭	虐待	缺失
52	J065-019-06088	王秀春	徐德海	犯罪	调解
53	J065-019-06139	唐梁氏	唐凤仪	遗弃	判决
54	J065-019-06175	张徐淑英	张连海	遗弃、通奸	判决
55	J065-019-06370	金淑英	黄石父	虐待	判决
56	J065-019-06520 J065-019-07305	杨吴氏	杨积森	重婚、虐待、遗弃	调解
57	J065-019-06538	王毓庄	高斯焯	虐待	判决
58	J065-019-06559	于刘氏	于宝林	虐待	调解
59	J065-019-06582	张白氏	张凤勤	恶疾、遗弃	判决
60	J065-019-06604	刘刘氏	刘金钟	虐待	调解
61	J065-019-06613	蔡赵氏	蔡永信	犯罪	调解
62	J065-019-06687	王淑明	沙蔼堂	恶疾、虐待、遗弃	判决
63	J065-019-06821	陈崇康	许振坤	恶疾	缺失
64	J065-019-07069 J065-019-08175	郭翠莺	刘松龄	虐待	撤回
65	J065-019-07076	陈张氏	陈中和	虐待、遗弃	调解
66	J065-019-07084	金梁氏	金富征	虐待	调解
67	J065-019-07128 J065-019-08329	朱李氏	朱克昌	虐待、遗弃	调解
68	J065-019-07158	杨张书敏	杨凤岐	虐待	撤回
69	J065-019-07207	姚淑珍	王占元	虐待	判决

（续表）

序号	档号	原告	被告	原因	结果
70	J065-019-07228	吴张氏	吴炳林	索要赔偿	调解
71	J065-019-07260	马孟氏	马殿元	虐待	调解
72	J065-019-07276	李朱氏	李志禄	意见不合	调解
73	J065-019-07523	张庆亚	白金石	通奸、虐待、犯罪	判决
74	J065-019-07604	李淑琴	宋景岳	索要赔偿	调解
75	J065-019-07620	李董氏	李和甫	虐待	撤回
76	J065-019-07848	刘钟氏	刘金明	虐待	撤回
77	J065-019-08179	杨崔氏	杨文宝	虐待	调解
78	J065-019-08250	丁玉兰	周绍亭	虐待、犯罪	判决
79	J065-019-08331	贺秀文	郭恩培	虐待	调解
80	J065-019-08343	田范氏	田玉林	遗弃	撤回
81	J065-019-08347	徐氏	赵玉成	遗弃	撤回
82	J065-019-08548	陈荣耀	姜吉春	犯罪	调解
83	J065-019-08582	孟曹氏	孟宪臣	虐待	撤回
84	J065-019-08636	杨李氏	杨荣	遗弃	判决
85	J065-019-09095	金倪氏	金宗满	虐待	调解
86	J065-019-09104	徐王氏	徐小铁	虐待	撤回

7. 女告男离婚案（1944年）

序号	档号	原告	被告	原因	结果
1	J065-020-00018	郭王氏	郭兴龄	虐待	调解
2	J065-020-00388	徐白荣贞	徐文鑫	生活困难	撤回
3	J065-020-00399	杜陈氏	杜喜堂	虐待	调解
4	J065-020-00549	张蔡氏	张树荣	虐待	调解
5	J065-020-00552	曹傅桂兰	曹殿茂	虐待	调解
6	J065-020-00576	刘秀珍	冠宝桂	虐待	撤回
7	J065-020-00740	杜净如	张作溥	因病	撤回

（续表）

序号	档号	原告	被告	原因	结果
8	J065-020-00782	单雷氏	单世修	通奸、犯罪	判决（二审）
9	J065-020-00810	李郎氏	李瑞祥	生活困难	调解
10	J065-020-00968	徐淑义	赵玉成	虐待	判决
11	J065-020-01001	张范氏	张缉五	虐待、重婚	撤回
12	J065-020-01140	岳马氏	岳希庆	生活困难	调解
13	J065-020-01732	李冉氏	李立臣	虐待	调解
14	J065-020-01801	赵田氏	赵启华	虐待	撤回
15	J065-020-01995	冯翟氏	冯国瑞	吸毒	调解
16	J065-020-02055	海牛氏	海永祥	通奸、遗弃	调解
17	J065-020-02118	张高氏	张浦	遗弃	判决
18	J065-020-02122	李穆氏	李忠	虐待	判决
19	J065-020-02259	李淑兰	李德山	虐待、恶疾	调解
20	J065-020-02589	郑张淑贞	郑洪成	虐待、遗弃	判决
21	J065-020-02996	陈淑文	敖岑纯	意见不合、 不行同居义务	调解
22	J065-020-03211	曹张氏	曹世英	意见不合	撤回
23	J065-020-03296	沈鲍氏	沈学新	生死不明	判决
24	J065-020-03365	古王氏	古士荣	通奸、虐待	判决
25	J065-020-03373	常于氏	常柏林	通奸、恶疾、虐待	撤回
26	J065-020-03441	聂陈氏	聂克元	虐待	调解
27	J065-020-03713	田门氏	田宝庆	重婚、虐待	调解
28	J065-020-03888	张李氏	张福祥	通奸、虐待	调解
29	J065-020-03891	贺淑珍	董文光	无力赡养	调解
30	J065-020-04244	贾史氏	贾学铭	虐待	调解
31	J065-020-04418	张回氏	张玉庭	虐待	调解
32	J065-020-04612	温田氏	温德润	虐待、遗弃	判决
33	J065-020-04635	魏田氏	魏瑞五	虐待、遗弃	调解、撤回、 再诉、判决

（续表）

序号	档号	原告	被告	原因	结果
34	J065-020-04752	邱宋氏	邱德顺	虐待	判决
35	J065-020-04760	张连波	刘续宗	虐待	撤回
36	J065-020-04851	王郭淑敏	王兆祥	重婚、遗弃	调解
37	J065-020-05103	罗王氏	罗惠麟	虐待	调解
38	J065-020-05203	贾麟春	张远山	遗弃、吸毒	判决
39	J065-020-05296	王樊氏	王富贵	虐待	调解
40	J065-020-05308	程傅氏	程汉藻	吸毒	调解
41	J065-020-05376	马赵氏	马玉田	遗弃、虐待	判决
42	J065-020-05424	艾金氏	艾景云	遗弃、虐待	判决
43	J065-020-05653	王张氏	王凤苓	意见不合	调解
44	J065-020-05664	张王氏	张鸿亮	虐待	调解
45	J065-020-05736	刘孙氏	刘广才	遗弃	判决
46	J065-020-05780	庄秀琴	舒德禄	遗弃	调解
47	J065-020-05849	徐淑琴	董茂林	虐待、犯罪、恶疾	判决
48	J065-020-05992	支邓云	支鸿梁	通奸、吸毒、虐待	判决
49	J065-020-06018	张王氏	张玉昆	遗弃	撤回
50	J065-020-06067	秦段氏	秦永动	虐待	撤回
51	J065-020-06175	李戴氏	李明	无力赡养	调解
52	J065-020-06180	唐隆珍	王海	虐待、骗婚	撤回
53	J065-020-06313	李张氏	李庆	虐待	调解
54	J065-020-06528	邢马氏	邢富	吸毒、虐待	判决
55	J065-020-06601	王贾氏	王永安	吸毒、恶疾	判决
56	J065-020-06627	高吴淑瑾	高文海	生死不明	撤回
57	J065-020-06715	刘徐氏	刘玉春	吸毒	撤回
58	J065-020-06718	黄刘氏	黄景昌	遗弃	撤回
59	J065-020-06820	王盖氏	王钧	虐待	调解
60	J065-020-06851	杨韩氏	杨庆	犯罪	调解

（续表）

序号	档号	原告	被告	原因	结果
61	J065-020-07181	王范氏	王德顺	虐待、遗弃	判决（二审）
62	J065-020-07516 J065-021-00482	张淑贞	李文敏	虐待	判决后撤回
63	J065-020-08029	刘孙氏	刘二生	虐待	撤回
64	J065-020-08124	周卞氏	周玉	恶疾、虐待	判决
65	J065-020-08193	何朱氏	何耀汉	虐待	判决

8. 女告男离婚案（1945 年）

序号	档号	原告	被告	原因	结果
1	J065-021-00065	王雷氏	王紫云	生死不明	判决
2	J065-021-00201	陈文会	赵德隆	通奸、遗弃	调解
3	J065-021-00417	张学凤	焦玉鸿	虐待、恶疾、通奸	判决
4	J065-021-00579	王氏	刘连凤	遗弃	准备调解，但是被告迟迟不到案，最后撤回诉讼
5	J065-021-00647	金杨氏	金良义	虐待、通奸	调解
6	J065-021-00656	陈蕴华	张正泉	虐待、恶疾、意图杀害	撤回
7	J065-021-00706	李李氏	李秀	虐待、遗弃	缺失
8	J065-021-00599	甘马氏	甘连增	虐待、恶疾	判决（二审）
9	J065-021-00717	尚文华	马金海	遗弃	判决
10	J065-021-01019	魏沙氏	魏祯	虐待	撤回
11	J065-021-01062	赵振卿	田俊岚	重婚	判决
12	J065-021-01066	程李氏	程小三	虐待	调解
13	J065-021-01067	魏段氏	魏福忠	虐待	调解
14	J065-021-01126	韩秀英	吴振骝	吸毒	调解
15	J065-021-01294	杨振璇	黄金鳌	遗弃	判决
16	J065-021-01359	陈孟氏	陈宝深	虐待	调解
17	J065-021-01488	金秀贞	杨兆荫	恶疾	撤回

（续表）

序号	档号	原告	被告	原因	结果
18	J065-021-01576	谭景清	陈桂芳	虐待	调解
19	J065-021-01599	张胡氏	张向荣	遗弃	撤回
20	J065-021-01628	马张氏	马得川	吸毒	撤回
21	J065-021-01671	高文芳	程松如	虐待	调解
22	J065-021-01727	刘贵英	闫贵喜	吸毒、恶疾、通奸	判决
23	J065-021-01772	刘王氏	刘文元	虐待	撤回
24	J065-021-01783	李范氏	李绍芳	虐待、遗弃	调解
25	J065-021-01819	石赵氏	石文秀	遗弃、恶疾	撤回
26	J065-021-01821	段香玉	李五虎	恶疾	撤回
27	J065-021-02052	刘商氏	刘玉山	虐待	判决
28	J065-021-02055	田曹氏	田志昆	遗弃	撤回
29	J065-021-02155	刘李氏	刘鸿斌	虐待	判决
30	J065-021-02175	汪淑敏	汪端坤	虐待	撤回
31	J065-021-02330	何李氏	何宝全	虐待	判决
32	J065-021-02432	杨淑贞	刘厚生	犯罪	撤回
33	J065-021-02563	刘张氏	刘明	通奸	判决后调解
34	J065-021-02785	关杨氏	关永生	虐待	调解
35	J065-021-02817	高张氏	高恒年	虐待	调解
36	J065-021-02982	曹振英	郭志明	虐待	判决
37	J065-021-03025	杨刘氏	杨玉春	遗弃、虐待	调解
38	J065-021-03071	祝郭氏	祝续桂	通奸、遗弃	调解
39	J065-021-03095	伦金兰	史玉璞	恶疾、虐待	撤回
40	J065-021-03170	潘朴氏	潘炳尧	虐待	判决
41	J065-021-03237	王慧珍	梁济民	虐待	判决
42	J065-021-03291	董曹淑琴	董德瑞	虐待	调解
43	J065-021-03401	李淑兰	高步尧	虐待	调解
44	J065-021-03438	赵淑贞	刘子云	虐待	撤回
45	J065-021-03498	傅朱淑贞	傅玉堂	遗弃	撤回

（续表）

序号	档号	原告	被告	原因	结果
46	J065-021-03808	白王氏	白佩良	虐待	撤回
47	J065-021-03832	马李凤琴	马长龙	虐待、意图杀害	判决
48	J065-021-03847	方周氏	方秉钧	污损名誉	撤回
49	J065-021-03881	王张氏	王承华	恶疾、虐待	判决
50	J065-021-04041	冯王氏	冯金章	无力赡养	调解

参考文献

（一）档案

B

地方法院档案（全宗代码：J065），北京市档案馆藏。

市警察局郊区各分局档案（全宗代码：J185），北京市档案馆藏。

市警察局外城各分局档案（全宗代码：J184），北京市档案馆藏。

市警察局档案（全宗代码：J181），北京市档案馆藏。

市社会局（全宗代码：J2），北京市档案馆藏。

市政府档案（全宗代码：J001），北京市档案馆藏。

H

河北北平第一监狱（全宗代码：J191），北京市档案馆藏。

（二）官方文书

B

董坚志编：《白话笺注中华民国刑法详解》，中华法学社，1940年。

伪临时政府行政委员会公报处遍：《北平伪中华民国临时政府公报》，国家图书馆出版社，2010年。

D

朱鸿达主编：《大理院判决例全集（民法）》，世界书局，1933年。

怀效锋点校：《大明律》，法律出版社，1999年。

田涛、郑秦点校：《大清律例》，法律出版社，1999年。

杨立新点校：《大清民律草案》，吉林人民出版社，2002年。

郭成伟点校：《大元通制条格》，法律出版社，2000年。

H

伪华北政务委员会政务厅情报局第四科编：《华北政务委员会公报》，国家图书馆出版社，2012年。

S

薛梅卿点校：《宋刑统》，法律出版社，1999年。

T

（唐）长孙无忌等撰，刘俊文点校：《唐律疏议》，中华书局，1983年。

X

江海帆编著：《新刑法各论》，商务印书馆，1936年。

Z

周东白：《暂行新刑律》，世界书局，1924年。

吴经熊编：《中华民国六法理由判解汇编·第五刑法之部》，会文堂新记书局，1948年。

徐百齐编辑、吴鹏飞助编：《中华民国法规大全》，商务印书馆，1936年。

中华民国立法院编译处编：《中华民国法规汇编》，中华书局，1934年。

俞承修辑校：《中华民国新旧刑法条文比较》，会文堂新记书局，1937年。

陈应性编著：《中华民国刑法解释图表及条文》，商务印书馆，1936年。

新陆书局编辑部编：《中华民国刑法判解释义全书》，新陆书局，1928年。

黄荣昌编：《中华民国刑法释例汇纂》，上海法政学社，1933年。

采真：《中华民国刑法释义》，大东书局，1930年。

朱何葆铭编：《中华民国刑法详解》，上海法政学社，1929年。

（三）民国报纸杂志

B

《北平市政统计》《北平特别市市政公报》

C

《晨报》

D

《德风》《东方杂志》

F

《法律评论》《法律月刊》《法学丛刊》《妇女共鸣》《妇女家庭》《妇女杂志》

G

《广东民政公报》《国民杂志》

H

《海晶》

J

《健康知识》

L

《玲珑》

Q

《侨声》《全家福》

S

《三六九画报》《沙漠画报》《上海律师公会报告书》《上海物价月报》《社会研究》《社会统计月刊》《实报》《市政公报》

T

《天津特别市公署公报》

W

《吾友》

X

《新妇女》《新光》《新民报（晚刊）》《新民声》《新民学院季刊》《新民周刊》《新女性》

Y

《银行周报》

Z

《政府公报》《政问周刊》《中华法令旬刊》《中华日报新年特刊》《中联银行月刊》《中央经济月刊》

（四）丛书、文史资料、资料汇编

B

中共北京市委党史研究室编：《北京地区抗日运动史料汇编（第四辑）》，中国文史出版社，2000 年。

M

李文海主编，夏明方、黄兴涛副主编：《民国时期社会调查丛编·婚姻家庭卷》，福建教育出版社，2005 年。

国家图书馆选编：《民国时期社会调查资料汇编》，国家图书馆出版社，2013 年。

Q

张宗平、吕永和译，吕永和、汤重南校：《清末北京志资料》，北京燕山出版社，1994 年。

全国民国档案通览编委会编：《全国民国档案通览》，中国档案出版社，2005 年。

R

居之芬主编：《日本对华北经济的掠夺和统制：华北沦陷区资料选编》，北京出版社，1995 年。

中国社会科学院近代史研究所编：《日本侵华七十年》，中国社会科学出版社，1992 年。

北京市档案馆编：《日伪北京新民会》，光明日报出版社，1989 年。

北京市政协文史资料委员会编：《日伪统治下的北京郊区》，北京出版社，1995 年。

中国人民政治协商会议北京市委员会文史资料研究委员会编：《日伪统治下的北平》，北京出版社，1987 年。

T

山西省档案馆编：《太行党史资料汇编（第 5 卷）》，山西人民出版社，

2000年。

Y

燕大文史资料编委会编：《燕大文史资料》，北京大学出版社，1989年。

张玮瑛等主编：《燕京大学史稿（1919—1952）》，人民中国出版社，1999年。

Z

中国第二历史档案馆编：《中华民国史档案资料汇编》，江苏古籍出版社，1986年。

丁世良、赵放主编：《中国地方志民俗资料汇编·华北卷》，书目文献出版社，1989年。

钱理群主编：《中国沦陷区文学大系·史料卷》，广西教育出版社，2000年。

（五）民国时人研究著作

B

［美］甘博：《北京的社会调查》，中国书店，2010年。

李家瑞：《北平风俗类征》，商务印书馆，1937年。

F

沙千里：《法律讲话——婚姻·子女·继承》，生活书店，1947年。

J

张江裁：《京津风土丛书》，中华风土学会，1938年。

L

徐思达：《离婚法论》，天津益世报馆，1932年。

M

朱方：《民法亲属编详解》，上海法政学社，1933年。

N

金天翮著，陈雁编校：《女界钟》，上海古籍出版社，2003年。

Q

吕燮华：《妾在法律上的地位》，上海政民出版社，1934年。

史尚宽：《亲属法论》，中国政法大学出版社，2000年。

X

孙本文：《现代中国社会问题·家族问题》，商务印书馆，1946年。

孙本文：《现代中国社会问题·人口问题》，商务印书馆，1947年。

Z

谢振民编著，张知本校订：《中华民国立法史》，中国政法大学出版社，2000年。

严景耀：《中国的犯罪问题与社会变迁的关系》，北京大学出版社，1986年。

郭箴一：《中国妇女问题》，山西人民出版社，2014年。

赵凤喈：《中国妇女在法律上之地位》，商务印书馆，1928年。

陈顾远：《中国婚姻史》，上海书店，1984年。

谭纫就：《中国离婚的研究》，中华基督教女青年会全国协会，1932年。

胡长清：《中国民法亲属论》，商务印书馆，1936年。

罗敦伟：《中国之婚姻问题》，上海大东书局，1931年。

潘光旦：《中国之家庭问题》，上海新月书店，1929年。

（六）日记、文学作品

B

雷妍：《白马的骑者》，新民印书馆，1944年。

董毅著，王金昌编：《北平日记》，人民出版社，2009年。

L

雷妍：《良田》，艺术与生活社出版社，1943年。

M

张泉选编：《梅娘小说散文集》，北京出版社，1997年。

R

于力：《人鬼杂居的北平市》，群众出版社，1984年。

S

老舍：《四世同堂》，人民文学出版社，1980年。

（七）今人研究著作

B

姜纬堂、刘宁元主编：《北京妇女报刊考（1905—1949）》，光明日报出版社，1990年。

C

［美］黄宗智、尤陈俊：《从诉讼档案出发：中国的法律、社会与文化》，法律出版社，2009年。

F

罗久蓉、游鉴明等访问，罗久蓉等记录：《烽火岁月下的中国妇女访问记录》，（台北）中研院近代史研究所，2004年。

H

常人春：《红白喜事——旧京婚丧礼俗》，北京燕山出版社，1996年。

张同乐：《华北沦陷区日伪政权研究》，生活·读书·新知三联书店，2012年。

梁景和主编：《婚姻、家庭、性别研究（第四辑）》，社会科学文献出版社，2014年。

梁景和主编：《婚姻、家庭、性别研究（第五辑）》，社会科学文献出版社，2016年。

J

米卫娜：《近代华北日侨问题研究（1871—1946）》，人民出版社，2012年。

梁景和：《近代中国陋俗文化嬗变研究》，首都师范大学出版社，1998年。

K

王士花：《“开发”与掠夺——抗日战争时期日本在华北华中沦陷区的经济统制》，中国社会科学出版社，1998年。

张同乐、马俊亚、曹大臣：《抗战时期的沦陷区与伪政权》，南京大学出版社，2015年。

费正、李作民、张家骥：《抗战时期的伪政权》，河南人民出版社，1993年。

张泉编：《抗日战争时期沦陷区史料与研究》，百花洲文艺出版社，2007 年。
周蕾、刘宁元：《抗战时期中国妇女运动研究（1931—1945）》，首都经济贸易大学出版社，2016 年。
L
李小江等：《历史、史学与性别》，江苏人民出版社，2002 年。
郭松义：《伦理与生活——清代的婚姻关系》，商务印书馆，2000 年。
张泉：《沦陷时期北京文学八年》，中国和平出版社，1994 年。
谢荫明、陈静：《沦陷时期的北平社会》，北京出版社，2015 年。
M
定宜庄：《满族的妇女生活与婚姻制度研究》，北京大学出版社，1999 年。
王新宇：《民国时期婚姻法近代化研究》，中国法制出版社，2006 年。
刘晶辉：《民族、性别与阶层——伪满时期的“王道政治”》，社会科学文献出版社，2004 年。
N
余华林：《女性的“重塑”——民国城市妇女婚姻问题研究》，商务印书馆，2009 年。
Q
苏长青、阴建峰：《侵犯公民民主权利和妨害婚姻家庭罪》，中国人民公安大学出版社，1999 年。
毛立平：《清代嫁妆研究》，中国人民大学出版社，2007 年。
R
[芬兰] 韦斯特马克著，刘小幸、李彬译：《人类婚姻简史》，商务印书馆，1992 年。
石艳春：《日本“满洲移民”社会生活研究》，高等教育出版社，2011 年。
李淑娟：《日伪统治下的东北农村（1931—1945 年）》，当代中国出版社，2005 年。
王士花：《日伪统治时期的华北农村》，社会科学文献出版社，2008 年。
S

邓伟志、胡申生：《上海婚俗》，文汇出版社，2007 年。

王跃生：《社会变革与婚姻家庭变动——20 世纪 30—90 年代的冀南农村》，生活·读书·新知三联书店，2006 年。

赵清主编：《社会问题的历史考察》，成都出版社，1992 年。

黄东：《塑造顺民——华北日伪的“国家认同”建构》，社会科学文献出版社，2013 年。

W

夏晓红：《晚清社会与文化》，湖北教育出版社，2000 年。

X

梁景和等：《现代中国社会文化嬗变研究（1919—1949）：以婚姻·家庭·妇女·性伦·娱乐为中心》，社会科学文献出版社，2013 年。

赵世瑜：《小历史与大历史——区域社会史的理论、方法与实践》，生活·读书·新知 三联书店，2006 年。

杨念群主编：《新史学》第一卷，《感觉·图像·叙事》，中华书局，2007 年。

陈雁：《性别与战争：上海 1932—1945》，社会科学文献出版社，2014 年。

Z

［美］柯文著，林同奇译：《在中国发现历史——中国中心观在美国的兴起》，中华书局，1989 年。

［日］秋山洋子、加纳实纪代编：《战争与性别——日本视角》，社会科学文献出版社，2007 年。

［加］卜正民著，潘敏译：《秩序的沦陷——抗战初期的江南五城》，商务印书馆，2016 年。

［美］白凯：《中国的妇女与财产 960—1949》，上海书店出版社，2007 年。

张晋藩主编：《中国法制史（第二版）》，中国政法大学出版社，2014 年。

李银河：《中国婚姻家庭及其变迁》，黑龙江人民出版社，1995 年。

刘英：《中国婚姻家庭研究》，社会科学文献出版社，1987 年。

王歌雅：《中国近代的婚姻立法与婚俗改革》，法律出版社，2011 年。

严昌洪：《中国近代社会风俗史》，人民出版社，2007 年。

张国刚主编：《中国家庭史（第五卷民国时期）》，人民出版社，2013 年。

乌丙安：《中国民俗学》，辽宁大学出版社，1985 年。

李银河：《中国人的性爱与婚姻》，中国友谊出版公司，2002 年。

［美］丛小平著译：《自主：中国革命中的婚姻、法律与女性身份（1940～1960）》，社会科学文献出版社，2022 年。

定宜庄：《最后的记忆——十六位旗人妇女的口述历史》，中国广播电视出版社，1999 年。

金子桐、郑大群等：《罪与罚——侵犯财产罪和妨害婚姻、家庭罪的理论与实践》，上海社会科学院出版社，1987 年。

（八） 期刊论文

B

孙东虎、王均：《八年沦陷时期北平城市地域结构的变化》，《首都师范大学学报（自然科学版）》2002 年第 1 期。

孙东虎、王均：《八年沦陷时期的北平城市规划及其实施》，《中国历史地理论丛》2000 年第 3 期。

荣维木等：《笔谈“抗日战争与沦陷区研究”》，《抗日战争研究》2010 年第 1 期。

C

王晓露：《从离婚权看民国时期城市平民妇女地位——基于案例档案的一种分析》，《兰州商学院学报》2003 年第 4 期。

陈燕燕：《从离婚现象看民国初期时人离婚观念的新变化》，《阴山学刊》2016 年第 6 期。

D

王谦：《帝都、国都、故都——近代北京的空间政治与文化表征（1898—1937）》，《北京社会科学》2016 年第 6 期。

E

王艳勤：《20世纪40年代鄂西南的婚姻法秩序研究》，《武汉大学学报》2007年第1期。

傅建成：《20世纪上半期中国农村择偶方式分析》，《历史教学》2001年第3期。

王跃生：《20世纪三四十年代冀南农村分家行为研究》，《近代史研究》2002年第4期。

黄道炫：《“二八五团”下的心灵史——战时中共干部的婚恋管控》，《近代史研究》2019年第1期。

梁景和：《二十年代关于“废婚”的论战》，《光明日报》1998年8月14日。

魏晓立：《二十世纪四十年代晋冀鲁豫边区司法实践中的族权变迁析论——以太行山区为中心》，《社会科学论坛》2016年第1期。

吕美颐：《二十世纪中国资产阶级的婚姻家庭观》，《史学月刊》1987年第6期。

F

张蓓蓓：《反抗虐待还是另寻生计——20世纪40年代初北平女性“受虐”离婚案探析》，《暨南学报》2016年第4期。

岳谦厚、王斐：《妇救会与中共婚姻变革的实践——以华北革命根据地为中心的考察》，《中北大学学报》2015年第2期。

G

梁景和：《关于社会文化史的几对概念》，《晋阳学刊》2012年第3期。

H

岳谦厚、杜清娥：《华北革命根据地的军婚保护制度与实践困局》，《安徽史学》2015年第1期。

杜晓彤：《婚姻习惯制定法的冲突及协调——以中国近现代婚姻立法史为视角》，《山东行政学院学报》2014年第6期。

吴云峰：《婚姻自由政策与华中根据地择偶方式的变迁》，《党史研究与教学》2016年第3期。

J

肖守库：《近20年来中国近代婚姻史研究述评》，《河北北方学院学报》2006年第3期。

徐建生：《近代婚姻家庭变革思潮述论》，《近代史研究》1991年第3期。

K

岳谦厚、张婧：《抗日根据地及解放区女性婚姻关系解体时的财产权》，《中共党史研究》2015年第3期。

岳谦厚、罗佳：《抗日根据地时期的女性离婚问题——以晋西北（晋绥）高等法院25宗离婚案为中心的考察》，《安徽史学》2010年第1期。

朱丹彤：《抗战时期重庆的婚姻问题初探》，《西南师范大学学报（人文社会科学版）》2004年第5期。

田苏苏：《抗战时期晋察冀边区女性婚姻问题的考察》，《抗日战争研究》2012年第3期。

方艳华：《抗战时期沦陷区殖民文化建构研究》，《重庆大学学报（社会科学版）》2011年第6期。

岳谦厚、徐璐：《抗战时期陕甘宁边区的军婚问题》，《晋阳学刊》2014年第1期。

岳谦厚：《抗战时期中国共产党军婚保障机制——以华北抗日根据地为中心的考察》，《华中师范大学学报（人文社会科学版）》2017年第1期。

L

艾晶：《离婚的权力与离婚的难局：民国女性离婚状况的探究》，《新疆社会科学》2006年第6期。

吕芳上：《另一种“伪组织”：抗战时期的婚姻与家庭问题》，（台北）《近代中国妇女史研究》第3期，1995年。

陈静：《沦陷时期北平的农村经济》，《北京党史》2002年第4期。

刘宁元：《沦陷时期北平妇女报刊述略》，《中共党史研究》2001年第6期。

陈静：《沦陷时期北平日伪的金融体系及掠夺手段》，《抗日战争研究》2002年第3期。

谢荫萌、周进：《沦陷时期北平社会心态研究》，《抗战史料研究》2014年第

1期。

车霁虹：《沦陷时期东北农村基层政治结构的嬗变》，《史学集刊》2011年第4期。

傅建成：《论华北抗日根据地对传统婚姻制度的改造》，《抗日战争研究》1996年第1期。

彭贵珍：《论民国城市社会转型中的婚姻纠纷》，《社会科学辑刊》2006年第5期。

陈蕴茜、叶青：《论民国时期城市婚姻的变迁》，《近代史研究》1998年第6期。

傅建成：《论民国时期华北农村的早婚现象》，《社会科学研究》1994年第4期。

陈文联：《论五四时期探求婚姻自由的社会思潮》，《江汉论坛》2003年第6期。

M

徐静莉：《民初女性离婚权利的变化考察——以大理院离婚判解为中心》，《山西师大学报（社会科学版）》2014年第3期。

王奇生：《民国初年的女性犯罪（1914—1936）》，《近代中国妇女史研究》（台北）1993年第1期。

罗检秋：《民国初年的婚俗变革》，《妇女研究论丛》1996年第1期。

里赞：《民国婚姻诉讼中的民间习惯：以新繁县司法档案中的定婚案件为据》，《山东大学学报》2009年第1期。

刘昕杰：《民国民法中离婚权利的司法实践——以新繁县司法档案案例为线索》，《北方法学》2010年第3期。

谭志云：《民国南京政府时期的妇女离婚问题——以江苏省高等法院1927—1936年民事案例为例》，《妇女研究论丛》2007年第4期。

陈小花：《民国年间山西农村离婚问题初探》，《沧桑》2008年第2期。

张宁、王印焕：《民国时期北京婚姻家庭中妇女的地位》，《北京社会科学》2008年第6期。

艾晶、黄小彤：《民国时期城市女性离婚的难局———以提出判决离婚的平民女性为例》，《海南大学学报（人文社会科学版）》2007 年第 3 期。

陈慧：《民国时期城市女性自由离婚的现实困境———以〈大公报〉为中心的考察》，《北华大学学报》2014 年第 6 期。

赵秀丽：《民国时期关于离婚问题的讨论——以 1922 年〈妇女杂志〉为中心的考察》，《山东农业工程学院学报》2014 年第 6 期。

贾秀堂：《民国时期离婚现象再探讨——以 20 世纪 20 年代的山西省为个案》，《史林》2008 年第 1 期。

高石钢：《民国时期农村婚姻论财规则初探》，《社会科学战线》1999 年第 5 期。

程郁：《民国时期妾的法律地位及其变迁》，《史林》2002 年第 2 期。

渝文：《民国时期上海的集体婚礼》，《档案记忆》2017 年第 3 期。

张斌：《民间惯例与法律事实的认定——从民国两起离奇婚姻诉讼案谈起》，《甘肃政法学院学报》2009 年第 3 期。

N

潘大礼：《南京国民政府时期的重婚罪及其司法实践：以湖北为例》，《江汉论坛》2014 年第 12 期。

梁景和、廖熹晨：《女性与男性的双重解放：论清末民初婚姻文化的变革》，《史学月刊》2012 年第 4 期。

P

吕美颐：《评中国近代关于贤妻良母主义的论争》，《天津社会科学》1995 年第 5 期。

Q

郭松义：《清代 403 宗民刑案例中的私通行为考察》，《历史研究》2000 年第 3 期。

薛柏成、孙学凡：《清代北京旗人婚姻家庭中的伦理道德观念》，《吉林师范大学学报》2015 年第 6 期。

王跃生：《清代立嗣过继制度考察——以法律、宗族规则和惯习为中心》，

《清史研究》2016年第2期。
徐永志：《清末民初婚姻变化初探》，《中州学刊》1988年第2期。
行龙：《清末民初婚姻生活中的新潮》，《近代史研究》1991年第3期。
R
郭贵儒：《日伪在华北沦陷区新闻统制述论》，《河北师范大学学报（哲学社会科学版）》2003年第3期。
S
袁一丹：《声音的风景：北平“笼城”前后》，《北京社会科学》2012年第6期。
刘是今：《试论民国时期的城市婚姻及家庭结构》，《广西社会科学》2003年第3期。
史桂芳：《试析中日战争时期日本的侵略理论》，《抗日战争研究》2002年第1期。
马钊：《司法理念和社会观念——民国北平地区妇女“背夫潜逃”现象研究》，《法律史学研究》（第1辑），中国法制出版社，2004年。
T
杜清娥、岳谦厚：《太行抗日根据地女性婚姻家庭待遇及其冲突》，《安徽史学》2016年第3期。
陈煦馨：《唐朝至明清重婚罪初探》，《法制博览》2018年第5期。
W
单炜鸿：《伪满殖民统治时期的东北女性》，《外国问题研究》2013年第1期。
X
张红萍：《贤妻良母的奥秘——百年来贤妻良母内涵的变迁及批判》，《社会科学论坛（学术评论卷）》2009年第12期。
蒋美华：《辛亥革命前夕婚姻家庭新观念》，《山西大学学报》1995年第4期。
Y
高莹莹：《1949年以来的沦陷区研究综述》，《兰州学刊》2015年第5期。
Z

张玉法：《战争对中国妇女的影响（1937—1949）》，（台北）《近代中国妇女史研究》第17期，2009年。

王若茜、李英武、朱卫新：《中国东北沦陷时期的宗教》，《东北亚文化》2001年第2期。

肖洁、风笑天：《中国家庭的婚姻暴力及其影响因素——基于家庭系统的考察》，《社会科学》2014年第11期。

郑永福、吕美颐：《中国近代婚姻观念的变迁》，《中华女子学院学报》1991年第1期。

随红松：《中国近代离婚观念的嬗变——以〈中央日报〉离婚启事为例》，《安庆师范学院学报（社会科学版）》2008年第11期。

（九）学位论文

B

周进：《北京人口与城市变迁（1853—1953）》，中国社会科学院研究生院博士学位论文，2011年。

顾程雯：《北洋政府时期的女性离婚权考察——以大理院判解为中心》，天津商业大学硕士学位论文，2014年。

C

万桂莲：《从〈妇女杂志〉看沦陷时期北平民众的婚姻问题》，北京师范大学硕士学位论文，2008年。

孙宗龙：《从诉讼档案看民国时期婚姻纠纷及其法律裁断》，西南政法大学硕士学位论文，2016年。

D

朱丽：《东北沦陷时期日本的殖民宣传研究》，辽宁大学硕士学位论文，2012年。

闫超：《东北沦陷时期宗教状况与教化统治研究》，东北师范大学博士学位论文，2009年。

E

贾秀堂：《20 世纪 20 年代山西的离婚潮》，山西大学硕士学位论文，2005 年。

徐娟：《20 世纪 20 年代天津女性离婚问题——1927—1930 年〈大公报〉副刊〈妇女与家庭〉离婚问题之分析》，山西师范大学硕士学位论文，2009 年。

F

黄真真：《法律与女性离婚》，华南师范大学硕士学位论文，2007 年。

王斐：《妇救会在两性婚姻变革中的角色 ——以华北革命根据地为中心》，山西大学硕士学位论文，2015 年。

G

张婧：《革命根据地女性婚姻家庭财产权研究（1937—1949）——以一种跨学科整体综合考察的视角》，山西大学博士学位论文，2015 年。

H

肖楠：《华北沦陷区〈妇女杂志〉期刊研究》，江西师范大学硕士学位论文，2014 年。

赵亮：《华北沦陷时期北平女性期刊研究——以〈新光〉杂志为个案》，东北师范大学硕士学位论文，2011 年。

J

黄雪垠：《家族掌控与国家认可：试析民国时期离婚方式的转变》，四川师范大学硕士学位论文，2010 年。

杜慧敏：《近代“离婚”概念考析（1912—1937）》，华中师范大学硕士学位论文，2017 年。

赵煌：《近代社会观念冲突的透析——以 20 世纪 20 年代“黄陆案”为中心的考察》，苏州大学硕士学位论文，2013 年。

李瑞生：《晋西北革命根据地乡村女性婚姻研究》，山西大学硕士学位论文，2015 年。

K

徐璐：《抗日战争时期陕甘宁边区的婚姻改革》，山西大学硕士学位论文，

2014 年。
王锦霞：《抗战时期的中国城市婚姻简析——以 1938 年—1943 年〈大公报〉中的婚姻启事为例》，山西大学硕士学位论文，2011 年。
张屏：《抗战时期中共军婚保障机制研究 ——以华北抗日根据地为中心》，山西大学硕士学位论文，2015 年。
L
彭湘陵：《〈玲珑〉杂志中的婚姻家庭问题研究》，东华大学硕士学位论文，2016 年。
陈玉洁：《论妨害婚姻家庭罪——以重庆市江北县法院司法档案为中心》，西南政法大学硕士学位论文，2014 年。
韩树伟：《论清代的略人略卖人》，青海师范大学硕士学位论文，2014 年。
聂海琴：《论〈中华民国民法·亲属编〉》，西南政法大学硕士学位论文，2002 年。
M
李俊钰：《民初奉天女性离婚问题研究——以〈盛京时报〉刊载为中心》，辽宁大学硕士学位论文，2015 年。
徐静莉：《民初女性权利变化研究》，中国政法大学博士学位论文，2008 年。
宋克江：《民国初期新知识女性争取婚姻自主研究》，河南师范大学硕士学位论文，2015 年。
王亚敏：《民国婚姻法律的基本变迁——兼论其与近代家制演变的互动》，中国政法大学硕士学位论文，2007 年。
谢晓婷：《民国前期知识分子对离婚问题的探索》，苏州大学硕士学位论文，2006 年。
潘大礼：《民国三四十年代湖北婚姻冲突案例研究》，华中师范大学博士学位论文，2011 年。
司娟：《民国山东婚俗研究》，山东师范大学硕士学位论文，2011 年。
姚舞艳：《民国时期江浙沪地区的婚俗状况研究（1912—1949）》，扬州大学硕士学位论文，2008 年。

朱颖：《民国时期妾的法律地位研究》，华东政法大学博士学位论文，2014年。

张元：《民国时期陕北婚姻习俗变革研究》，延安大学硕士学位论文，2010年。

陈小华：《民国时期山西农村婚姻问题探析——以灵石县为例》，山西大学硕士学位论文，2009年。

郭正怀：《民国时期审判制度研究》，湘潭大学博士学位论文，2010年。

史旭霞：《民国时期豫北婚俗变迁研究》，郑州大学硕士学位论文，2016年。

N

李刚：《南京国民政府〈民法·亲属篇〉研究》，河南大学硕士学位论文，2008年。

何新丽：《南京国民政府时期的婚姻法研究——以1927—1937年成都司法判例为中心》，四川大学硕士学位论文，2007年。

杜清娥：《女性·婚姻与革命：华北革命根据地女性婚姻与两性关系——以太行山区为中心的考察（1937—1949）》，山西大学博士学位论文，2016年。

Q

艾晶：《清末民初女性犯罪研究（1901—1919年）》，四川大学博士学位论文，2007年。

王启军：《清末修律中无夫奸存废之争研究》，复旦大学硕士学位论文，2009年。

R

王青：《日本侵华期间"大陆新娘"政策研究（1931—1945）》，首都师范大学硕士学位论文，2011年。

周晓萌：《日伪统治时期东北村屯特殊形态：铁道爱护村研究（1933—1945年）》，哈尔滨师范大学硕士学位论文，2014年。

S

王亚莉：《陕甘宁边区妇女婚姻生活研究——从女性、婚姻与革命关系的视角考察》，山西大学博士学位论文，2016 年。

T

诸华军：《通奸罪与民国社会》，四川大学硕士学位论文，2007 年。

W

焦伟佳：《文化建构与日常生活——沦陷时期北平婚姻问题研究》，首都师范大学硕士学位论文，2018 年。

X

李慧波：《新中国十七年（1949—1966）北京市婚姻文化嬗变研究》，首都师范大学博士学位论文，2012 年。

Y

简玉祥：《1912—1937 年北京地区童养媳问题研究》，河南大学硕士学位论文，2015 年。

王晓宁：《一个伪满进步军官的婚姻观研究——以〈辙印深深：一个伪满军官的日记〉为中心》，吉林大学硕士学位论文，2017 年。

Z

乔守忠：《中国近现代离婚法律制度研究》，山西大学硕士学位论文，2007 年。

黄东：《中国现代婚姻文化嬗变研究》，首都师范大学硕士学位论文，2002 年。

余华林：《中国现代家庭文化嬗变研究》，首都师范大学硕士学位论文，2002 年。

许莉：《〈中华民国民法·亲属〉研究》，华东政法大学博士学位论文，2007 年。

（十） 外文文献

C

Bernhardt, Kathryn and Philip C . C . Huang eds. , *Civil Law in Qing and Repulican China* , Stanford, Calif , : Stanford University Press, 1994.

Susan Glosser, *Chinese visions of Family and State*, 1915-1953, Berkeley: University of California Press, 2003.

R

Zhao Ma, *Runaway Wives, Urban Crimes, and Survival Tactics in Wartime Beijing*, 1937-1949, Harvard University Asia Center, 2015.

S

Matthew H. Sommer, *Sex, Law, and Society in Late Imperial China*, Stanford University Press, 2002.

后　记

本书是梁景和教授领衔的国家社会科学基金重大项目“20 世纪中国婚姻史研究”的一部分。

该项目自 2013 年 5 月 18 日开始启动，至 2015 年 4 月 11 日，梁老师以“20 世纪中国婚姻史”为题，召集项目组成员一共举行了八次研讨会，探讨这一题目之下，应如何分卷，各卷内容、结构、体例，以及贯穿始终的主线、理论方法等等诸问题。经过这八次讨论之后，对于如何开展这一题目的研究，项目组大概有了一个比较清晰的认识。随后在 2015 年 7 月至 8 月，梁老师带着我用了两个月的时间填写项目申报书，申报书最后成文 8 万余字。由于项目组前期扎实的研讨工作，该项目顺利获批。我则承担了该项目第二卷的撰写工作。

立项之后，梁老师一直以“精品”作为成果的质量要求，而且要求各卷作者必须要在个人已出婚姻史专著的基础上，将本书的内容写出新意。在承担项目之初，我乐观地认为这些要求是不难达到的。毕竟本人在 2019 年曾出版专著《女性的“重塑”——民国城市妇女婚姻问题研究》。该书为这一项目奠定了相当的基础，但对于民国时期复杂的婚姻问题还留有很多的空白之处。例如，就地域而言，该书对于沦陷区和中国共产党统治区的婚姻变革未曾涉及；就主题而言，该书只是关注到了婚姻观念与婚姻生活，对于婚姻制度则只看到了婚姻法，而未涉及其他婚姻制度；就史料而言，当年由于文献资源和搜索条件的限制，很多报刊资料未曾寓目，更没有利用过台湾的资料和海外的资料，等等。

但是，在真正开始着手进行研究时，我才发现这一新的探索过程并非仅仅是对过去研究的延续，而是自有其当时、当下之挑战。一方面，该项目的资料涉及很多个体和家庭的隐私信息，一些地方档案馆对资料的开放程度颇有保留；另一方面，我的个人研究规划也频繁被疫情所打断。2019 年 7 月，我申请去台北“中研院”访学，原本计划一年的时间，但因疫情的爆发，访学时间无奈缩短为半年，随后就进入三年的疫情时代，很多搜集资料、写作和发表的计划也变得跌宕起伏、无从规划。

除了时代的挑战，本卷写作的难度还来自对“20 世纪中国婚姻史研究”这一学术议题本身的思考。首当其冲，便是如何处理学界近些年来有关民国婚姻问题研究所出的大量成果。如果本卷以“通史”为定位，则须面面俱到，那就难以避免与前人研究的重复，更何况有些议题尽管还有深入讨论和研究的空间，却受限于资料，难以写出新意。思考再三，本人还是决定以“研究”为定位，以问题为导向，回避一些前人研究已经较为充分的领域，而在前人研究仍显不足的议题、空间范围上多下功夫。其次，关于本卷研究的时间断限其实也是一个颇费思量的问题。尤其是本卷与前一卷的分割时间，究竟是放到民国肇建、五四新文化运动爆发、南京国民政府成立，或是抗日战争的全面打响，整个项目组都进行了反复的讨论。最终我们将第一卷和第二卷的分界定在了 1927 年南京国民政府成立。从覆盖的时间范围上来说，这样的分界是比较合理的，第一卷和第二卷都是 20 余年。从学理上来说，南京国民政府在成立之后，正式颁行了《民法》和《刑法》，这使得国家对于婚姻的规范更加明确，也使得民众对于法律的认知和运用更加清晰。而且，从长时段来看，这一国家权力对民众婚姻家庭生活介入的模式，也成为日后历史发展之主要线索。自然，这种划分方式亦有其代价，因为政治公领域之节奏——尤其是重要的政治历史节点——并非能够量凿正枘地与个体私领域之变革完全对应起来。

凡此种种皆使本书的写作过程一直处于磕磕绊绊的状况，幸而梁老师和项目组其他同仁对我予以了极大的包容，才使得本书稿最终得以面世。当然，它还有诸多不足，我只能冀望在今后的研究中，将本书所存在的种种缺陷加以弥补。

最后，需要说明的是，本书除了是我和项目组同仁思想碰撞的结果，亦是我和几位硕士生共同讨论、写作之团队成果。书中一些章节是在我指导的硕士生毕业论文的基础上修改而成，这几位硕士生分别是 2015 级的焦伟佳、2016 级的付瑞、2017 级的秦瑞。感谢他们在过去近十年的时间里一直以一种教学相长的方式推动我在这一研究领域的思考，使我不致也不敢过于懈息。现在，书稿付梓在即，但由于本卷要和其他几卷进行署名格式上的统一，因此我未能在封面上一一写出这几位学生的姓名。当然，书稿中存在的问题，概由本人负责。为本书提供帮助的个人、机构还有很多，不再一一具名致谢，敬请谅解。